蔡東杰 著

當代中國外交政策

第四版

五南圖書出版公司 印行

四版序

　　隨著所謂中國崛起逐漸從「經濟」朝向「外交」領域外溢，同時由於近期全球體系結構正處於結構轉型的過渡階段，為釐清自後冷戰時期以來的中國外交政策走向，以及它未來對國際政治經濟可能帶來的影響，個人既著手將自身長期以來的觀察、教學與研究成果整理累積，並於 2008 年付梓本書初版，希望以此就教於其他同行先進，也期盼能對未來中國對外政策趨勢，提供初步撥雲去霧的努力。兩年後，全球體系結構內涵再度出現重大變化，尤其美國在 2008-09 年成為金融海嘯衝擊起源地，並於 2010 年起被迫自伊拉克撤軍，這些既牽動主要國家之間地位起伏，作為美國之外最受矚目的國家，亦是美國「重返亞洲」的頭號焦點，中國的外交政策與相關作為自然愈發動見觀瞻，這也是本書所以在 2011 年二度修訂的背景。

　　其後，不僅中美競合早已成為當前最重要的一對雙邊關係，習近平自 2012 年底接班領導人以來，在吸引媒體聚焦之餘，或許大家更為關切的是：中國的下一步將走向何方？對這個世界又將帶來何種波動？對此，正是個人在 2014 年推出本書三版的主要瞄準點。

　　隨後又過了將近四年有餘。尤其是 2017 年，一方面習近平透過推動修憲解除了自身連任限制，從而使大家對其「集權」之未來充滿想像空間，至於 Trump 在年底當選美國總統，更為世界帶來一隻「超級黑天鵝」，且不論他頻頻退出既有國際機制對全球情勢可能帶來的衝擊，2018 年對中國正面發起的「貿易戰」，影響更是無遠弗屆。據此，在內、外部環境快速變遷下，尤其針對中國外交，本書將以近 30 年的追蹤觀察與資訊累積為基礎，試圖找出預測中國未來的可能

性。在本書修訂四版當中，除了持續更新校正、乃至增添超過 60 個表格外，更重要的是加強對於當前中國外交政策的「歸納」與「分析」，儘管內容或許不無主觀且未必成熟，目的僅在於就教於同行先進。

在本書撰寫與後續修訂期間，除了要感謝中興大學國際政治研究所同仁們之間的融洽氣氛，提供了研究過程中所不可或缺的良好環境外，在從事教學即將屆滿 20 年之際，更要感謝多年來陸續在所上修習個人課程的同學們，特別是他們所帶來教學相長之刺激與自我鞭策的動力，再者，也要感謝五南圖書公司編輯同仁的費心處理出版事宜，最後更要感謝內人璐萍與愛女佾宸，如果沒有他們的協助與充分體諒，讓我可以無後顧之憂地進行研究，本書亦沒有付梓的可能。

無論如何，正所謂「學海無涯」，由於個人學養恐有不足之處，因此本書之目的也僅在拋磚引玉，希望各方專家能不吝賜正，俾利後續再行修改。

蔡東杰　謹識
二〇二〇年三月於台中抱樸齋

目　錄

第一章　緒論／Introduction　001

　　第一節　研究中國外交的意義與途徑　001

　　第二節　三重過渡格局下的中國對外關係　007

　　第三節　利益取向與中國外交政策目標　012

**第二章　獨立自主外交／
Independency Diplomacy**　017

　　第一節　革命外交：獨立思想的歷史淵源　017

　　第二節　新中國外交：建政以來的自主路線變遷　025

　　第三節　高層外交：後冷戰時期的外交布局　034

第三章　南南外交／South-South Diplomacy　063

　　第一節　三個世界外交：中間地帶概念的意義　064

　　第二節　全方位外交：中國對第三世界關係的開展　078

　　第三節　軟援助外交：新世紀互動準則的發展　106

第四章　周邊外交／Neighborhood Diplomacy 115

第一節　睦鄰外交：塑造和平有利的周邊環境　116

第二節　邊界外交：歷史性衝突問題的解決　153

第三節　一體化外交：奠定區域霸權基礎　163

第五章　經濟外交／Economic Diplomacy　173

第一節　貿易外交：政經互動的對外策略　173

第二節　能源外交：確保經濟永續發展　193

第三節　通道外交：建構新世紀對外運輸網路　214

第六章　大國外交／Big Power Diplomacy　229

第一節　結構變遷：大國化政策的背景分析　229

第二節　多極化外交：結構變遷之挑戰與回應　240

第三節　軍事外交：全球性威望的展現　268

第七章　柔性外交／Soft Diplomacy　299

第一節　軟權力外交：新形象的全球輸出　300

第二節　論壇外交：以區域外交為核心的發展　312

第三節　多邊外交：國際機制的倡議與參與　325

第八章　新型外交／New Style Diplomacy　341

第一節　口號外交：政策語意學的複雜多樣化　342

第二節　夥伴外交：建構非傳統同盟關係　348

第三節　公共外交：對外關係中的人民角色　368

第九章　結論　383

第一節　當前中國外交的特性　384

第二節　中國未來的機會與挑戰　387

附錄　後冷戰以來關於當代中國外交主要論著　395

表目次

表1.1　有關中國經濟超越美國之樂觀預期　　　011

表1.2　中國外交政策方向及其目標意涵　　　013

表1.3　中國外交政策與國家利益間關係　　　014

表2.1　毛澤東的世界觀表述　　　028

表2.2　後冷戰時期中國主要國家領導人　　　036

表2.3　後冷戰時期中國領導人出訪統計　　　037

表2.4　1990-1999年中國領導人出訪區域別國次統計　044

表2.5　2000-2009年中國領導人出訪區域別國次統計　044

表2.6　2010-2019年中國領導人出訪區域別國次統計　045

表2.7　1990-2019年中國領導人出訪國家別統計　　　046

表2.8　後冷戰時期中國領導人尚未往訪邦交國統計　051

表2.9　後冷戰時期中國領導人出席國際會議統計　　055

表3.1　中國針對南南關係之重要政策談話　　　071

表3.2　中國關於對非洲之重要政策宣示　　　079

表3.3　中國關於對拉丁美洲關係的重要政策　　　090

表3.4　中國關於對中東地區關係的重要政策　　　100

表4.1　中日韓三國高峰會發展　　　126

表4.2　朝鮮半島六方會談歷次進展　　　129

表4.3　1999-2006年中國與東南亞主要國家聯合聲明　134

表4.4　中國與東協高峰會發展　　　136

表4.5　　上海合作組織歷屆高峰會及其重要成果　　140

表4.6　　上海合作組織歷屆總理會議及其重要成果　　142

表4.7　　兩岸關係穩定性發展對比　　150

表4.8　　中國之「一個中國」原則內涵變遷　　151

表4.9　　中國邦交國對「一個中國」原則態度　　152

表4.10　　冷戰時期以來中國邊界問題解決進程　　154

表4.11　　亞歐高峰會歷屆會議及中國主要發言　　171

表5.1　　2002-2014年中國推動雙邊經貿論壇發展　　182

表5.2　　中國推動雙邊自由貿易協定統計　　185

表5.3　　部分中國推動境外經濟合作區發展　　188

表5.4　　中國推動高鐵外交之重要進展　　191

表5.5　　1995-2025年世界石油儲量預估　　196

表5.6　　2040年前世界石油消費成長預估　　197

表5.7　　未來世界石油主要戰略地區　　198

表5.8　　中國與非洲地區能源互動　　204

表5.9　　中國與中亞地區能源互動　　208

表5.10　　中國周邊油氣管線計畫　　216

表5.11　　泛亞鐵公路系統計畫概況　　221

表5.12　　中歐班列基本規劃格局　　225

表5.13　　2011-2017年中歐班列發展概況　　225

表6.1　　中國派出常設性駐外特使概況　　237

表6.2　　中國針對特定區域事務白皮書文件　　238

表6.3　　2014-2019年中國的主場外交　　240

表6.4　中國與主要國際勢力關係　243

表6.5　1972年後中美關係大事記　245

表6.6　後冷戰時期中俄關係大事記　250

表6.7　歐盟對中國重要政策文件　254

表6.8　歷屆中歐領導人會議發展　255

表6.9　歷次中俄印外長會議　264

表6.10　歷次中俄蒙元首會晤　265

表6.11　中國參與聯合國維持和平行動大事記　270

表6.12　新世紀中國主要涉外軍事演習紀錄　273

表6.13　中國與外國主要之聯合演習系列　286

表6.14　1993-2013年與中國相關之對話機制發展　288

表6.15　中國太空部門重要發展　295

表7.1　中國與各區域間對話機制發展　313

表7.2　中國參與的主要多邊論壇機制　326

表8.1　中國對國際關係所提出相關口號原則舉例　346

表8.2　中國迄今所建立與宣稱過的夥伴關係　353

表8.3　中國所建立夥伴關係之類型分析　360

表8.4　中國夥伴關係對象稱謂變化　362

表8.5　其他主要國家夥伴外交發展概況　366

第一章
緒　論

　　隨著歷史進入新世紀之際，尤其是相對於 1980 年代以前，中國在全球政經結構中的權力地位、形象和利益取向不僅正發生關鍵性的轉變，其本身也逐漸成為國際問題研究的核心焦點。在政治方面，中國的逐漸「大國化」，讓它在躋身國際體系金字塔層峰之餘，同時促使原本幾個主要強權之間的平衡關係，也跟著出現結構變遷態勢；在經濟層面上，中國非但成為推動當前資本主義世界體系繼續前進或產生質變之一個重要且極具活力性的因素，其龐大之市場需求既影響著全球能源的生產、交易價格和未來投資走勢，由此使中國所獲得的關鍵地位亦將回饋到其政治影響力上面。不過，更重要的或許是，中國將如何把經此過程所累積起來的能量，透過對外政策的制定與施行投射到全球結構的各個角落，從而形成實踐自身國家利益，並影響下一個階段國際權力結構變遷的起點；這正也是本書企圖深入探究的重點所在。

第一節　研究中國外交的意義與途徑
Purpose and Approach to Chinese Foreign Policy Studies

　　儘管透過傳統之「擬人化」（personification）角度來解讀國家對外行為並不甚妥當，但在詮釋相關作為的過程中，這畢竟還是較

簡易且大致上被普遍接受的做法。從這個角度來看，基本上以「理性選擇」作爲前導的國家決策，首先考慮的乃國家利益（national interest）問題，亦即如何做才能達成「利益極大化」的目標；儘管如此，正如個人一般，國家的作爲也不可能是完全理性的，至於影響理性思考的主要因素自然來自所謂「感性」，亦即國家（或民族）的自我定位與期許。可以這麼說，當 1949 年中共正式建政時，毛澤東雖曾在天安門上高呼：「中國人民站起來了！」但事實看來，這或許並不符合當時國內外對中國國際地位與影響力之基本觀感與期望。無論如何，在中國自 1980 年代推動經濟改革的若干年後，由於該項政策確實獲致頗爲正面的發展結果，於是前述定位與期許也跟著出現落實的可能性。

當前中國崛起的現實與影響

例如中國國家統計局在 1999 年編寫的「新中國五十年系列分析報告」中便指出：「特別是改革開放以來，中國經濟持續高速增長，綜合國力不斷增強，人民生活水準日益提高，對外經濟貿易迅速擴大；中國與世界經濟的聯繫不斷加深，國際地位亦顯著提高。」值得一提的是，此種對自身看法的轉變並不單單出現在中國政府主觀的自我認知當中，北京在 2001 年申請主辦 2008 年度夏季國際奧林匹克運動會的成功，不啻亦代表著中國國際地位提高所受到來自國際社會的客觀肯定。由此，所謂「中國崛起」（China rising）的概念一方面慢慢地在學術界裡擴散開來，甚至中國也從官方角度進行類似的自我肯定動作；例如前外交部長唐家璇在 2002 年便曾以〈中國跨世紀外交的光輝歷程〉爲題，向重要共黨幹部演說，直接呼應「中國的國際地

位正空前提高」的看法。

　　無論如何，相關看法的醞釀在 2006 年底攀向了首次高峰；同年
11 月，中國中央電視台經濟頻道播出了一部名爲《大國崛起》的電視
紀錄片；該影片共有 12 集，內容主要是整理了自十五世紀以來，在
全球競爭範圍內先後曾出現過的 9 個領導性國家（包括葡萄牙、西班
牙、荷蘭、英國、法國、德國、日本、俄羅斯與美國）的崛起與興衰
起伏歷史，播出後隨即引發國內外廣泛討論，以「大國崛起」爲方向
的論文與專書，亦跟著充斥在學術領域與圖書市場中。至於習近平自
2013 年起公開倡議的「中國夢」，甚至在 2014 年訪問法國時指出，
雖然 Napoleon 曾說中國是一頭沉睡的獅子，此時「這頭獅子已經醒
了，但這是一隻和平的、可親的、文明的獅子」，也充分顯現出一定
的自信。

　　進一步來說，邁向新世紀的中國外交似乎顯示出某種轉捩點式
的趨勢，特別是從 1989 年天安門事件後，鄧小平所指示的「韜光養
晦，永不當頭」消極保守政策，已逐漸轉向稍稍顯現「進攻性」的戰
略做法，例如 2005 年中國將領朱成虎向美國進行核武的恐嚇挑釁便
是一個典型例證，至於 2006 年底召開「中非合作論壇」高峰會更令
國際側目。事實上，自從出現「中國崛起」議題並廣爲關注後，西方
便一直注視著中國將可能以何種方式崛起，對國際秩序又會帶來何種
影響等問題上頭。儘管如此，金駿遠（Avery Goldstein）依舊認爲，[1]
觀察中國將如何邁向大國地位必須從以下幾個視野著手：首先是歷
史角度，包括過去曾經擔任區域霸權的經驗，再加上二次大戰末期國

---

[1] Avery Goldstein, *Rising to the Challenge: China's Grand Strategy and International Security* (Stanford: Stanford University Press, 2005).

際地位提升，這些都讓中國對於改變自身的地位有所期待；其次，相較於中國經濟發展在 1970 年代中期陷入最低潮狀態，以及爲因應中蘇對峙以致大幅擴張軍力帶來的負擔，近期中國在經濟與軍事方面的改革都提供了躍進的新起點；第三，目前中國軍事現代化的方向和進度，與其未來國際角色、地位將息息相關；最後，在調整統計基礎後（例如 IMF 在 1993 年決定以購買力平價取代匯率基準來評估其經濟能量），世人對中國經濟發展之評估也帶來爆炸性的結果。

　　正如季北慈（Bates Gill）指出的，[2] 目前對中國地位提升可能導致之國際威脅性下定論雖尚爲時過早，但「從世界歷史的經驗看來，每當國際間出現一個新的力量時，由於既存體系中的力量必須嘗試去接納和適應這股新力量，因此造成破壞也在所難免；無論如何，中國這個當下的新力量顯然正尋求著更大的影響力與角色地位，由此也爲國際社會發展帶來一個大問號」。值得注意的是，中國崛起及其國際地位的提升，並不光只是個學術討論的議題，或許也正慢慢且微妙地牽動著大國關係之間的變化；例如根據日本非營利組織「言論 NPO」和中國合作單位於 2013 年共同舉辦的民調顯示，各有超過九成以上的兩國人民表示彼此厭惡，創下該調查 2005 年實施以來的最差紀錄，甚至到了 2019 年仍有 85% 日本人對中國抱持負面印象；於此同時，根據美國 Pew Research Center 在 2013 年的調查，超過半數美國人（55%）對中國採取負面看法（2006 年時爲 26%），在爆發美中貿易戰後的 2019 年更來到 60%，達到此一調查系列之最高峰；儘管前述數據並無絕對科學意義，畢竟反映出某種普遍性心態，此種心態亦

2　Bates Gill, *Rising Star: China's New Security Diplomacy* (Washington, D.C.: Brookings Institution Press, 2007).

勢必一定程度地影響特定國家對中國之政策安排，從而進一步波及雙邊實質關係發展。

貳　中國外交研究之現狀與本書努力方向

總而言之，由於中國的國際實力與地位在過去數十年間，確實出現了明顯上升的跡象，由此既影響了其自我心理定位與對外政策的積極性，在客觀上也將導致全球結構內涵趨向浮動與重組，不管最後結果如何，此一互動過程都將在可預見的未來成為國際關係發展中極重要的變數；而這也是我們研究當前中國外交政策的積極意義所在。

不過，正如江憶恩（A. Iain Johnston）所言，直到 1970-80 年代為止，西方關於中國外交政策的研究基本上仍舊為「漢學」（Sinology）或「中國學」（China Studies）的附屬品，不僅研究成果相對有限，研究者大多數也是以處理歷史問題為主的「中國專家」，不僅從國際政治理論角度進行研究者屈指可數，人們也普遍抱怨的是，此議題幾乎被孤立在國際關係理論之外，直到後冷戰時期以來才稍微有所改善。

當然，這種情況絕不是沒有原因的：首先，根據學術研究常態來說，一國外交政策研究的多寡可說與其國際地位處境直接相關，正如前面所提的，由於當前中國地位相較於 1980 年代之前顯著有所改善，自然吸引了更多學者投入研究過程；其次，儘管情況有所改善，一方面目前西方國際關係理論對中國外交政策發展確實仍解釋有限，與其自身論調亦有差異，而中國內部也不斷出現呼喊「中國的國際關係理論」之訴求，[3] 究其原委，固然當前西方國際關係理論缺乏真正普

3　郭樹勇主編，《國際關係：呼喚中國理論》（天津：天津人民出版社，2005 年）；秦亞青，

遍性（絕大多數以「歐洲中心論」的區域歷史發展、社會結構與思想邏輯爲出發點）乃是主要原因，[4]但中國決策者受其傳統文化影響，未必會依循著西方相關理論引導，此也絕不可忽視。

　　無論如何，在本書末的「附錄」中，我們仍就後冷戰時期以來，關於中國外交研究的參考書籍，舉其中大要以進行初步整理，並大致將其研究方向分成以下 5 大類別：第一是「資料彙編」，亦即僅僅單純地就個別事件與言論，按年度序列或主題加以整理編輯；第二是「通史研究」，亦即進一步將前述資料根據不同原則來整理，並初步進行歸納分析；至於第三類的「個案研究」與第四類的「政策研究」都屬於前一類別的衍生版本，在個案研究部分，可繼續分成事件中心與人物中心兩個次項，至於政策研究部分亦可分成針對特定國家或區域爲主，或更深入地去探討決策過程與內涵；最後則是近年浮現且愈發引人注目的「戰略分析」，主要是更多地將未來性與應然性帶進到中國外交研究裡，一定程度屬於政策分析的深入加強版本，甚至近來越來越多學者還嘗試深入中國歷史（例如春秋戰國時期），去重新發掘其「傳統」之可能影響。

　　從前述可見，關於中國外交的研究迄今多數仍是以歷史性研究爲主，特別是中國自身的研究者，大部分若非處於資料堆砌階段，便是過多地去闡釋政府所宣稱的外交政策目標與內涵，或只是爲其辯護，從而過度地以「泛道德性」與「主觀性」來說明或協助政府包裹其外交作爲，例如發揚所謂「三和」目標（和平發展、和平崛起與和諧社

〈國際關係理論的核心問題與中國學派的生成〉，《中國社會科學》，第 3 期（2005），頁 165-176；傅耀祖、顧關福主編，《中國國際關係理論研究》（北京：時事出版社，2005年）；趙可金、倪世雄，《中國國際關係理論研究》（上海：復旦大學出版社，2007 年）。

4　Amitav Acharya and Barry Buzan, eds., *Non-Western International Relations Theory: Perspectives On and Beyond Asia (New York: Routledge, 2009).*

會）便是一例，至少是少了些批判概念；相對地，西方學界所出版的書籍雖數量較有限（其實部分作者也是華裔或亞裔人士），顯然使用了較多且深入的邏輯分析方法，或許也不乏意識型態色彩（例如由黃禍衍生出的中國威脅論），不過更重視國際關係理論運用、決策分析與其結構性影響（儘管近年來中國學者也著力引進並運用西方國際關係理論），這或許和他們所受到的學術訓練有關，同時也反映出歐美政治圈子的主要興趣所在。

至於本書基本上屬於前述第四類政策研究中，介於「決策模式或政策內涵分析」與「趨勢與影響分析」的次項，只不過設法使用更多的「類型學」（typology）概念，希望至少能夠較為相對且更客觀地呈現出中國當前外交政策與其主要國家利益之間的關連性，以便在確切定位其政策的前提下，有機會進一步加以分析其內涵，或對未來真正的理論出現有所助益。

第二節　三重過渡格局下的中國對外關係
Triple Transitional Structure and China's Foreign Relations

據說 Napoleon 曾提到過：「瞭解一個國家的地理環境，就可以瞭解其外交政策。」此種論點雖可以說是極有價值，但個人認為，它不過只說明了一半而已；正如俗話說「時勢造英雄」般，國家發展的可能性同樣也受到當下時代環境結構的制約。正因如此，短期間關於中國外交的研究，無論是企圖套用既有的西方國際關係理論，抑或是發展出中國自身的理論，恐怕結果都相當有限；原因在於，整個環繞其決策過程的國際環境結構仍持續呈現出不穩定的過渡狀態。對此，可從以下三個角度分別觀察。

壹 處於過渡階段的國際關係內涵轉化

首先，國際政治的逐漸「經濟化」暗示著國際互動重心變遷的過程。

正如 Robert Gilpin 所強調的：「國際事態發展隱含著深刻的變化」；特別是相對於自十六世紀以來，國際政治秩序一直是民族國家關注與鬥爭的焦點，如今則經濟問題已上升到國際關係中的最高點，不僅普遍受到關注，更被認為與國家及個人的命運緊密地聯繫在一起。由此，一方面國際關係不再完全等同於國際政治，甚至除了經貿互動外，諸如「文明衝突」（clash of civilization）等文化性因素與全球環境變遷等，[5]再加上新的非國家行為者崛起，也紛紛增加了非傳統因素在新結構中的變數重量，此種多元紛呈的局面應如何評估還未有定論，但至少在短期間將讓我們難以確定新格局的內涵為何。

貳 處於過渡階段的國際結構內涵轉化

其次，從歷史上看來，由於國際霸權與其他國家之間的權力差距經常會因種種因素而被拉近，從而也不斷帶來「體系重組」（system re-constructing）的結構性效果，這也是目前進行中的狀態。

就美國來說，相對於因具備絕對領先優勢而使其外交政策在1950-60 年代間充滿擴張性質，但在 1970 年代後，因為與蘇聯間進行長期大規模軍備競賽與全球結盟競賽的關係，於是消耗掉其相當的經濟能量；更重要的是，包括西歐、日本與新興經濟體（NIEs）等相

5　Samuel Huntington, *The Clash of Civilizations and the Remaking of World Order (New York: Simon & Schuster, 1996)*. 書中主張在「後冷戰時期，區別人類最重要的因素，不再是政治、經濟，而是文化」，從宏觀人類歷史角度看來，「文明的衝突，其實就是部落衝突的全球化」。

繼復原或崛起,亦促使其相對領先地位隨之縮小,並讓美國的霸權角色跟著出現動搖或甚至陷入崩解的窘境。從某個角度看來,正如同英國在二十世紀初從原本的「光榮孤立」(Splendid Isolation)被迫走向「協商結盟」政策,以便試圖繼續維持其霸權地位一般,美國所以在冷戰末期一度從「單極主導」轉向「多邊合作」,其基本心理傾向也是一致的。在新世紀伊始,美國雖利用冷戰結束所導致的國際環境變化優勢,以及在第三次工業革命中取得的先驅地位,表面上似乎重建或再度鞏固其霸權角色,甚至還企圖透過強勢的戰爭作為貫徹其單邊主義政策(例如 2001 年阿富汗戰爭與 2003 年伊拉克戰爭),究其實質卻未必如此;一方面基於資訊革命的內噬性,其經濟本即存在一定隱憂,在國際競爭激烈下,它也不見得能始終保持領先地位。換言之,美國的霸權依舊是不穩定的,[6]而這種潛在過渡性當然會對全球結構與中國外交政策投下各種變數。

參 處於過渡階段的中國國際地位轉化

　　最後,相對於前述世界體系結構內涵的轉變趨勢,事實上,中國的相對國際地位也在不斷地轉換當中。

　　從經濟面看來,例如 Angus Madison 便以 1990 年國際美元計算的購買力平價(PPP)估計指出,在 1978-95 年間,中國 GDP 所占世界比重已經由 50% 提升到 109%,同時由相當於美國 GDP 的 230% 提高到 520%;[7]其次,根據世界經濟論壇(WEF)與哈佛大學國際發

6　See Alfred W. McCoy, *In the Shadow of the American Century: the Rise and Decline of US Global Power* (Chicago: Haymarket Books, 2017); David D. Schein, *The Decline of America: 100 Years of Leadership Failures* (New York: Post Hill Press, 2018); Justin Massie and Jonathan Paquin, eds., *America's Allies and Decline of US Hegemony* (London: Routledge, 2019).

7　Angus Madison, *Contours of the World Economy 1-2030 AD: Essays in Macro-Economic History* (New York: Oxford University Press, 2007).

展研究所的「全球競爭力報告」研究顯示，同樣按照國際美元計算的 PPP 標準，中國在 1999 年的經濟實力其實已首度超越日本，而僅次於美國（若據世界銀行估算，此結果出現在 2005 年），且其 GDP 相當於全球總量 10% 與美國的 50%。最後，根據世界銀行估算，中國根據 GDP 計算的全球經濟體排名，已從 2004 年的第七位與 2005 年的第四名，繼續升至 2008 年的第三名，並於 2010 年總計之後正式超越日本躋身全球第二名。接著，不但 William Overholt 從中國的經濟成長、政經政策轉變及國際局勢演變入手，預言中國將是下一個經濟霸權，[8] Oded Shenkar 也推論說中國將在 20 年或更長的時間內超越美國。事實上，根據 IMF 以 PPP 爲標準估算，中國的 GDP 已在 2014 年以 17.6：17.4 兆美元超越美國（這也是美國在 1872 年擠下英國成爲世界首位後，第一次被超越），至於名目 GDP 超越美國時間之相關論點則可參見表 1.1 所示。

值得注意的是，目前對於中國未來之預測其實呈現出「兩極化」趨勢，前面所列舉者，只不過是較樂觀的一派罷了，相對地，認爲中國永遠無法超越西方甚或隨時可能面臨崩解危機者，也所在多有；無論如何，不管以何種統計基礎加以估算，中國在歷經數十年的改革開放後，其相對經濟實力確實已不容小覷，尤其在美國深受因伊拉克戰爭與金融海嘯所帶來「財政懸崖」的打擊之下，其結果更直接導致中國在國際結構位階中的明顯變化，從而在浮現有躋身金字塔頂端之可能性的心理暗示下，將其外交政策內涵帶往另一段無可避免的轉型期發展。

8　William Overholt, *The Rise of China: How Economic Reform is Creating a New Superpower* (New York: W.W. Norton Co., 1994).

表 1.1　有關中國經濟超越美國之樂觀預期

倡議者	推估時間	預測落點
高盛公司（Goldman Sachs）	2003	2041
卡内基國際和平基金會（CEIP）	2008	2035
經濟學人（Economist）	2010	2019
美國經濟評議會（Conference Board）	2010	2012
高盛公司（Goldman Sachs）	2010	2027
渣打銀行（Standard Chartered）	2010	2020
福格爾（Robert William Fogel）	2010	2040
國際貨幣基金（IMF）＊	2011	2016
中國社會科學院（CASS）＊	2011	2020
林毅夫	2011	2030
金融時報（Financial Times）＊	2012	2019
中國社會科學院（CASS）＊	2013	2019
國際貨幣基金（IMF）＊	2013	2019
經濟合作暨發展組織（OECD）＊	2013	2016
經濟及企業研究中心（CEBR）	2013	2028
世界銀行（WB）＊	2014	2014
國際貨幣基金（IMF）	2015	2026
英國 CEBR	2018	2032
摩根大通（JP Morgan Chase）	2018	2033
中國國務院發展研究中心	2019	2035
渣打銀行（Standard Chartered）＊	2019	2020
彭博社（Bloomberg News）	2019	2030

註：＊表示其乃是以 PPP 為標準估算雙方 GDP 差距。

第三節　利益取向與中國外交政策目標
National Interest in the Chinese Foreign Policy

至少從文化大革命結束以來，由於影響中國外交政策的「意識形態」因素相對減弱，更現實且理性的「國家利益」考量繼而成為決策者思考重心所在。

一般認為，鄧小平乃是第一個明確提出以國家利益作為外交出發點的中國領導人，他在 1989 年與美國前總統 Richard Nixon 的談話中便指出：「考慮國與國之間的關係，本來便應該從國家自身的戰略利益出發。」前國務院總理溫家寶在其就任後於 2004 年的首次正式出訪行程中，也曾經公開表示：「……在當今國與國的關係中，國家利益是第一位的。」當然，正如前文所述，伴隨著中國經濟實力不斷上升的趨勢，其全球經濟利益也持續地擴大且趨於複雜化，至於其影響則是，相較於過去中國的外交工作更多地重視安全和政治利益，如今則加入了濃厚的經濟色彩。無論如何，瞭解中國的國家利益設定，乃是瞭解其外交政策走向的第一步。

壹　中國國家利益的類型化分析

正如前述，從目前關於中國外交政策的研究成果中可以發現，偏重主觀預測與客觀紀實研究者占了其中很大比例；換言之，研究者若非極力著重於分析其外交政策的可能走向，與未來發展對國際政治互動的影響，便是僅以記錄者（或政策宣傳與辯護者）角色，客觀地登載並整理中國當前形形色色的外交表現。在本書當中，個人則試圖於前述兩種極端途徑中取得某種平衡點。首先，我們嘗試從所謂「類型

學」角度，將中國目前的外交政策分成 7 大發展主軸與 20 個細部政
策方向（參考表 1.2）以供觀察與分析；從面向上來看，至少可明顯
發現，中國外交政策確實反映出其國際地位變化的高度複雜性與多樣
化。

表 1.2　中國外交政策方向及其目標意涵

政策方向	細部分項	主要目標
獨立自主外交	革命外交	回應歷史發展問題與族群集體調適壓力
	新中國外交	呈現改朝換代之歷史區隔與差異性
	高層外交	透過領導人出訪突顯其國際地位的提升
南南外交	三個世界外交	反映出中國式的世界觀與戰略觀
	全方位外交	對第三世界進行全面性接觸
	軟援助外交	實質拉攏南方國家並藉此形塑其軟性影響力
周邊外交	睦鄰外交	培養與周邊國家的正面互動性
	邊界外交	解決國家轉型過程中的歷史問題並促進和平性
	一體化外交	設法進一步完成整合目標
經濟外交	貿易外交	設法進入國際經濟結構並發揮其經濟實力
	能源外交	解決永續性工業升級發展問題
	通道外交	確保能源安全並建構歐亞大陸運輸管道
大國外交	多極化外交	增加在大國層級結構中的活動性
	軍事外交	透過呈現軍事實力以鞏固國際地位
柔性外交	軟權力外交	培養用以對抗主流意識的軟性權力
	論壇外交	建立與各區域間的對話交流機制
	多邊外交	突顯不當頭特色以化解崛起過程阻力
新型外交	口號外交	塑造或設法改變國際間對其外在形象設定
	夥伴外交	發展非傳統性的新同盟關係
	公眾外交	設法界定或重新定位人民在外交中的角色

　　進一步來說，不同的外交行為主軸亦各自扣住不同的利益目標；例如在表 1.3 中便是根據短、中、長程的不同時間特性，整理出不同的外交政策在不同的時代環境中，為中國提供的不同服務重點。可發現的是，在 1950-70 年代，由於受到國家實力與相對地位限制，外交政策主要用來維護其短程利益，亦即國家與政權的生存發展；其中，迄今仍是中國外交政策核心價值與政策起點的「獨立自主外交」，目的是在捍衛其主權獨立性，而「南南外交」是試圖使其在美蘇冷戰夾縫中去找出有限的生存空間來，至於「周邊外交」則直接與其國家實體的有形存在直接相關。不過，到了 1980 年代，由於進行理性經濟結構改革，加上美蘇和解使中國脫離了生存利益的威脅，從而也讓它有進一步關注中、長程利益的機會；首先浮上檯面的便是同時兼顧短程與中程利益的「經濟外交」，一方面既被用來收拾因發動文化大革命而受到戕害的政權威望，同時也提供國家步上發展正軌的道路，其次則是「南南外交」與「周邊外交」也轉而服務於經濟目的，希望爭取廣大的第三世界作為其發展的市場腹地，最後則是透過第一階段的「大國外交」，以吸引更多的西方資本投入其發展的行列當中。

表 1.3　中國外交政策與國家利益間關係

	短程—生存利益	中程—經濟利益	長程—政治利益
獨立自主外交	1950-70s		1980s-
南南外交	1950-70s	1980-90s	2000s-
周邊外交	1950-70s	1980-90s	2000s-
經濟外交	1980s-		
大國外交		1980s-	
柔性外交		1990s-	
新型外交			1990s-

貳 當前中國外交政策中的利益重點

到了 1990 年代後，由於中國的改革政策已進入不可逆轉的穩定階段，由此所累積的經濟能量既直接有助於其國際結構地位的提升，也讓中國的決策視野更多地投射到長程目標上頭；儘管如此，中國因為 1989 年天安門事件的影響，使這種目標變遷過程在 1990 年代似乎顯得相當地緩慢，直到國際記憶逐漸淡去並受惠於 911 事件後美國發動全球反恐運動與伊拉克戰爭的轉移效應，中國一方面既取得了較有利的國際環境，從而也進一步加速前述目標焦點變遷過程。可以發現的是，中國目前正透過新階段的「獨立自主外交」來提供更廣闊的外交活動空間，藉由「南南外交」來發展出一套有別於西方中心主義的全球觀，利用「周邊外交」來形塑有利的區域環境並提供崛起所需的勢力範圍，持續以「經濟外交」來奠定其權力的經濟性安全基礎，經由第二階段的「大國外交」以慢慢地摸索出新的自我定位，然後借力使力地透過「柔性外交」來建構非傳統性的柔性國力基礎並因應文明衝突問題，最後，「新型外交」則可能讓中國尋找到一種有異於以往的新互動型態。

在此必須強調的是，正如歷史學家 Arnold Toynbee 對於人類文明發展歷程與文明興衰軌跡的省思一般，[9] 他認為，人類所以能開創文明既非因為遺傳天賦或特殊地理環境所致，而是由於其具備能力回應所面對的挑戰，從而造就新的文明階段，換言之，文明的演進便是此種「挑戰─回應」歷程不斷積累的結果。至少自 1980 年代以來，中國的發展歷程似乎也反映出上述邏輯；從歷史事實來看，它在過程中未

9　Arnold Toynbee, *A Study of History*, 2 Volumes (New York: Oxford University Press, 1987).

必受到某種眞知灼見的有力指引，卻始終能以較趨理性的方式來回應各種挑戰；或許未來它確實有可能生成某種長程戰略規劃，但短期間我們能做的也只是設法去瞭解其回應挑戰的結果（亦即前述各種政策的形成），並試圖從趨向上去判斷中國外交行爲的可能路徑。

第二章
獨立自主外交

　　自 1949 年建政以來，儘管中國的外交政策在不同時期，曾基於不同的國際戰略環境形勢，而有過不同的重點轉移，「獨立自主」始終是其一以貫之的核心價值與中心指導概念。從廣義面來說，所謂獨立自主基本上同時涉及四組對外關係：首先是中國與主要大國之間的關係（大國外交）；其次是中國與中小國家之間的關係（南南外交）；第三是如何利用國際環境以解決國家發展要求的關係（周邊外交與能源外交）；最後，則是中國與當前全球事務或結構變遷發展進程之間的關係（柔性外交與新型外交）。由前述括號中所暗示的政策衍生性來看，不難發現獨立自主概念的地位及其廣泛影響。在本章當中，我們將試圖由歷史背景入手，聚焦於其核心之歷史與心理背景，從而藉此瞭解並設法釐清相關對外政策概念的發展。

第一節　革命外交：獨立思想的歷史淵源
Revolutionary Diplomacy: Historical Origin of its Policy

　　首先必須說明，儘管「主權平等」一般被認為是現代國際體系的主要特徵之一，但所謂平等往往只存在於形式上，更甚者，個別國家所擁有的實質能力亦將最終決定其究竟有多少真正的「獨立性」；換句話說，能力愈強的國家，其獨立性（亦即排除外部干預之決策自主

性）也將隨著愈高；至於對絕大多數能力不足的中小國家來說，則獨立性不足非但也算是一種政治常態，除了處於特殊時空環境（例如解殖民初期）外，似乎無須浪費力氣特別將爭取「獨立自主」設定為外交政策的努力目標。

儘管如此，對於曾經擁有「中心觀」思想，長期自視為東亞區域國際體系核心，並且擁有某種大國潛在要素（廣土眾民）的中國來說，[1]想自然而然地接受相對低落的國際地位，至少從情感面而言，顯然並不是一件容易的事情。特別從近代史發展看來，「革命外交」（revolutionary diplomacy）的意識想法與慣性脈絡更清晰可見。

從字義看來，所謂革命外交主要是希望以「革命性的方法與手段」來解決中國面對之外交困境，特別是在不顧及既有條約、協定及慣例之下，運用大膽而強烈的「體制外」手段（例如以動員群眾運動作為支撐），透過半脅迫性的環境來達成設定的外交目標。[2]可以這麼說，此一外交途徑之目的，既希望突顯出中國由於一系列不平等條約而被拉進由西方主導之國際體系的「客觀」現實，亦呈現出中國無法接受因此所導致地位低落的「主觀」意念；至於前述意念在政策層次中的具體彰顯，也就是「反對」（objection）目標的提出，以及努力制衡來自外部的政策壓力與想法。

壹　第一波革命外交：義和團運動（1900-01）

以清季為例，類似想法首先出現在 1860-94 年間以企圖「師夷之

1　David C. Kang, *East Asia before the West: Five Centuries of Trade and Tribute* (New York: Columbia University Press, 2010). 此種想法也被稱為中國中心主義（Sino-centrism），主要根源於文化、地理與歷史層面之複雜心理認知。

2　李恩涵，《北伐前後的革命外交，1925-1931》（台北：中央研究院近代史研究所，1993年）。

長技以制夷」，但堅持「中學爲體，西學爲用」的一系列自強運動中；但由於少數民族統治的政治結構弱點，與運動本身自我設限以致無法落實改革目標所致，這些體制內作爲不僅未能成功，也埋下此後數度革命外交浪潮之伏筆，首先便是在十九至二十世紀之交，蔓延於華北的義和團民粹運動。

　　英國學者 Diana Preston 在其描述義和團事件的著作中，[3] 曾以「中國對外國人的戰爭」作爲副標題的一部分，記錄了這場民粹主義式（populist）騷動，並指稱這是中國和中國人對整個外部世界的一次宣戰行爲；她認爲：「……義和團主要從中國北方的窮人和被剝奪者中吸收其成員，……長期以來，他們的生活不僅注定無法有效對抗洪水、乾旱和飢荒循環，越來越多外國人湧入中國的結果，更明顯地加深了他們的苦難。爲了到中國追求商業利益，這些外國人帶來的新技術（蒸汽船、火車、電報系統和採礦設備）非但冒犯了土地、江河與大氣的魂魄，而且奪走了許多中國人的工作。至於基督教傳教士雖聲稱到中國來尋找可以被拯救的靈魂，但他們對當地文化卻常常無知地加以鄙視或輕蔑，由此所帶來咄咄逼人的傳教活動，亦對中國家庭和鄉村生活結構造成了威脅。」徐中約也指出，「……仇外的情緒不僅瀰漫於宮廷中，也散布於知識分子、官僚仕紳與大多數民眾心中；正因爲半個多世紀以來，外國人所造成的屈辱深深地傷害了他們的榮譽感和自尊心」，[4] 從而亦提供了此際廣泛排外運動的背景基礎。

3　Diana Preston, *The Boxer Rebellion: The Dramatic Story of China's War on Foreigners that Shook the World in the Summer of 1900* (New York: Berkley Books, 2001).

4　徐中約，《中國近代史》（香港：中文大學出版社，2001 年），頁 389。

貳 第二波革命外交：廢除不平等條約運動（1925-31）

在清季的革命外交嘗試以失敗告終，而政權亦隨著瓦解後，中國一度因陷入內部軍閥割據混戰，加深了其對外部環境的依賴性，並抵銷不少排外想法；儘管如此，相較 1920 年代北京政府採取向歐洲勢力妥協的態度，位居南方的廣州政權則一方面爲了突顯出與北方抗爭的正當性，也由於孫文在 1922 年採取「聯俄容共」政策後受到共產國際（Comintern）路線影響，於是在政策上亦充滿了民族主義意涵。

例如，中國國民黨在 1924 年召開的第一次全國代表大會上，便宣告了「一切不平等條約皆當取消，改定平等新約；凡自願放棄所有特權並廢止條約的國家，中國將認爲最惠國；所有不平等條約均應重新審定」等一連串顯然「不滿意現況」的政策方針。其後，利用 1919 年「五四運動」激起的反帝國主義與反軍閥浪潮（兩者乃是利益互補的共生體），廣州國民政府不僅在 1925 年將「廢除不平等條約」列入正式外交目標中，更於 1926 年透過以此提供的正當性基礎，通過了進行「北伐」的決議。在此期間，由於其對外關係確實有異於平常處，於是也再度將中國推入了第二個「革命外交」時期。

正如前述，相對於尊重既有權利義務規範，並將溝通管道限於合理與合法途徑的正常對外交涉，以民族主義情緒與排外浪潮爲基礎的「革命外交」則強調在必要時採用「體制外」的手段來完成目標。總而言之，在 1925-31 年間，相關重要行動可概述如下：

首先，在 1925 年後，廣州政府便以「收回租界」作爲解決當時中外衝突問題的根本計畫。例如，國民政府不僅正式並全力支持省港

大罷工行動，[5]在北伐軍攻克武漢後，由共黨勢力主導之武漢政府亦採取極端強硬的做法，除迅速組織工會與發展工運外，並企圖立即撤廢不平等條約；其手段是透過群眾運動形式在北伐勝利慶祝會直接向英軍發起挑戰，並協同軍隊共同闖入租界強行接收。由於顧慮到此刻中國革命風潮所展現出來的能量，英國於是採取策略性退讓，同意將上述兩地租界交還中國。

其次，相對於武漢極端派採取的強硬外交手段，南京政府的溫和派仍企圖以談判為主，從關稅自主權著手與主要國家展開交涉。因談判未果，國民政府在 1927 年逕自宣告開始實行關稅自主，同時取消內地釐金及貨物稅，但在各國群起反對甚至威脅動武的情況下，最後不得不暫停。儘管如此，在革命軍進入北京後，外交部隨即公告下列廢約原則：「中外條約已滿期者，當然廢除；未滿期者，應經協商解除而重訂之。」接著，以美國為首的十幾個國家相繼與中國簽下關稅新約，最後則是與中國糾紛不斷之日本。

最後，在收回領事裁判權部分，清季以來在中國擁有領事裁判權的 19 個國家中，德國與奧國等 8 國雖已於第一次大戰結束後陸續與中國簽訂平等新約，其餘各國則暫時採取觀望態度。對此，中國單方面公布自 1930 年元旦起自動撤銷各國在華領事裁判權，但國際間對此全無反應；1931 年，南京政府頒布《管轄外國人實施條例》並再度片面宣布於次年全面撤廢領事裁判權，事實上又因「九一八事變」爆發而中輟。

由上可知，在反帝國主義浪潮的推波助瀾下，儘管國民政府（不

5　以 1925 年 5 月上海工潮引發之「五卅慘案」為引爆點，廣州與香港在 1925 年 6 月至 1926 年 10 月間爆發了大規模、長時間之罷工運動，歷時總計近一年半。

管是武漢或南京政府）對於不平等待遇已或多或少地採取更強硬的姿態，但終究不敵「權力對比」的國際政治現實，在「雷聲大但雨點小」的情況下，實際政策收效結果並不明顯。

參 第三波革命外交：文化大革命（1965-67）

在中共於 1949 年建政後，一方面延續中國自對日戰爭以來始終高漲的民族主義思潮，同時基於冷戰初期美蘇對立的國際情勢，從而維持了以不滿現狀為特色的革命外交思想；正如周恩來在中共建政後的外交部成立大會上所言：「……中國的反動分子在外交上一貫是神經衰弱怕帝國主義的；清朝的西太后、北洋政府的袁世凱、國民黨的蔣介石，哪一個不是跪倒在地上辦外交呢？中國百年來的外交史，只是一部屈辱的外交史。」在前述「抗外」前提下，其內涵具體反映在各個階段對於外界假想敵「一反到底」的建構上：例如 1950 年代的重點是「反對美帝國主義」，1960 年代轉為同時「反美帝」又「反蘇修」，1970 年代改成「反對（蘇聯）霸權主義」，1980 年代又變成「反對一切形式的霸權主義」，至於 1990 年代迄今，諸如「反對各種形式的霸權主義和強權政治」與「反對單邊主義」等則繼之成為新的外交政策方針與主要口號。

值得注意的是，前述假想敵對象的變遷過程，一方面既未必來自中國的主觀設定，更經常直接反映出當時的國際情勢變化。

正如 William Tow 所指出的，特別是在冷戰時期，國際體系結構與中美蘇三角關係的內涵，可說是影響中國外交決策過程的最重要外在變數來源，無論是兩強對中國的態度，或者中國對兩強態度的認

知，都是中國制定外交政策時的重要參考指標。[6]例如，1950 年代的反美政策基本上乃對蘇聯「一邊倒」政策，與美蘇冷戰兩極高度對峙下的必然結果。到了 1960 年代，一方面國際對立局勢雖並沒有太大改變，但因中蘇間產生矛盾對立，於是既迫使中國採取激進的夾縫（同時反對美蘇兩強）政策，也為支撐此種政策引發國內的文化大革命運動；儘管如此，由於前述激進政策畢竟不符合理性標準，而 Nixon 政府也開始改變美國的冷戰政策基調，於是中國亦順水推舟地利用美國的「打北京牌」政策，以「共同反霸」作為新的共識與出發點，在 1972 年透過《上海公報》開啟了對美國關係正常化進程。至於 1980 年代後，由於中國正式在政策中揭櫫了「獨立自主」口號，於是也引發後續一連串的思想與內涵變遷。

其次，正如前述，儘管自建政以來，中共始終在對外政策高舉獨立自主精神並維持著「反對現狀」立場，但真正較具革命性質者，大概只有充滿「解放全世界」使命感的文革時期外交，這也是中國繼清末與民國時期以來，第三個「革命外交」時期。自從 1970 年代以來，支援廣大的發展中國家以建立一個「公平合理」的國際政治經濟新秩序，可說是中國外交政策中迄今極明顯且具有持續性的主題，而此種訴求確實也讓中國看起來就像是一個「革命者」。事實上，在激進式「革命外交」理念的指導下，文革時期的中國外交部也遭到造反派奪權，致使外事領域一度失控。

正如周恩來聲稱的，此時主要強調的是執行「毛主席的革命外交路線」；與先前時期不同處主要在於所謂「三和一少」（對帝國主義、修正主義與各國反動派要和，同時少援助各國人民的革命鬥爭）

6　William T. Tow, *Asia-Pacific Strategic Relations: Seeking Convergent Security* (Cambridge: Cambridge University Press, 2001).

理性路線的大翻轉，目標是轉向「三鬥一多」（繼續鬥爭帝國主義、修正主義與各國反動派，並更多地援助國際革命運動），至於周恩來一度積極宣傳的「和平共處五原則」當然被棄如敝屣，取而代之的是取消了外交業務和宣傳工作之間的分工；自 1966 年底起，宣傳毛澤東思想與世界革命目標，便成為中國駐外使館的首要政策任務。根據一項不完整統計資料顯示，在 1966 年 10 月到 1967 年 5 月的約略半年當中，中國共向 117 個國家發行了 14 種語言，共 80 萬冊以上的《毛澤東語錄》，至於中國贊助並由各國自行出版者亦超過 40 種版本。除此之外，北京也在世界各地「輸出革命」，很多駐外使領館都直接或間接參與了當地的革命鬥爭，甚至駐外大使也幾乎全部應召回國參加文化大革命運動，既使駐外機構正常工作受到極大影響，也為其對外關係製造許多無謂的緊張關係；直到中共中央在 1967 年 2 月致電各處外館指出「內外有別」後，才在表面上穩定下來（事實上，從前述《毛語錄》發行活動看來，內外有別的限制依舊有限）。再者，與清季及民國時期兩度革命外交風潮比較起來，此次運動也透過高亢的排外口號來引發群眾的革命熱情，甚至同樣出現大量民粹主義式的示威活動。

　　無論如何，這種革命外交舉措終究造成全面性的不良影響；以毛澤東去世作為契機，中國政府終於對此作了根本性反省。例如在 1979 年，中國便正式宣布加入《維也納領事關係公約》，從而表示它願意再度接受被國際所普遍接受的國家互動準則。於此同時，繼之掌權的鄧小平亦確立了「以經濟建設為中心」的國家發展目標與原則，至於在外交政策上的體現，則是逐步放棄以意識形態和社會制度作為劃分敵我標準的外交理念，由此慢慢將中國的外交政策內涵引入另一個新的境界。

第二節　新中國外交：建政以來的自主路線變遷
New China Diplomacy: Transition of the Autonomic Policy

壹 中國之獨立自主原則與特徵

　　正如前述，自從十九世紀中期以來，我們不僅發現中國在國際體系裡始終具有某種「不滿現狀」傾向，同時還可分別在清末（1890年代）、民國時期（1920年代）與中共建政後（1960年代後期）找到三次「革命外交」高潮，由此亦可瞭解中國爭取所謂獨立自主的道路是如何地漫長與艱辛；例如在 2002 年「十六大」的報告中宣稱將始終不渝地奉行「獨立自主的和平外交政策」之基調，便一路貫穿至 2017 年的「十九大」報告，其重要性可見一斑。根據其外交部網站資料顯示：「中國堅定不移地奉行獨立自主的和平外交政策，這一政策的基本目標是維護中國的獨立、主權和領土完整，為中國的改革開放和現代化建設創造一個良好的國際環境，維護世界和平，促進共同發展。」至於該項政策的主要內容則包括下幾點：

（一）不與大國或國家集團結盟，不參加軍備競賽或進行軍事擴張；

（二）反對霸權主義，強調通過協商和平解決爭端的原則，尤其反對以社會制度和意識形態強加於人作為藉口來干涉他國內政；

（三）積極推動建立公正合理的國際政治經濟新秩序；

（四）尊重世界多樣性，並鼓勵各國相互交流；

（五）追求以和平共處五原則為基礎與所有國家發展友好關係，尤其是廣大的第三世界發展中國家；

（六）實行全方位對外開放政策，促進世界各國共同繁榮；

（七）積極參與多邊外交活動，維護世界和平與地區發展穩定。

雖在前述內容不乏空泛的理想口號與隱性的國家利益表達，但仍可看出，當前中國的外交政策既包含若干與過去「一脈相傳」的思考邏輯與自我定位，面對國內外結構內涵之實際變遷，其政策走向亦不斷反映出時代特殊性。在下一個段落中，我們便將針對毛澤東時期、鄧小平時期與後冷戰時期以來的中國外交政策發展歷程，根據獨立自主思想，分別剖析其主要差異所在。

貳 毛澤東時期：從結盟到不結盟

早在中共建政前的 1947 年底，毛澤東便曾指出：「……我們自己的命運應當由我們自己來掌握，我們應當在自己內部肅清軟弱無能的思想。」其後，在國共內戰的關鍵時刻，毛澤東更進一步提出：「……如果有外國人提到外國政府調解中國內戰等事，應完全拒絕之。」由此看起來，毛澤東的獨立自主概念似乎既反映出對過去中國外交歷史的反彈，同時帶有強烈的反抗精神。值得注意的是，毛澤東雖在口頭上高呼獨立自主口號，其政策最初卻帶有極鮮明的結盟色彩；特別是他在 1949 年揭櫫的「一邊倒（向蘇聯）」政策：「……中國人不是倒向帝國主義的一邊，就是倒向社會主義一邊，絕無例外；騎牆是不行的，第三條道路是沒有的。」由此可見中共雖屬於革命性政權，但在國際情勢的壓力下，其決策者仍不得不試圖藉由與外國結盟或甚至喪失實際利權，來維持中國「表面上」的獨立自主地位。

儘管如此，這並不代表毛澤東因此便放棄了獨立自主路線，只不過在最初階段中採取了「政經分離」途徑，亦即在政治上選擇與強權結盟，但在發展本國經濟方面則選擇了強化自力更生的政策。儘管如

此，中國的發展問題畢竟有其長遠的歷史背景，絕非透過短期政策而一蹴可幾的，由此亦迫使中共在 1960 年代後選擇透過封閉性發展之「下策」來完成達到獨立自主目標。

　　無論如何，即便是最初的「政經分離」途徑，對毛澤東來說，也僅僅是種短線政策而已。對他（或當時許多人）來說，下一場全面戰爭遲早會爆發，但單靠中國或蘇聯的力量是不夠的，因此必須發動全球性的民族解放運動，才能達到自保並推翻西方帝國主義的目標。不過，在 1957 年後，由於蘇聯的 Khrushchev 希望利用人造衛星升空的壓力，迫使西方國家與蘇聯改善關係，由此也為建政初期被迫跟蘇聯結盟的中國帶來變數與機會；進一步來說，Khrushchev 的「三和」政策（和平共處、和平競賽、和平過渡）既與毛澤東的鬥爭理念顯然有所分歧，他批判 Stalin 的行動不啻給了中國一個契機，亦即藉由批判「修正主義」，並於 1969 年提出「三反」政策（打倒以美國為首的帝國主義、打倒以蘇修集團為中心之現代修正主義、打倒各國反動派），[7] 以便最終邁向「反蘇自主」目標。

　　在前述情況下，其直接結果既導致中蘇共走向分裂的道路，也讓中國在兩面受敵的客觀形勢必須進行戰略大調整。

　　對此，毛澤東的做法首先是揚棄過去有礙獨立自主的「一邊倒」政策，然後則是把過去曾提及過的「中間地帶」理論，重新拿出來發揚演繹；如表 2.1 所列，這正是 1960 年中蘇共分道揚鑣，乃至於 1976 年毛澤東去世前，他一直努力建構的戰略邏輯方向。儘管在不同場合與時間裡，他提出的名詞看起來或有不同，想表達的意義內涵其實都是一致的：亦即中國應設法找出擺脫冷戰體系外部結構性桎梏

7　參見 1969 年 4 月中共「九大」通過之新版《中國共產黨章程》〈總綱〉部分。

的可能性，在美蘇兩強的推擠與拉扯之外，重新去塑造國際結構或找出可資運用的空間，以便讓中國有機會真正實踐獨立自主。

表 2.1　毛澤東的世界觀表述

概念	年代	說明
中間地帶	1946	蘇聯是世界民主力量的主要柱石，美國是世界反動勢力堡壘；但戰後世界面臨的現實問題不是美蘇間的大戰，因為在美蘇間隔著一個由歐、亞、非三洲許多資本主義國家和殖民地、半殖民地國家構成的遼闊的中間地帶。
兩個中間地帶	1962-64	補充中間地帶理論，將英法等殖民主義國家、擁有強大壟斷資本的西德、日本與獨立和半獨立的非洲、拉美國家區分開來；認為中間地帶有兩部分：一是指亞洲、非洲和拉丁美洲，二是指以歐洲為代表的帝國主義國家和發達的資本主義國家，其後他又將後者擴大到北美加拿大、大洋洲和日本。
間接同盟軍	1963	指與美國矛盾日趨激化的法國、西德、英國、日本等國，亦即前述的第二個中間地帶。
中間集團	1963	建立國際反美統一戰線應包括中間集團，即法國等六國集團和英國等七國集團，還有日本、加拿大，此概念是第二中間地帶概念的另一種表述方式。
兩個第三世界	1963	第一個第三世界指亞非拉，第二個第三世界指以西歐為主的一批資本主義高度發展的、有些還是帝國主義的國家。
中等國家	1970	相對於超級大國的概念，目的在突出了美蘇兩國對世界構成的威脅及聯合各國反霸的戰略意向。
兩個中間勢力	1970	第一中間勢力是第三世界，取英、法、西德等則屬於第二中間勢力；與前述概念差異在於原中間地帶不包括中國，現中國加入了第三世界的行列；原形式上美國和以蘇聯為首的社會主義陣營仍處於世界的兩極，現不僅實質而且形式也發生了變化。
一條線、一大片	1973-74	構想將從中國、日本經巴基斯坦、伊朗、土耳其、歐洲到美國一線，及這條線周圍一大片的所有國家團結起來，共同反對蘇聯霸權主義。
三個世界	1974	美國與蘇聯是第一世界，中間派的日本、歐洲、加拿大是第二世界，整個非洲、拉丁美洲，以及日本以外的亞洲都是第三世界。

總而言之，毛澤東大體並未放棄承襲自「革命外交」的傳統理念，而這基本上也被貫徹在所謂「第三世界」的觀點中。與印度的 Jawaharlal Nehru 在 1955 年萬隆會議中，同樣提出之所謂「三個世界」概念比起來，相較 Nehru 著重強調國家之間的經濟不平等特徵，毛澤東顯然更強調在世界分化的情況下，找出中國在政治與外交上的可操作性意涵。

參　鄧小平時期：永不當頭

相對於毛澤東時期透過盲目排外主義（chauvinism）與三個世界理論，企圖為中國創造出獨立自主的「運作空間」，相對保守穩健的鄧小平，則正式將獨立自主定調為中國外交政策的「主軸內涵」。

在鄧氏主政下，中共總書記胡耀邦在 1982 年 9 月的「十二大」報告中，正式提出了獨立自主外交政策概念，其主要內容有二：首先是不依附於任何大國或大國際集團，繼續強調「反霸」的基本立場，其次則是不以意識形態決定與他國之間的親疏關係，一切以國家利益為依歸。接著，1984 年 5 月，鄧小平進一步指出，中國對外政策是「獨立自主且真正的不結盟」，具體展現為「四不（不結盟、不孤立、不對抗，不針對第三國）一全（全方位進行外交活動）」原則，至於其內涵則有以下幾個特徵：

（一）與毛澤東強調透過「對立」政策來達成不結盟比起來，鄧小平時期則傾向於美蘇兩強間奉行某種「平衡等距」政策

一方面既聯合美國以落實雙邊關係正常化的目標，同時開始與蘇聯改善關係。正如趙紫陽在 1986 年第六屆人大第四次會議上指出，中國已「根據國際情勢的客觀變化，即時對外交政策進行了調整、充

實和完善」；至於當時國際形勢的重大進展，首先是蘇聯在阿富汗戰爭中逐漸陷入進退維谷困境，[8]對中國的威脅因此大為減弱，在此一背景下，中國如果繼續執行「聯美反蘇」政策，固然將進一步提升中國的安全，但同時也會加強美國的霸權，長期來看對中國未必有利。

（二）從激情民粹式反動路徑走向理性優先推動自我建設

　　毛澤東時期的外交指導思想既有濃厚的意識形態因素，又涉及中國與蘇聯複雜的恩怨糾葛，以及近代中國歷史負面發展的影響。到了鄧小平時期，一方面前述因素的影響力開始慢慢減退，更甚者，相較毛澤東對於短期間再度爆發全面世界戰爭的期待，鄧小平在 1985 年指出「在較長時間內不發生大規模的世界戰爭是很有可能的」，由於「世界和平力量的增長超過戰爭力量的增長」，現實而理性的國家利益乃代之成為中國外交決策考量的首要標準。進一步來說，也唯有透過對外開放，在深化經濟改革中壯大自己，才可能真正幫中國達成獨立自主的目標。

（三）從爭取領導第三世界，暫時轉向旁觀者角色

　　鄧小平在處理與中小國家、鄰國和發展中國家的關係方面，表面上似乎繼承了毛澤東關於第三世界的想法，例如他在 1980 年指出：「……中國現在屬於第三世界，中國和所有第三世界國家的命運是共同的，中國永遠不會欺負別人，永遠站在第三世界這一邊。」但另一方面，鄧小平的不結盟政策其實也暗示著中國同時不與第三世界其他國家結盟的意涵。

8　蘇聯為培植魁儡政權牽制巴基斯坦（與中國），在 1979 年 12 月決定入侵阿富汗，原定 3 個月內結束戰爭，最後直到 1989 年 2 月才全部撤離該國，介入長達 9 年。至於美國在 2001 年 10 月以清剿蓋達組織為由入侵阿富汗後，至 2020 年初更已超過 18 年，先後歷經 3 任總統，成為該國史上「最漫長的戰爭」。

例如，中國自 1980 年代起便部分修正了過去支援其他國家共黨的做法，鄧小平更在 1990 年左右明白地聲稱：「⋯⋯人們說，中國在第三世界處於特殊的地位，我們說，中國只是第三世界的一員；⋯⋯很多朋友說，中國是第三世界的頭頭，我們說，頭頭不能當，頭頭一當就壞了。」[9]其後在許多相關場合中，鄧小平不僅曾經多次強調「中國永遠不當頭」的立場，特別在 1989 年六四天安門事件之後，亦立即提出「冷靜觀察，韜光養晦，站穩腳跟，沉著應付，朋友要交，心中有數」等外交指導方針；這些都彰顯出，即便在「獨立自主」同一面旗幟下，毛澤東與鄧小平的實踐路線仍舊截然不同。

肆　後冷戰時期：共同發展與和平崛起

自從改革開放以來，隨著中國綜合國力大幅提升，外交政策也被界定為輔助性的政策工具。直到 2017 年「十九大」為止，中國在對外方面仍繼續強調「堅定奉行獨立自主的和平外交政策」；至於主要交往對象則依序為：與發達國家交往（大國外交）、睦鄰外交（周邊外交）、與第三世界國家交往（南南外交）、參與國際組織活動並推進民間與政黨交流（多邊外交，尤其強調全球治理觀與國際關係民主化）等。[10]進一步來說，1990 年代以來的中國外交政策既為本書關注焦點，其內涵也突出在以下幾個方面：

（一）弱化以受害者自居的「反霸」口號宣示

自後冷戰時期與特別是邁入新世紀後，由於國際情勢轉趨對中國有利，結果既使其不再如過去般抱持受迫害者心態，反之更強調應當

9　參見〈中國的對外政策〉（1982 年 8 月 21 日），《鄧小平文選》，第二卷，頁 415。
10　在 2012 年「十八大」一度加入推進「公共與人文外交」新成分，但「十九大」未再提及。

積極參與多極化新格局的建構發展。此種心態變遷歷程直接反映在從「十五大」到「十九大」的報告內容中，最明顯區別在於弱化傳統之反霸訴求，並突出「大國外交」、「新安全觀」與「正確義利觀」之重要性。據此，外交重點首先被設定為發展並創造有利的國際環境，而非與既存霸權（美國）直接對抗；其次，強調以合作代替對抗的新安全觀，則大致接近於防禦型現實主義（defensive realism），亦即主張溫和、自制與安全合作，以化解可能不利於發展的各種國際變數。

（二）從國際關係平衡者轉向建構者角色

從某個角度來看，由於政權的基本生存與國家主權獨立已不再面臨重大挑戰，中國對美、俄兩個大國的關係也從作為消極的「平衡者」（balancer），轉向積極地建構新的互動關係，從而讓其獨立自主外交政策不再受到不結盟形式的約束。例如自「十六大」報告起，便不再出現「不同任何大國或國家集團結盟，不搞軍事集團」等過去用來詮釋中國外交政策的慣用字眼，先是「十八大」報告強調要「推動建立新型大國關係」，接著則「十九大」進一步聲稱要「積極發展全球夥伴關係，擴大同各國的利益交匯點，推進大國協調和合作，構建總體穩定、均衡發展的大國關係框架」。可以這麼說，自鄧小平時期以來，理性地重視現實國家利益，非但已成為當前其外交的唯一標準，中國亦正以更快速步伐融入世界新秩序中。

為了對此一新時期獨立自主外交內容進行新的總結，「十六大」報告首先提出了「共同發展」這個全新概念，其重點被具體闡釋為：「……和平與發展是各國人民的共同願望，中國要與各國人民共同努力、共同維護和共同推進和平與發展的事業，中國要與各國共同協商世界事務，維護全人類的共同利益，實現世界各國的共同繁榮」，至

於「十九大」則呼籲「各國人民同心協力，構建人類命運共同體，建設持久和平、普遍安全、共同繁榮、開放包容、清潔美麗的世界」。從所謂「共同」一詞被頻繁使用看來，直接表明了中國的世界觀正發生著革命性的變化。相較自十九世紀中期以來，中國幾乎全然被動，甚至不時帶有反動意味地被拉進國際體系，失敗與屈辱始終貫穿中國理解對外關係的視野，此際不啻是中國第一次轉而以自信心態看待自己，並以不再戒備的建設性眼光看待世界。

（三）因應中國新的國際地位，推動必要之理論（正當性）建構

中共中央黨校前常務副校長鄭必堅在 2003 年 11 月博鰲亞洲論壇年會上，發表了題為「中國和平崛起新道路和亞洲的未來」的講演，從而開啓有關中國「和平崛起」議題的討論；接著，胡錦濤在同年底亦呼應提出：「堅持中國特色社會主義道路，就要堅持走和平崛起的發展道路。」至於溫家寶則在 2004 年第十屆人大會議上闡釋了「和平崛起」的五個要義：首先，中國的崛起是要充分利用世界和平的大好時機，努力發展和壯大自己，同時又以自己的發展來維護世界和平；其次，中國的崛起應把基點放在自己的力量上，依靠廣闊的國內市場、充足的勞動力資源和雄厚的資金儲備，以及改革開放帶來的機制創新；第三，中國的崛起離不開世界，因此必須堅持對外開放政策，並在平等互利的基礎上與一切友好國家發展經貿關係；第四，中國崛起需要很長時間與好幾代人的努力奮鬥；最後，中國的崛起不會妨礙任何人，也不會威脅任何人，中國將來即使強大也永遠不會稱霸。

儘管在 2005 年後，為避免刺激其他主要國家（尤其是美國），中國刻意在公開場合中不再提及相關論調，或將詮釋定位為「peaceful rise, rise by peace, and rise for peace」（和平地崛起，透過和平方式崛起，與爲了和平而崛起），甚至希望轉而以「和平發展」取代「和平崛起」主題；儘管如此，不僅相關主題已成爲中國學術圈的討論熱點，此一想法既顯示出當前中國對外關係的高度信心指數，作爲對先前「中國威脅論」與「中國崩潰論」的正式回應，同時也可讓我們瞭解其未來外交政策的可能走向，亦即中國正對應著自身國際地位之升高，試圖創造讓其他國家能夠接受之正當性邏輯基礎。

第三節　高層外交：後冷戰時期的外交布局
Leader Diplomacy: Arrangement in the Post-Cold War Era

高層外交的時代意義

近代國際外交行爲的出現，本來便是因應國家間互動頻率提高所導致潛在衝突增加的結果；由此，首先是在十六世紀的義大利半島上，開始發展出一套常設的外交機構與使節制度，接著在拿破崙戰爭結束後的十九世紀初期，歐洲各國除進一步整理既有的外交制度外，亦透過所謂歐洲協商概念，發展出一套新的「會議外交」（conference diplomacy）規範，[11] 希望能藉由各國派任代表進行更密切之彼此溝通，來解決各種國際問題，這也奠下後來國際組織運作的基礎；其後，在兩次世界大戰期間，由於爲解決全面性戰爭所引發的複雜問題，於是由各國元首直接會商的「高層外交」也跟著浮上檯面，結果

---

11 一般認為，會議外交傳統起自 1814-15 年之維也納會議（Congress of Vienna）。Adam Watson, *Diplomacy: The Dialogue between States* (London: Methuen, 1982); Yolanda Kemp Spies, "Multilateral Diplomacy: Diplomacy in Congress," in Yolanda Kemp Spies, ed., *Global South Perspectives on Diplomacy* (Palgrave Macmillan, 2018), pp. 65-108.

既提供了另一外交管道，也成為自冷戰時期以來一連串雙邊與多邊高峰會（summit）的開端。[12]

以目前情勢來看，儘管代表超國家影響力的「會議外交」，與目標在突顯國家主權意識的「高層外交」，仍繼續是當前國際外交互動的兩大主流管道，國家參與這兩類外交活動的頻率與層次，基本上還是跟國家的能力成正比。對中國來說，它既因起自 1980 年代的經濟改革導致國力提升，當然希望利用此契機，設法透過建立「主動性」來貫徹其獨立自主目標，甚至作為長期「大國外交」方向的有力手段。於是顯而易見地，特別在後冷戰時期，中國領導人也開始頻繁出訪各國並參與國際會議。

在此必須一提的是，本章後段雖設法針對後冷戰時期中國領導人的出訪活動加以統計分析，但因篇幅所限，同時考量到政治比重差異，因此統計對象僅限於所謂「一級國家領導人」，包括：國家主席與副主席、國務院總理、全國人大常委會委員長與全國政協會議主席等（相關人事變遷內容請參考表 2.2）。儘管如此，由於中國在國際上的互動層面相當廣泛，單靠前述 5 人仍無法充分涵蓋，因此包括 4 名國務院副總理、5 名不管部會國務委員、24 名政協副主席、14 名全國人大常委會副委員長（以上人員數字為 2018 年統計）、中央軍委會主席，以及本即負責相關工作的外交部長，有時便成為極重要的代理人選，由此所構成之 50 至 60 人「高層出訪集團」乃當前中國拓展外交主要代表性人力，影響絕不容小覷。不過，正如前述，在此還是把分析範圍縮小至較狹義的高層外交領域（中國官方紀錄亦以此作

---

12 關於峰會外交（summit diplomacy），可參見 David Dunn, ed., *Diplomacy at the Highest Level: The Evolution of International Summitry* (London: Macmillan Press, 1996); Kjell Engelbrekt, *High-Table Diplomacy: The Reshaping of International Security Institutions* (Washington, D.C.: Georgetown University Press, 2016).

表 2.2　後冷戰時期中國主要國家領導人

職銜 / 就任時間	1988	1993	1998	2003	2008	2013	2018
國家主席	楊尚昆	江澤民	江澤民	胡錦濤	胡錦濤	習近平	習近平
國家副主席	王　震	榮毅仁	胡錦濤	曾慶紅	習近平	李源潮	王岐山
國務院總理	李　鵬	李　鵬	朱鎔基	溫家寶	溫家寶	李克強	李克強
全國人大委員長	萬　里	喬　石	李　鵬	吳邦國	吳邦國	張德江	栗戰書
全國政協主席	李先念	李瑞環	李瑞環	賈慶林	賈慶林	俞正聲	汪　洋

為高層定義），僅針對一級領導人的活動進行分析。

貳 後冷戰時期中國高層出訪分析

　　在表 2.3 到表 2.7 中，我們主要針對中國領導人在後冷戰時期（自 1990 年起算）對外訪問內容進行統計分析，由此可得出以下幾個重點。

（一）除在天安門事件後的短暫期間外，中國高層領導人出訪頻率呈現明顯持續上升之趨勢

　　根據表 2.3，由於 1989 年天安門事件餘波盪漾的結果，中國領導人出訪頻率在 1990-93 年間一度出現下滑趨勢，但自 1994 年起又開始大幅攀升，顯示已逐漸擺脫「六四」陰霾，至於關鍵則為美國在 Bill Clinton 上台後對其逐漸改採「交往」（engagement）戰略所致，由此到 2000-01 年間，一方面因美國遭受恐怖攻擊致使增加對中國的外交依賴，同時或許也由於江澤民在任期末段企圖透過「畢業旅行」奠定地位之故，從而讓中國領導人出訪次數首度攀向高峰。從 1990-2019 年的 30 年間，中國高層出訪總數達 938 國次看來（不包括出席國際會議部分，平均一年造訪 30 國），其積極性不言可喻。

（二）除長期顯現之攀升趨勢外，中國高層出訪仍不免受到國內外情勢變動的影響

例如，1993 年、1998 年、2003 年、2007 年與 2017 年在政權交接期間潛藏的人事鬥爭固然是顯著關鍵，1997 年鄧小平去世、香港回歸中國與東亞地區發生金融風暴，2003 年美國攻打伊拉克與非典（SARS）事件爆發，2004 年的南亞海嘯事件，以及 2008 年爆發的全球金融危機等，亦都是值得關注的焦點。

（三）參與高層出訪的名單陣容逐漸擴大

人數增加至少對提升出訪次數而言是正面助益，例如全國政協主席在 1993 年首度加入出訪行列，至於國家副主席則自 1998 年起，也開始加入高層外交陣容。

表2.3　後冷戰時期中國領導人出訪統計

年代	出訪者	次數	訪問對象
1990 (16)	國家主席	5	墨西哥、巴西、烏拉圭、阿根廷、智利
	國務院總理	8	蘇聯、印尼、新加坡、泰國、馬來西亞、菲律賓、寮國、斯里蘭卡
	人大委員長	3	巴基斯坦、伊朗、伊拉克
1991 (13)	國家主席	5	泰國、印尼、蒙古、巴基斯坦、伊朗
	國務院總理	8	北韓、印度、埃及、約旦、伊朗、沙烏地阿拉伯、敘利亞、科威特
	人大委員長	0	
1992 (14)	國家主席	5	新加坡、馬來西亞、北韓、摩洛哥、突尼西亞
	國務院總理	8	越南、義大利、瑞士、西班牙、葡萄牙、芬蘭、斐濟、巴西
	人大委員長	1	日本
1993 (12)	國家主席	4	葡萄牙、美國、巴西、古巴
	國務院總理	0	
	人大委員長	5	印尼、馬來西亞、新加坡、泰國、菲律賓
	政協主席	3	尼泊爾、印度、巴基斯坦

表 2.3　後冷戰時期中國領導人出訪統計　（續）

年代	出訪者	次數	訪問對象
1994 (25)	國家主席	7	新加坡、印尼、馬來西亞、越南、俄羅斯、烏克蘭、法國
	國務院總理	9	南韓、蒙古、土庫曼、烏茲別克、吉爾吉斯、哈薩克、羅馬尼亞、德國、奧地利
	人大委員長	3	德國、奧地利、瑞士
	政協主席	6	芬蘭、瑞典、挪威、丹麥、比利時、澳大利亞
1995 (26)	國家主席	4	南韓、俄羅斯、匈牙利、芬蘭
	國務院總理	8	摩洛哥、俄羅斯、白俄羅斯、烏克蘭、馬爾他、加拿大、墨西哥、秘魯
	人大委員長	5	日本、南韓、印度、巴基斯坦、埃及
	政協主席	9	柬埔寨、緬甸、馬來西亞、新加坡、泰國、古巴、牙買加、巴西、智利
1996 (36)	國家主席	16	菲律賓、印度、巴基斯坦、尼泊爾、埃及、肯亞、衣索比亞、納米比亞、馬利、辛巴威、羅馬尼亞、烏茲別克、吉爾吉斯、哈薩克、西班牙、挪威
	國務院總理	7	越南、法國、義大利、紐西蘭、智利、巴西、委內瑞拉
	人大委員長	9	越南、寮國、土耳其、約旦、伊朗、烏克蘭、希臘、加拿大、古巴
	政協主席	4	波蘭、奧地利、瑞士、荷蘭
1997 (23)	國家主席	3	俄羅斯、美國、墨西哥
	國務院總理	11	日本、馬來西亞、新加坡、塞席爾、尚比亞、莫三比克、加彭、喀麥隆、奈及利亞、坦尚尼亞、哈薩克
	人大委員長	4	蒙古、法國、挪威、義大利
	政協主席	5	越南、德國、葡萄牙、希臘、澳大利亞
1998 (15)	國家主席	3	日本、俄羅斯、哈薩克
	國家副主席	3	南韓、日本、越南
	國務院總理	5	俄羅斯、盧森堡、荷蘭、英國、法國
	人大委員長	0	
	政協主席	4	羅馬尼亞、義大利、西班牙、法國
1999 (43)	國家主席	13	蒙古、泰國、摩洛哥、阿爾及利亞、沙烏地阿拉伯、義大利、奧地利、瑞士、英國、法國、葡萄牙、澳大利亞、紐西蘭
	國家副主席	4	馬達加斯加、迦納、象牙海岸、南非
	國務院總理	7	越南、馬來西亞、新加坡、菲律賓、俄羅斯、美國、加拿大

表 2.3 後冷戰時期中國領導人出訪統計 （續）

年代	出訪者	次數	訪問對象
	人大委員長	12	泰國、巴基斯坦、孟加拉、土耳其、敘利亞、以色列、阿曼、巴勒斯坦、模里西斯、南非、肯亞、希臘
	政協主席	7	南韓、日本、斯里蘭卡、馬爾地夫、阿聯國、阿曼、埃及
2000 (41)	國家主席	11	柬埔寨、寮國、汶萊、以色列、巴勒斯坦、土耳其、埃及、南非、塔吉克、土庫曼、希臘
	國家副主席	5	緬甸、泰國、印尼、哈薩克、白俄羅斯
	國務院總理	8	日本、南韓、保加利亞、德國、盧森堡、荷蘭、義大利、比利時
	人大委員長	12	俄羅斯、亞塞拜然、愛沙尼亞、拉脫維亞、立陶宛、烏克蘭、白俄羅斯、斯洛伐克、南斯拉夫、克羅埃西亞、斯洛維尼亞、冰島
	政協主席	5	加拿大、委內瑞拉、千里達、多哥、秘魯
2001 (45)	國家主席	10	北韓、緬甸、俄羅斯、馬爾他、智利、阿根廷、烏拉圭、古巴、委內瑞拉、巴西
	國家副主席	10	越南、伊朗、敘利亞、約旦、塞普勒斯、烏干達、德國、英國、法國、西班牙
	國務院總理	11	印尼、巴基斯坦、尼泊爾、斯里蘭卡、馬爾地夫、阿爾及利亞、突尼西亞、俄羅斯、比利時、愛爾蘭、哈薩克
	人大委員長	7	南韓、越南、柬埔寨、印度、古巴、阿根廷、烏拉圭
	政協主席	7	新加坡、摩洛哥、土耳其、模里西斯、南非、斐濟、巴布亞
2002 (35)	國家主席	11	越南、德國、冰島、利比亞、突尼西亞、伊朗、奈及利亞、愛沙尼亞、拉脫維亞、立陶宛、美國
	國家副主席	3	馬來西亞、新加坡、美國
	國務院總理	12	柬埔寨、印度、孟加拉、土耳其、阿爾及利亞、摩洛哥、肯亞、喀麥隆、南非、奧地利、丹麥、法國
	人大委員長	5	印尼、日本、菲律賓、泰國、澳大利亞
	政協主席	4	英國、保加利亞、烏克蘭、斯洛維尼亞
2003 (23)	國家主席	6	泰國、蒙古、俄羅斯、哈薩克、澳大利亞、紐西蘭
	國家副主席	0	
	國務院總理	4	衣索比亞、美國、加拿大、墨西哥
	人大委員長	4	北韓、南韓、日本、菲律賓
	政協主席	9	塞席爾、坦尚尼亞、納米比亞、尚比亞、孟加拉、印度、巴基斯坦、尼泊爾、斯里蘭卡

表 2.3　後冷戰時期中國領導人出訪統計　（續）

年代	出訪者	次數	訪問對象
2004 (37)	國家主席	12	法國、匈牙利、波蘭、羅馬尼亞、埃及、阿爾及利亞、加彭、阿根廷、巴西、智利、古巴、烏茲別克
	國家副主席	4	多哥、貝南、南非、突尼西亞
	國務院總理	10	寮國、越南、荷蘭、比利時、德國、愛爾蘭、義大利、英國、吉爾吉斯、俄羅斯
	人大委員長	7	俄羅斯、挪威、丹麥、保加利亞、肯亞、尚比亞、辛巴威
	政協主席	4	南韓、葡萄牙、西班牙、馬爾他
2005 (38)	國家主席	14	北韓、南韓、汶萊、印尼、菲律賓、越南、美國、加拿大、俄羅斯、德國、西班牙、英國、哈薩克、墨西哥
	國家副主席	6	斐濟、牙買加、千里達、墨西哥、秘魯、委內瑞拉
	國務院總理	9	印度、巴基斯坦、孟加拉、斯里蘭卡、馬來西亞、捷克、斯洛伐克、法國、葡萄牙
	人大委員長	5	澳大利亞、紐西蘭、馬來西亞、新加坡、摩洛哥
	政協主席	4	哥倫比亞、古巴、烏拉圭、斐濟
2006 (40)	國家主席	10	美國、沙烏地阿拉伯、摩洛哥、奈及利亞、肯亞、俄羅斯、越南、寮國、印度、巴基斯坦
	國家副主席	1	哈薩克
	國務院總理	15	澳大利亞、斐濟、紐西蘭、柬埔寨、埃及、迦納、剛果、安哥拉、南非、坦尚尼亞、烏干達、芬蘭、英國、德國、塔吉克
	人大委員長	7	羅馬尼亞、摩爾多瓦、希臘、俄羅斯、巴西、烏拉圭、智利
	政協主席	7	越南、印尼、馬來西亞、英國、立陶宛、愛沙尼亞、烏克蘭
2007 (28)	國家主席	13	喀麥隆、賴比瑞亞、蘇丹、尚比亞、納米比亞、南非、莫三比克、塞席爾、俄羅斯、瑞典、吉爾吉斯、哈薩克、澳大利亞
	國家副主席	0	
	國務院總理	7	菲律賓、南韓、日本、烏茲別克、土庫曼、白俄羅斯、俄羅斯
	人大委員長	3	埃及、匈牙利、波蘭
	政協主席	5	突尼西亞、迦納、辛巴威、肯亞、日本
2008 (32)	國家主席	9	日本、南韓、塔吉克、土庫曼、美國、哥斯大黎加、古巴、秘魯、希臘
	國家副主席	5	北韓、蒙古、沙烏地阿拉伯、卡達、葉門
	國務院總理	5	寮國、美國、俄羅斯、哈薩克、日本
	人大委員長	5	阿爾及利亞、加彭、衣索比亞、馬達加斯加、塞席爾

表 2.3　後冷戰時期中國領導人出訪統計　（續）

年代	出訪者	次數	訪問對象
	政協主席	8	羅馬尼亞、匈牙利、斯洛維尼亞、克羅埃西亞、約旦、土耳其、寮國、柬埔寨
2009 (45)	國家主席	14	沙烏地阿拉伯、塞內加爾、馬利、坦尚尼亞、模里西斯、俄羅斯、斯洛伐克、克羅埃西亞、義大利、葡萄牙、馬來西亞、新加坡、哈薩克、土庫曼
	國家副主席	15	墨西哥、牙買加、哥倫比亞、委內瑞拉、巴西、馬爾他、比利時、德國、保加利亞、匈牙利、羅馬尼亞、日本、南韓、緬甸、柬埔寨
	國務院總理	6	瑞士、德國、西班牙、英國、北韓、埃及
	人大委員長	6	俄羅斯、奧地利、義大利、古巴、巴哈馬、美國
	政協主席	4	菲律賓、秘魯、厄瓜多、巴西
2010 (44)	國家主席	7	巴西、俄羅斯、烏茲別克、哈薩克、加拿大、法國、葡萄牙
	國家副主席	12	俄羅斯、白俄羅斯、芬蘭、瑞典、孟加拉、寮國、紐西蘭、澳大利亞、新加坡、南非、安哥拉、波札那
	國務院總理	12	南韓、日本、蒙古、緬甸、希臘、比利時、義大利、土耳其、俄羅斯、塔吉克、印度、巴基斯坦
	人大委員長	6	法國、塞爾維亞、瑞士、柬埔寨、印尼、泰國
	政協主席	7	喀麥隆、納米比亞、南非、敘利亞、波蘭、阿曼、哈薩克
2011 (31)	國家主席	5	美國、哈薩克、俄羅斯、烏克蘭、奧地利
	國家副主席	6	義大利、古巴、烏拉圭、智利、越南、泰國
	國務院總理	6	馬來西亞、印尼、匈牙利、英國、德國、汶萊
	人大委員長	8	納米比亞、安哥拉、南非、馬爾地夫、俄羅斯、白俄羅斯、烏茲別克、哈薩克
	政協主席	6	緬甸、澳大利亞、薩摩亞、希臘、荷蘭、德國
2012 (43)	國家主席	6	南韓、印度、柬埔寨、丹麥、墨西哥、俄羅斯
	國家副主席	3	美國、愛爾蘭、土耳其
	國務院總理	17	尼泊爾、沙烏地阿拉伯、阿拉伯聯合大公國、卡達、冰島、瑞典、波蘭、巴西、烏拉圭、阿根廷、智利、比利時、吉爾吉斯、俄羅斯、寮國、柬埔寨、泰國
	人大委員長	8	荷蘭、克羅埃西亞、盧森堡、西班牙、伊朗、緬甸、斯里蘭卡、斐濟
	政協主席	9	衣索比亞、紐西蘭、汶萊、泰國、義大利、哥斯大黎加、阿根廷、柬埔寨、馬來西亞

表 2.3　後冷戰時期中國領導人出訪統計　（續）

年代	出訪者	次數	訪問對象
2013 (35)	國家主席	14	俄羅斯、坦尚尼亞、南非、剛果、千里達、哥斯大黎加、墨西哥、美國、土庫曼、哈薩克、烏茲別克、吉爾吉斯、印尼、馬來西亞
	國家副主席	4	阿根廷、委內瑞拉、北韓、南非
	國務院總理	11	俄羅斯、匈牙利、比利時、印度、巴基斯坦、瑞士、德國、汶萊、泰國、越南、羅馬尼亞
	人大委員長	3	奈及利亞、斯洛伐克、俄羅斯
	政協主席	3	芬蘭、瑞典、丹麥
2014 (43)	國家主席	20	俄羅斯、荷蘭、法國、德國、比利時、南韓、希臘＊、巴西、阿根廷、委內瑞拉、古巴、葡萄牙＊、蒙古、塔吉克、馬爾地夫、斯里蘭卡、印度、澳大利亞、紐西蘭、斐濟
	國家副主席	2	尚比亞、坦尚尼亞
	國務院總理	13	衣索比亞、奈及利亞、安哥拉、肯亞、英國、希臘、德國、俄羅斯、義大利、緬甸、哈薩克、塞爾維亞、泰國
	人大委員長	3	秘魯、哥倫比亞、墨西哥
	政協主席	5	阿爾及利亞、摩洛哥、巴林、約旦、越南
2015 (35)	國家主席	14	巴基斯坦、印尼、哈薩克、俄羅斯、白俄羅斯、美國、英國、越南、新加坡、法國、土耳其、菲律賓、辛巴威、南非
	國家副主席	3	阿富汗、印度、土庫曼
	國務院總理	11	瑞士、愛爾蘭＊、巴西、哥倫比亞、秘魯、智利、西班牙＊、比利時、法國、南韓、馬來西亞
	人大委員長	5	俄羅斯、南韓、印度、美國、寮國
	政協主席	2	泰國、印尼
2016 (37)	國家主席	14	沙烏地阿拉伯、埃及、伊朗、捷克、美國、塞爾維亞、波蘭、烏茲別克、柬埔寨、孟加拉、印度、厄瓜多、秘魯、智利
	國家副主席	5	泰國、吉布地、衣索比亞、南非、古巴
	國務院總理	8	蒙古、寮國、加拿大、古巴、吉爾吉斯、哈薩克、拉脫維亞、俄羅斯
	人大委員長	7	尚比亞、盧安達、肯亞、巴勒斯坦、芬蘭、法國、越南
	政協主席	3	加彭、象牙海岸、迦納
2017 (26)	國家主席	8	瑞士、芬蘭、美國、哈薩克、俄羅斯、德國、越南、寮國
	國家副主席	3	塞內加爾、查德、蒲隆地
	國務院總理	6	澳大利亞、紐西蘭、德國、比利時、菲律賓、匈牙利

表2.3　後冷戰時期中國領導人出訪統計　（續）

年代	出訪者	次數	訪問對象
	人大委員長	7	拉脫維亞、立陶宛、白俄羅斯、俄羅斯、葡萄牙、波蘭、塞爾維亞
	政協主席	2	巴基斯坦、斯里蘭卡
2018 (36)	國家主席	13	阿拉伯聯合大公國、塞內加爾、盧安達、南非、模里西斯 * 、俄羅斯、巴布亞紐幾內亞、汶萊、菲律賓、西班牙、阿根廷、巴拿馬、葡萄牙
	國家副主席	7	俄羅斯、白俄羅斯、以色列、巴勒斯坦、埃及、阿拉伯聯合大公國、新加坡
	國務院總理	9	柬埔寨、印尼、日本、保加利亞、德國、塔吉克、荷蘭、比利時、新加坡
	人大委員長	4	衣索比亞、莫三比克、納米比亞、北韓
	政協主席	3	剛果、烏干達、肯亞
2019 (31)	國家主席	12	義大利、摩納哥、法國、俄羅斯、吉爾吉斯、塔吉克、北韓、日本、印度、尼泊爾、希臘、巴西
	國家副主席	5	瑞士、巴基斯坦、荷蘭、德國、日本
	國務院總理	5	比利時、克羅埃西亞、俄羅斯、烏茲別克、泰國
	人大委員長	6	挪威、奧地利、匈牙利、亞塞拜然、哈薩克、俄羅斯
	政協主席	3	埃及、阿曼、寮國

註：年代底下括號內數字為訪問總國次數，註記 * 為「過境性訪問」。
資料來源：作者自行統計。

（四）出訪對象符合「周邊是首要、大國是關鍵」政策目標

　　根據表 2.4 至表 2.6 針對中國領導人出訪的「區域別」進行統計分析；明顯可見的是，大東亞地區（包括東亞與南亞）可說是其長期關注焦點；其次是在 1994-96 年後，正如前述，伴隨著國際制裁浪潮退卻，一方面領導人出訪次數開始顯著增加，出訪對象也開始普遍化，幾乎觸及全球所有區域，但相對於早期出訪對象以周邊國家與第三世界國家為主，1994 年後則出訪西歐與北美等核心地區出現上升趨勢（例如美國與俄羅斯為每年必訪國家），這既顯示出「大國外

交」力道的增強，也透露中國欲藉此提高其獨立自主性的戰略做法。

表 2.4　1990-1999 **年中國領導人出訪區域別國次統計**

	1990	1991	1992	1993	1994	1995	1996	1997	1998	1999
東亞南亞	8	6	5	8	6	10	7	5	4	13
中亞	0	0	0	0	4	0	3	1	1	0
西亞北非	2	7	2	0	0	2	4	0	0	9
漠南非洲	0	0	0	0	0	0	5	7	0	6
東歐	1	0	0	0	3	5	3	1	2	1
西歐北歐	0	0	5	1	11	2	7	6	7	7
大洋洲	0	0	1	0	1	0	1	1	0	2
北美洲	0	0	0	1	0	1	1	1	0	2
拉丁美洲	5	0	1	2	0	6	4	1	0	0

表 2.5　2000-2009 **年中國領導人出訪區域別國次統計**

	2000	2001	2002	2003	2004	2005	2006	2007	2008	2009
東亞南亞	8	13	10	11	3	13	8	3	7	8
中亞	3	0	0	1	1	1	2	2	3	2
西亞北非	4	8	6	0	3	1	3	2	6	2
漠南非洲	1	3	4	5	7	0	8	11	4	4
東歐	11	2	4	1	5	3	6	3	5	7
西歐北歐	7	7	6	0	12	5	4	1	1	10
大洋洲	0	2	0	2	0	4	3	1	0	0
北美洲	1	0	2	2	0	2	1	0	1	1
拉丁美洲	4	9	0	1	4	9	3	0	3	10

表 2.6　2010-2019 年中國領導人出訪區域別國次統計

	2010	2011	2012	2013	2014	2015	2016	2017	2018	2019
東亞南亞	11	7	13	8	8	13	7	5	10	8
中亞	4	3	1	4	2	3	3	1	1	5
西亞北非	3	0	4	0	4	1	4	0	5	3
漠南非洲	6	3	1	4	6	2	9	3	9	0
東歐	4	7	4	4	2	3	5	8	4	6
西歐北歐	9	4	8	6	10	7	2	6	5	8
大洋洲	2	2	2	0	3	0	0	2	0	0
北美洲	1	1	1	1	0	2	2	0	0	0
拉丁美洲	1	3	6	5	7	4	5	0	2	1

（五）在區域之間與特定區域內部，顯現戰略思考重點所在

　　根據表 2.7 的統計，除了以地區來區分外，我們亦進一步根據「國家別」來分析中國高層出訪的對象。對此可以發現，在 1990-2019 年間中國共出訪 135 個國家，占其邦交國總數 180 國的 75% 左右。儘管如此，首先，其出訪對象幾乎都是具「中等國力」以上的國家，其次，除對東亞地區進行「密集轟炸式」的訪問（這還不包括出席國際會議次數，參見表 2.9）外，在其他地區中，則隱約可見若干「指標型國家」（請見「*」號標示），例如南亞的印度與巴基斯坦，西亞的伊朗（主要涉及阿拉伯世界），北非的埃及與摩洛哥，中亞的哈薩克，東歐的俄羅斯，西北歐的英國、法國、德國與義大利，大洋洲的澳大利亞，拉丁美洲的墨西哥、巴西與古巴，以及漠南非洲的肯亞與南非等，中國高層多半平均 2 年便訪問該國一次，如果考量到整個高層集團出訪密度的話，更可見其互動的頻繁程度。

表 2.7 1990-2019 年中國領導人出訪國家別統計

區域	國家	次數	出訪年份
東亞 14	日本 *	18	1992, 1995, 1997, 1998(2), 1999, 2000, 2002, 2003, 2007(2), 2008(2), 2009, 2010, 2018, 2019(2)
	南韓 *	17	1994, 1995, 1998, 1999, 2000, 2001, 2003, 2004, 2005, 2007, 2008, 2009, 2010, 2012, 2014, 2015(2)
	北韓	10	1991, 1992, 2001, 2003, 2005, 2008, 2009, 2013, 2018, 2019
	新加坡 *	15	1990, 1992, 1993, 1994, 1995, 1997, 1999, 2001, 2002, 2005, 2009, 2010, 2015, 2018(2)
	印尼 *	15	1990, 1991, 1993, 1994, 2000, 2001, 2002, 2005, 2006, 2010, 2011, 2013, 2015(2), 2018
	泰國 *	18	1990, 1991, 1993, 1995, 1999(2), 2000, 2002, 2003, 2010, 2011, 2012(2), 2013, 2014, 2015, 2016, 2019
	馬來西亞 *	16	1990, 1992, 1993, 1994, 1995, 1997, 1999, 2002, 2005(2), 2006, 2009, 2011, 2012, 2013, 2015
	菲律賓	12	1990, 1993, 1996, 1999, 2002, 2003, 2005, 2007, 2009, 2015, 2017, 2018
	寮國	12	1990, 1996, 2000, 2004, 2006, 2008, 2010, 2012, 2015, 2016, 2017, 2019
	越南 *	20	1992, 1994, 1996(2), 1997, 1998, 1999, 2001(2), 2002, 2004, 2005, 2006(2), 2011, 2013, 2014, 2015, 2016, 2017
	柬埔寨	13	1995, 2000, 2001, 2002, 2006, 2008, 2009, 2010, 2012(3), 2016, 2018
	汶萊	6	2000, 2005, 2011, 2012, 2013, 2018
	緬甸	8	1995, 2000, 2001, 2009, 2010, 2011, 2012, 2014
	蒙古	9	1991, 1994, 1997, 1999, 2003, 2008, 2010, 2014, 2016
南亞 6	印度 *	17	1991, 1993, 1995, 1996, 2001, 2002, 2003, 2005, 2006, 2010, 2012, 2013, 2014, 2015(2), 2016, 2019
	巴基斯坦 *	15	1990, 1991, 1993, 1995, 1996, 1999, 2001, 2003, 2005, 2006, 2010, 2013, 2015, 2017, 2019
	孟加拉	6	1999, 2002, 2003, 2005, 2010, 2016
	斯里蘭卡	8	1990, 1999, 2001, 2003, 2005, 2012, 2014, 2017
	尼泊爾	6	1993, 1996, 2001, 2003, 2012, 2019
	馬爾地夫	4	1999, 2001, 2011, 2014

表 2.7　1990-2019 年中國領導人出訪國家別統計　（續）

區域	國家	次數	出訪年份
西亞 16	伊朗 *	8	1990, 1991(2), 1996, 2001, 2002, 2012, 2016
	伊拉克	1	1990
	以色列	3	1999, 2000, 2018
	巴勒斯坦	4	1999, 2000, 2016, 2018
	土耳其 *	9	1996, 1999, 2000, 2001, 2002, 2008, 2010, 2012, 2015
	敘利亞	4	1991, 1999, 2001, 2010
	科威特	1	1991
	沙烏地	7	1991, 1999, 2006, 2008, 2009, 2012, 2016
	約旦	5	1991, 1996, 2001, 2008, 2014
	阿曼	4	1999(2), 2010, 2019
	阿聯酋	4	1999, 2012, 2018(2)
	塞普勒斯	1	2001
	卡達	2	2008, 2012
	葉門	1	2008
	巴林	1	2014
	阿富汗	1	2015
北非 5	埃及 *	12	1991, 1995, 1996, 1999, 2000, 2004, 2006, 2007, 2009, 2016, 2018, 2019
	摩洛哥 *	8	1992, 1995, 1999, 2001, 2002, 2005, 2006, 2014
	利比亞	1	2002
	突尼西亞	5	1992, 2001, 2002, 2004, 2007
	阿爾及利亞	6	1999, 2001, 2002, 2004, 2008, 2014
中亞 6	哈薩克 *	21	1994, 1996, 1997, 1998, 2000, 2003, 2005, 2006, 2007, 2008, 2009, 2010(2), 2011(2), 2013, 2014, 2015, 2016, 2017, 2019
	土庫曼	8	1994, 2000, 2001, 2007, 2008, 2009, 2013, 2015
	烏茲別克	9	1994, 1996, 2004, 2007, 2010, 2011, 2013, 2016, 2019
	吉爾吉斯	8	1994, 1996, 2004, 2007, 2012, 2013, 2016, 2019
	亞塞拜然	2	2000, 2019
	塔吉克	7	2000, 2006, 2008, 2010, 2014, 2018, 2019

表 2.7　1990-2019 年中國領導人出訪國家別統計　（續）

區域	國家	次數	出訪年份
東歐 17	俄羅斯 *	44	1990, 1994, 1995, 1997, 1998(2), 1999, 2000, 2001(2), 2003, 2004(2), 2005, 2006(2), 2007(3), 2008, 2009(2), 2010(3), 2011(2), 2012(2), 2013(3), 2014(2), 2015(2), 2016, 2017(2), 2018(2), 2019(3)
	烏克蘭	7	1994, 1995, 1996, 2000, 2002, 2006, 2011
	白俄羅斯	9	1995, 2000(2), 2007, 2010, 2011, 2015, 2017, 2018
	匈牙利	8	2004, 2007, 2008, 2009, 2011, 2013, 2017, 2019
	捷克	2	2005, 2016
	斯洛伐克	4	2000, 2005, 2009, 2013
	保加利亞	5	2000, 2002, 2004, 2009, 2018
	波蘭	7	1996, 2004, 2007, 2010, 2012, 2016, 2017
	奧地利	8	1994(2), 1996, 1999, 2002, 2009, 2011, 2019
	羅馬尼亞	8	1994, 1996, 1998, 2004, 2006, 2008, 2009, 2013
	塞爾維亞	5	2000, 2010, 2014, 2016, 2017
	克羅埃西亞	5	2000, 2008, 2009, 2012, 2019
	斯洛維尼亞	3	2000, 2002, 2008
	摩爾多瓦	1	2006
	愛沙尼亞	3	2000, 2002, 2006
	拉脫維亞	4	2000, 2002, 2016, 2017
	立陶宛	4	2000, 2002, 2006, 2017
西歐北歐 19	英國 *	12	1998, 1999, 2001, 2002, 2004, 2005, 2006(2), 2009, 2011, 2014, 2015
	法國 *	17	1994, 1996, 1997, 1998(2), 1999, 2001, 2002, 2004, 2005, 2010(2), 2014, 2015(2), 2016, 2019
	德國 *	20	1994(2), 1997, 2000, 2001, 2002, 2004, 2005, 2006, 2009(2), 2011(2), 2013, 2014(2), 2017(2), 2018, 2019
	義大利 *	14	1992, 1996, 1997, 1998, 1999, 2000, 2004, 2009(2), 2010, 2011, 2012, 2014, 2019
	瑞士	10	1992, 1994, 1996, 1999, 2009, 2010, 2013, 2015, 2017, 2019
	荷蘭	9	1996, 1998, 2000, 2004, 2011, 2012, 2014, 2018, 2019
	盧森堡	3	1998, 2000, 2012
	西班牙	10	1992, 1996, 1998, 2001, 2004, 2005, 2009, 2012, 2015, 2018

表 2.7　1990-2019 年中國領導人出訪國家別統計　（續）

區域	國家	次數	出訪年份
	葡萄牙	11	1992, 1993, 1997, 1999, 2004, 2005, 2009, 2010, 2014, 2017, 2018
	比利時	13	1994, 2000, 2001, 2004, 2009, 2010, 2012, 2013, 2014, 2015, 2017, 2018, 2019
	愛爾蘭	4	2001, 2004, 2012, 2015
	馬爾他	4	1995, 2001, 2004, 2009
	希臘	11	1996, 1997, 1999, 2000, 2006, 2008, 2010, 2011, 2014(2), 2019
	芬蘭	7	1992, 1994, 2006, 2010, 2013, 2016, 2017
	瑞典	5	1994, 2007, 2010, 2012, 2013
	挪威	5	1994, 1996, 1997, 2004, 2019
	丹麥	4	2002, 2004, 2012, 2013
	冰島	3	2000, 2002, 2012
	摩納哥	1	2019
大洋洲 5	澳大利亞 *	12	1994, 1997, 1999, 2002, 2003, 2005, 2006, 2007, 2010, 2011, 2014, 2017
	紐西蘭	9	1996, 1999, 2003, 2005, 2006, 2010, 2012, 2014, 2017
	斐濟	7	1992, 2001, 2005(2), 2006, 2012, 2014
	巴布亞	2	2001, 2018
	薩摩亞	1	2011
北美洲 2	美國 *	18	1993, 1997, 1999, 2002(2), 2003, 2005, 2006, 2008(2), 2009, 2011, 2012, 2013, 2015(2), 2016, 2017
	加拿大	8	1995, 1996, 1999, 2000, 2003, 2005, 2010, 2016
拉丁美洲 15	墨西哥 *	10	1990, 1995, 1997, 2003, 2005(2), 2009, 2012, 2013, 2014
	阿根廷	9	1990, 2001(2), 2004, 2012(2), 2013, 2014, 2018
	巴西 *	15	1990, 1992, 1993, 1995, 1996, 2001, 2004, 2006, 2009(2), 2010, 2012, 2014, 2015, 2019
	智利	10	1990, 1995, 1996, 2001, 2004, 2006, 2011, 2012, 2015, 2016
	秘魯	8	1995, 2000, 2005, 2008, 2009, 2014, 2015, 2016
	委內瑞拉	7	1996, 2000, 2001, 2005, 2009, 2013, 2014
	哥倫比亞	4	2005, 2009, 2014, 2015
	烏拉圭	7	1990, 2001(2), 2005, 2006, 2011, 2012

表 2.7　1990-2019 年中國領導人出訪國家別統計　（續）

區域	國家	次數	出訪年份
	古巴 *	13	1993, 1995, 1996, 2001(2), 2004, 2005, 2008, 2009, 2011, 2014, 2016(2)
	牙買加	3	1995, 2005, 2009
	千里達	3	2000, 2005, 2013
	哥斯大黎加	3	2008, 2012, 2013
	巴哈馬	1	2009
	厄瓜多	2	2009, 2016
	巴拿馬	1	2018
漠南非洲 30	肯亞 *	9	1996, 1999, 2002, 2004, 2006, 2007, 2014, 2016, 2018
	衣索比亞	7	1996, 2003, 2008, 2012, 2014, 2016, 2018
	納米比亞	6	1996, 2003, 2007, 2010, 2011, 2018
	馬利	2	1996, 2009
	多哥	2	2000, 2004
	貝南	1	2004
	辛巴威	4	1996, 2004, 2007, 2015
	尚比亞	6	1997, 2003, 2004, 2007, 2014, 2016
	莫三比克	3	1997, 2007, 2018
	加彭	4	1997, 2004, 2008, 2016
	喀麥隆	4	1997, 2002, 2007, 2010
	烏干達	3	2001, 2006, 2018
	奈及利亞	5	1997, 2002, 2006, 2013, 2014
	坦尚尼亞	6	1997, 2003, 2006, 2009, 2013, 2014
	迦納	4	1999, 2006, 2007, 2016
	剛果（布）	3	2006, 2013, 2018
	馬達加斯加	2	1999, 2008
	象牙海岸	2	1999, 2016
	南非 *	16	1999(2), 2000, 2001, 2002, 2004, 2006, 2007, 2010(2), 2011, 2013(2), 2015, 2016, 2018
	安哥拉	4	2006, 2010, 2011, 2014
	模里西斯	4	1999, 2001, 2009, 2018

表 2.7　1990-2019 年中國領導人出訪國家別統計　（續）

區域	國家	次數	出訪年份
	塞席爾	4	1997, 2003, 2007, 2008
	賴比瑞亞	1	2007
	蘇丹	1	2007
	塞內加爾	3	2009, 2017, 2018
	波札那	1	2010
	吉布地	1	2016
	盧安達	2	2016, 2018
	查德	1	2017
	蒲隆地	1	2017

註：「*」號表示在該區域裡，中國出訪較頻繁的國家，區域別下方數字為訪問過之國家數。

　　儘管中國尚有 45 個邦交國，在 1990 年後尚無高層出訪紀錄（包括在此期間新建交之國家），正如表 2.8 所示，即便其中包括若干不具任何影響力的迷你國家（例如聖馬力諾與安道爾），或長期陷入內戰狀態者（例如獅子山國與索馬利亞），中國對這些國家仍不時派「高層集團」成員前往訪問，或間接透過參與聯合國的維持和平行動來與其接觸。

表 2.8　後冷戰時期中國領導人尚未往訪邦交國統計

區域	國家	備註
東亞 1	東帝汶 *	2002 正式獨立，2002 外長唐家璇、2010 政協副主席何厚鏵、2015 人大副委員長陳竺往訪
西亞 3	黎巴嫩	2001 外長唐家璇、2002 國務委員吳儀、2005 外長李肇星、2015 政協副主席王正偉、2017 外長王毅、2018 政協副主席陳曉光往訪
	喬治亞	1996 副總理兼外長錢其琛、1997 人大副委員長王丙乾、2001 副總理李嵐清、2016 副總理張高麗、2019 外長王毅往訪

表 2.8　後冷戰時期中國領導人尚未往訪邦交國統計　（續）

區域	國家	備註
	亞美尼亞	1996 副總理兼外長錢其琛、1997 人大副委員長王丙乾、2002 人大副委員長鐵木爾、2004 外長李肇星、2006 人大副委員長許嘉璐、2015 人大副委員長張昌智、2016 副總理張高麗、2019 外長王毅往訪
東歐 4	阿爾巴尼亞	1993 副總理兼外長錢其琛、1994 政協副主席萬國權與人大副委員長布赫、2000 外長唐家璇、2002 人大副委員長鐵木爾、2002 國務委員吳儀、2005 外長李肇星、2006 副總理回良玉與政協副主席王忠禹、2009 副總理張德江、2011 外長楊潔篪、2012 政協副主席張榕明、2016 人大副委員長吉炳軒、2017 副總理張高麗、2019 政協副主席張慶黎往訪
	波斯尼亞 *	2005 外長李肇星、2007 人大副委員長艾買提、2008 副總理張德江、2010 人大副委員長陳至立往訪
	黑山	2006 正式獨立與中國建交、2006 國務委員唐家璇、2009 政協副主席張梅穎、2010 人大副委員長陳至立、2011 政協副主席陳奎元、2012 副總理回良玉、2017 政協副主席馬培華往訪
	北馬其頓	1996 副總理兼外長錢其琛往訪，1999 轉與台灣建交，2001 與中國復交，2005 外長李肇星、2006 國務委員唐家璇、2008 副總理張德江、2011 人大副委員長桑國衛、2012 副總理回良玉、2018 政協副主席張慶黎往訪
西、北歐 3	列支敦士登	1999 副外長王英凡往訪
	聖馬利諾	2007 副總理回良玉、2013 外長王毅往訪
	安道爾	2007 副外長張業遂往訪
大洋洲 7	密克羅尼西亞	1992 人大副委員長彭衝、2006 外長李肇星、2007 人大副委員長蔣正華往訪
	萬納杜	2003 人大副委員長熱地、2006 外長李肇星往訪
	庫克群島	2000 農業部長陳耀邦、2006 外長李肇星往訪
	東加	2000 人大副委員長周光召、2006 外長李肇星、2011 政協副主席廖暉往訪
	紐埃	2007 與中國建交
	索羅門群島	2019 與中國建交
	吉里巴斯	1980 與中國建交、2003 與台灣建交、2019 與中國復交
拉丁美洲 9	多米尼克	2004 建交，2006 副外長楊潔篪、2007 人大副委員長顧秀蓮、2012 人大副委員長陳昌智往訪

表 2.8　後冷戰時期中國領導人尚未往訪邦交國統計　（續）

區域	國家	備註
	蘇利南	1993 人大副委員長陳慕華、2003 國務委員吳儀、2004 人大副委員長蔣正華、2011 人大副委員長陳昌智、2018 外長王毅、2019 政協副主席邵鴻往訪
	安提瓜	2003 國務委員吳儀、2006 外長李肇星、2010 國務委員劉延東、2011 人大副委員長陳昌智、2017 政協副主席馬培華往訪
	巴貝多	1993 人大副委員長陳慕華、1998 副總理錢其琛、2003 國務委員吳儀、2004 外長李肇星與人大副委員長王雲龍往訪
	玻利維亞	1990 外長錢其琛、1998 國務委員羅幹、2006 人大副委員長顧秀蓮、2011 副總理回良玉、2016 外長王毅往訪
	格瑞那達	1989 與台灣建交，2005 與中國復交，2005 人大副委員長王雲龍、2007 人大副委員長顧秀蓮、2012 人大副委員長陳昌智往訪
	圭亞那	1993 人大副委員長陳慕華、1998 副總理錢其琛、2003 國務委員吳儀、2007 人大副委員長顧秀蓮、2018 外長王毅往訪
	多明尼加	2018 與中國建交
	薩爾瓦多	2018 與中國建交
漠南非洲 18	赤道幾內亞	1997 副總理兼外長錢其琛、2002 人大副委員長許嘉璐、2007 外長李肇星、2015 外長王毅往訪
	茅利塔尼亞	1993 與 1997 副總理兼外長錢其琛、1995 人大副委員長吳階平、1994 國務委員陳俊生、2000 外長唐家璇、2000 全國政協副主席李貴鮮、2016 人大副委員長向巴平措、2017 外長王毅往訪
	維德角	1997 副總理兼外長錢其琛、1999 國務委員司馬義、2002 人大副委員長許嘉璐、2006 外長李肇星、2011 人大副委員長陳至立、2017 外長王毅、2018 政協副主席萬鋼往訪
	剛果（金）*	1995 副總理兼外長錢其琛、2003 外長唐家璇、2008 外長楊潔篪、2011 副總理回良玉、2015 外長王毅往訪
	幾內亞比索	1990 與台灣建交，1998 與中國復交，2001 副外長吉佩定、2007 外長李肇星往訪
	尼日	1992 與台灣建交，1996 與中國復交，1997 副總理兼外長錢其琛、2012 外長楊潔篪、2014 政協副主席王家瑞往訪
	中非	1991 與台灣建交，1998 與中國復交，2001 外長唐家璇、2007 外長李肇星、2011 政協副主席羅富和、2019 政協副主席鄭建邦往訪

表2.8　後冷戰時期中國領導人尚未往訪邦交國統計　（續）

區域	國家	備註
	厄立特里亞*	1994 副總理兼外長錢其琛、2002 外長唐家璇、2002 人大副委員長許嘉璐、2007 外長李肇星往訪
	幾內亞	1992 國務委員兼外長錢其琛、1995 副總理李嵐清、1998 外長唐家璇、2000 政協副主席陳錦華、2005 副總理黃菊、2011 外長楊潔篪、2015 外長王毅往訪
	葛摩	2004 外長李肇星、2018 人大副委員長蔡達峰往訪
	賴索托	1990 與台灣建交，1994 與中國復交，2005 外長李肇星、2007 政協副主席阿不都熱西提往訪
	獅子山國*	1991-2002 爆發內戰、2010 外長楊潔篪、2015 外長王毅、2016 政協副主席王家瑞往訪
	索馬利亞	1991-2003 爆發內戰，中國 1991-2014 撤館
	馬拉威	2007 與中國建交，2009 外長楊潔篪、2016 外長王毅往訪
	南蘇丹	2011 獨立並與中國建交，2011 外長楊潔篪往訪
	聖多美	1975 與中國建交，1997 與台灣建交，2016 與中國復交，2018 外長王毅往訪
	布吉納法索	1973 與中國建交，1994 與台灣建交，2018 與中國復交，2018 副總理胡春華、2019 外長王毅往訪
	甘比亞	1974 與中國建交，1995 與台灣建交，2016 與中國復交，2017 政協副主席馬培華、2019 外長王毅往訪

註：上述資料為截至 2019 年底為止，區域別下方數字為尚未訪問過之國家數，加「*」號部分代表中國參與聯合國派駐該地的 PKO 行動。

　　最後，中國領導人出訪除針對個別國家外，正如表 2.9 所列，自後冷戰時期以來，其出席國際會議的次數與頻率也明顯升高當中，更值得觀察的是，他們經常利用出席會議之便進行密集的「走廊外交」，[13] 亦即與若干國家領袖另外闢室密談以增加溝通機會。不過，自 2000 年迄今，可發現中國高層（其實僅限國家主席與國務院總

13　走廊外交（Corridor diplomacy）也被稱為是種隨機應變式外交（the fancy-meeting-you-here school of foreign policy），目的在彈性利用會議空暇進行溝通協商。

理）參與國際會議有暫時定型化或公式化的趨勢，例如國家主席固定參
與上海合作組織、亞太經濟合作（APEC）、G-20 高峰會與金磚峰會，
國務院總理則例行地出席上海合作組織總理會議、東亞系列（10＋1、
10＋3 與東亞10＋6 高峰會）高峰會與中歐領導人年度會晤等。從某
個角度來看，參與這些會議固然有助於中國的獨立自主，但與「周邊
外交」及「大國外交」的政策目標亦有直接相關，因此，我們也會在
後面的章節中繼續詳述。

表 2.9　後冷戰時期中國領導人出席國際會議統計

年代	出訪者	次數	訪問對象
1992	國務院總理	2	UN 安理會元首會議、世界經濟論壇年會
1993	國家主席	1	APEC 高峰會
1994	國家主席	1	APEC 高峰會
1995 (3)	國家主席	2	UN50 周年紀念高峰會、APEC 高峰會
	國務院總理	1	UN 社會發展問題全球高峰會
1996 (3)	國家主席	1	APEC 高峰會
	國務院總理	2	世界糧食高峰會、亞歐高峰會
1997	國家主席	3	9＋3 高峰會、9＋1 高峰會、APEC 高峰會
1998 (6)	國家主席	2	APEC 高峰會、上海五國高峰會
	國家副主席	2	9＋3 高峰會、9＋1 高峰會
	國務院總理	2	亞歐高峰會、中—歐領導人會晤
1999 (6)	國家主席	3	日內瓦裁軍會議、APEC 高峰會、上海五國高峰會
	國務院總理	3	10＋3 高峰會、10＋1 高峰會、中日韓高峰會
2000 (8)	國家主席	4	UN 千禧年高峰會、UN 安理會常任理事國高峰會、APEC 高峰會、上海五國高峰會
	國務院總理	4	10＋3 高峰會、10＋1 高峰會、中日韓高峰會、亞歐高峰會
2001	國務院總理	5	10＋3 高峰會、10＋1 高峰會、中日韓高峰會、中—歐領導人會晤、SCO 總理會議
2002 (10)	國家主席	3	SCO 高峰會、APEC 高峰會、CICA 高峰會
	國務院總理	7	永續發展全球高峰會、10＋3 高峰會、10＋1 高峰會、中日韓高峰會、GMS 高峰會、亞歐高峰會、中—歐領導人會晤

表 2.9　後冷戰時期中國領導人出席國際會議統計　（續）

年代	出訪者	次數	訪問對象
2003 (9)	國家主席	5	SCO 高峰會、南北領袖非正式對話會議、APEC 工商領袖高峰會、APEC 高峰會、G8 高峰會
	國務院總理	3	10＋3 高峰會、10＋1 高峰會、中日韓高峰會
	人大委員長	1	亞洲議會和平協會年會
2004 (8)	國家主席	2	SCO 高峰會、APEC 高峰會
	國務院總理	6	SCO 總理會議、亞歐高峰會、10＋3 高峰會、10＋1 高峰會、中日韓高峰會、中─歐領導人會晤
2005 (11)	國家主席	5	第二次亞非高峰會、SCO 高峰會、G8＋5 高峰會、UN60 周年紀念高峰會、APEC 高峰會
	國務院總理	5	東協海嘯問題特別高峰會、SCO 總理會議、東亞高峰會、10＋3 高峰會、10＋1 高峰會
	人大委員長	1	世界議長大會
2006 (10)	國家主席	4	SCO 高峰會、G8＋5 高峰會、CICA 高峰會、APEC 高峰會
	國務院總理	4	SCO 總理會議、中─歐領導人會晤、中歐論壇、亞歐高峰會
	人大委員長	2	SCO 議長會議、中智經貿合作論壇
2007 (7)	國家主席	3	SCO 高峰會、G8＋5 高峰會、APEC 高峰會
	國務院總理	4	SCO 總理會議、東亞高峰會、10＋3 高峰會、10＋1 高峰會
2008 (6)	國家主席	3	SCO 高峰會、G8＋5 高峰會、APEC 高峰會
	國務院總理	3	GMS 高峰會、SCO 總理會議、中日韓高峰會
2009 (13)	國家主席	6	G-20 高峰會（2）、SCO 高峰會、BRIC 高峰會、UN 氣候變遷高峰會、APEC 高峰會
	國務院總理	7	達沃斯年會、中─歐領導人會晤、東亞高峰會、10＋3 高峰會、10＋1 高峰會、中非合作論壇、氣候變遷高峰會
2010 (14)	國家主席	6	核安全高峰會、BRIC 高峰會、SCO 高峰會、G-20 高峰會（2）、APEC 高峰會
	國務院總理	7	中日韓高峰會、亞歐高峰會、中─歐領導人會晤、東亞高峰會、10＋3 高峰會、10＋1 高峰會、SCO 總理會議
	人大委員長	1	世界議長大會
2011 (8)	國家主席	4	SCO 高峰會、BRICS 高峰會、G-20 高峰會、APEC 高峰會
	國務院總理	4	中日韓高峰會、東亞高峰會、10＋3 高峰會、10＋1 高峰會

表 2.9 後冷戰時期中國領導人出席國際會議統計 （續）

年代	出訪者	次數	訪問對象
2012 (14)	國家主席	5	SCO 高峰會、核安全高峰會、BRICS 高峰會、G-20 高峰會、APEC 高峰會
	國務院總理	9	中—中東歐領導人會晤、UN永續發展會議、中—歐領導人會晤、中歐工商高峰會、亞歐高峰會、東亞高峰會、10＋3 高峰會、10＋1 高峰會、SCO 總理會議
2013 (11)	國家主席	4	BRICS 高峰會、SCO 高峰會、G-20 高峰會、APEC 高峰會
	國務院總理	6	亞歐高峰會、東亞高峰會、10＋3 高峰會、10＋1 高峰會、中—中東歐領導人會晤、SCO 總理會議
	人大委員長	1	亞太議會論壇年會
2014 (14)	國家主席	6	冬季奧運會、核安全高峰會、BRICS 高峰會、SCO 高峰會、G-20 高峰會、太平洋島國高峰會
	國務院總理	8	世界經濟論壇非洲高峰會、亞歐高峰會、東亞高峰會、10＋3 高峰會、10＋1 高峰會、中—中東歐領導人會晤、SCO 總理會議、GMS 高峰會
2015 (16)	國家主席	7	第三次亞非高峰會、BRICS 高峰會、SCO 高峰會、G-20 高峰會、APEC 高峰會、氣候變遷會議、中非合作論壇峰會
	國務院總理	7	世界經濟論壇年會、中—歐領導人會晤、中歐工商高峰會、中日韓高峰會、東亞高峰會、10＋3 高峰會、10＋1 高峰會
	人大委員長	2	BRICS 議長會議、世界議長大會
2016 (13)	國家主席	5	核安全高峰會、伊朗核問題 6 國高峰會、SCO 高峰會、BRICS 高峰會、APEC 高峰會
	國務院總理	7	亞歐高峰會、東亞高峰會、10＋3 高峰會、10＋1 高峰會、UN 高級別會議、中—中東歐領導人會晤、SCO 總理會議
	人大委員長	1	各國議會聯盟大會
2017 (11)	國家主席	4	世界經濟論壇年會、SCO 高峰會、G-20 高峰會、APEC 高峰會
	國務院總理	7	中—歐領導人會晤、東亞高峰會、10＋3 高峰會、10＋1 高峰會、RCEP 峰會、中—中東歐領導人會晤、SCO 總理會議
2018 (13)	國家主席	4	BRICS 高峰會、東方經濟論壇、APEC 高峰會、G-20 高峰會
	國務院總理	9	瀾滄江—湄公河合作峰會、中日韓高峰會、中—中東歐領導人會晤、SCO 總理會議、亞歐高峰會、東亞高峰會、10＋3 高峰會、10＋1 高峰會、RCEP 峰會

表 2.9　後冷戰時期中國領導人出席國際會議統計　（續）

年代	出訪者	次數	訪問對象
2019 (11)	國家主席	4	SCO 高峰會、CICA 高峰會、G-20 高峰會、BRICS 高峰會
	國務院總理	6	中—歐領導人會晤、中—中東歐領導人會晤、SCO 總理會議、東亞高峰會、10＋3 高峰會、10＋1 高峰會
	人大委員長	1	歐亞國家議長會議

註：此表資料不包括雙邊會議、在中國召開的會議，或在部長級會議中發表講話等；另外，10＋3 高峰會、10＋1 高峰會與東亞高峰會通常同時舉行。

從新安全觀到安全外交

　　隨著高層出訪愈發密集，在提高國際曝光度之餘，下一階段或許便是試圖挑戰主流思想，此即「新安全觀」的提出。1996 年，錢其琛在東協區域論壇會議上首次針對此宣稱：「我們主張通過對話與協商，增進相互瞭解和彼此信任；通過擴大和深化經濟交往與合作，共同參與和密切合作，促進地區安全，鞏固政治安全」，至於 1997 年《中俄聯合聲明》則公開指出雙方將共同努力「摒棄冷戰思維，確立新安全觀的思想」；自此，「新安全觀」也成為中國官方、學界與媒體大力闡述的重點。

　　至於在領導人發言方面，首先是江澤民於 1999 年在日內瓦裁軍會議的演說中指出：「以軍事聯盟為基礎、以加強軍備為手段的舊安全觀，無助於保障國際安全，更不能營造世界的持久和平。這就要求必須建立適應時代需要的新安全觀。新安全觀的核心，應該是互信、互利、平等、合作」。他接著在 2000 年聯合國千禧年高峰會演說中又提到：「冷戰已經結束，……應澈底拋棄冷戰思維，建立以互信、互利、平等、合作為核心的新安全觀」。據此，參與 ARF 的中國代

表團在 2002 年正式向大會提交一份〈中方關於新安全觀的立場〉，基本上反應並整理了自江澤民時期以來對所謂新安全觀的闡述。其後，胡錦濤在 2009 年於聯合國大會發表演講時，再度闡述「既要維護本國安全，又尊重別國安全關切，促進人類共同安全」，「堅持互信、互利、平等、協作」的「新安全觀」概念，習近平則在 2014 年主持中央國家安全委員會首次會議時進一步提出「堅持總體國家安全觀，走出一條中國特色國家安全道路」的說法，並系統性提出構建包括政治安全、國土安全、軍事安全、經濟安全、文化安全、社會安全、科技安全、資訊安全、生態安全、資源安全、核安全等「11 種安全」的國家安全體系。

　　值得注意的是，除前述「新安全觀」之外，中國前外長楊潔篪在 2008 年發表的〈改革開放以來的中國外交〉文中，進一步提出所謂「安全外交」說法，相關名詞在 2010 年被收錄在《中國外交》白皮書中，這也是它在官方文書中的首度登場（2011-13 年再度被收錄使用），[14] 儘管在文件中並未列出其明確的定義內容，但似乎仍可作為新安全觀在外交上之延伸使用。

肆　新世界觀與自我定位調整

　　可以這麼說，如果我們再度回溯「革命外交」這個中國獨立自主目標的思想根源的話，當可發現，中國所追求者絕非僅在於「形式」（國際地位）上的獨立自主，其最終目標乃是在「觀念」上擺脫由西方世界所制定的框架，而這也才符合所謂革命的真諦，例如前述毛澤

14　西方學者在此之前曾提出類似研究想法，但概念或有不同；Bates Gill, *Rising Star: China's New Security Diplomacy* (Washington, D.C.: Brookings Institution Press, 2007).

東時期對於世界觀的表達，便可說是早期的顯著例證。不過，觀念自主畢竟必須以形式自主作爲前提；換句話說，如果沒有某種程度形式自主的支撐，觀念自主也不可能達成。進一步來說，中國的自我定位在中共建政以來經歷了幾個階段的調整：

（一）從左傾冒進到保守穩健之理性路線軌跡

正如「寧爲雞頭，不爲鳳尾」這句中國俗語一般，從 1950 年代大躍進運動當中高倡「超英趕美」口號看來，毛澤東其實意在力爭「鳳頭」，但在東風壓不倒西風後，只好退而求其次做「雞頭」（亦即領導第三世界）；其後，基於相對保守之個人性格和實事求是之處世態度，加上中國被文革的政治民粹主義淘空國本的刺激，這也是鄧小平時期理性地走回永不當頭外交的緣故。

（二）透過和諧世界觀，再度扮演倡議者角色

自 1990 年代以來，在改革開放成果與國際情勢變遷的雙重有利環境下，中國不僅逐漸加深高層外交的力道，透過密集地在國際曝光與參與各種互動來提高威望，在新世紀後更慢慢開啓形塑新世界觀的過程。其中，最關鍵的發展是 2005 年 4 月胡錦濤在第二屆亞非高峰會時所提出，亞非國家應「推動不同文明友好相處、平等對話、發展繁榮，共同構建一個和諧世界」說法，這也是該說法第一次出現；其後，繼「和諧世界」在 7 月被寫入《中俄關於 21 世紀國際秩序的聯合聲明》後，胡錦濤在同年 9 月聯合國 60 周年高峰會上再度發表「努力建設持久和平，共同繁榮的和諧世界」演說；同年 12 月，溫家寶也在法國發表「尊重不同文明，共建和諧世界」的演講，進一步闡釋了相關說法內涵。

事實上，隨著中國近年來的迅速發展以及與世界互動的更加密

切，各種版本的「中國威脅論」也跟著甚囂塵上，成為可能阻礙未來其獨立自主的障礙；未解決此問題，前述「和平崛起論」固然是種反擊，但根據北京決策階層自 2004 年起所進行的外交路線辯論，一般認為和平崛起中的「崛起」兩字反而會讓外界產生誤解，而這也是和諧世界理念最後被提出的主要原因。進一步來說，相較「和平崛起」主要在被動地解釋當前中國發展及目的，構建「和諧世界」則呈現中國主動闡釋其對於推動世界發展的態度，此一差別在中國進行政策辯護時也較為客觀有利。

在 2006 年 6 月的上海合作組織高峰會中，胡錦濤既再度拋出共建「和諧地區」的概念，接著在參加亞洲相互協作與信任措施會議時，又提出共建「和諧亞洲」的口號。由此，「和諧外交」成為中國對外政策的新思維相當明顯，至於方向上則以歐亞大陸塊為核心向周邊擴散。同年 8 月召開的中共中央外事工作會議上，胡錦濤正式提出「和諧世界」外交方針，並指示應依此原則加強與第三世界國家互動（下一章將對此進行更深入探討），這場工作會議雖是年度性例行會議，不同往常的是，政治局 9 名常委全員到齊，可見其象徵；胡錦濤在會議中提出包含「和諧世界」與「統籌國內國際兩個大局」在內的「六個堅持」，希望以此落實在實際的對外工作當中。

（三）透過自我宣示為負責任大國，中國自我定位轉趨積極

儘管在 2007 年的「十七大」政治報告中，「和諧世界」又一次成為胡錦濤闡述當前中國外交政策的重點所在，中國外長楊潔篪也在 2008 年公開宣稱，「推動建設和諧世界是中國外交現實任務」，胡錦濤更於 2009 年在聯合國大會演說時，以「推動建構和諧世界」為主要論述焦點。值得注意的是，「和諧」一詞在習近平上台後雖依

舊厝被提及，似乎並未成為宣示焦點；例如在 2012 年「十八大」政治報告中，「和諧世界」已經被「以更加積極的姿態參與國際事務，發揮負責任大國作用」所取代，2017 年「十九大」政治報告更指出「中國將繼續發揮負責任大國作用，積極參與全球治理體系改革和建設」，顯示日益強化的自信心。

　　總而言之，在進入新世紀後，中國對世界觀所進行之獨立闡述與發揮，應是我們下一步值得深思的焦點。

第三章
南南外交

　　儘管表面上看起來，後冷戰時期趨近一個由美國主導的單極世界，但在邁向新世紀（特別是美國發動伊拉克戰爭）後，包括聯合國大會在內的各種國際場合仍不斷出現反美言論，例如在 2006 年不結盟運動高峰會上，[1]反美與對抗「美國在全球的獨裁統治」便成為首要主題；這顯示對美國的不滿正促使開發中國家展現自 1980 年代以來僅見的大團結，其中最引人注目的，除了許多伊斯蘭國家和拉丁美洲民粹政府結合形成的「南方軸心」外，根據 2002 年 Pew Research Center 的一項全球民調，在 27 個國家中有 20 個對美國的好感呈現下降趨勢，[2]此一趨勢在 2017 年 Trump 上台後尤為明顯，更別說 CIA 雇員 Edward Snowden 在 2013 年叛逃並揭發所謂「稜鏡計畫」（PRISM）帶來的震撼。[3]更甚者，由於開發中國家自新世紀以來，平均經濟年增率持續為已開發國家 2 至 3 倍，充分顯示其雄厚之經濟潛力；至於在前述多元政經背景與全球反美浪潮的激盪下，[4]中國不斷拓展其與第三

1　不結盟運動（Non-alignment Movement, NAM）：在南斯拉夫總統 Tito、埃及總統 Nasser 和印度總理 Nehru 於 1956 年共同提出此一主張後，第一次高峰會議於 1961 年 9 月在南斯拉夫貝爾格勒舉行，共 25 國出席，奉行獨立、自主和非集團的宗旨和原則。迄今共有 120 個成員、17 個觀察員國家、10 個觀察員組織，不設總部，無常設機構，無成文章程。至 2019 年 10 月，共舉行了 18 次高峰會和部長級會議。中國在 1992 年加入成為觀察員國家。

2　Pew Research Center, "The Spread of Anti-Americanism," January 24, 2005; https://www.pewresearch.org/global/2005/01/24/global-opinion-the-spread-of-anti-americanism/

3　稜鏡計畫（PRISM）：由美國國家安全局自 2007 年起開始實施的高機密性電子監聽計畫，正式編號名稱為 US-984XN，前身則是在 911 事件後推動進行的恐怖分子監聽計畫（Terrorist Surveillance Program），該計畫最終在 2013 年 6 月首次被揭露周知。

4　Denis Lacorne and Tony Judt, eds., *With Us or Against Us: Studies in Global Anti-Americanism* (New York: Palgrave Macmillan, 2005); Peter J. Katzenstein and Robert O. Keohane, *Anti-Americanisms*

世界國家之間的關係，自然成為眾所矚目的焦點。

第一節　三個世界外交：中間地帶概念的意義
Three-World Diplomacy: The Idea of Middle Area

壹 相關外交理論背景及其發展

　　正如我們透過表 2.1 所陳述的毛澤東世界觀變遷，他在 1946 年與美國記者 Anna L. Strong 談話時，便提及了所謂「中間地帶」概念；他表示：「……在美國和蘇聯中間隔著極其遼闊的中間地帶，這裡有歐、亞、非三洲的許多資本主義國家和殖民地、半殖民地國家。美國反動派在沒有壓服這些國家之前，是談不到進攻蘇聯的；……我相信，不要很久，這些國家將會認識到真正壓迫他們的是誰，是蘇聯還是美國。」不過，中共建政後不久便修正了上述說法，首先是變更中間地帶的「地理劃分」，根據 1964 年 1 月 21 日《人民日報》社論指出，中間地帶分為兩個部分，第一是指亞、非與拉丁美洲已獨立和正在爭取獨立的國家，第二則是指整個西歐、日本、大洋洲和加拿大等資本主義國家；其次，中間地帶性質也有所改變，亦即中間地帶不再是美國進攻蘇聯的緩衝區，而是被其直接侵略的目標；第三，中國對前述兩個中間地帶並非同等看待，其中，前者被中國視為「反美統一戰線」的主力，至於後者則具有兩面性，亦即它們既剝削和壓迫別人，但同時也以附庸身分受到美國的控制與干涉。

---

in World Politics (Ithaca: Cornell University Press, 2006); Brendon O'Connor and Martin Griffiths, The Rise of Anti-Americanism (New York: Routledge, 2006); Max Paul Friedman, Rethinking Anti-Americanism: The History of an Exceptional Concept in American Foreign Relations (Cambridge: Cambridge University Press, 2012).

從某個角度來看，所謂中間地帶理論不啻反映出中國希望透過「分化」與「拉攏」等雙重手法，來強化國家安全並促進獨立自主目標的企圖，於此同時，它也象徵著中國對國際體系結構內涵認知的變遷歷程。除此之外，源自 Lenin 推動國際無產階級革命的「統一戰線」（united front）概念，不僅早自 1939 年起，便被毛澤東視爲中共的「三大法寶」（統一戰線、武裝鬥爭、黨的建設）之一，簡要而言，其核心是在政治競爭中掌握「聯合次要敵人，打擊主要敵人」的原則，因此正確判斷「形勢」，區別敵我勢力消長，並洞悉各方力量分布與態度，對統一戰線策略的實施可說極爲重要。

據此，毛澤東提出所謂三個世界論的思考背景大致有如下兩項：

（一）中國發覺西方帝國主義陣營有著日益分裂的趨勢

特別在 1960 年代後，逐漸完成戰後復甦重建的西歐、日本與加拿大等國，顯然開始對美國主導之經濟與安全政策不表全然贊同，這使它們成爲中國可能利用，並聯合來打擊美國的工具。值得注意的是，雖然中國在第二度提出中間地帶理論時，正與蘇聯在意識形態上發生齟齬與對立，基於其作爲政權正當性基礎的反帝國主義概念，以及前述對於國際體系結構變遷之觀察結果（以美國爲首的帝國主義陣營正出現裂縫），在此時期中仍暫時將美國視爲「主要敵人」。例如前述 1964 年社論中便提到：「……美帝建立世界霸權的政策，也不能不遭到其他主要資本主義國家的反抗，……西歐各國和日本等已恢復了元氣，重振了實力；它們要衝破美國在政治上、軍事上對它們的限制，走向獨立發展的道路；爲粉碎美帝國主義稱霸世界的罪惡計畫，全世界人民，一切受美國侵略、控制、干涉和欺負的國家必須結成廣泛的統一戰線，加強共同的鬥爭。」

（二）因應中、蘇共分裂後陷入兩面鬥爭之戰略壓力

　　中國雖然認為社會主義國家必須站在反美帝的最前列位置，但在 1960 年代中、蘇共分裂態勢逐漸明朗後，它一方面指責蘇聯背叛了「正統」馬克思主義路線，並嚴厲譴責「……蘇聯領導人追求美、蘇合作主宰世界，……破壞社會主義陣營團結，違背了社會主義各國人民的利益，也違背了蘇聯人民的利益，只適應美帝國主義的需要」，基於 1970 年代初期國家安全威脅（主要來自蘇聯在北疆的壓力），與美蘇勢力消長變化的現實（蘇聯在太空競賽部門對美國產生龐大競爭力），中國不僅在對待美國的態度上出現緩和跡象，在外交策略上亦逐漸向最後的「三個世界論」過渡。[5]

　　例如毛澤東便在 1974 年提出：「我看美國、蘇聯是第一世界，中間派日本、歐洲、加拿大是第二世界，咱們（按：指亞非拉國家）是第三世界」；據此，鄧小平同年參與聯合國大會第六屆特別會議時也指出：「……從國際關係變化看，現在的世界實際上存在著互相聯繫又互相矛盾的三個方面與三個世界；其中，美國、蘇聯是第一世界，亞非拉發展中國家和其他地區的發展中國家是第三世界，處於這兩者之間的發達國家是第二世界。……兩個超級大國是當代最大的國際剝削和壓迫者，是新的世界戰爭的策源地。」換言之，中國企圖以第三世界為主力軍來組成「反霸統一戰線」，以便同時反對美蘇的霸權壓力。不過，由於在此種理論指導下，似乎可能陷於對美蘇兩面作戰的困境，不利於其國家安全，所以它隨後又將「既聯合又鬥爭」的

5　Herbert S. Yee, "The Three World Theory and Post-Mao China's Global Strategy," *International Affairs*, 59:2(1983), pp. 239-249; Jiang An, "Mao Zedong's Three Worlds Theory: Political Considerations and Value for the Times," *Social Science in China*, 34:1(2013), pp. 35-57; Miin-Ling Yu, "From Two Camps to Three Worlds: The Party Worldview in PRC Textbooks," *China Quarterly*, 215(2013), pp. 682-702.

統戰策略帶入第一世界，此亦即「聯美制蘇」政策的提出。

無論如何，三個世界理論象徵著中國對世界認知的變遷歷程。

從 1950 年代到 1960 年代初，美國無論在經濟或軍事能力上都明顯優於蘇聯；例如美國在 1947 年擁有全球官藏黃金總量的 70%，此後至 1960 年間，更透過布萊頓森林體系（Bretton-Woods System）獨力支撐並管理著國際貨幣體系，直到 1964 年 Leonid I. Brezhnev 上台後，蘇聯才利用美國陷入越戰泥沼致使經濟實力削弱之際，以空前速度擴充軍備，並在戰略核武上取得制衡美國的均勢。於此同時，蘇聯一方面利用美國的弱勢積極向第三世界擴張，也企圖加強對原有社會主義陣營（以東歐爲主）的控制，其明顯例證便是 1968 年藉捷克事件所發表的「有限主權論」與「國際專政論」；[6] 而 1969 年的珍寶島事件，[7] 更使中國直接感受到蘇聯的威脅，再加上此時正值文化大革命高潮，國內政局動盪亦使其外交處境日益艱難。在這種情況下，儘管能力有限，但中國仍希望利用國際體系結構的特性，亦即美蘇兩強均希望拉攏第三世界但暫時都未能如願，一方面強調中國的第三世界性質，再者則希望將此力量引爲己用。

貳 南南合作的基本概念

值得注意的是，即便中國「主觀」上希望拉攏或甚至領導第三

---

6 有限主權（limited sovereignty）也稱布里茲涅夫主義（Brezhnev Doctrine），強調社會主義國家屬於一個大家庭，不允許其他勢力將一個國家從這個大家庭分裂出去，社會主義國家的主權應受到社會主義國家陣營利益的限制，至於蘇聯作為家長，有權在整個大家庭中落實專政。Matthew J. Ouimet, *The Rise and Fall of the Brezhnev Doctrine in Soviet Foreign Policy* (Chapel Hill and London: The University of North Carolina Press, 2003).

7 珍寶島事件：珍寶島位於中國黑龍江省虎林市，中俄界河烏蘇里江主航道中心線左側，面積僅 0.74 平方公里；在 1964 年邊境談判中，蘇方原準備歸還給中方，但因雙邊關係惡化而中止，在 1967-69 年間，邊界不斷發生衝突，導致 1969 年 3 月升高成爲所謂「珍寶島事件」。同年 9 月 11 日，蘇聯代表 Kosygin 和周恩來在北京舉行了著名的機場會談，達成簽署維持邊界現狀、防止武裝衝突、雙方武裝力量在邊界爭議地區脫離接觸等 4 點臨時協議。

世界，後者複雜的「客觀」環境能否配合北京的政策仍不無疑問。一般來說，普遍存在於第三世界（也可稱南方或發展中國家）的問題乃是國家發展挑戰；進一步來說，此問題既部分根源自各國在殖民時期的共通歷史背景，由此帶來的壓力亦絕非多數國家能獨力解決，於是特指發展中國家間經濟合作努力的「南南合作」（South-South Cooperation）也跟著浮上檯面。

自 1960 年代以來，透過不結盟運動和所謂 77 集團的努力與推動，[8] 第三世界國家開始聯合起來面對位於北方的歐美核心國家。為增強其競爭能力，從 1980 年代開始，發展中國家便開始調整其經濟政策，從進口替代優先轉向更重視出口導向的新路線，但因外銷市場主要還是在北方世界，再加上發展中國家間相互競爭導致商品價格銳減，從而亦抵銷了部分出口所可能帶來的期望效益。為求突破此種困境，發展中國家只得不再單純地依賴傳統促進南南合作的南方集團組織，而採取更多元化形式的國際合作，例如區域整合、雙邊貿易協定或跨區域政經合作等。

有關南南合作的全球發展歷程，可分成以下幾個階段來檢視：

（一）1950-60 年代的議題醞釀階段

此時，一些主要的已開發國家與多邊金融機構在西歐完成戰後重建工作後，轉而關注發展中國家的需求，並透過聯合國實施所謂「國際發展戰略」（International Development Strategies），接著在聯合國貿易暨開發會議（UN Conference on Trade and Development,

---

8　77 國集團（Group of 77, G77）：1964 年成立，宗旨在加速發展中國家的經濟社會發展進程，截至 2019 年底共有 135 個成員，主席由來自亞非拉三大區域的成員國按地區原則輪流擔任。中國自 1994 年開始每年向其捐款 1 萬美元，1998 年起增至 2 萬美元，2004 年起增至 4 萬美元，是最大的捐助國。

UNCTAD）框架下亦出現了「77 國集團」，從而形成一個發展中國家用以表達需求以及與北方國家對話的平台。

（二）1970 年代的倡議與對話階段

　　一方面石油輸出國家組織（Organization of Petroleum Exporting Countries, OPEC）單方面提高油價的行為似乎象徵著第三世界力量的增長，除此之外，聯合國大會不但在 1974 年召開第六屆聯大特別會議，通過包括〈關於建立國際經濟新秩序宣言〉與〈行動綱領〉等歷史性共同文件，並透過第 3251 號決議案，由開發計畫署（Development Programme, UNDP）在同年底設置「南南合作特別機構」以便推動相關的工作；其後在 1975 年召開的第一次國際經濟合作會議（CIEC）當中，也首度使用了「南北對話」（North-South Dialogue）這個用語。

（三）1980-90 年代的危機轉型階段

　　由於歐美國家保守勢力（尤其是美國 Reagan 政府與英國 Thatcher 內閣）紛紛上台並採取緊縮保護政策，致使發展中國家不僅出口活動受到影響，爆發經濟危機之潛在性也因國際政治環境變化而加重。一方面在 1989 年後，東歐轉型國家成為北方國家關注的新焦點，由此影響了冷戰時期雙邊援助和南北問題談判承諾的執行，更甚者，由於全球化和自由化思維在後冷戰時期取代了國際發展合作概念，主要國家公共資金流向發展中國家總量乃大幅減少，官方發展援助占已開發國家 GDP 比率呈現持續下滑趨勢，從 1987 年的 0.3% 降到 1997 年的 0.2%，2000 年更僅為 0.06%。於此同時，國際金融機構決策仍不利於發展中國家；例如在世界銀行和國際貨幣基金中的投票原則都採用加權投票機制，成員國投票權多寡與其認繳的股本成正比，此種決策過程向來便將發展中國家邊緣化，對後者相當不利。

（四）2000 年代的左轉浪潮及其影響

自委內瑞拉總統 Chavez 於 1998 年擔任總統後，非但處處與美國作對、批評新自由主義、對抗華盛頓共識，更以石油資源為籌碼推動反美主義浪潮，在 2005 年力抗美國推動美洲自由貿易區計畫後，並於拉丁美洲 2006 年大選年帶來一陣明顯的「左轉」浪潮（中間偏左政權紛紛上台執政）。[9] 除了拉丁美洲後，其餘地區也紛紛強化區域整合發展，從而將南北問題帶向一個新階段。

總的來說，南南合作在經歷了 1960-70 年代的熱潮後，1980 年代由於債務危機暫時受挫，接著在調整進口替代為出口導向戰略後，雖在 1990 年代初稍見起色，仍受到國際政治局勢連動之不利影響。進入新世紀後，在全球化趨勢下，南南合作面臨的主要問題還是資金與技術的短缺，這些問題必須由發展中國家透過團結協作來共同解決。

值得一提的是，相較中國在外交上希望拉攏第三世界作為政治工具，所謂三個世界概念自始便具有濃厚之經濟意涵；例如印度總理 Nehru 在 1955 年萬隆會議中，便以「貨幣的可兌換標準」來區分所謂第一世界（擁有可自由全球兌換的貨幣）、第二世界（貨幣僅能在社會主義集團內兌換）與第三世界（因貨幣疲軟而無法被兌換）；此一定義後來也被聯合國與其他國際組織所接受。由此既突顯出第三世界問題的主要面向，事實上，這也相當程度地埋下中國對第三世界外交的最初困境：亦即在自身經濟能力實際提高以前，中國或許並不容易藉由拉攏第三世界以完成其所設定的政治目標。除此之外，中國的南南政策也展現出極濃厚的「獨立自主」意涵，例如 77 集團與不結

9　拉丁美洲這股「左轉」浪潮在 2013 年 Chavez 去世後開始出現逆轉跡象，例如在 2018-19 年的大選中，各國右翼政黨便陸續呈現捲土重來之勢。

盟運動雖是眾所周知之重要南方代表性組織，但中國直到 1992 年才成為不結盟運動觀察員，甚至迄今仍非 77 國集團成員，不啻相當值得思索。

參 中國關於南南問題的政策發展

自從 1972 年藉由「中國代表權決議案」進入聯合國，1978 年開始實行改革開放政策，2001 年加入世界貿易組織，2003 年首度受邀參與 G-8 峰會後，中國不僅因經濟起飛而逐步融進世界經濟體系主流當中，在國際地位因此而慢慢「大國化」同時，南南合作不僅是中國對外政策的重要組成部分，更因其特殊身分（自稱最大的發展中國家），使其可以利用橫跨在已開發國家和發展中國家間的「橋梁」角色，既「韜光養晦」又可「有所作為」。進一步來說，自 1980 年代後，不管就外交或經貿層次來看，中國對於「南南合作」相關政策的發展在改革開放後可說越來越具體化，至於其重要發展可參考表 3.1 所列（各區域部分請詳見下段敘述）。

表 3.1　中國針對南南關係之重要政策談話

年代	發表人	政策內容
1954	周恩來	提出「和平共處五原則」（互相尊重主權和領土完整、互不侵犯、互不干涉內政、平等互利、和平共處）。
1964	周恩來	提出「中國對外援助八原則」： 1. 中國政府一貫根據平等互利的原則對外提供援助，從來不把這種援助看作是單方面的賜予，而認為援助是相互的； 2. 中國政府在對外提供援助的時候，嚴格尊重受援國的主權，絕不附帶任何條件，絕不要求任何特權； 3. 中國政府以無息或低息貸款方式提供經濟援助，在需要的時候延長還款期限，以儘量減少受援國負擔； 4. 中國政府對外提供援助的目的，不是造成受援國對中國的依賴，而是幫助受援國逐步走上自力更生、經濟上獨立發展的道路；

表 3.1　中國針對南南關係之重要政策談話　（續）

年代	發表人	政策內容
		5. 中國政府幫助受援國建設的項目，力求投資少，收效快，使受援國政府能夠增加收入，積累資金； 6. 中國政府提供自己所能生產的、品質最好的設備和物資，並根據國際市場的價格議價； 7. 如果中國政府所提供的設備和物資不合乎商定的規格和品質，中國政府保證退換；中國政府對外提供任何一種技術援助的時候，保證做到使受援國人員充分掌握這種技術； 8. 中國政府派到受援國幫助進行建設的專家，同受援國自己的專家享受同樣的物資待遇，不容許有任何特殊要求和享受。
1974	毛澤東	提出戰略性的「三個世界理論」。
1982		於第一屆南南合作會議中提出「南南合作五原則」： 1. 南南合作應該堅定不移地朝著發展獨立的民族經濟，加強集體自力更生的方向努力，並按照平等互利與互相照顧的原則進行； 2. 南南合作的總規劃應考慮到發展中國家的不同利益與要求，使參加合作各方都能受益，並對最不發達國家的特殊困難給予優惠； 3. 合作的項目應該根據實際情況力求切實可行，講究實效，發揮各自的經濟優勢，共同提高自力更生的能力； 4. 區域、區域間與全球性經濟合作應該互相促進，互相補充； 5. 南南合作應該有助於發展中國家的團結，加強對已開發國家的談判地位並促進國際經濟新秩序的建立。
1983	姚依林	關於建立國際經濟新秩序，應處理好「三個關係」。
1990	江澤民	提出「中國處理與所有發展中國家關係的三項原則」。
1993		於南北對話促進世界繁榮大會中提出「南北關係四原則」： 1. 改變不平等、不公正、不合理的國際經濟秩序； 2. 在國際經濟關係中必須遵循平等互利原則； 3. 已開發國家應為了改善國際環境，特別是解決發展中國家的債務問題而作出貢獻； 4. 各國人民有權決定本國經濟模式和發展道路，他國不得干預。
1993	江澤民	提出「建立新型國際經濟關係的四原則」： 1. 世界各國不分大小、貧富，都應相互尊重，作為國際社會的平等成員參與處理國際經濟事務，並根據平等互利原則發展各國經貿關係； 2. 各國有權根據各自國情獨立自主地選擇本國的社會制度、經濟模式和發展道路，並對本國資源實行有效控制； 3. 加強南北對話和合作，在商品、貿易、資金、質量、貨幣、金融等重要國際經濟領域作出必要調整和改革，已開發國家應尊重和照顧發展中國家的利益，在提供援助時不附加條件； 4. 促進南南合作，加強發展中國家之間的磋商和交流，相互學習，互通有無，謀求共同發展。

表 3.1　中國針對南南關係之重要政策談話　（續）

年代	發表人	政策內容
1997	李　鵬	於 WB 與 IMF 年會中提出「幫助發展中國家的六項主張」： 1. 要充分重視發展中國家的緊迫發展問題； 2. 在平等互利的基礎上廣泛開展合作； 3. 要尊重各國自主選擇社會制度、發展模式和生活方式的權利； 4. 要相互借鑑、優勢互補； 5. 要選擇適合本國國情的發展道路； 6. 要加強金融領域的國際合作。
2000	江澤民	在聯合國早餐會提出「加強南南合作四原則」： 1. 真誠友好，平等相待； 2. 加強協調，密切配合； 3. 挖掘潛力，取長補短； 4. 團結一致，共創未來。
2004	曾培炎	於第二屆南方高峰會中提出「關於南南合作與南北對話四原則」： 1. 加強南方國家的團結，增加在聯合國等國際組織中的參與權、發言權和影響力； 2. 深化南南經濟技術合作，探索建立聯合抵禦各種風險的機制； 3. 增強自我發展能力，確定符合各自國情的發展道路； 4. 推進南北對話與合作，促進全球經濟健康發展。
2005	胡錦濤	於聯合國發表「援助發展中國家的五項重大措施」： 1. 中國決定給予所有與其建交的 39 個低度開發國家部分商品零關稅待遇，優惠範圍包括這些國家多數對華出口商品； 2. 中國將進一步擴大對重債窮國和低度開發國家的援助規模，並通過雙邊管道在兩年內免除或以其他方式消除所有與中國有外交關係重債窮國 2004 年底前對華到期未還的無息和低息政府貸款； 3. 中國將在 3 年內向發展中國家提供 100 億美元優惠貸款及優惠出口買方信貸，協助其加強基礎建設，推動雙方企業開展合資合作； 4. 中國將在 3 年內增加對發展中國家（特別是非洲）的援助，為其提供包括防瘧特效藥在內的藥物，幫助他們建立和改善醫療設施、培訓醫療人員，具體通過中非合作論壇等機制及雙邊管道落實； 5. 中國將在 3 年內為發展中國家培訓培養 3 萬名各類人才，幫助有關國家加快人才培養。
2013	解振華	於氣候變化南南合作高級別論壇提出中國應對之「五項重點」： 1. 結合發展中國家需求，繼續提供實物支持，進一步拓展應對氣候變化贈送物資種類； 2. 支持發展中國家開展立場協調等相關活動； 3. 創新合作模式，發揮有關國際組織的作用； 4. 打造綜合技術標準推廣平台，幫助發展中國家提高創新能力； 5. 繼續做好培訓交流，加強人力資源建設。

表 3.1　中國針對南南關係之重要政策談話　（續）

年代	發表人	政策內容
2015	習近平	於聯合國提出將設立「南南合作援助基金」： 1. 首期將提供 20 億美元作為基金。 2. 未來五年中國將向發展中國家提供「六個一百」專案，包括 100 個減貧項目、100 個農業合作專案、100 個促貿援助專案、100 個生態保護和應對氣候變化專案、100 所醫院診所，及 100 所學校和職業培訓中心。 3. 未來五年將向發展中國家提供 12 萬個來華培訓、15 萬個獎學金名額，為發展中國家培養 50 萬名職業技術人員；中國將設立「南南合作與發展學院」，並向 WHO 提供 200 萬美元現金援助。
2017	習近平	在金磚峰會「新興市場國家與發展中國家對話會」中，宣布將提供 5 億美元打造「金磚＋」模式，推動南南合作、建立廣泛夥伴關係，並落實 2030 年可持續發展議程。
2018	習近平	在金磚峰會提出南南合作之「四個共同」： 1. 共同深化互利夥伴關係； 2. 共同挖掘發展新動能； 3. 共同營造有利外部環境； 4. 共同建構新型國際關係。

大體來說，中國之南南問題政策發展可歸納為以下幾個階段：

（一）1950-80 年代的原則性宣示階段

除了概括性的所謂和平共處與對外援助原則外，為回應聯合國大會於 1974 年通過之〈關於建立國際經濟新秩序宣言〉與翌年之第 3362 號決議案精神，除 1981 年出席於墨西哥召開的第一次國際經濟合作與發展會議（亦稱「南北對話」高峰會），在 1982 年南南合作會議的「新德里磋商」中，北京更提出關於此種合作應遵循的 5 個原則，[10] 目的乃

10　南南會議（South-South Conference）：1982 年，首屆南南合作會議在印度新德里召開，1983 年和 1989 年先後在北京和吉隆坡召開，這三次會議乃南南合作重要里程碑。聯合國大會在 2003 年決定將 12 月 19 日定為「南南合作日」，2011 年又決定改為 9 月 12 日，以紀念聯合國發展中國家間技術合作會議在 1978 年這一天通過《促進和實施發展中國家間技術合作的布宜諾斯艾利斯行動計畫》（BAPA）。2019 年，各國在布宜諾斯艾利斯召開了第二屆聯合國南南合作高級別會議（High-Level UN Conference on South-South Cooperation, BAPA＋40），針對落實 2030 年可持續發展議程進行討論。

著重於原則面回應前述發展。國務院副總理姚依林在 1983 年也提到：
「……關於建立國際經濟新秩序的基礎，需要妥善處理好 3 個關係：
第一，解決當前緊迫問題和建立新的國際經濟秩序長遠目標的關係；
第二，發展中國家的經濟發展和振興世界經濟的關係；第三，南北對
話與南南合作的關係。」其後，在 1980 年代初，中國又陸續提出諸
如「平等互利、講求實效、形式多樣、共同發展」與「和平友好、互
相支持、平等互利、共同發展」等內容類似的口號原則。

　　值得注意的是，首先，相較於毛澤東時期重視利用第三世界國家
的「政治戰略性」價值，來作為對抗大國並鞏固中國獨立自主地位的
籌碼，在鄧小平於 1980 年代推動改革開放政策後，第三世界的「經
濟戰略性」價值繼之被突顯出來，目的在將其作為推動中國經濟結構
轉型的夥伴與工具；再者，儘管鄧小平曾聲稱中國「永遠屬於第三世
界」，但從中國直到 1992 年才正式成為不結盟運動觀察員看來，中
國似乎一直對第三世界維持著某種「等距外交」。

（二）1990 年代的旁觀者角色階段

　　無論是由於開始實施改革政策，抑或為擺脫因 1989 年天安門事
件帶來的外交陰霾，自 1980 年代初直到 1990 年代初為止，中國的外
交焦點一方面暫時離開發展中國家而轉投向第一世界，冷戰結束帶來
的新格局也讓它必須先耐心觀察。在此期間，江澤民於 1990 年接見
維德角非洲獨立黨代表團時，曾闡述了處理與發展中國家關係時遵循
的 3 項原則：「國家無論大小，一律平等相待；始終支援這些國家維
護和鞏固國家主權、發展民族經濟等項正義事業；各國要根據實際情
況和國際形勢來確定自己的發展方向和戰略、策略，中國從來不把自
己的做法強加給別的國家」。

　　至於 1993 年在加拿大召開「南北對話促進世界繁榮大會」，不僅呼籲反對貿易保護主義，要求已開發國家取消所有低度開發國家政府債務，並敦促北方國家及國際金融機構向發展中國家增加直接投資後，中國也在會中針對當前南北關係提出了 4 項原則（參見表 3.1）。相較 1982 年的南南合作 5 原則，前述 4 項原則雖看似老調重彈，差別在於不僅希望南方聯合對外，也對已開發國家提出義務性訴求。其後，國務院總理李鵬在 1997 年出席世界銀行和國際貨幣基金聯合年會開幕式中，也再度提出幫助發展中國家的 6 項主張（參見表 3.1）。

（三）新世紀以來逐漸朝向制度性結合力量的階段

　　中國首先於 1995 年加入成立於 1990 年，總部設於日內瓦的「南方中心」，接著進一步接觸聯合國框架下最大的發展中國家聯盟，亦即「77 國集團」；值得注意的是，中國選擇以「77 國集團＋中國」（類似「東協＋中國」模式）的途徑，透過該聯盟與發展中國家開展政治、經濟、社會等領域的合作。在 77 國集團和中國共同倡議於 1997 年舉行「南南貿易、投資和金融會議」並通過《聖何塞宣言》後，77 國集團和中國先後在 2000 年與 2004 年聯合於古巴和卡達召開過兩屆「南方高峰會」，並於第二屆會議中通過《多哈宣言》和《行動綱領》，明確聲稱拒絕任何附帶條件的國際援助，並呼籲發展中國家應加強南南合作力道。會中，中國不但宣布將向「南方發展與人道主義援助基金」捐款 200 萬美元，國務院副總理曾培炎並代表北京就加強南南合作與南北對話，提出 4 點具體建議。

　　在此期間，中國也以「77 國集團＋中國」名義，在 2003 年底召開的聯合國工業發展組織第十屆大會上提交了〈關於進一步推動南南合作的決議案〉；隨後同樣由「77 國集團＋中國」共同提倡，同年

底在摩洛哥召開的「南南合作高級別會議」繼續就貿易、投資、食品和農業方面的廣泛合作進行磋商，並於會後《馬拉喀什宣言》中提出25條具體措施，包括建立全球南南經濟論壇與召開南南投資大會等。除此之外，聯合國開發計畫署南南合作局自 1999 年以來一直致力於開展南南合作專案，但同年啓動的「非洲—亞洲貿易論壇」只涵蓋這兩大洲的發展中國家，因此該局於 2002 年進一步提出召開包含所有發展中國家和支援相關合作發展的「南南合作貿易論壇」（South-South Trade Forum, SSTF），並獲得 77 國集團和中國支持，其後便由聯合國開發計畫署南南合作局、中國商務部所屬中國國際經濟技術交流中心和加拿大世界貿易大學，共同於 2006 年在北京舉辦首屆論壇，主要討論涉及貿易政策、能源與貿易、資訊通訊技術與貿易。

事實上，稍早於 2003 年 6 月，胡錦濤曾在法國舉行的「南北領導人非正式對話會議」演說中指出，應充分利用經濟全球化趨勢帶來的機遇，促進不同文明和發展模式的相互交流和借鑑，其中，發展中國家雖應承擔起發展本國經濟的主要責任，畢竟先天發展條件較差，因此國際社會（特別是已開發國家）應當提供必要支援，包括進一步開放市場、取消貿易壁壘與減免債務等。這些說法一方面反映了第三世界發展中國家長期的態度與需求，中國不斷在同時有北方國家參與的國際場合中塑造議題，也象徵其爭取發言代表權之意圖。其後，在2005 年聯合國成立 60 周年紀念高峰會上，胡錦濤也宣布 5 項對發展中國家援助的重大措施，一般也被稱爲中國的「新援助戰略」；至於在此期間，中國分別對第三世界各個區域採取的具體政策，則請見下段所述。除此之外，隨著新的重大議題（例如氣候變遷）浮現，中國也逐步結合力量提出相關解決倡議；例如在 2013 年舉行的「應對氣候變化南南合作高級別論壇」中，中國便提出將從 5 個方面進一步加

強與發展中國家在氣候變化領域的務實合作。

第二節　全方位外交：中國對第三世界關係的開展
Full-scale Diplomacy: Relations between China and the South

　　中國外交部曾在 2000 年公布〈中國對多極化發展的看法〉指出：「……當前國際形勢正在發生複雜而深刻的變化，但世界走向多極化的趨勢並未改變；全世界近 200 個國家、60 多億人口，在民族傳統、宗教文化、經濟水準、政治制度等方面的情況千差萬別，很難想像用一種模式、一種價值觀來統一，或者由一個國家來領導。」在此概念下，相較西方大國重視權力金字塔頂端的做法，中國既希望推動世界朝多極化方向發展，例如在《國務院 2007 年工作要點》報告中，便特別針對「積極開展全方位外交」進行闡述，其中，能否「全方位」與第三世界進行互動或許為關鍵所在。進一步來說，中國雖可能希望全方位推動對第三世界的外交，畢竟能力有限，因此在不同時間與不同政策重點的主導下，其第三世界外交的主要對象也有所不同，例如 1960-70 年代將主力放在非洲地區，1980-90 年代拉丁美洲的重要性與日俱增，自 1990 年代末期後則大洋洲與中東地區也慢慢被放進思考過程。

壹　對非洲政策：從同理心到經濟互助發展

　　有關歷年來中國對非洲政策重要闡述，請參見表 3.2。

表 3.2 中國關於對非洲之重要政策宣示

年代	發表人	政策內容
1963	周恩來	提出「中國與非洲和阿拉伯國家相互關係五原則」： 1. 支持各國人民反對帝國主義和新老殖民主義、爭取和維護民族獨立的鬥爭； 2. 支持各國政府奉行和平中立的不結盟政策； 3. 支持各國人民用自己選擇的方式實現團結和統一的願望； 4. 支持各國透過和平協商解決彼此之間的爭端； 5. 主張各國主權應當得到一切其他國家的尊重，反對來自任何方面的侵犯和干涉。
1983	趙紫陽	提出「中國同非洲國家開展經濟技術合作四原則」： 1. 中國同非洲國家進行經濟技術合作，遵循團結友好、平等互利的原則，尊重對方的主權，不干涉對方內政，不附帶任何政治條件，不要求任何特權； 2. 中國同非洲國家進行經濟技術合作，從雙方的實際需要和可能條件出發，發揮各自的長處和潛力，力求投資少、工期短、收效快，並能取得良好的經濟效益； 3. 中國同非洲國家進行經濟技術合作方式可多種多樣，因地制宜，包括提供技術服務、培訓技術和管理人員、進行科學交流、承建工程、合作生產、合資經營等；中國對所承擔的合作專案負責守約、保質、重義，中國方面派出的專家和技術人員，不要求特殊待遇； 4. 中國同非洲國家進行經濟技術合作，目的在取長補短，互相幫助，以利於增強雙方自力更生能力和促進各自民族經濟發展。
1992	楊尚昆	提出「中國同非洲國家關係六原則」： 1. 中國支持非洲各國為維護國家主權、民族獨立、反對外來干涉和發展經濟所做的各種努力； 2. 中國尊重非洲各國根據自己國情選擇政治制度和發展道路； 3. 中國支援非洲國家加強團結合作，聯合自強，通過和平協商解決國與國間的爭端； 4. 中國支持非洲團結組織為謀求非洲大陸的和平穩定和發展以及實現經濟整合所做的努力； 5. 中國支援非洲國家作為國際社會平等的成員，積極參與國際事務和為建立公正合理的國際政治、經濟新秩序而進行的努力； 6. 中國願意在互相尊重主權和領土完整、互不侵犯、互不干涉內政、平等互利、和平共處等項原則的基礎上，發展同非洲各國的友好往來和形式多樣的經濟合作。
1995	朱鎔基	提出「發展中非關係三點主張」： 1. 擴大相互支持並創造和平與穩定的國際大氣候； 2. 加強友好磋商並促進國際經貿環境改善； 3. 推動互利合作，謀求共同發展和繁榮。

表 3.2 中國關於對非洲之重要政策宣示 （續）

年代	發表人	政策內容
1996	江澤民	提出「面向廿一世紀長期穩定、全面合作中非關係五點建議」： 1. 真誠友好，彼此成為可以信賴的全天候朋友； 2. 平等相待，相互尊重主權，互不干涉內政； 3. 互利互惠，謀求共同發展； 4. 加強磋商，在國際事務中密切合作； 5. 面向未來，創造一個更加美好的世界。
2000		在中非合作論壇會議中通過「北京宣言」和「中非經濟和社會發展合作綱領」，中國外經貿部長石廣生並做出四項承諾： 1. 根據非洲國家的不同經濟情況，繼續提供各種援助； 2. 隨著中國經濟發展水準的提高和綜合國力的增強，逐步擴大援助規模；願為減輕非洲國家的債務做出貢獻，在未來兩年內減免非洲重債貧窮國和最不發達國家 100 億人民幣債務； 3. 提供專項資金，支援中國企業到非洲投資，促進當地發展； 4. 設立「非洲人力資源開發基金」，逐步擴大基金規模，幫助非洲國家培訓各類專業人才。
2003	溫家寶	提出「對中非關係發展的四項建議」： 1. 相互支持，推動傳統友好關係繼續發展。支持非洲國家成立非洲聯盟，實施非洲發展新夥伴計畫，繼續參與聯合國在非洲的維和行動。 2. 加強磋商，促進國際關係民主化。 3. 協調立場，共同應對全球化挑戰。中國願與非洲國家在參與國際經濟規則的制定和多邊貿易談判中協調立場。 4. 深化合作，開創中非友好關係新局面。中國將對非洲最不發達國家部分商品進入中國市場給予免關稅待遇；對非洲人力資源開發基金增加 33% 投入，今後三年為非洲培訓 1 萬名各類人才；鼓勵和推動中非企業合作；加強對非旅遊合作。
2005		派出首任「駐非洲聯盟大使」。
2006	胡錦濤	提出「建立中非新型夥伴關係的五點建議」： 1. 深化平等互信的政治關係； 2. 拓展互利共贏的經濟合作； 3. 擴大相互借鑑的文化交流； 4. 推動均衡和諧的全球發展； 5. 加強相互支持的國際合作。
2006		發表「中國對非政策文件」。
2006	胡錦濤	在中非合作論壇宣布「八項利多政策」： 1. 擴大援助規模，2009 年對非洲國家援助規模比 2006 年增加一倍； 2. 今後三年內向非洲國家提供 30 億美元優惠貸款和 20 億美元優惠出口買方信貸，總計提供各式信貸 50 億美元；

表 3.2　中國關於對非洲之重要政策宣示　（續）

年代	發表人	政策內容
		3. 設立中非發展基金以鼓勵中國企業到非洲投資，基金總額逐步達到 5 億美元；
		4. 援助建設非洲聯盟會議中心；
		5. 免除和中國有外交關係所有非洲重債窮國和最不發達國家截至 2005 年底到期的政府無息貸款債務（自 2000 年論壇成立後，中國已減免非洲 31 個國家 109 億人民幣債務，這次更減免所有邦交國至 2005 年底到期的債務）；
		6. 進一步向非洲開放市場，將具邦交國關係的未開發國家輸中國商品零關稅待遇受惠商品由 190 個稅目擴大到 440 多個；
		7. 三年內在非洲國家建立 3 至 5 個境外經濟貿易合作區；
		8. 三年內為非洲培訓 1.5 萬名人才，派遣 100 名高級農技專家建立 10 個農業技術示範中心，援助 30 所醫院，提供 3 億無償援款，幫助非洲防治瘧疾並設立 30 個抗瘧中心，援助 100 所農村學校；2009 年前向非洲提供政府獎學金，名額由目前每年 2,000 增到 4,000 人。
2007		派出首任「非洲事務特別代表」。
2009	溫家寶	在中非合作論壇宣布推進「中非合作八項新舉措」：
		1. 倡議建立中非應對氣候變化夥伴關係，不定期舉行高官磋商，在衛星氣象監測、新能源開發利用、沙漠化防治、城市環境保護等領域加強合作。中方決定為非洲援建太陽能、沼氣、小水電等 100 個清潔能源項目。
		2. 加強科技合作，倡議啟動「中非科技夥伴計畫」，實施 100 個中非聯合科技研究示範項目，接收 100 名非洲博士後來華進行科研工作。
		3. 增加融資能力，向非洲國家提供 100 億美元優惠性質貸款；支持中國金融機構設立 10 億美元非洲中小企業發展專項貸款；對與中國建交的重債窮國和最不發達國家，免除截至 2009 年底到期未還的政府無息貸款債務。
		4. 擴大對非洲產品開放市場，給予與中國建交的最不發達國家 95% 產品免關稅待遇，2010 年首先對 60% 產品實施免關稅。
		5. 加強農業合作，援建農業示範中心增至 20 個，派遣 50 個農業技術組，培訓 2,000 名農業技術人才，提高非洲實現糧食安全的能力。
		6. 深化醫療衛生合作，為 30 所醫院和 30 個瘧疾防治中心提供 5 億人民幣醫療設備和抗瘧物資，為非洲培訓 3,000 名醫護人員。
		7. 加強人力資源開發和教育合作，援助 50 所中非友好學校，培訓 1,500 名校長和教師；到 2012 年，向非洲提供的中國政府獎學金名額將增至 5,500 名；今後 3 年為非洲培訓各類人才 2 萬名。
		8. 擴大人文交流，倡議實施「中非聯合研究交流計畫」，促進學者、智庫交往合作，交流發展經驗。
2010		發表「中國與非洲經貿合作白皮書 2010」。

表 3.2 中國關於對非洲之重要政策宣示 （續）

年代	發表人	政策內容
2012	胡錦濤	在中非合作論壇宣布「五大重點合作領域」： 1. 擴大投資和融資領域合作，為非洲可持續發展提供助力。中國將提供 200 億美元貸款。 2. 繼續擴大對非援助，讓發展成果惠及非洲民眾。中國將適當增加援非農業技術示範中心，實施非洲人才計畫，培訓 30,000 名人才，提供政府獎學金名額 18,000 個；深化中非醫療衛生合作，中方將派遣 1,500 名醫療隊員；幫助非洲國家加強氣象基礎設施能力建設和森林保護與管理；繼續援助打井供水項目。 3. 支援非洲一體化建設。中國將建立非洲跨國跨區域基礎設施建設合作夥伴關係，鼓勵有實力的中國企業和金融機構參與非洲跨國跨區域基礎設施建設。 4. 增進中非民間友好，中國倡議開展「中非民間友好行動」，支援和促進雙方民間團體、婦女、青少年等開展交流合作；鼓勵中非雙方新聞媒體人員交流互訪，繼續實施中非聯合研究交流計畫，資助雙方學術機構和學者開展 100 個學術研究、交流合作項目。 5. 中國將發起「中非和平安全合作夥伴倡議」，為非盟在非開展維和行動、常備軍建設等提供資金支援。
2013		發表「中國與非洲經貿合作白皮書 2013」。
2014	李克強	在非洲聯盟演講宣布「4+6+1」合作框架： 1. 四大原則：堅持平等相待、團結互信、包容發展、創新合作。 2. 六大工程：產業合作、金融合作、減貧合作、生態環保合作、人文交流合作、和平安全合作。 3. 一個重要平台：中非合作論壇。
2015	習近平	在中非合作論壇宣布「中非關係五大支柱」： 1. 堅持政治上平等互信：要尊重各自選擇的發展道路，在事關雙方核心利益和重大關切問題上堅持相互理解、相互支持。非洲是非洲人的非洲，非洲的事情應該由非洲人說了算。 2. 堅持經濟上合作共贏：要充分發揮中非政治互信和經濟互補優勢，以產能合作、三網一化為抓手，全面深化中非各領域合作，讓中非人民共用雙方合作發展成果。 3. 堅持文明上交流互鑑：要加強青年、婦女、智庫、媒體、高校等各界人員往來，促進文化融通、政策貫通、人心相通，讓中非人民世代友好。 4. 堅持安全上守望相助：中方支援非洲人以非洲方式解決非洲問題，願積極參與非洲加強維護和平安全能力建設，支援非洲加快發展，消除貧困，實現持久和平。 5. 堅持國際事務中團結協作：推動全球治理體系向著更加公正合理的方向發展，維護共同利益。支持非洲在國際舞台上發揮更大作用。

表 3.2 中國關於對非洲之重要政策宣示 （續）

年代	發表人	政策內容
		同時提出「十大合作計畫」：

1. 中非工業化合作計畫：積極推進中非產業對接和產能合作，鼓勵支持中國企業赴非洲投資興業，合作新建或升級工業園區，向非洲國家派遣政府高級專家顧問。設立區域職業教育中心和能力建設學院，培訓 20 萬名職業技術人才，提供 4 萬個來華培訓名額。
2. 中非農業現代化合作計畫：同非洲分享農業發展經驗，轉讓農業適用技術，鼓勵中國企業在非洲開展大規模種植、畜牧養殖、糧食倉儲和加工，增加當地就業和農民收入。在非洲 100 個鄉村實施農業富民工程，派遣 30 批農業專家組，建立中非農業科研機構 10＋10 合作機制。高度關注非洲受聖嬰現象影響致糧食歉收，將提供 10 億人民幣緊急糧食援助。
3. 中非基礎設施合作計畫：中方將同非洲在基礎設施規劃、設計、建設、運營、維護等方面加強互利合作，支援中國企業積極參與非洲鐵路、公路、區域航空、港口、電力、電信等基礎設施建設，提升非洲可持續發展能力；支援非洲國家建設 5 所交通大學。
4. 中非金融合作計畫：同非洲國家擴大人民幣結算和本幣互換業務規模，鼓勵中國金融機構赴非洲設立分支機構，擴大對非洲投融資合作，為非洲工業化和現代化提供金融支援和服務。
5. 中非綠色發展合作計畫：支持非洲增強綠色、低碳、可持續發展能力，實施 100 個清潔能源和野生動植物保護項目、環境友好型農業專案和智慧型城市建設專案。中非合作絕不以犧牲非洲生態環境和長遠利益為代價。
6. 中非貿易和投資便利化合作計畫：中方將實施 50 個促進貿易援助項目，支持非洲改善內外貿易和投資軟硬條件，願同非洲國家和區域組織商談包括貨物貿易、服務貿易、投資合作等全面 FTA，擴大非洲輸華產品規模。支持非洲提高海關、質檢、稅務等執法能力，開展標準化和認證認可、電子商務等領域合作。
7. 中非減貧惠民合作計畫：增加對非洲援助，實施 200 個幸福生活工程和以婦女兒童為主要受益者的減貧項目；免除非洲最不發達國家截至 2015 年年底到期未還的政府間無息貸款債務。
8. 中非公共衛生合作計畫：參與非洲疾控中心等公共衛生防控體系和能力建設；支持中非各 20 所醫院開展示範合作，加強專業科室建設，繼續派遣醫療隊員、開展「光明行」、婦幼保健在內的醫療援助，提供一批複方青蒿素抗瘧藥品；鼓勵支持中國企業赴非洲開展藥品當地語系化生產，提高藥品在非洲可及性。
9. 中非人文合作計畫：為非洲援建 5 所文化中心，為 1 萬個村落實施收看衛星電視專案；提供2,000 個學歷學位教育名額和3 萬個政府獎學金名額；每年組織 200 名非洲學者訪華和 500 名非洲青年研修；每年培訓 1,000 名非洲新聞領域從業人員；支援開通更多中非直航航班，促進中非旅遊合作。

表 3.2　中國關於對非洲之重要政策宣示 （續）

年代	發表人	政策內容
		10. 中非和平與安全合作計畫：向非盟提供 6,000 萬美元無償援助，支持非洲常備軍和危機應對快速反應部隊建設和運作。中方將繼續參與聯合國在非洲維和行動；支持非洲國家加強國防、反恐、防暴、海關監管、移民管控等方面能力建設。
2015		發表第二份「中國對非洲政策文件」。
2018	習近平	在中非合作論壇宣布對非洲「八大行動」： 1. 產業促進行動：在中國設立「中國非洲經貿博覽會」，向非洲受災國家提供 10 億人民幣緊急人道主義糧食援助，向非洲派遣 500 名高級農業專家，培養青年農業科研領軍人才。 2. 設施連通行動：支持中國企業參與非洲基礎建設，並開通更多中非直航航班。 3. 貿易便利行動：擴大進口非洲商品，支持非洲國家參加中國國際進口博覽會，免除最不發達國家參展費用。 4. 綠色發展行動：設立 50 個生態環保項目，加強應對氣候變化和海洋合作、荒漠化防治及野生動植物保護。 5. 人力建設行動：為非洲提供 5 萬個政府獎學金名額和 5 萬個研修培訓名額。 6. 健康衛生行動：將優化升級醫療衛生援非項目，繼續派遣援非醫療隊。 7. 人文交流行動：將設立「中國非洲研究院」，實施 50 個文化體育旅遊項目，支持非洲教育機構申辦孔子學院。 8. 和平安全行動：設立「中非和平安全合作基金」，向非盟提供無償軍事援助，在聯合國維和、打擊海盜等領域實施援助項目。

大體來說，中國對非洲外交政策經歷了以下幾個階段的變化：

（一）1950-70 年代以解決兩岸關係為核心，主要透過同理心在聯合國爭取支持

儘管自 1950 年代起，北京便隨著不結盟運動浪潮，逐漸開展對第三世界外交，但因最初將鞏固統一局面與解決兩岸關係放在首要關注位置，政策力量也相對有限，直到 1958 年金門炮戰結束，乃至 1960 年代中蘇共分裂後，才促使其重新思考整體外交布局問題。在此期間，如何穩定並保障國家獨立地位（包括在聯合國解決中國代表

權問題）既是努力焦點，非洲則爲其第一個著力點，至於如何利用「同樣受過殖民主義與帝國主義迫害」的同理心進行拉攏，不啻是宣傳重點所在。

在埃及於 1956 年成爲非洲第一個與中共建交的國家後，郭沫若隨即率領代表團於 1957 年底出席在埃及舉行的「亞非團結大會」，這不僅是亞非歷史上規模最大的第一次民間集會，也是新中國在非洲首度外交曝光。接著，幾內亞在 1959 年成爲漠南非洲第一個與其建交的國家，中國繼之在 1960 年成立了「中國與非洲人民友好協會」。至於中國政府更主動地開展對非洲關係，則始於周恩來在 1963 年 12 月至 1964 年 2 月的訪問非洲，期間他並提出了中國與非洲和阿拉伯國家相互關係的 5 項原則，主要也是從中非共同歷史遺產（受帝國主義壓迫）的同理心著手，強調「各國主權應當得到一切其他國家的尊重，反對來自任何方面的侵犯和干涉」，同時提出所謂對外援助 8 項原則（參見表 3.1）。

根據前述原則，中國在 1967 年與坦尚尼亞及尚比亞兩國政府簽訂了關於修建「坦尚鐵路」的協定；該鐵路由中國專家和工程技術人員進行勘測、設計並施工，中國政府並提供無息貸款 9.88 億人民幣，發運設備材料 100 萬噸，同時派遣人員近 5 萬人次前往。在類似前述專案的援助外交攻勢下，中國與非洲國家的關係也大幅增長；顯著回饋是在 1971 年，第二十六屆聯合國大會最後以 76 票贊成（其中非洲國家占 26 票）、35 票反對、17 票棄權的結果，通過了由阿爾巴尼亞和阿爾及利亞等提出的第 2758 號《中國代表權決議案》，正如毛澤東所言：「是非洲朋友把我們抬進聯合國的。」可說誠非虛言，同時可見非洲外交對當時中國的重要性。

（二）1980 年代主要配合內部改革開放政策，非洲因為對中國利益有限，雙邊關係暫時緩和下來

其中，國務院總理趙紫陽在 1983 年訪問非洲時宣布了後來被概括為「平等互利、講求實效、形式多樣、共同發展」的中國同非洲國家開展經濟技術合作 4 項原則，希望將雙邊互動從冷戰前期以政治同盟為主的關係，轉而以經濟為新舞台。

（三）1990 年代隨著冷戰結束與中國逐漸顯出崛起態勢，非洲再度隱然成為中國外交戰略新樞紐

在蘇聯崩解與後冷戰時期來臨後，國家主席楊尚昆在 1992 年於象牙海岸闡述了在新國際形勢下中國同非洲國家關係的 6 項原則；其中，為回應 1989 年天安門事件後西方企圖推動「和平演變」的壓力，他特別強調「根據自己國情選擇政治制度和發展道路」的原則。值得注意的是，儘管 1990 年代，當中國把「睦鄰外交」和「大國外交」作為外交工作重點時，非洲的地位似乎被邊緣化了，但從 1991 年開始，中國外交部部長每年第一次出訪目的地都是非洲，重要性可見一斑。其後，除朱鎔基繼續於 1995 年在辛巴威提出了進一步發展中非關係的 3 點主張外，江澤民亦在 1996 年於非洲團結組織（OAU）總部發表題為「為中非友好創立新的歷史豐碑」的演講，並進一步提出發展「面向廿一世紀長期穩定、全面合作中非關係」的 5 點普遍性建議。

（四）2000 年代以來，非洲成為中國南南外交重點投注對象

例如 2000 年 9 月，江澤民在出席「聯合國千禧年高峰會」期間舉行早餐會，邀請不結盟運動主席、77 國集團主席、非洲團結組織主席，與多位非洲國家總統出席，就加強南南合作提出 4 項原則性主

張（見表 3.1）。

接著，非洲既成爲中國推動南南合作的重點，其里程碑包括：

（一）2000 年召開首屆中非合作論壇

該年 10 月，論壇部長級會議在北京舉行，通過《中非合作論壇北京宣言》和《中非經濟和社會發展合作綱領》，與會的中國外經貿部部長石廣生並做出 4 項承諾；此部長級機制每 3 年召開，直到 2018 年共舉辦 7 屆。除此之外，2006 年與 2018 年也兩度召開元首高峰會，各有 48 位與 51 位非洲國家元首出席。

（二）2006 年與 2015 年兩度發表《中國對非洲政策文件》

北京一方面在 2005 年底與傳統上對非洲享有影響力的歐洲推動「非洲問題非正式戰略對話」，2006 年 1 月又發表了《中國對非洲政策文件》，這也是中國首次發表相關區域政策正式文件；除回顧雙邊互動歷程，闡述中國對非洲地位和作用的看法，規劃新時期各領域友好合作外，並提出將致力於建立和發展中非間「政治上平等互信、經濟上合作共贏、文化上交流互鑑的新型戰略夥伴關係」。從某個角度來看，這既是中國重要的外交行動，也顯示非洲在新世紀對中國的全球戰略意義。事實上，隨著中國與非洲雙邊貿易額在 2000 年首度突破 100 億美元後，至 2018 年暴增爲 2,042 億美元，中國既成爲非洲第一大貿易夥伴，雙邊貿易額更有機會在 2025 年上看 4,000 億美元大關。

（三）2006 年與 2015 年推動並升級與非洲聯盟之夥伴關係

胡錦濤在 2006 年中非合作論壇年會上宣布與非洲建立「新型夥伴關係」並發布 8 項政策利多措施，顯示近年來拉攏非洲國家關係之力道，亦可預見非洲在中國外交政策結構中的重要角色地位。不僅如

此，繼 2006 年中非合作論壇首屆高峰會後，中國又在 2007 年承辦非
洲開發銀行年會（該銀行目前有 77 個理事國，中國於 1985 年成為其
會員國），不但是該銀行首次在亞洲舉行年會，也是第二次在非洲以
外舉行（2001 年曾在西班牙舉行），未來非洲的發展問題則為其討
論重點；此會議的召開，相信將進一步增加中國對非洲地區的影響
力。2015 年，中國更進一步將與非洲互動提升至「全面戰略合作夥
伴關係」。

（四）2006 年後聯合非洲反制人權議題

　　值得一提的是，繼 1960-70 年代支持中國取得聯合國代表權後，
非洲國家在 1990 年代對中國在聯合國框架內進行「反人權外交」亦
具有重要意義；例如中國自 1990 年以來持續成功抵制由美國與歐盟
提出的「中國人權狀況」提案，關鍵在於人權委員會成員在 1992 年
從 43 國增至 53 國（中國自 1981 年以來一直是該委員會成員），而
占 15 國的非洲則始終站在支持中國的立場，甚至該委員會還在 2006
年遭到解散，另組位階更高且成員區域分配性更平均的人權理事會，
從美國一度抵制參加，[11] 以及中國在 2018 年於理事會中推動「在人權
領域促進合作共贏」提案只有美國一票反對看來，北京之相對優勢不
啻極其顯著。

（五）2007 年派遣首位「非洲事務特別代表」

　　中國雖在 2005 年便派林琳擔任「駐非洲聯盟大使」，但只為兼
職（本職為駐衣索比亞大使）且僅負責溝通工作，2007 年則派出劉
貴今作為史上首位「非洲事務特別代表」，隨即以「達爾富爾問題特

---

11 美國雖一度採取抵制姿態，仍於 2009-12 年、2012-15 年與 2016-18 年 3 度擔任理事，2018
　年以該理事會存在「政治偏見」為由，再度退出。

別代表」身分訪問蘇丹，並同時正式在聯合國機制下啓動「中非外長定期對話機制」後，[12] 充分暗示試圖深化介入非洲問題與提高發言權之企圖；更甚者，過去一直被認爲主要反映西方利益的世界銀行，也在 2007 年底同意在非洲和其他地區的援助專案上與中國攜手合作，從而亦顯示出對於北京影響力之正面肯定。

（六）2017 年在吉布地設置首個海外基地

中國自 2008 年起推動亞丁灣護航行動後，便與吉布地建立密切聯繫；2015 年正式與該國協商確定，自 2017 年起在此設置「保障基地」，目前雖以訓練和後勤補給爲主要工作，仍具一定之戰略象徵意義。

總的來說，當前中國對非洲戰略基本上突顯出以下 4 個特徵：

（一）強調有異於西方的「不干涉」原則

例如在前述楊尙昆所闡述中國同非洲國家關係的原則中，便強調「支持非洲爲反對外來干涉和發展經濟所做的各種努力」、「尊重非洲各國根據自己國情選擇政治制度和發展道路」與「支援非洲國家作爲國際社會平等的成員，積極參與國際事務」等。

（二）推動「平等性」對話框架

例如 2000 年以來以「中非合作論壇」爲主的一系列雙邊大會；在 2006 年《對非洲政策文件》中也強調將建立「政治上平等互信、經濟上合作共贏、文化上交流互鑑的新型戰略夥伴關係」。

（三）積極進行「無條件式」經濟援助

例如在第一屆「中非合作論壇」部長級會議中承諾：繼續並擴大

---

12 中國及其非洲邦交國於 2007 年、2010 年、2013 年、2017 年 4 度在聯合國內召開外長磋商。

對非洲提供各種援助，減免非洲重債貧窮國和最不發達國家債務，並提供專項資金支援中國企業到非洲投資等。在 2006 年「中非合作論壇」年會上，胡錦濤亦宣布向非洲國家提供優惠貸款和優惠出口買方信貸，並免除部分政府無息貸款債務等。

（四）將非洲置於「重點性」戰略角度

例如從 1991 年開始，中國外交部部長每年第一次出訪目的地都是非洲，2000-19 年間，中國國家領導人對非洲國家進行了約 170 國次訪問，其重視程度可見一斑。相較起來，以美國為首的西方國家雖也自新世紀起部分強化對非洲關係，多半著重於經濟與能源政策面向，從戰略安全角度投入有限。[13]

貳 對拉丁美洲政策：深入美國後院的政經意涵

有關歷年來中國對拉丁美洲政策重要闡述，請參見表 3.3。

表 3.3　中國關於對拉丁美洲關係的重要政策

年代	發表人	政策內容
1985	趙紫陽	提出「中國與拉美關係的八個共同點」： 1. 在歷史上都有過共同的遭遇，都受過長期的外來奴役和掠奪。為了擺脫殖民枷鎖，爭取本國獨立和解放，我們的人民都進行過的英勇鬥爭； 2. 都屬於第三世界，面臨發展本國經濟、改善人民生活的共同任務； 3. 國家均地大物博，人民勤勞、聰明，發展潛力很大；

---

13 例如，美國在 2000 年推出「非洲成長暨機會法案」（AGOA），2007 年成立「非洲司令部」作為其全球第 9 個聯合作戰司令部（總部設於德國司圖卡特），為加強與非洲國家關係，美國總統 Obama 在 2013 年提出 Power Africa Initiative，希望協助非洲用電戶增加至 2,000 萬戶，2014 年召開首屆美非高峰會，宣布美國企業界將承諾對全非洲投資 140 億美元，並將把非洲地位將從「人道救援對象」轉為「經濟合作夥伴」，Trump 政府則在 2018 年宣稱將推出「繁榮非洲」計畫。除此之外，日本自 1993 年起召開 5 年一度之「非洲開發會議」，歐盟自 2000 年起召開 3 年一度之歐非高峰會，印度自 2008 年起召開 3 年一度之印非高峰會，俄羅斯也在 2019 年召開首屆俄非高峰會。

表 3.3　中國關於對拉丁美洲關係的重要政策　（續）

年代	發表人	政策內容
		4. 為了儘快克服不發達的狀態，都需要長期的和平國際環境來建設自己的國家；
		5. 都珍惜本國獨立，執行獨立自主和不結盟的對外政策；
		6. 都珍重各國人民的自決權，反對外來干涉和強權政治，主張通過和平談判解決國際爭端，不訴諸武力和武力威脅；
		7. 都努力緩和國際緊張局勢，積極維護世界和平；
		8. 都深受不合理的國際經濟秩序為害，主張推進南北對話、發展南南合作，建立新的國際經濟秩序。
		提出「中國與拉美國家間技術合作的六個有利條件」：
		1. 中國和拉美的資源都很豐富，可以互通有無，互為補充；
		2. 經濟發展水平相近，技術各有特色，市場廣闊，便於互相交流；
		3. 都在據本國條件探索自己的發展道路，累積了豐富的正反兩方面經驗，可以相互借鑑；
		4. 都是開發中國家，對於對方的處境和困難比較容易瞭解；
		5. 相互提供的技術和設備，也往往更適合開發中國家的條件；在對外經貿關係中，都願意遵守平等互利、共同發展的原則，而不是損人利己，強加於人；
		6. 最重要的，是都有進一步發展相互關係的政治願望，並且認為這是推展「南南合作」的重要組成部分。
		同時提出「互動交往四原則」。
1990	楊尚昆	提出「中國與拉美國家發展關係四原則」：
		1. 以互相尊重主權和領土完整、互不侵犯、互不干涉內政、平等互利、和平共處五原則為基礎，同所有拉丁美洲國家，包括那些尚未同我國建交的國家建立和發展友好合作關係；
		2. 平等互利，互通有無，取長補短，立足當前，著眼未來，不斷拓展貿易和經濟技術合作；
		3. 尊重彼此傳統和價值觀，相互學習和借鑑，加強民間往來交流，增進瞭解和友誼，廣泛開展各種形式的文化交流；
		4. 在國際事務中，密切磋商，互相支持加強合作，為建立國際政治和經濟新秩序而共同努力。
		以及「五項建議」：
		1. 繼續保持高層領導人的互訪和直接接觸，推動各領域和各層次的友好交往，增進相互瞭解，建立和鞏固互相信任的關係；
		2. 鞏固現有市場，並在平等互利、共同發展的基礎上不斷探索新的領域和途徑，爭取不斷增加雙邊貿易；
		3. 從實際需要和可能出發，充分發揮雙方的優勢，促進多種形式的經濟技術合作；
		4. 廣泛開展文化交流，舉辦各種展覽，互派文藝團隊訪問演出，進行各種體育項目的交流，舉辦多種學術研討會，交換留學生，並對以上活動提供便利和優惠；

表 3.3　中國關於對拉丁美洲關係的重要政策　（續）

年代	發表人	政策內容
		5. 是對於同中國尚未建交的拉美國家，我們願意在和平共處五項原則的基礎上，同它們建立和發展關係，鑑於目前雙邊相互來往不多，瞭解不夠，可推動雙邊的人員互訪，開展經貿交流和合作，為建立外交關係創造條件。
1995	李鵬	提出「中國關於發展與拉丁美洲國家關係五項基本原則」： 1. 進一步密切和加強中拉間的政治關係，增加高層領導人間的直接交往與對話，增加相互瞭解與信任； 2. 平等互利，互通有無，取長補短，共同發展；努力探索與開拓中拉經貿合作的新途徑、新領域，充分發揮各自的優勢，開展多種形式的經濟技術合作，相互交流和借鑑經濟建設經驗； 3. 加強民間往來，廣泛開展各種形式的文化、教育、新聞、體育交流和合作； 4. 在國際事務中密切磋商，加強協調，互相支持，共同維護發展中國家權益，推動建立和平、穩定、公正、合理的國際政治經濟新秩序； 5. 對於同中國尚未建交的拉美國家，中國政府願再和平共處五原則的基礎上，同他們建立和發展友好關係，雙方可從加強人員往來，開展經貿交流做起，為關係正常化創造必要條件。
1996	李鵬	提出「推動中拉關係發展的四點建議」： 1. 積極擴大貿易關係； 2. 努力發展企業間合作； 3. 重視以合資方式開發利用自然資源； 4. 加強科技交流。
2006	吳邦國	提出「提升中拉關係的五點建議」： 1. 深化政治互信的政治基礎：應保持高層互訪，積極促進雙方政府、政黨、議會間多層次交流。 2. 推動互利合作的經濟基礎：雙方應以積極態度，妥善處理經貿合作出現的情況與問題，實現互利共贏。 3. 豐富人文交流的社會基礎：拓展雙方人文領域的交流與合作向深度和廣度拓展。 4. 加強議會交往，為中拉關係注入新活力：雙方應充分發揮議會職能作用和自身優勢，充實合作內容，增強議會交往的實效。 5. 密切在國際事務中進行磋商，共同維護發展中國家的權益。
2008		發表「中國對拉丁美洲和加勒比政策文件」。
2008	胡錦濤	就發展中拉關係提出的五點倡議： 1. 繼續密切政治關係； 2. 深化經貿互利合作； 3. 加強國際事務中協調配合； 4. 重視社會領域互鑑共進； 5. 豐富人文對話交流。

表 3.3 中國關於對拉丁美洲關係的重要政策 （續）

年代	發表人	政策內容
2009	溫家寶	提出在當前世界經濟形勢下加強中拉關係的建議： 1. 增進政治互信，把握中拉長期友好的方向； 2. 深化互利合作，把握中拉共同發展的目標； 3. 促進人文交流，夯實中拉友好的社會基礎； 4. 密切磋商配合，加強在國際事務中的合作。
2014	習近平	在中拉領導人會晤中提出「1＋3＋6」合作新框架： 1. 一個規劃：以實現包容性增長和可持續發展為目標，制定《中國與拉美和加勒比國家合作規劃2015-19》，實現發展戰略對接。 2. 三大引擎：以貿易、投資、金融合作為動力，推動中拉務實合作全面發展，力爭實現10年內中拉貿易規模達到5,000億美元。 3. 六大領域：以能源資源、基礎設施建設、農業、製造業、科技創新、資訊技術為合作重點，推進中拉產業對接。
2015	李克強	強調雙方應著力打造四大支柱： 1. 鞏固傳統友好和政治互信； 2. 推動經貿合作提質升級； 3. 多措舉並推進人文交流； 4. 完善和創新整體合作機制。
2016		發表第二份「中國對拉丁美洲和加勒比政策文件」。

關於中國對拉丁美洲政策發展，可大致歸納爲以下幾個階段：

（一）1950-60年代的消極宣傳階段

在1950年代對蘇聯的「一邊倒」時期中，中國一方面將拉丁美洲國家的基本社會結構界定於所謂「半殖民」與「半封建」的狀態，美國的霸權性干預與控制則使這些國家成爲典型的「殖民化特殊經濟」；儘管在1948年美洲國家組織（OAS）成立，似乎強化了美國對此區域的影響力，在第二次世界大戰後民族解放運動風起雲湧的形勢下，拉丁美洲理論上應該也將逐漸成爲反帝國與反殖民前線。不過，直到古巴在1960年成爲第一個與中共建交的國家之外，北京在此期間只能透過「以民促官」方針與該地區維持著民間交流。儘管如

此，爲加強對拉丁美洲宣傳工作，中國自1957年起開始以西班牙語向該區域廣播，並由最初每週7小時提高到1961年的每週28小時，接著自1960年起又增加葡萄牙語廣播，並於1963年起開始發行《北京消息》週刊。值得注意的是，儘管在古巴革命成功後，中國隨即於1960年成立「中國與拉丁美洲友好協會」，但因中國內部大躍進、三面紅旗與文革等問題相繼出現，加上拉丁美洲始終爲美國的勢力範圍，因此成效相當有限。

（二）1970年代的積極爭取階段

在1971年重返聯合國後，由於擁有安理會常任理事國席次，使其可藉此鞏固與第三世界國家的關係；例如中國在1970-82年間共與56個第三世界國家建立邦交，其中13個便是拉丁美洲國家（包括墨西哥、智利、巴西與阿根廷等重要國家），顯示它在開拓這片「外交沙漠」上有著顯著進展。至於在個別議題方面，中國首先表示支持拉丁美洲國家在「二百浬領海範圍」問題上的立場，其次在21個拉美國家於1967年簽訂《拉丁美洲禁止核武器條約》，並在〈附加議定書〉中要求擁有核武國家「不向拉美禁核條約締約國使用或威脅使用核武器」後，中國也在有條件下，以有核國家身分於1973年簽署上述議定書。

（三）1980-90年代的加強合作階段

作爲第一位抵達此地區訪問的中國高層，國務院總理趙紫陽在1985年首先公開指出中國與拉丁美洲之間的8個共同點，亦即都曾爲了擺脫殖民帝國主義枷鎖而爭取獨立，都屬於第三世界的發展中國家，而且都主張推進南北對話並發展南南合作，建立新國際經濟秩序等，接著在闡述雙方發展經貿與技術合作的6個有利條件後，他提出

了「和平友好、互相支持、平等互利、共同發展」等 4 個互動交往原則（與他在 1983 年於非洲所提出的四項原則極類似，請參考前述）。就結果來說，雖然中國於拉丁美洲的邦交國總數在 1980 年代因為台灣方面的固守而進展有限，但從中國與拉丁美洲之間雙邊貿易額大幅提升看來，亦可見其實質成效。

值得注意的是，在後冷戰時期來臨後，中國也自我評估面臨著幾個重大的國際挑戰：「……挑戰之一是改革開放正使中國日益深入地參與世界政治、經濟與安全事務；……挑戰之二是兩極體制的瓦解與世界經濟區域化、全球化的加深，使多邊主義在國際事務中大行其道；……挑戰之三是，冷戰時代，中國出於意識型態及反帝反霸戰略的需要，把發展同第三世界的關係作為外交重點，……但如今意識型態的影響已大為下降；……挑戰之四是冷戰結束後，以經濟實力為基礎的綜合國力競爭更趨激烈；……挑戰之五，中國的崛起是後冷戰時代世界格局變動中最引人注目的事件。」當然，這種多極化時代的來臨將增加中國參與國際的機會，至於在對拉丁美洲外交方面，國家主席楊尚昆於 1990 年前往南美洲訪問時，曾特別闡明了中國和拉美發展關係的 4 項原則，希望和平共處五原則為基礎，與所有拉丁美洲國家，包括那些尚未和中國建交的國家建立和發展友好合作關係，並進一步在行程中提出中國和拉美發展合作關係的 5 項建議。

大體上看來，所謂 4 項原則及 5 項建議，基本上與前次趙紫陽訪問時發表的 8 個共同點與 6 個有利條件極相似；只不過楊尚昆的談話格外突顯了周恩來的和平共處五原則而已，積極度亦增加許多。接著，在江澤民於 1993 年訪問巴西時，則針對建立新型國際經濟關係提出 4 項原則。可以這麼說，在整個 1990 年代，中國對拉丁美洲關係基本上仍是以促進雙邊經貿交流合作為主。例如在 1995 年，國務

院總理李鵬曾在訪問墨西哥時發表了「中國的經濟發展與中拉合作」演說，並提出中國關於發展與拉丁美洲國家關係的 5 項基本原則；次年，李鵬在訪問委內瑞拉與拉丁美洲經濟體系總部時，再度重申前述 5 項原則（儘管字句略有不同），並提出「積極擴大貿易關係、努力發展企業間合作、重視以合資方式開發利用自然資源、加強科技交流」等推動中拉關係的 4 點建議。

中國不僅在 1980 年代一口氣增加了 8 個拉美邦交國，與此地區的雙邊貿易額也從 1970 年的 1.5 億美元，1980 年的 13 億美元，1990 年的 23 億美元，2000 年躍升為 126 億美元，中國也在 1994 年後成為拉丁美洲整合協會、拉丁美洲經濟委員會與亞馬遜議會等組織觀察員，顯示雙方關係的緊密化，尤其是如何在資源開發方面進行合作，並設法參與拉丁美洲整合過程，則是中國對拉美外交考量的重點。

（四）2000-10 年代的提升戰略互動階段

儘管因為中國主要投資區域是亞太、歐洲和北美地區等，以致拉丁美洲在中國對外貿易結構中的重要性逐漸下降，這也反映在中國在 1996-2006 年間未曾針對雙邊關係發表重要政策談話的現實上；不過，從另一個角度看來，2001 年「東亞—拉美合作論壇」首次外長會議在智利舉行仍具重要意義，與會各國外長就地區形勢和東亞、拉美合作深入交換意見，中國外長唐家璇也發表「加強區域交流，推動南南合作」講話，重申了中國對拉美的一貫政策。

全國人大常委會委員長吳邦國在 2006 年訪問拉丁美洲時，提出將中拉關係提升到新水準的 5 點建議。事實上，自從中國 2004 年開始實施「走出去」經濟戰略之後（請參考第五章關於經濟外交部分），境外加工貿易便迅速增長，同時使拉丁美洲隨即在 2005 年躍

升為中國境外投資的最主要地區，2006 年約為 85 億美元左右，中國政府並承諾將於 2014 年提高至 1000 億美元，可見其對此區域的重視。為深化雙邊互動，中國更在 2007 年召開首屆「中國—拉美及加勒比地區民間友好論壇」；特別是在 2000 年代拉丁美洲呈現一幅「左轉」態勢（以委內瑞拉的 Chavez 為代表），與中國之間的關係更為接近；特別是中國在 2003-04 年間開始透過大國能源外交政策與拉丁美洲接觸後，不僅隨即獲致實際成效，例如與秘魯和委內瑞拉等簽署相關協議，也讓美國逐漸提防中國可能侵入其勢力範圍後院的發展。至於中國在 2008 年正式成為美洲開發銀行第 48 個成員，亦有助於它拉攏與拉丁美洲地區國家的關係。

　　值得注意的是，自 2000 年以來，中國雖積極推動與拉丁美洲關係，一開始與兩岸關係的連動性（此地區既為台灣邦交國最密集處，也為反制 2000-08 年的民進黨政權）或許較高，但繼 2006 年發表《對非洲政策文件》後，中國不僅於 2008 年公布了《對拉丁美洲和加勒比政策文件》，以減免債務進行利誘，更重要的是，自此亦開啟了另一個從兩岸關係轉向以中美關係為主軸的戰略新階段。隨著 2012 年中拉雙邊貿易創下 2,612 億美元新高，中國在拉美非金融類投資存量超過 540 億美元並成為拉美第二大貿易夥伴國和主要投資來源後，同年中國啟動與拉共體「三駕馬車」（2015 年後改為四駕馬車）外長對話機制，隨後並促成 2014 年的「中拉領導人會晤」（共 11 個拉美國家元首出席），與 2015 年啟動 3 年一度之「中國—拉共體（CELAC）部長級論壇」（請見本書第七章詳述），至於美國雖於同時舉行 CELAC 峰會的替代性論壇，顯然未能提出動搖中國在此地區影響力漸增的倡議。

　　大體來說，中國與拉丁美洲關係之正面基礎來自經濟層面；尤

其北京於 2014 年正式啟動「中拉合作基金」後，雙邊貿易額迅速在 2019 年越過 3,000 億美元大關，習近平也在 2017 年聲稱拉丁美洲地區是「21 世紀海上絲綢之路」的「自然延伸」，儘管如此，美國因素既是中國在此發展的首要障礙，至於委內瑞拉自 2016 年以來日益嚴峻之政經危機，亦成為挑戰中國影響力之負面例證。

參 對大洋洲政策：外交沙漠的開拓

除了澳大利亞和紐西蘭外，南太平洋地區共有 27 個國家和地區，由 1 萬多個島嶼組成，分屬美拉尼西亞、密克羅尼西亞和玻里尼西亞三大群島地帶，位於太平洋南部、夏威夷群島和澳洲大陸間，陸地總面積僅 55 萬平方公里，總人口也不過 750 多萬。此種規模基本上也限制了中國與此地區的交往，例如中國與此地區國家的雙邊貿易額在 1999 年僅為 1.68 億美元，2008 年雖迅速攀升到 20 億美元，2018 年又翻倍達到 45 億美元，其實仍僅占中國外貿總額相對較少比例，可見雙方互動程度相當有限且並不甚密切。儘管如此，自 1980 年代末起，中國仍試圖提升與此區域之間的關係。

首先，在參與國際組織方面：由於南太平洋論壇開始邀請區域外國家共同進行對話，於是中國也在 1988 年參加論壇地區機構協調委員會所召開關於建立對話關係的討論會，並自 1990 年起正式參與南太平洋論壇對話會議，此後至 2019 年，中國連續出席了 30 次論壇峰會後的對話會，並不斷強調「相互尊重、平等互利、彼此開放、共同繁榮、協商一致」的交往原則。接著，中國政府在 2000 年捐資設立了「中國—論壇合作基金」，用於促進雙方在貿易投資等領域內的合作，於 2003 年與太平洋島國論壇就雙邊關係、貿易投資、可持續發展、海洋資源管理、地區安全等問題交換意見，並提出了加強與此一

論壇互動關係的五項倡議，亦即：

(1) 中國加入南太平洋旅遊組織；
(2) 舉辦南太平洋島國外交官培訓班；
(3) 資助論壇石油問題諮詢服務項目；
(4) 歡迎南太平洋島國派團參加在廈門舉行的「中國投資貿易洽談會」
　　和在昆明舉行的「中國國際旅遊交易會」；
(5) 歡迎論壇成員國新聞代表團訪問中國。

　　2004 年，中國不但主動倡議與各太平洋島國協商共同舉辦「中國—太平洋島國經濟發展合作論壇」，截至 2013 年，中資企業在南太平洋地區投資成案達到 150 家，非金融類別投資額為 20 億美元左右。更重要的是，2006 年溫家寶率團出席前述論壇首屆會議開幕式，不但是中國總理首度正式訪問南太平洋地區，順道訪問澳大利亞和紐西蘭也是 18 年來僅見；在此行中，溫家寶指出中國和太平洋島國同屬亞太地區，都是發展中國家，有著共同利益也面臨相同的挑戰，可以在相互尊重、平等互利的基礎上加強合作發展。

　　事實上，台灣方面在南太平洋地區經營已久，這也是為何有 6 個國家（吉里巴斯、馬紹爾、諾魯、帛琉、所羅門群島以及吐瓦魯）沒有出席首屆「中國—太平洋島國經濟發展合作論壇」的緣故。為了與台灣進行外交競爭，溫家寶表示將給予 8 個南太平洋國家零關稅待遇，免除這些國家 2005 年底之前到期的對華債務，並成立一個鼓勵中國企業到該地區投資的基金。值得注意的是，為加強與南太平洋國家之間的關係，日本早自 1997 年起每隔 3 年便邀請大洋洲各國元首到日本召開「日本與南太平洋論壇峰會」（2003 年更名為太平洋領袖峰會，至 2018 年已召開 8 屆會議），同時宣布大約 100 億日元

援助方案，在 2006 年高峰會中繼續將援助金額提高到 450 億日元，2012 年通過的《沖繩紐帶宣言》更明確提出將擴大防務部門交流（同年開始邀美國代表列席），在維護海洋法治秩序上加強合作，與中國競爭的態勢可說顯而易見，至於結果則短期間難以預料。

為與日方抗衡，中國方面也在 2013 年「中國─太平洋島國經濟發展合作論壇」中宣布進一步支援措施，主要包括：支援島國重大項目建設，向建交國提供 10 億美元優惠貸款；設立 10 億美元專項貸款用於基礎建設；今後 4 年為島國提供 2,000 個獎學金名額以培訓專業人員；支援島國發展醫療衛生事業；支援島國發展農業生產；支援島國保護環境和防災減災，援建綠色能源項目等。至於 2019 年的第三屆論壇則進一步通過《經濟發展合作行動綱領》。

肆 對中東政策：從尊重文明多樣性切入

有關歷年來中國對中東地區政策重要闡述，請參見表 3.4。

表 3.4　中國關於對中東地區關係的重要政策

年代	發表人	政策內容
1963	周恩來	提出「中國與非洲和阿拉伯國家相互關係五原則」。
1989	李鵬	提出「中國對中東問題五項主張」： 1. 中東問題應通過政治途徑解決； 2. 中國主張在聯合國支持下，在中東召開由 5 個安理會常任理事國和有關各方共同參與的中東和平國際會議； 3. 支持中東衝突各方進行各種形式的對話； 4. 以色列必須撤出所占領的阿拉伯領土，但以色列安全也應保障； 5. 以巴相互承認，阿拉伯民族與猶太民族和平共處。
1997	錢其琛	提出「中國對中東問題五項新主張」： 1. 以聯合國有關中東問題的各項決議為基礎，遵循馬德里和會「土地交換和平」的原則，繼續進行和談； 2. 認真履行已達成各項協議，避免一切有礙和平進程的行動；

表 3.4　中國關於對中東地區關係的重要政策　（續）

年代	發表人	政策內容
		3. 放棄任何形式的恐怖主義與暴力行為，充分保障各國的安全； 4. 加強地區內經濟交流合作，以阿間應消除歧見，實現共同發展； 5. 國際社會有責任與中東各方為實現中東全面、公正、持久的和平作出共同努力，中國也願為此做出貢獻。
2000	江澤民	提出「對中東和平進程的三點原則性主張」： 1. 和談是解決中東問題唯一選擇； 2. 有關各方應本著尊重歷史、面對現實、著眼未來的精神，進行靈活務實的談判； 3. 解決中東問題必須遵循聯合國有關決議和「土地換和平」原則，雙方業已達成的各項協議必須得到有效遵守。
2002		派出史上首任中東問題特使。
2004	胡錦濤	提出「建立中阿新型夥伴關係的四項原則」： 1. 以相互尊重為基礎，增進政治關係； 2. 以共同發展為目標，密切經貿往來； 3. 以相互借鑑為內容，擴大文化交流； 4. 以維護世界和平、促進共同發展為宗旨，加強國際事務合作。
2006	胡錦濤	提出「推動中阿關係向前發展的四項政策建議」： 1. 加強政治合作，鞏固和充實中阿關係政治基礎：繼續堅定支援對方維護國家主權、獨立和民族尊嚴，尊重和支援對方根據本國國情自主選擇發展道路。 2. 加強經濟合作，努力開拓創新，實現互利共贏：圍繞促進共同發展這一中心任務進一步擴大貿易、投資、能源、基礎設施建設、人力資源開發、科技、環保等領域的合作。 3. 加強文化合作，擴大對話交流，弘揚傳統友誼：深化文化、教育、新聞、衛生、旅遊等領域的交流與合作，採取多種形式深入開展文明對話，推動不同文明和諧發展。 4. 加強國際合作，密切協調配合，促進和平穩定：透過雙邊和多邊合作共同應對全球挑戰，倡導以協商對話方式和平解決地區爭端，推動多邊主義和國際關係民主化、法治化，共同建設和諧世界。
2008		推動建立「面向和平和可持續發展的中阿新型夥伴關係」。
2012	溫家寶	提出「推動中阿關係的三點主張」： 1. 鞏固政治互信，深化戰略合作：主張地區事務由地區國家和人民自主決定，尊重地區國家和人民追求變革的願望、訴求，支持地區國家自主選擇符合本國國情的發展道路。 2. 深化互利合作，實現共同發展：進一步深化能源資源合作，構建長期穩定、互利互惠的合作關係，要共同提高投資便利化水平。 3. 擴大人文交流，弘揚傳統友誼：促進不同種族、宗教、信仰和文化間的相互尊重，實現和諧共處。

表 3.4　中國關於對中東地區關係的重要政策　（續）

年代	發表人	政策內容
2014	習近平	在中阿合作論壇中提出「1+2+3」合作新格局： 1. 以能源合作為主軸，深化油氣領域全產業鏈合作，維護能源運輸通道安全，構建互惠互利、安全可靠、長期友好的中阿能源戰略合作關係。 2. 以基礎設施建設、貿易和投資便利化為兩翼。加強中阿在重大發展專案、標誌性民生專案上的合作，為促進雙邊貿易和投資建立相關制度性安排。 3. 以核能、航太衛星、新能源三大高新領域為突破口，努力提升中阿務實合作層次。探討設立中阿技術轉移中心，共建阿拉伯和平利用核能培訓中心，研究北斗衛星導航系統落地阿拉伯專案。
2016		發表「中國對阿拉伯國家政策文件」。

回溯中國對中東政策發展歷程，可歸納如下幾項。

（一）1950-70 年代採取戰略性迴避態度

中東地區長期作為霸權地緣競逐重心，中國與此地區不僅距離遙遠，與以阿雙方均無直接利害關係，加上中東問題根深蒂固且錯綜複雜，且美國自冷戰期間以來始終獨霸中東事務，其能力既暫時非北京所能及，結果讓它在冷戰前期對此地區問題維持低調姿態。一方面建交國家不多，甚至在 1966 年爆發文革後，中國還撤回了除埃及以外所有駐中東使節，直到 1970 年後才逐漸恢復與中東的互動關係；值得注意的是，在翌年聯合國大會有關中國代表權決議案的表決過程中，15 個中東國家有 10 個投下了贊成票，間接顯示其第三世界外交成果。

（二）1980 年代透過軍火出口間接介入

在 1963 年周恩來提出「中國與非洲和阿拉伯國家相互關係五原則」後，直到 1989 年，李鵬才對來訪的巴勒斯坦解放陣線（PLA）

領袖 Arafat 提出中國對中東問題的 5 點主張（1991 年重申同樣主張），重點是在以色列與巴勒斯坦相互承認的前提下，透過多邊政治對話來解決相關糾紛。值得注意的是，中國自 1980 年代開始出口武器至中東，一方面中東市場占中國武器出口比例逐年增加，例如 1994-97 年增至 18% 左右，中國武器占中東市場比例在 1987 年曾高達 12%，直到 1997 年才衰退至 2%，其中，埃及、伊朗與伊拉克乃最大客戶。總而言之，1980 年代乃是中國武器出口至中東的黃金時代，這也成為它影響地區局勢的特殊模式。其後自 1980 年代起，乃至 1992 年（以色列）為止，中國終於跟所有中東國家均締結邦交；隨著改革開放後經濟快速發展與綜合國力增長，中國對此地區事務影響力也明顯提升。

（三）1990 年代開始浮現具體對中東政策

特別在 1991 年馬德里和會啟動中東和平進程後，會議決定根據聯合國第 242 號和第 338 號決議案，以「土地交換和平」為原則，促進以阿雙方進行和談；除以色列分別與約旦、敘利亞與巴勒斯坦分別進行雙邊會談外，以阿雙方和美、俄、中等國及國際組織共 36 方，也自 1992 年起舉行「中東問題多邊會議」（1996 年由於以色列右翼強硬派執政導致會談中斷，2000 年一度復談），成立經濟合作與發展、環境、水資源、難民、軍控與地區安全等 5 個工作小組，中國也參加了所有相關會議。副總理錢其琛在 1997 年訪問中東時，則再度提出對中東問題的五點新主張（見表 3.4）。於此同時，中國也在 1997 年後不斷加強與中東國家經貿合作，特別是在石油合作部分，例如與沙烏地阿拉伯、科威特、阿拉伯聯合大公國等簽訂直接進口石油協議，與蘇丹合作開發油田並簽訂修建輸油管線合約，以及成為首

個在伊拉克實施石油國有化政策以來，獲得石油開採權的外國等。

（四）2000 年代配合中東變局順勢強化地區影響力

由於國際恐怖主義蔓延與美國發動全球反恐戰爭，中東局勢再添複雜變數，對此，中國在 2002 年底派出史上首任中東問題特使王世杰，前往進行斡旋，先後訪問埃及、黎巴嫩、敘利亞、約旦、以色列和巴勒斯坦等，由此扭轉了原先「不具體介入問題」的傳統立場。接著，中國更在 2004 年針對美英兩國推動的伊拉克新決議提出非正式文件，陳述其個別看法，由此亦可看出某種愈趨高調之外交姿態；但從另一個層面看來，中國此舉或許也是爲了其自身利益起見，主要目的在於解決中東油價變化和石油生產等對其經濟發展穩定性的影響。於此同時，江澤民在 2000 年訪問巴勒斯坦期間，進一步闡述了中國對於中東和平進程的三點原則性主張，至於胡錦濤上台後，首先在 2004 年訪問中東時提出發展「中阿新型夥伴關係」的 4 點原則，並於同年推動建立部長級「中國—阿拉伯國家合作論壇」，[14] 2006 年針對「推動新世紀中阿友好合作關係」提出 4 個方向（均請參考表 3.4）後，2010 年與海灣合作理事會亦建立了部長級戰略對話機制。可以這麼說，相較於過去中國刻意迴避中東這個大國利益高度對立的區域，如今則明顯採取更加積極的因應布局態度，主要目標基本上或是回應「能源外交」與「大國外交」之要求。

（五）2016 年後啓動新中東政策

隨著美國的中東戰略逐漸陷入膠著泥沼狀態，中國與中東地區雙邊貿易額則迅速由 2004 年的 364 億攀升至 2010 年的 1,454 億，2018

---

14 2008 年中阿合作論壇宣布建立「面向和平和可持續發展的中阿新型夥伴關係」，2010 年論壇則進一步透過《天津宣言》建立了「戰略合作關係」。

年更達 2,443 億美元，雙方在能源、金融、投資和基礎建設等領域不斷取得合作進展，顯然有助於強化彼此的正面互動，在此一基礎上，習近平在 2016 年初中東訪問行程中宣布將啓動「新中東政策」，國務院也在同年發布《中國對阿拉伯國家政策文件》作爲官方針對阿拉伯國家制定的首份政策文件，從政治、投資貿易、社會發展、人文交流、和平與安全等五個領域，詳細闡述了中國將全面加強兩方關係的政策舉措。大體言之，中國對中東政策近年呈現明顯強硬化趨勢，尤其針對美俄態度對立的敘利亞問題；事實上，自 1971 年進入聯合國至 2019 年底，北京總共僅在安理會行使過 14 次否決權，但自敘利亞內戰於 2011 年爆發以來，先後 8 次與俄羅斯聯手否決了針對敘利亞問題的決議案，2016 年更任命了敘利亞問題特使，在中東和日內瓦進行穿梭外交，積極性日益可見。值得注意的是，除安全議題外，經濟面向依舊重要，尤其是如何拉攏地區國家參與其帶路建設；例如在 2016-19 年間，共有 18 個中東國家與北京簽署共建「一帶一路」政策文件。

　　大體言之，現階段中國對中東政策原則約略有以下幾項：

（一）奉行客觀超脫政策，依舊不直接介入具體問題

　　基於中東局勢依舊陷入大國角力的複雜背景，中國雖派出特使加強介入，基本上仍維持客觀立場，這也讓中東成爲中國唯一在民眾好感度上超越美國的地區。

（二）強調「文明多樣性」與美國主張之「文明衝突論」抗衡

　　正如溫家寶在 2009 年於阿拉伯國家聯盟所發表題爲「尊重文明多樣性」的演講一般，相較於美國將中東地區視爲所謂「文明衝突」的主要來源，中國此舉不啻充滿了較勁與對比意味。

（三）保持並提升和該地區各國的經貿和科技關係

迄今為止，經濟事務仍是中國主要考量重點，作為主要能源輸出者與重要新興市場，中東也是其關注重點，例如中國在 2013 年便將 2010 年首度召開的「中阿經貿論壇」升格成「中阿博覽會」，希望藉此擴大雙邊經濟交流。

（四）力主在聯合國架構下解決以巴衝突

對於此一最敏感的區域問題，中國現階段仍主張透過國際機制（聯合國）來加以解決，這也回應了前述客觀超然的不介入政策。

第三節　軟援助外交：新世紀互動準則的發展
Soft Aid Diplomacy: Interacting Principle in the New Century

壹　中國對外援助活動演進

對於中國對外援助政策，首先是以下幾項基本資料與概念：

（一）對外援助主管機構之演變

目前中國負責執行援外工作之機構也幾度調整：最初由對外貿易部的對外經濟聯絡局負責，1960 年改為對外經濟聯絡總局，1964 年改設對外經濟聯絡委員會，1970 再改為對外經濟聯絡部；到了 1982 年，中國將對外貿易部和對外經濟聯絡部合併，成立對外經濟貿易部，下設對外援助局，1988 年升格為對外援助司，主管援外事務，目前隸屬於商務部。反過來說，商務部下屬與外援相關單位還包括：國際經濟合作事務局、國際經濟技術交流中心、國際商務官員研修學院等。2010 年更首度召開了「全國援外工作會議」，一方面總結經

驗，其次也開展新的援助發展階段。

（二）對外援助對象與内容之擴張

自 1950 年開始對越南和北韓提供經濟援助後，在 1955 年萬隆會議後，中國對外援助範圍從社會主義國家擴展到其他發展中國家，並於 1956 年開始向非洲提供援助。根據 2011 年與 2014 年《中國的對外援助白皮書》統計，截至 2012 年底，中國共計向 160 餘國和區域組織提供援助，累計援助金額達 3,456.3 億人民幣，2010-12 年受援國家爲 121 個，同時自 2000 年以來數次宣布減免發展中國家對華債務，尤其是非洲國家。目前中國對外援助項目主要分布在農業、工業、經濟基礎設施、公共設施、教育、醫療衛生等領域，重點幫助受援國提高工農業生產能力，增強經濟和社會發展基礎，改善基礎教育和醫療狀況，至於應對氣候變遷則是其外援新重點。

（三）援助政策自我歸納為「五個堅持」原則

以 1963 年的「對外援助八項原則」作爲出發基礎，中國繼續推導出下列幾項基本原則：堅持幫助受援國提高自主發展能力；堅持不附帶任何政治條件；堅持平等互利、共同發展；堅持量力而行、盡力而爲；堅持與時俱進、改革創新。

（四）對外援助的類型與方式

中國對外援助方式從初期單一無償援助，發展爲以「無償援助、無息貸款、優惠貸款」等 3 項主要類型，與「成套項目、一般物資、技術合作、人力資源開發合作、援外醫療隊、緊急人道主義援助、援外志願者、債務減免」等 8 種方式爲核心，逐漸制度化的一項政策。

進一步來說，有關中國的對外援助歷程，以下幾點值得特別注意：

（一）對外援助雖大多由已開發國家推動，中國自建政初期經濟陷入
　　　困境時便開始進行援助，具有濃厚的戰略性色彩

　　根據 2006 年解密的中國外交資料檔案顯示，即便在建政初期的
1950-60 年間，中國在艱困的經濟處境下，仍舊與「某些兄弟國家和
亞非民族主義國家達成協定，提供無償援助和貸款總額約為 40.28 億
人民幣，其中援助兄弟國家 35.39 億（包括無償援助 25.79 億，貸款
9.60 億），援助民族主義國家 4.89 億（無償援助 2.38 億，貸款 2.51
億）」，根據統計資料顯示，此援助額約接近 1953-57 年「一五」計
畫期間國家投資計畫 427.4 億元的十分之一左右。針對此種顯然「不
成比例」的政策，可想見的是，如果不是基於國家生存利益有所作為
的話，是無法加以理解此種行為的。

（二）早期對外援助對中國脫離外交困境確實具有正面助益

　　中國透過前述各種援助活動不但幫助了發展中國家增強自主能
力，也在樹立國際形象並培養大批對華友好力量後，提供了推動雙邊
關係發展的積極因素。

（三）當前中國強化對外援助政策，正面回應了其國際地位之變動

　　隨著近年來中國經濟發展持續快速成長，過去一直是受援者的中
國（例如歐盟在 2002 年提出截至 2006 年為止的《中國戰略計畫》，
仍預定在此期間對中國提供 2.5 億歐元經濟援助），曾幾何時，卻已
然成為全球最大的援助國家之一，由此亦逐漸抵銷西方國家在國際結
構中的傳統經濟影響力。根據統計，繼 2006 年 2 月以 8,537 億美元
首度超越日本，躍升世界首位後，中國外匯存底不僅在 2008 年超越

G-7 國家總和，迄今約占全球三成以上，[15]增長率相當驚人。在此基礎上，中國很自然且相當合理地宣布將透過中國輸出入銀行「活用豐富的外匯準備，強化與鄰國的經濟外交」。事實上，在 1994-2004 年間，中國資金非但在發展中國家接受的優惠貸款總額中占 58%，單單 2005 年，中國便與 112 個國家和地區簽訂 350 筆援款協定，並對 21 個國家提供緊急人道主義援助。尤其在鄰近的東南亞，中國正不斷增加發展援助，而此一趨勢也讓越來越多人相信，隨著中國逐漸蛻變為慷慨的援助者，國際發展援助的結構將發生巨大變化。

（四）中國對外援助舉措仍遭到國際質疑

值得注意的是，儘管北京自 2007 年起宣布將向國際開發協會提供資金，這也是中國首次對世界銀行捐助資金，象徵意義極為濃厚，事實上直到 1999 年為止，中國仍是世界銀行下屬國際開發協會援助對象，甚至 2010 年仍獲援 25 億美元，超過衣索比亞的 16 億美元，自 1978 年起來自日本 ODA 援助直到 2018 年才正式終止，1979-2019 年則共從德國獲得超過 100 億歐元援助，且尚未終止。除了在對外援助同時繼續受援之外，中國對外援助金額迄今不僅無法被精確統計，許多宣稱之援助計畫亦往往被質疑沒有全部到位，甚或有灌水之嫌。

貳　外援新戰略之背景與內外部反應

值得注意的是，中國在全球援助結構中地位的提升，主要是由於第三世界與南北衝突問題加劇的結果。首先是 1970 年代後，由於石油危機導致熱錢湧入西方銀行後，為解決因此造成的低利率問題和經

15　中國外匯存底在 2014 年達到高峰，約 3.97 兆美元，2020 年初約 3.11 兆美元；其中，美元資產占比超過七成，主要是國債與金融機構債券。

濟危機，銀行團遂大舉以低息方式向第三世界輸出資金，不過，隨後因利息和國際油價不斷攀升，多數第三世界國家在以債養債的窘境下終於宣告破產。儘管世界銀行和國際貨幣基金自 1970 年代末起便共同推動一系列「結構調整計畫」，目的在輔導債務國減少政府支出、企業私營化、降低關稅、擴大外貿等，結果導致公共預算大幅減少，償還外債之日卻仍舊遙遙無期。對此，WB 與 IMF 繼續在 1996 年提出另一項「重度負債窮國計畫」，要求被認定無力償債的國家簽訂一套嚴格的自由經濟計畫，在接受 6 年監督後才能減免部分外債，但此種「神諭式」政策不但收效相當有限，亦受到許多指責。

正是在前述南北經濟對立態勢逐步加深之環境背景下，中國在 2006 年正式提出所謂「和諧世界」外交政策方針；一方面，中國未來將依此加強對第三世界國家的扶助力道，再者，此種政策也使對外援助成為中國經濟外交工作的重要組成部分。進一步來說，相較過去的「獨立自主」或「和平共處」，北京將根據「和諧世界」原則更積極地參與國際事務，至於其對非洲與拉丁美洲的「軟貸款」援助，事實上便體現當前中國既要發展「和諧世界」，又要「統籌國內國際兩個大局」的概念。

儘管早在 1964 年周恩來出訪問亞非國家時，中國便提出了「對外援助八原則」，從後冷戰時期中國援外活動內涵來看，中國的「援助大戰略」更似乎正在浮上檯面當中。在溫家寶於 2003 年第二屆中非合作論壇提出 3 年內為非洲培訓各類人才的計畫後，胡錦濤不僅在 2005 年聯合國大會上宣布了中國政府加強對發展中國家援助的五項新舉措（請參見前述），同時向印度洋海嘯國家、巴基斯坦、印尼地震災區提供大量緊急人道主義援助等。根據商務部部長助理陳健在 2006 年表示，中國對外救援已形成「快、實、細」三字原則，亦即

以最快速度啓動救災機制、壓縮管理費用並節約開支，以及爲受災國人民考慮得較細較周到等；至於未來中國對外援助機制的深化建立，將從以下四個方面入手：對外提供援助的力度將適當加大、援助方式將更加多樣化、加強防災領域國際合作、加強救災工作管理力度並確保物資與工作品質等。

當然，中國藉由對外援助行動所希望達到的絕非僅是經濟利益而已，同時包含了安全與市場考量在內。根據美國卡內基國際和平基金會訪問學者 Josh Kurlantzick 在 2006 年撰文表示：就在華盛頓以打擊恐怖主義爲重心的同時，中國卻悄悄調整了對外政策方向，成爲「柔性權力」（soft power）的新擁護者，雖然最初以東南亞近鄰爲核心，近來顯然開始將此種權力影響範圍擴大到了拉丁美洲、中亞和非洲，由此獲得的國際聲望有可能引起後續的國際問題，特別是作爲一個主要援助國家，其結果可能導致受援國挑起中國與若干機構間的鬥爭，並說服其他發展中國家採取中國式的發展模式。正如本段標題所指出的，中國目前採取的是種「軟援助」政策，其主要內涵有二：

（一）首先是「軟性貸款」方式

亦即中國對外承諾的工程項目與基礎設施項目等，幾乎都是由中國工人承建，採用中國材料，從某個角度來說，非但資金根本不須離開中國，甚至還可解決一定程度的國內失業問題。

（二）其次是「無附加條件」方式

亦即中國既不對受援方要求環保，也不對抗腐敗，相對地，受援國若從世界銀行獲得貸款時，則常須附帶進行政經制度改革，甚至還得看是否有「良政」（good governance）表現，例如世界銀行便因腐敗問題而中止了對柬埔寨的貸款。

　　值得注意的是，中國的新援助戰略雖有助於拉攏第三世界國家，並提升其柔性權力，但也慢慢地引發若干反彈：

（一）來自原先對中國援助國家之質疑

　　中國對外援助除近期屢遭「新帝國主義」或「債務陷阱」抨擊之外，例如自 1979 年以來，持續對中國提供大量官方援助（ODA）的日本，一度決定自 2008 年北京奧運起停止提供援助，並不斷質疑中國是否將日本的 ODA 轉用於援助其他開發中國家，但最終到 2018 年才真正結束。[16]

（二）在接受中國援助的國家之間也有異見

　　例如南非國際事務研究所便表示，中國與非洲「不存在純粹無私的關係，……非洲是個原材料寶庫，而這也是中國所需要的」，可說直接指出了中國援助戰略背後複雜的利益組成因素；除此之外，安哥拉評論人士抱怨中國在基礎設施援助項目上，只依賴自己的專家和產品，尼日政府驅逐了沒有執照的中國商販，賴索托等國服裝廠因中國紡織品大量輸入而紛紛倒閉，南非紡織業者則舉行了罷工抗議。這些情況都顯示出，當前中國的援助政策並非沒有後遺症的，這也代表其援助戰略在未來仍有很大的修正空間。

（三）中國內部對於外援亦未必沒有意見

　　隨著改革深化，雖呈現經濟崛起的正面態勢，國內貧富差距與階級矛盾也跟著拉大，對外援助與解決國內衝突之間究竟孰輕孰重確實是個問題；溫家寶在 2010 年全國援外工作會議中，總結中國援外模

16　日本在 1978-2018 年 40 年間對華援助總額約 2,900 億人民幣，但考慮通貨膨脹與幣值變化，確切總值難以被真實進行估算，尤其這並不包括若干隱形援助在內。

式爲「盡力而爲、量力而行、力所能及」等 3 個概念，不啻也反映出相較於建政初期愈趨保守的政策方向。

第四章
周邊外交

　　在面對周邊國際環境及相關問題的挑戰時，中國較偏好在自身積極獨立參與下（特別非由美國主導）推動的集體行動，此即其主動倡議的「睦鄰外交」；如同前外長錢其琛所言：「同周邊國家發展睦鄰友好關係，創造一個和平友好的周邊環境，是我國獨立自主和平友好外交政策的重要組成部分，……睦鄰安邦符合中國和鄰國人民的共同利益，也有利於促進亞洲地區的和平與發展。」此類政策一方面可正面支撐其獨立自主外交，同時有利於中國自 1980 年代以來推動的改革開放，正如胡錦濤在 2005 年再度重申的，中國將堅持走「和平發展」道路，繼續奉行「與鄰爲善、以鄰爲伴」周邊外交方針和「睦鄰、安鄰、富鄰」的周邊外交政策。至於習近平在 2013 年「周邊外交工作座談會」提出的「親、誠、惠、容」理念，既受到外界普遍關注，其內涵當然得進一步觀察與推敲。[1]如同習近平 2015 年在新加坡國立大學演講中指出，「中國始終將周邊置於外交全域的首要位置」，可說誠非虛言，也難怪有人用「換檔升級」來形容北京正著力打造之新周邊外交政策。

---

[1] 此爲中國首度舉辦相關主題高層座談，值得注意的是，中央政治局常委集體出席此場座談，規格之高已十分罕見，事實上除外事部門之外，各省區市和新疆生產建設兵團、中央黨政軍群有關部門、有關金融機構和重要國營企業負責人均到場。

第一節　睦鄰外交：塑造和平有利的周邊環境
Good Neighbor Diplomacy: Constructing a Peaceful Environment

壹　國內外格局變遷與新戰略思考

正如前述，中國所以在其周邊地區修正文革時期的「革命輸出」政策，改採所謂睦鄰外交政策，背景大致有二：

（一）首先與鄧小平當政後國家發展方向改變（亦即決定將提升經濟能力作為重心）有關，這亦符合「外交乃內政之延長」的傳統說法

例如鄧小平在 1980 年中共中央幹部會議指出：「我們的對外政策，就本國來說，是要尋求一個和平的環境來實現四個現代化。」江澤民在 1994 年十四屆四中全會上也明確地說：「我們的外交要為經濟建設這個中心服務，為此要開展全方位外交。……有全方位的改革開放，就必須有全方位外交政策來配合，我們的外交要以國家根本利益為出發點。」接著，不僅 2005 年底發表的《中國的和平發展道路》白皮書中仍舊繼續主張「爭取一個和平的國際環境來發展自己，同時要通過自身發展來維護世界和平」，時任外長的楊潔篪也聲稱，2009 年中國外交工作要抓住「一條主線」，亦即「全力為確保國內經濟平穩較快發展服務」。由此，當有助於我們清晰釐清其 20 餘年來的發展方向。

值得注意的是，儘管李鵬在 1990 年底指出：「發展同周邊國家的睦鄰友好關係，是我國外交政策的重要組成部分」，從而正式啟動所謂「睦鄰外交」，但該政策既非僅僅用來實現經濟發展目標，也不單是專屬於改革開放時期的政策配套措施，早在中共建政初期，周恩

來便曾提出：「……在我們同我們偉大友好的鄰邦國的整個談判過程中，指導我們的原則是和平友誼、尊重彼此權利、領土完整、主權和政治獨立。」這不啻奠下其睦鄰友好政策的基礎，只不過當時的重點在於政治（生存）而非經濟利益。總而言之，由於現階段首要目標乃是經濟發展，為營造有助實現此目的之正面外部環境，中國決定暫時擱置那些在短期內無法解決的問題，然後透過廣泛的交流合作協商互動，從經貿與文化等方面增強關係，以逐步淡化與鄰國之間的不信任感。

（二）除了主要針對當前國內需求特徵外，中國採取睦鄰外交也反映出國際結構內涵的變化

　　自冷戰時期結束以來，無論全球或區域事務都出現多極化趨勢，結果既讓大國間關係經歷「重大而深刻的調整」，世界上各種力量也出現新的分化和組合現象，尤其是經濟全球化的持續發展，一方面深化了國家之間的互賴程度，同時亦使經濟因素相對於傳統的地緣政治、軍事安全與意識形態等因素，在國際關係中發揮著不可忽視的作用，從而讓經濟和科技成為當前「綜合國力」的主要組成部分。進一步來說，如何讓中國更快速且沒有阻礙地與周邊地區甚至全世界融合在一起，對於未來經濟安全乃至國際戰略布局都極其關鍵。為此，正如本書第二章末尾曾經提及，自 2003 年起，以胡錦濤為首的中共領導人不僅多次在各種國際場合說明「和平崛起」、「和平發展」及「和諧世界」的新理念，繼 2005 年《中國的和平發展道路》白皮書，2011 年再度發表《中國的和平發展》白皮書，自我正面形象塑造之目的十分明顯。[2]

2　值得注意的是，2011 年版白皮書首次明確地舉出「國家主權，國家安全，領土完整，國家

貳 中國周邊外交之戰略指導原則

　　總的來說，中國的「睦鄰外交」乃是一項目的在建立穩定和平環境的周邊戰略，主要指導方針則包括以下幾項：

（一）首先從「和平共處五原則」（互相尊重彼此主權和領土完整、互不侵犯、互不干涉內政、平等互利、和平共處）出發。

（二）其次是秉持「區域合作五項指導」（相互尊重、平等互利、彼此開放、共同繁榮、協商一致）。

（三）在「擱置爭議」前提下設法協商解決歷史遺留問題。

（四）根據中共十六大所確定「以鄰為善，以鄰為伴」之方針，進一步具體表述爲所謂「三鄰」（富鄰、睦鄰、安鄰）準則。

（五）以「大國為關鍵，周邊是首要」基軸，一方面強化在東亞地區的領導地位，試圖以此作爲爭霸全球的基點。

（六）國務院新聞辦公室 2017 年 1 月發表《中國的亞太安全合作政策》白皮書，全面闡述中國對亞太安全合作的政策主張。

　　值得注意的是，此種政策固然起因自國內外環境與需求的交相激盪，但在操作面上，則無可避免地會影響到以軍事戰略爲主的傳統安全領域。在這方面，首先是中國的陸上戰略方針逐漸從早期目標在對抗蘇聯的「三北」（東北、華北與西北）戰略，轉變爲更具全方位性的「安西、靠北、爭東南」三線地緣框架；其次，除海上防衛目標由「近海防禦」轉向爲「海上積極防禦」外，空中戰略也從單純的「領空防禦」轉向「攻防兼備、首當其衝、全程使用」目標。而這一切又

統一，中國憲法確立的國家政治制度和社會大局穩定，經濟社會可持續發展的基本保障」等
核心利益，這既是北京首次正式闡述其核心利益，相較 2005 年版白皮書重點在「國際形象
漂白」，2011 年版顯然同時關注「內部維穩」。

都必須以和平處理與周邊國家間關係做起；例如中國與印度的邊界問題尚未解決，與東協部分國家仍針對南中國海問題存在紛爭等。

近期以來，中國對周邊外交重視程度日益提升。根據習近平前述 2015 年在新加坡的演講內容，中國始終將周邊置於「外交全域的首要位置」，堅持「與鄰爲善、以鄰爲伴，堅持奉行睦鄰、安鄰、富鄰的周邊外交政策，堅持踐行親誠惠容的周邊外交理念，堅持共同、綜合、合作、可持續的亞洲安全觀，致力推動建設亞洲命運共同體」；據此，習近平進一步就新形勢下中國發展與周邊國家關係提出以下四點主張：

（一）共同維護和平安寧。各國人民永不爲敵、增進互信，共同守護亞洲和平安寧，爲各國發展和人民安居樂業創造良好條件。

（二）深入對接發展戰略。各國人民要聚精會神推動發展、改善民生，互幫互助，從各自發展戰略中發掘新的合作動力，規劃新的合作願景，鎖定新的合作成果，做大互利合作的蛋糕，爲彼此經濟增長提供更多動能。

（三）積極開展安全合作。各國人民要踐行亞洲安全觀，協調推進地區安全治理，共同擔當和應對傳統和非傳統安全問題，堅持以和平方式通過友好協商解決矛盾分歧，堅持發展和安全並重，共謀互尊互信、聚同化異、開放包容、合作共贏的鄰國相處之道。

（四）不斷鞏固人緣相親。各國人民要從悠久歷史文明中汲取養分，凝聚對亞洲價值的集體認同，拓展人文交流合作，夯實睦鄰友好社會民意基礎，把「和」與「合」的傳統理念付諸彼此相處之道，把修睦合作的薪火世代傳承下去。

當然，在前述濃厚「泛道德化」口吻之外，更重要的還是其實際作為。

參 政治至上：中日韓三邊互動發展

東北亞地區既是當前具全球影響力大國最密集的區域，[3]「大國關係」亦是牽動此區域穩定與否最關鍵因素，其結構型態基本上由冷戰時期的「3（美中日）vs. 1（俄）」框架出發，隨著美國重返亞洲逐漸朝向「3（美日韓）vs. 2（中俄）」之新冷戰框架發展，近期又有朝「2（美日）＋1（韓）vs. 2（中俄）」變形挪移的潛在趨勢，至於牽動此一大國關係的最具象徵性變數，當然是北韓問題。

由於北韓在 1998 年後頻頻試射飛彈並挑戰美國禁核底線，尤其 2003 年起正式啟動核武危機後，既使前述大國關係出現複雜的變化趨向，讓中國一度有機會藉由扮演「平衡者」（balancer）角色，逐漸取得操作優勢。值得注意的是，儘管美國與俄羅斯都在東北亞問題中扮演一定角色，甚至美國迄今仍舊相當具有影響作用，因其在地緣本質上還是屬於「外人」（outsider），俄羅斯則始終無法擺脫將重心置於歐洲的戰略，由此，中國、日本與南韓的三邊互動隱然成為未來此區域發展核心，再者，中國亦逐步浮現成為次區域領導者的趨勢，至於關鍵則在於它如何處理與日本及南韓的關係。

在中日互動方面，其雙邊關係迄今可分成 8 個階段來觀察：

3　在東北亞地區中，包括美國、俄羅斯與中國等 3 個安理會常任理事國，美國、日本等 2 個
　G-7 成員國，美國、中國、日本等全球前 3 大經濟體（根據 2019 年排名，俄羅斯第 9 名，
　南韓則排在第 12 名），更別說美國、中國、日本、俄羅斯、南韓都名列 G-20 峰會成員。

（一）1949-71 年的「交流中斷時期」

在此期間，兩國因缺乏正式邦交，且受到冷戰隔離對立結構制約，以致互動有限。

（二）1972-88 年的「交流高潮時期」

在 1972 年雙方建交，並於 1978 年簽署《和平友好條約》後，一方面因中國進行改革開放急須外資挹注，而日本也希望利用中國市場繼續擴張其全球經濟影響，致使雙方在某種高度彼此依賴情況下，交流也相當地頻繁且正面。

（三）1989-95 年的「交流頓挫時期」

由於日本在天安門事件後加入西方譴責中國行列，致使雙邊關係陡然降溫，直至 1995 年雙方推動軍事高層互訪後才又重新開啓交流大門。

（四）1996-2000 年的「重啓交流時期」

在此階段中，儘管包括李鵬、江澤民與朱鎔基等中國高層分別於 1997 年、1998 年與 2000 年密集訪問日本，其中在江澤民訪日時先與其發表「關於建立致力於和平與發展的友好合作關係」聲明，強調雙方都不在本地區謀求霸權，並主張以和平手段解決糾紛，朱鎔基訪日時亦確認開通雙方「高層熱線」，但因此際日本開始陷入泡沫危機高峰，由此也微妙地影響了雙方關係發展。

（五）2001-06 年的「對立競爭時期」

表面上，由於日本右翼勢力擴張，致使自朱鎔基於 2000 年底訪日後，兩國領袖多年未曾互訪，直到 2006 年底日本首相安倍晉三訪華才重新開啓兩國高層關係，在此期間則可說衝突不斷。特別是由於

中國軍事力量明顯上升，促使美國與日本研擬共同戰略加以抑制；[4]值得注意的是，中日衝突並非僅限於政治高層，民間輿論方面也充滿對立氣氛，例如中國各地自 2003 年起不斷爆發反日示威，日本國內既充斥著各種反中書籍，根據總理府的追蹤式民調，日本民眾對中國持友善態度者也從 1980 年代 75% 以上的高峰，至 2005 年降至 32%。究其原因，中日對立既與經濟競爭發展有關，其次則因它們均欲在東亞整合關鍵期扮演領導角色，而這也讓中日關係成為中國以「睦鄰外交」主導其周邊政策中的唯一例外。

　　儘管如此，胡錦濤在出席 2005 年亞非高峰會時，仍對日本首相小泉純一郎就中日關係發展提出了以下 5 點主張：雙方應嚴格遵守《中日聯合聲明》、《中日和平友好條約》和《中日聯合宣言》等 3 個政治文件；堅持以史為鑑、面向未來原則：希望日方以嚴肅慎重的態度處理好歷史問題；希望日方以實際行動體現「堅持一個中國政策且不支援台獨」的政治承諾；堅持透過對話，平等協商，妥善處理中日之間的分歧；加強雙方廣泛交流合作，進一步加強民間友好往來，以增進相互瞭解，使中日關係健康穩定地向前發展。

（六）2006-10 年的「短暫緩和時期」

　　在經歷小泉時期的對立後，溫家寶在 2006 年接待來訪的安倍晉三時也指出，兩國應從戰略高度和長遠角度處理彼此關係，在 3 個基本文件基礎上，以「以史為鑑、面向未來」精神，實現「和平共處、世代友好、互利合作、共同發展」目標，並就此提出發展未來中日關

4　此時期美日軍事合作主要透過「駐日美軍基地樞紐化」構想，目標是將日本成為美國在遠東地區的前進基地，首先計畫將陸軍第一軍團司令部由華盛頓州移至神奈川座間基地，其次是合併駐東京橫田基地第五空軍司令部與駐關島第十三空軍司令部，同時將聯合司令部設於橫田，第三是爭取儘早啟動美日飛彈防禦系統；相對地，日本則於 2005 年宣布同意在 2008 年讓美國核子航空母艦駐紮該國。

係的 5 點意見：保持兩國高層互訪與各層次的溝通與交流，以增進政
治互信；繼續進行戰略對話，研究改善和發展雙邊關係的重大問題；
完善經濟技術合作機制，制定各領域的中長期合作規劃；開展文化、
教育交流，擴大民間交往，加深兩國人民友誼；加強對地區問題的磋
商，推進東亞區域合作。

　　值得注意的是，儘管有學者認爲，修補「從美輕亞」的傳統外交
路線乃安倍在 2006 年首度出任首相後面臨的重要課題，而「亞洲外
交」不僅將成爲其外交重點之一，改善與中國關係更是重中之重，但
因安倍國內民意支持度在其就任後隨即直線下降，加上自 2006 年以
來，中日對於東海「春曉」油氣田爭端始終未獲結論，更別說還有隱
藏性的釣魚台爭議，日本輿論乃重回「右派反中」路線，中國的軍事
崛起及其潛在威脅成爲新的關注焦點。儘管如此，在安倍之後，福田
康夫與麻生太郎首相於 2007 年與 2008 年接連訪華，仍使雙邊關係趨
於緩和，2009 年日本政黨輪替之後，由於新執政者民主黨主要領袖
如小澤一郎與鳩山由紀夫等都被認爲有「親中」傾向，更使中日關係
一度出現轉好契機。

（七）2010-14 年的「對立激化時期」

　　在 2009 年美國推動「重返亞洲」政策與 2010 年南韓「天安艦事
件」導致區域安全緊張的情況下，一方面讓華府有機會重建東亞安全
同盟網，亦使中日關係再度陷入不確定狀態；至於安倍在 2012 年二
度上台擔任首相後，戰略上「抗中」態勢既更加地明顯，兩國關係也
再度邁向另一個循環性低點。

（八）2015 年以來的「關係修好時期」

　　爲擺脫僵局，中日雙方在 2014 年底就處理和改善彼此關係達成

「四點原則共識」，包括確認圍繞東海相關問題存在不同主張、同意通過對話磋商防止局勢惡化並建立危機管控機制、同意重啓政治外交和安全對話、努力構建政治互信等，尤其在 2017 年美國 Trump 政府上台帶來不確定性後，不但 2018 年中日兩國總理實現年內互訪，在雙邊關係史上非常少見，接下來包括 2019 年初的王岐山與習近平，北京政壇「三巨頭」在 1 年半內接連到訪日本，亦不啻透露某種新訊息。

相較中日關係過去 70 年來呈現出衝突與緩和之循環發展特徵，在中國與南韓的互動方面，兩國自 1992 年建交以來迅速展開各領域交流，迄今大體上則呈現以正面爲主的持續發展態勢，主要如下：

（一）政治方面

金大中總統於 1998 年訪問中國時曾與江澤民就建立「面向二十一世紀的合作夥伴關係」達成共識，接著，在 2003 年盧武鉉訪華宣布建立中韓「全面合作夥伴關係」後，李明博又於 2008 年訪華宣布建立中韓「戰略合作夥伴關係」，儘管其後受到美國重返亞洲影響，相較前述中日互動，兩國關係基本上還是維持正面發展，尤其朴槿惠在 2015 年無視華府反對，參與北京閱兵典禮並與中國簽署自由貿易協定，更透露出韓國的「等距外交」走向。至於 2017 年上台的文在寅也延續了左派略爲「親中」姿態。

（二）經濟方面

如同（東亞）區域內其他國家一般，南韓（尤其在 1997 年金融危機後）也越來越將其發展與中國經濟綁在一起；自 2003 以來，中國便超越美國（自 1965 年以來）成爲南韓最大出口市場，2013 年中韓貿易額便以 2,742 億超越兩岸的 1,972 億美元，甚至超過韓國對

美國與日本貿易總和，顯示兩國經貿關係日益密切。儘管如此，在
2015 年簽署 FTA 後呈現正向發展之趨勢，仍因 2017 年韓國布署薩德
系統引發爭議與互動頓挫。

（三）社會方面

　　兩國人民因地緣關係往來密切，截至 2018 年底，韓國在華留學
生約 6.7 萬名，中國在韓國留學生 6 萬人，均居對方國家留學生總數
與比例之首，於此同時，雙方都有數十萬在對方境內居留。南韓外交
通商部於 2011 年創立由政府和民間共同參與的「韓中友誼協會」以
加強雙邊交流，該部會下屬研究機構外交安保研究院（現稱國立外交
院）也建立了中國研究中心，對中國政治、經濟等多種領域進行研
究，外交部亦將組織中國分析專門組，以便迅速掌握中國國內情況和
對外關係，還將定期發布相關報告。

　　一般來說，中國對南韓的外交政策主要受到政治、經濟、軍事與
戰略等諸多因素影響，包括確保中國在東北亞地區的主導權、制衡美
日在此區域活動、獲得經濟改革所需的相關技術與資金援助等。值得
一提的是，中韓關係雖大致正面和緩，但仍面對下列兩項爭端：

（一）歷史爭議

　　由於中國社會科學院中國邊疆史地研究中心自 2002 年起開始負
責所謂「東北工程」，[5] 其中關於古代高句麗王國的歷史歸屬爭議，
使中韓兩國一度陷入爭執；為消除關於歷史問題的摩擦，兩國曾在
2004 年作出「口頭諒解」，亦即中國暫不公開其研究成果。但因中

5　東北邊疆歷史與現狀系列研究工程（簡稱東北工程）：內容分為研究、檔案文獻整理、翻譯
　　及資訊庫網頁平台四大系列；根據其研究顯示，二千年前在中國東北及朝鮮半島所建立的高
　　句麗王國，與日後出現的高麗和朝鮮族並不能混同，包括高句麗及八至九世紀出現的渤海
　　國，皆屬唐朝直接管轄，而這將直接牴觸目前南韓對其國族歷史的詮釋。

國方面未盡履行協定,而南韓也陸續將若干爭議項目申請世界文化遺產登錄,雙方乃再度於 2006-07 年間爆發一波輿論戰。

(二)島嶼爭議

南韓在 1987 年將位於東海的蘇岩礁標記為「離於島」,並自 2000 年起投資 2,400 萬美元在其最高峰南側處,打樁興建一座高 76 公尺的巨大鋼筋建築物,於 2003 年竣工;對此,中國政府曾於 2000 年和 2002 年兩度就此向韓方提出交涉,反對韓方在兩國專屬經濟區主張重疊海域的單邊活動,而中國民間亦籌劃成立「中華保衛蘇岩礁協會」,儘管目前中國政策因顧及睦鄰目標而看似趨向消極,但此問題在中國於 2013 年劃定東海 ADIZ 時再度浮上檯面,由此亦埋下另一個衝突伏筆。

無論如何,為強加東北亞地區中日韓三國的正面互動,中國乃推動自 1999 年起在東協「10+3」高峰會期間,以早餐會形式舉行首次非正式會議,正式開啟中日韓三方合作進程,其後在 2000 年的第二次會議中更決定定期每年召開一次高峰會,其發展歷程請參見表 4.1。

表 4.1 中日韓三國高峰會發展

年代	重要進展
1999	**首度會議,正式開啟中日韓三方合作進程。**
2000	決定未來三國領導人高峰會議將定期化召開。
2001	中日韓就建立經濟和貿易部長會晤機制、反對恐怖主義等達成共識。
2002	將經貿、資訊產業、環保、人力資源開發和文化合作確定為重點合作領域。
2003	簽署並發表《中日韓推進三方合作聯合宣言》。
2004	通過《中日韓三國合作行動戰略》和《中日韓合作進展報告》。
2005	**未召開**(因中韓抵制日本參拜靖國神社問題而流會)。
2006	**未召開**(因配合東協高峰會延期,順延至翌年初開會)。

表 4.1　中日韓三國高峰會發展　（續）

年代	重要進展
2007	討論三國在政治、經貿、文化及其他領域交流合作的具體建議。
2007	達成以下共識：於 2008 年在日本舉行三國外長會議；開展非洲政策對話；訂定三國合作行動計畫；繼續開展三國自貿區聯合民間研究；於 2008 年在中國舉辦可再生能源和新能源科技合作論壇；維護地區貨幣穩定；增進非傳統安全領域合作；於 2008 年在日本舉行三國青少年友好活動。
2008	**首度於東協框架外單獨召開三邊高峰會。** 共同發表《夥伴關係聯合聲明》指出，在未來一年內承諾將不會設置新的貿易壁壘，支持擴大區域性貨幣互換機制以確保亞洲金融穩定，韓日互換金額將達 200 億美元，中韓也達成 260 億美元互換協議；接著通過《災害管理聯合聲明》並就各自關心的議題（例如北韓核武問題、自然災害問題與地球暖化問題等）舉行雙邊會談。
2009	發表《合作十周年聯合聲明》和《可持續發展聯合聲明》，除日本提議討論「東亞共同體」議題外，中韓雙方也簽署「中韓經貿合作中長期發展規劃報告」。
2010	通過《2020 合作展望》、《加強科技與創新合作聯合聲明》和《標準化合作聯合聲明》，商定 2011 年成立「三國合作秘書處」作為常設機制（設於韓國，預算由三方共同分攤，實際運作工作則由三國輪流擔任）；建立防務對話機制，並承諾在 2012 年前完成中日韓自由貿易區聯合研究。
2011	**啓動中日韓合作秘書處機制。** 三國同意將在核能安全、防災、經濟成長、環境等多領域進行合作；爭取今年完成自由貿易區產官學聯合研究，並於明年啓動談判。
2012	三國發表《關於提升全方位合作夥伴關係聯合宣言》、《關於加強農業合作聯合聲明》和《關於森林可持續經營、荒漠化防治和野生動物保護合作聯合聲明》，宣布於年內啓動三國自貿協定談判，並簽署《關於促進、便利和保護投資協定》。
2013	**未召開**（因日本安倍政府右傾言行導致中國與南韓抗議）。
2014	**未召開**（因日本安倍政府右傾言行導致中國與南韓抗議）。
2015	三國發表《東北亞和平合作聯合宣言》、同意共同加速中日韓自由貿易區與 RCEP 談判進程，宣示「堅決反對」北韓核武發展計畫。
2016	**未召開**（因南韓朴槿惠政府陷入彈劾危機）。
2017	**未召開**（因南韓布署薩德問題導致中韓關係惡化）。
2018	因應北韓情勢轉變與美中貿易戰升溫，在川金會前夕召開，各國就半島議題、自由貿易與三邊合作交換意見；此為安倍 2012 年再任後中韓領袖首訪日本，也是自 2010 年溫家寶後，中國總理首訪日本。
2019	三方倡議「新三國時代」並通過《未來十年合作願景》，並就北韓無核化、簽署 RCEP、繼續推動中日韓自貿協議等達成共識。

在 2002 年高峰會上，經貿、資訊產業、環保、人力資源開發和文化合作則被進一步確定為重點合作領域。不過，由於日本首相小泉純一郎不顧中韓反應而屢次參拜靖國神社，於是中國自 2005 年底起表示將推遲年度例行舉辦的中日韓領袖高峰會，直到 2007 年初才又再度復會，至於 2008 年起於東協框架外單獨召開三邊正式高峰會，不僅為一大轉捩點，2010 年高峰會決定自翌（2011）年起成立「秘書處」機制的決議，[6]更讓未來三邊對話更具政治象徵性意義。儘管如此，自 2012 年安倍晉三再任首相後，此一峰會在 2013-14 年與 2016-17 年皆因故未召開，也顯示出某種共識薄弱的特徵。

相較於全球其他區域紛紛達成一定程度的整合成果，東亞地區可算是個唯一且奇特的例外，關鍵在於它既缺乏「單一大國領導」（例如北美），暫時也無法選擇「大國協商」（例如歐洲與拉美）以奠定整合基礎；作為大國群聚的東北亞地區，不僅是未來東亞整合的關鍵所在，亦勢必將在前述兩個途徑中擇一為之。至於中日韓三邊合作，儘管其未來依舊前途未卜，仍不啻暗示著某種邁向「大國協商」選項的可能性。

肆　關鍵變數：北韓核武問題及其象徵性

值得注意的是，由於北韓在 1992 年廢除兩韓間有關半島無核化的協議，於是在 1993 年爆發第一次核子化危機；後來美國雖與北韓在 1994 年達成《框架協議》解決相關爭議，但因北韓在 2002 年趁美國發動伊拉克戰爭之際，片面宣布廢除前述協議並聲稱擁有核武而再

6　中日韓合作秘書處：2011 年開始運作，申鳳吉（韓國）擔任首任秘書長，毛甯（中國）和松川瑠衣（日本）擔任副秘書長；2013 年 9 月，岩谷滋雄（日本）成為第二任秘書長，陳峰（中國）和李鐘憲（韓國）擔任副秘書長。

度引發危機。針對相關問題，北韓雖早在 1984 年便表示願加入由美國與南北韓共組的「三方會談」，但美國主張將中國拉進來進行所謂「四方會談」，日本則建議加上日蘇兩國變成「六方會談」。其後，美國在 1996 年重提「四方會談」建議，並於次年在日內瓦正式召開，整個會談仍在 1999 年無疾而終。最後，在中國穿梭斡旋下，「六方會談」終於在 2003 年正式召開，有關其重要發展可參見表 4.2。

表 4.2　朝鮮半島六方會談歷次進展

	時間	主要進展
第一輪	2003.08.27-29	此次會談的階段性成果包括：建立透過階段性和平對話方式解決問題的模式、在主張半島無核化時兼顧北韓安全問題。中國由此首度展示「負責任大國」的形象，至於日本拋出將核武問題、綁架問題、彈道飛彈問題三合一式的「捆綁方案」，受到北韓以外各國默認。
第二輪	2004.02.25-28	此次會談有五項重要進展：就核武問題進行實質討論、採取協調一致步驟解決相關問題、發表首份文件、設立工作小組、確定第三輪談判的時間和地點。美國與北韓雖各有堅持，但北韓仍明確提出放棄核武的計畫，但排除將「用於和平目標的開發」。總之會談並未取得突破，只是由各方發表一個折衷的主席聲明。
第三輪	2004.06.23-26	此輪會談已進入解決實質性問題階段。美國要求北韓凍結核設施，並以默許其他國家向北韓提供重油與美國給予北韓暫時性安全保證，將北韓從援助恐怖主義國家名單中刪除作為回報，北韓則表示條件是美國接受「凍結換補償」要求。總之，各國提出解決核武問題的新方案、共同認為核凍結是棄核的前提、同意分階段和平解決問題，並就舉行第四輪會談達成共識。
第四輪	2004.7.27-8.07	由於北韓堅持擁有和平使用核能權利，致使目的在朝鮮半島無核化的共同聲明無法獲致共識。
	2004.09.13-19	在會後的共同聲明中，北韓宣布放棄核武計畫，美國則宣布與北韓恢復正常關係，並承諾不以核武或傳統武器攻擊北韓，由此可說基本解決了北韓的安全問題，而美方實際亦認可北韓和平利用核能的權利。不過，聲明並未設定棄核期限，而北韓對輕水反應堆的要求也成為下一階段會談重點。
第五輪	2005.11.09-11	根據主席聲明指出，在第一階段會談期間，各方就如何落實前一輪會談共同聲明進行了務實和建設性討論，各方重申將根據「承諾對承諾、行動對行動」原則，早日實現半島無核化目標，維護半島及東北亞地區和平穩定。

表 4.2　朝鮮半島六方會談歷次進展　（續）

	時間	主要進展
	2006.12.18-22	安理會於同年 10 月 14 日通過對北韓核試制裁案而促使第五輪第二階段會議召開。各方回顧了過去會談形勢的發展和變化，重申透過對話和平實現半島無核化的共同目標，但因美國與北韓間歧見未解導致此度復會又匆匆結束。
	2007.02.08-13	中國宣布會談達成協議，北韓將關閉主要核子設施，並允許聯合國檢查人員重返；如果協議落實，北韓將獲得 100 萬噸的燃料援助，並自美國的恐怖國家名單中除名，美國也承諾與平壤展開建交進程。
第六輪	2007.03.19-20	因北韓堅持先確定 2,500 萬資金解除凍結，導致流會；北韓指責是日本從中作梗阻礙復會。
	2007.9.27-10.3	制定並通過《落實共同聲明第二階段行動共同文件》，北韓同意對現有核子設施以廢棄為目標去功能化，並於 2007 年 12 月 31 日前對核子計畫進行完整準確申報，各國則相對同意提供相當 100 萬噸重油的經濟、能源與人道主義援助。
	2008.07.10-12	召開六方團長會議，同意在六方會談框架內建立驗證機制，以保證朝鮮半島無核化。
非正式	2008.07.23	利用在新加坡召開 APR 會議，六國外長首度會晤。
第七輪	2008.12.08-10	討論制定北韓核子驗證草案、結束無核化第二階段及成立「東北亞和平安保機制」等三大議題，但無進展。

　　關鍵在於，所謂朝鮮半島問題表面上雖針對北韓核武爭議而來，然而僵持至今主要仍因大國角力所致；換句話說，未來北韓問題的解決將具有極其象徵性的意義，亦即它或將暗示未來東北亞的新權力分配狀況，甚至是整個東亞的霸權結構發展。以目前來看，最占優勢者自然是中國這個六方會談主辦國，同時也是對北韓影響最大（亦即能壓迫其接受大國共識）者，不過，隨著相關問題始終無法獲致最終結論，非但六方會談逐漸形成中國的「外交負債」，北韓在北京眼中也慢慢地由「血盟兄弟」變成「麻煩製造者」，其後，由於北韓在 2009 年宣布退出並再度引爆核武危機，既讓六方會談至今未能重新

召開，2010 年的天安艦事件一度使兩韓瀕臨爆發戰爭的危險邊緣，至於 2011 年金正恩上台後，尤其 2015-17 年提高飛彈試射頻率，更讓半島問題引發全球關注。

關於中國對北韓局勢之對策及其可能影響，可歸納如下：

（一）雖然各方多以「血盟關係」形容中國與北韓互動，但主觀認定遠甚於客觀現實

即便在冷戰初期意識形態甚囂塵上之際，外交政策制定依舊受到現實國家利益考量影響，對中國來說也是如此，其最初選擇與北韓站在一起的主因是無法測知美國半島政策內涵，感情因素不宜也不應多加渲染。

（二）由於北韓遭遇發展困境且又投入核武政策，一方面對中國帶來威脅，後者對北韓也不可能感情用事

無論是北韓政經不穩可能帶來的難民潮，還是鄰近存在擁核國家帶來的國家安全威脅，除非無力回應，否則任何國家都不可能坐視不理，更何況是正處於崛起與戰略機遇期的中國。

（三）國際輿論關注中國對北韓政策的結果，既帶來壓力，也開啟一扇機會之窗

面臨不可預測的北韓未來局勢，國際關注中國反應的結果，不啻提供它在必要時干預北韓事務的正當性，這也為東北亞整體戰略態勢埋下變數。

（四）2003 年任命首位專職性「朝鮮半島事務特使」，顯示對此議題之介入將更為主動積極

中國自 2003 年後，陸續派任寧賦魁、李濱、陳乃清、楊厚蘭為

「朝鮮半島事務特使」，2010 年起更指派曾任外交部副部長的武大偉爲「朝鮮半島事務特別代表」，充分顯示它已意識到此問題之複雜性與短期內不可能解決的困境，同時也展現更積極的介入意願。

（五）2018 年後利用半島情勢轉緩，設法掌握主動權

自 2018 年南北韓開始針對參與冬奧議題展開破冰接觸後，半島情勢出現峰迴路轉姿態，[7] 金正恩在 2018 年成爲 2011 年後首度訪華的北韓領導人，習近平則在 2019 年成爲 2005 年後首位訪問北韓的中國領導人，雙方在 1 年半之內共舉行 5 次雙邊峰會，頻率之高固爲史上首見，北京希望藉由此機會之窗重新掌握對半島議題之發言權，政策趨勢暗示也十分明顯。

伍　經濟爲主：中國對東南亞政策分析

關於中國與東南亞關係及其對此地區政策，下列爲重點所在：

（一）相較東北亞區域互動充滿「泛政治化」意涵，中國在東南亞地區的活動則相對較關注經濟性利益

（二）由於冷戰結構與特別是文革時期推動「革命輸出外交」的結果，中國與東南亞關係直到 1970 年代初期才隨中美關係正常化而逐步解凍，並於後冷戰時期邁向躍進式發展

1991 年，前外長錢其琛受邀出席東協外長會議開幕式乃中國首次與東南亞國協（ASEAN）正式接觸，自此，中國外長每年都固定

7　Tung-Chieh Tsai, "Northeast Asian Security after North Korea's Joining the Winter Olympics," *Prospects & Perspectives*, No.5 (2018), pp. 1-4; Christine Kim, "North and South Korea begin talks as Winter Olympics help break ice," *Reuters*, Jan. 8, 2018, http://www.businessinsider.com/north-korea-talks-winter-olympics-2018-1

出席東協外長會議；其次，繼中國與東協在 1995 年召開首次副外長級資深官員磋商會議後，東協進一步在 1996 年將中國由原先的「磋商夥伴國家」升格為「全面對話夥伴國家」，並於翌年成立「中國與東協聯合合作委員會」。

（三）1997 年的東亞金融風暴乃中國與東南亞地區關係的一個關鍵性歷史轉捩點

　　如同許多學者指出，東南亞國家所以一度逐漸疏遠美國，以致華府幾乎等於「將該地區拱手讓給中國」，很大程度上雖可歸咎於 2001 年 911 事件後實行的軍事擴張政策，其根源其實可追溯至金融危機期間；由於當時美國傾向利用對國際貨幣基金（IMF）的影響力，迫使東南亞國家接受有利於美國在該地區經濟目標（推動新自由主義）的方案，從而也埋下某種結構變化之伏筆。第一個動作是東協在 1997 年非正式高峰會上首次邀請中國、日本和南韓，召開首度「10＋3」與「10＋1」高峰會，江澤民亦在首屆與東協的 10＋1 峰會中發表「建立面向二十一世紀的睦鄰互信夥伴關係」演說，並與東協發表《聯合聲明》。至於在雙邊關係部分，自 1999 年起，中國便陸續與東南亞國家針對個別問題發表《聯合聲明》（參見表 4.3），並與東協在 2006 年紀念高峰會中再度發表《聯合聲明》，雙方同意進一步增進相互信任和瞭解，進一步推動本地區和平、發展與繁榮，並加強戰略夥伴關係。

（四）在逐步加強經貿合作磋商後，中國與東協在 2002-04 年分階段完成自由貿易談判，也開啟了雙邊關係的新紀元

　　在 1997 年首度 10＋1 峰會後，雙方便建立「中國—東協資深官員政治諮商會議」、「中國—東協經貿合作聯合委員會」、「中國—

表 4.3　1999-2006 年中國與東南亞主要國家聯合聲明

名稱	時間	原則	主要內容
中泰聯合聲明	1999.02.05	高層互訪 多管道交流 外交磋商 多面向合作 長期穩定 睦鄰友好 彼此信賴 全面合作	促進大湄公河次區域經濟合作
中馬聯合聲明	1999.05.30		軍品聯合生產、和平解決南海問題、建立多極秩序
中新聯合聲明	2000.04.11		戰略安全合作
中印聯合聲明	2000.05.08		堅持亞洲價值觀、裁武談判、支持反飛彈條約
中菲聯合聲明	2000.05.16		和平解決南海問題
中緬聯合聲明	2000.06.06		打擊跨國犯罪、促進大湄公河次區域經濟合作
中柬聯合聲明	2000.11.13		加強經貿合作等多面向交流
中越聯合聲明	2005.11.02		經貿合作、支持入世、解決邊界問題
中老聯合聲明	2006.11.20		經貿合作、提供援助

東協科技合作聯合委員會」與「東協北京委員會」等一系列對話機制。在 2000 年第四次峰會上，相對東協提出共組「10＋3 自貿區」想法，朱鎔基首度提出組成「10＋1 自貿區」構想，雙方並於 2001 年峰會上確定在 2010 年前組成自由貿易區之政策方向，跟著在 2002 年簽署《中國與東協全面經濟合作框架協議》。其後，中國於 2003 年成為第一個加簽《東南亞友好合作條約》的區域外主要國家，雙方並於同年簽署《戰略夥伴關係聯合宣言》，基於互動頻繁的現實，加上根據前述框架協議實施了「提前收割計畫」，雙方終於在 2004 年簽署包括《全面經濟合作框架協議貨物貿易協議》以及《爭端解決機制協議》在內的自由貿易協定。為加速推動雙邊經濟往來，中國也在 2004 年召開「中國—東盟博覽會」，隨即將永久會址定於廣西南寧。[8]

　　根據 FTA 內容，中國與東協在 2010 年前廢除自貿區內所有關稅

8　中國—東盟博覽會（China-ASEAN Expo, CAEXPO）：由溫家寶在 2003 年倡議創設，翌年開始舉辦，慣例由中國商務部部長擔任組委會榮譽主任，常設工作機構對外部分為中國—東盟博覽會秘書處，對內則為廣西國際博覽事務局。

（估計超過 1,000 億美元），建成後將可創造 20 億人口與 2.4 兆美元生產總值，按人口規模估計是全球最大經濟區，按經濟規模估計則僅次於北美自由貿易區與歐盟，雙邊貿易額由 1991 年的 79 億美元增至 2018 年的 5,878 億美元，東協也 2018 年超越美國成為中國第二大貿易夥伴。於此同時，中國與東協達成《交通合作協定》，計畫興建由昆明連接泰國曼谷與緬甸仰光的交通網路（參考第五章第三節）。

　　一般認為，東協之所以選擇中國率先簽署 FTA 的原因之一是，[9] 相較於美國與日本傾向對東南亞國家採取「分而治之」政策，中國或較尊重其整體性與個別利益。為拉攏中國，在 2005 年東協高峰會聲明中，首度列入對「一個中國」原則的承諾。值得一提的是，北京影響力迅速擴張也使美國患了某種「東南亞焦慮症」，擔心中國將取代其地區霸權地位。例如 *Time Magazine* 在 2007 年一個專題報導便指出，由於美國處理中東問題不力導致在東南亞影響力大不如前，致使中國趁此真空狀態取代美國之區域地位，正是前述論調的典型表現，由此亦可看出中國對東南亞政策就長期來看可能發揮之政治效果。

（五）做出中國對東南亞影響力將持續增長之推論或未必正確，畢竟不能忽略後者基於「避險」概念下的平衡戰略

　　東協雖回應中國倡議而在 2005 年召開首度「東亞高峰會」，但會中邀請「非東亞」的澳大利亞與紐西蘭，特別是印度與會，間接制衡中國崛起的意涵相當濃厚；其次，從 2007 年東協高峰會通過《東協憲章》以求提升區域內部凝聚力看來，未必不是對於中國崛起的某種進一步防範。當然，針對美國 2009 年以來企圖見縫插針地推動所

9　在 2004 年與中國簽署 FTA 後，東協分別在 2006 年與南韓、2008 年與日本、2009 年與印度、2010 年與紐澳、2017 年與香港簽署 FTA，並於 2013 年啟動區域全面經濟夥伴協議（RCEP）談判，至 2019 年完成 28 回合。

謂「重返亞洲」政策，東協雖未正面回應，東協外長會議在 2010 年通過邀請美國（與俄羅斯）自 2011 年起參與東亞高峰會的決議，依舊反映出某種「等距外交」傾向，從而也在中國與東協原先以經濟為主的互動當中，增添了若干政治性意味。

（六）中國正透過將「多渠道連繫」強化與東南亞互動關係

目前，中國與東南亞國協之間，除存在高官磋商、商務理事會、聯合合作委員會、經貿聯合委員會、科技聯合委員會等五大平行對話合作機制之外，自 1997 年起，年度性中國與東協「10＋1」高峰會（見表 4.4）更具關鍵象徵意義，此機制本身也包括了領導人會議、部長會議、高官會議與工作小組會議等多層次溝通。除此之外，在雙方於 2003 年建立夥伴關係時，中國也同步建構了「中國—東盟商務與投資峰會」和「中國—東盟博覽會」等兩個年度性功能機制，各自發揮不同的軟性協調影響力。

表 4.4　中國與東協高峰會發展

時間	中方代表	中方政策發言與雙邊互動
1997.12.16	江澤民	江澤民發表題為「建立面向 21 世紀的睦鄰互信夥伴關係」的講話，雙方共同發表《首腦會晤聯合聲明》。
1998.12.16	胡錦濤	雙方同意通過全面對話合作框架，開闢多種合作渠道，通過平等友好協商，進一步推進睦鄰互信夥伴關係的發展。
1999.11.28	朱鎔基	中國表示將深化與東盟在各個領域的對話與合作，後者也高度評價中國在亞洲金融危機中給予的支持和援助。
2000.11.15	朱鎔基	中國就雙方在政治、人力資源開發、加強湄公河流域基礎設施建設、高新技術、農業、貿易與投資等合作提出建議。
2001.11.06	朱鎔基	雙方同意在 10 年內建立中國—東盟自由貿易區。
2002.11.04	朱鎔基	雙方簽署《全面經濟合作框架協議》，決定在 2010 年建成自貿區。雙方領導人共同發表《關於非傳統安全領域合作聯合宣言》；中國和東協秘書處簽《農業合作諒解備忘錄》，與東協外長會議簽署《南海各方行為宣言》，確認將共同維護南海地區和平與穩定，強調以和平方式解決爭議。

表 4.4 中國與東協高峰會發展 （續）

時間	中方代表	中方政策發言與雙邊互動
2003.10.08	溫家寶	中國宣布加入《東南亞友好合作條約》，並簽署《中國與東盟面向和平與繁榮的戰略夥伴關係聯合宣言》。
2004.11.29	溫家寶	雙方發表《落實面向和平與繁榮的戰略夥伴關係聯合宣言行動計畫》，並簽署《全面經濟合作框架協議貨物貿易協議》和《爭端解決機制協議》。
2005.12.12	溫家寶	雙方決定將交通、能源、文化、旅遊和公共衛生列為新的五大重點合作領域。
2007.01.14	溫家寶	雙方簽署《自貿區服務貿易協議》和《落實面向共同發展的信息通信領域夥伴關係北京宣言的行動計畫》等合作文件。
2007.11.20	溫家寶	溫家寶發表題為「擴大合作、互利共贏」的演講。
2009.10.24	溫家寶	雙方回顧總結了共同應對國際金融海嘯歷程，就全面深化合作達成廣泛共識。
2010.10.29	溫家寶	雙方通過並發表《落實面向和平與繁榮的戰略夥伴關係聯合宣言第二個五年行動計畫》和《關於可持續發展聯合聲明》。
2011.11.18	溫家寶	雙方就紀念對話關係二十周年發表聯合聲明。
2012.11.19	溫家寶	雙方發表《紀念南海各方行為宣言簽署十周年聯合聲明》。
2013.10.09	李克強	雙方發表《紀念建立戰略夥伴關係十周年聯合聲明》，將 2014 年訂為「文化交流年」。
2014.11.30	李克強	中國宣布翌年向低度開發國家提供 30 億人民幣無償援助，未來 3 年向東協提供 3,000 萬人民幣推動技術合作，將啓動募集「中國—東協投資合作基金」第二期 30 億美元資金，中國國家開發銀行將設立 100 億美元對東協「基礎設施專項貸款」。
2015.11.20	李克強	將 2016 年訂為「教育交流年」，共同聚焦政治、經貿、互聯互通、產能和文教等廣泛領域合作，通過和平對話建設性妥善處理分歧議題。
2016.09.07	李克強	雙方發表《紀念建立對話關係 25 周年聯合聲明》、《中國與東盟國家關於在南海適用〈海上意外相遇規則〉的聯合聲明》，並共同將 2017 年訂為「旅遊合作年」。
2017.11.13	李克強	雙方共同通過《關於進一步深化基礎設施互聯互通合作的聯合聲明》、《關於全面加強有效反腐敗合作聯合聲明》、《旅遊合作聯合聲明》和《未來十年南海海岸和海洋環保宣言》，並將 2018 年訂為「創新年」。
2018.11.14	李克強	雙方通過《戰略夥伴關係 2030 年願景》，並將 2019 年訂為「媒體交流年」。
2019.11.03	李克強	雙方制定《落實面向和平與繁榮的戰略夥伴關係聯合宣言的行動計畫》，中方強調將透過一帶一路戰略來促進投資東南亞基礎建設並加強經濟合作，並重申爭取在 2021 年達成《南海行為準則》。

　　無論如何，中國把東南亞作為落實「走出去」戰略的重要支點。例如習近平與李克強在 2013 年先後訪問東南亞時，分別提出「命運共同體」理念及「2＋7 合作框架」計畫，[10]充分顯示中國對此地區更積極之互動決心，李克強並在同年提出，中國希望與東盟在既有「黃金十年」的合作基礎上，進而打造下一個「鑽石十年」，並就進一步加強雙邊合作提出數項倡議，包括：打造「自由貿易區升級版」，考慮進一步降低關稅並削減非關稅措施，開展新一批服務貿易談判，力爭 2020 年雙邊貿易達到1兆美元，新增雙向投資 1,500 億美元；推進基礎建設領域全面合作，積極探討構建亞洲互聯互通融資平台；加強金融合作，中方願與東協共同強化多層次區域金融安全網，以保持區域經濟金融穩定；開展海上合作並建立「中國—東盟海洋夥伴關係」。

陸 安全至上：中亞多邊機制之發展

　　相對於針對東北亞與東南亞這兩個東緣次區域的政策，以中亞為主的西線地緣形勢則直接影響中國的西部安全。就消極面而言，基於中國自古以來「東南重於西北」的發展趨勢，經常使其西部地區呈現戰略眞空狀態，從而屢次提供異族入侵的管道，因此，如何阻止舊事重演可說國家安全的一大考量。其次，就積極面來說，中亞在全球地緣格局中亦具重要地位；該區域位處歐亞大陸腹地，乃 Halford J. Mackinder 所謂「樞紐地區」和「心臟地帶」，加上擁有包括石油在

10　所謂「2＋7 合作框架」指的是：2 點政治共識（推進合作的根本在深化戰略互信，拓展睦鄰友好；深化合作的關鍵是聚焦經濟發展，擴大互利共贏）與 7 個領域合作（積極探討簽署中國—東盟睦鄰友好合作條約；啟動中國—東盟自貿區升級版進程；加快互聯互通基礎設施建設；加強本地區金融合作與風險防範；穩步推進海上合作；加強安全領域交流與合作；密切人文、科技、交流等合作）。

內的豐富戰略資源，更使其成為新的地緣政治戰場。

　　特別在 1991 年蘇聯解體後，在此地區形成的「權力真空」狀態不啻是美國在 2001 年藉「反恐」之名進軍阿富汗的背後原因，換言之，中亞的豐富油氣和戰略位置才是其政策關注焦點；再者，美國不僅企圖控制此區域能源，亦設法建立軍事基地以便牽制俄羅斯和中國。相對地，曾出兵阿富汗長達 10 年（1979-89 年）的俄羅斯，顯然也不可能輕易放棄中亞這個傳統勢力範圍；為此，俄國曾透過獨立國協系統在 1992 年簽署了一份集體安全條約（1994 年生效）；根據 6 國共同簽署的這份協議，只要有條約國之一請求，其他締約國均可派遣部隊前去共同打擊外來軍事侵略及恐怖活動。

　　其後，在中國表達出對介入中亞事務的興趣，而中俄關係也跟著拉進（參考第六章敘述）後，兩國為共同強化在此區域的活動與影響力，中國與俄羅斯、哈薩克、吉爾吉斯、塔吉克等國元首分別於 1996 年和 1997 年在上海和莫斯科會晤，簽署《關於在邊境地區加強軍事領域信任的協定》和《關於在邊境地區相互裁減軍事力量的協定》，由此啟動所謂「上海五國」進程。此後在 1998-2000 年間，隨著多邊會晤內容從最初加強邊境地區信任措施，逐步擴至政治、安全、外交、經貿、人文等各領域的全面互利合作，前述 5 國領袖加上烏茲別克總統於是在 2001 年共同建立了「上海合作組織」（Shanghai Cooperation Organization, SCO），並決定每年召開高峰會以深化合作層次（歷屆峰會成果參見表 4.5）。於此同時，為具體落實峰會確定的目標，各國總理於 2001 年首次會晤並簽署了《成員國政府間關於開展區域經濟合作的基本目標和方向及啟動貿易和投資便利化進程的備忘錄》，正式宣布建立總理定期會晤機制（歷屆會議成果請參見表 4.6）。

表 4.5　上海合作組織歷屆高峰會及其重要成果

時間	地點	重要成果
2001.06.15	上海	通過《上海合作組織成立宣言》和《打擊恐怖主義、分裂主義和極端主義上海公約》。
2002.06.07	聖彼得堡	簽署《元首宣言》、**《上海合作組織憲章》**、《成員國關於地區反恐怖機構的協定》。
2003.05.29	莫斯科	簽署《元首宣言》、《預算編制和執行協定》，批准《成員國常駐秘書處代表條例》、《地區反恐怖機構執行委員會細則》以及各機構條例、徽標和秘書長人選。
2004.06.17	塔什干	簽署《元首宣言》、《特權和豁免公約》、《關於合作打擊非法販運麻醉藥品、精神藥物及其前體的協議》、批准《觀察員條例》並共同設立「上海合作組織日」。 **給予蒙古觀察員地位。** 六國外長簽署《成員國外交部協作議定書》。 中國外長與上合組織秘書長簽署《秘書處東道國協定》，烏茲別克外長與地區反恐怖機構主任簽署《地區反恐怖機構東道國協定》。
2005.07.15	阿斯塔納	簽署《元首宣言》，批准《成員國合作打擊恐怖主義、分裂主義和極端主義構想》、《成員國常駐上海合作組織地區反恐怖機構代表條例》。 **給予巴基斯坦、伊朗、印度觀察員地位。**
2006.06.15	上海	簽署《成立五周年宣言》、《打擊恐怖主義、分裂主義和極端主義2007-09年合作綱要》、《關於在成員國境內組織和舉行聯合反恐行動的程式協定》、《關於查明和切斷在成員國境內參與恐怖主義、分裂主義和極端主義活動人員滲透管道協定》、《政府間教育合作協定》。 批准成員國理事會《關於國際資訊安全聲明》、《關於上海合作組織秘書長決議》、《關於秘書處條例決議》、《實業家委員會決議》、《銀行聯合體成員行關於支援區域經濟合作行動綱要》。
2007.08.16	比什凱克	**土庫曼、伊朗、阿富汗、蒙古、巴基斯坦、印度等首度以觀察員身分與會，創下組織成立以來規模最大的一次。** 簽署《成員國長期睦鄰友好合作條約》（規範成員國相互關係準則的重要政治、法律文件）、《比什凱克宣言》、《成員國保障國際資訊安全行動計畫》等，發表《聯合公報》並簽署涉及經濟、文化領域的合作文件。
2008.08.28	杜尚別	簽署《元首宣言》、《元首理事會聯合公報》與《對話條例》，並就中亞形勢、合作打擊三股勢力、阿富汗局勢、全球能源、金融和糧食安全等重大問題交換意見。
2009.06.16	葉卡捷琳堡	簽署《元首宣言》並批准**《對話夥伴條例》**、《保障國際資訊安全政府間合作協定》，針對全球金融海嘯後續影響進行討論。 **給予白俄羅斯、斯里蘭卡對話夥伴國身分。**

表 4.5　上海合作組織歷屆高峰會及其重要成果　（續）

時間	地點	重要成果
2010.06.11	塔什干	通過《元首宣言》、**《接收新成員條例》**、《程序規則》、《政府間合作打擊犯罪協定》等文件。
2011.06.15	阿斯塔納	批准《2011-16 年禁毒戰略》及其「落實行動計畫」，同時簽署《十周年阿斯塔納宣言》、《政府間衛生合作協定》與《秘書處與聯合國毒品和犯罪問題辦公室諒解備忘錄》。
2012.06.06	北京	簽署《關於構建持久和平、共同繁榮地區宣言》、《中期發展戰略規劃》、《關於應對威脅本地區和平、安全與穩定事態的政治外交措施及機制條例》、《打擊恐怖主義、分裂主義和極端主義 2013-15 年合作綱要》。 **給予阿富汗觀察員、土耳其對話夥伴國身分。**
2013.09.13	比什凱克	通過《元首宣言》、批准《長期睦鄰友好合作條約實施綱要》並簽署《政府間科技合作協定》。
2014.09.12	杜尚別	簽署《元首宣言》、《政府間國際道路運輸便利化協定》，批准《給予成員國地位程式》和《關於申請國加入義務備忘錄範本》修正案。
2015.07.10	烏法	通過《至 2025 年發展戰略》、《關於世界反法西斯戰爭暨第二次世界大戰勝利 70 周年的聲明》。 **給予白俄羅斯觀察員地位。**
2016.06.24	塔什干	批准《至 2025 年發展戰略：2016-20 落實行動計畫》，同時簽署《十五周年塔什干宣言》。 **給予亞塞拜然、亞美尼亞、柬埔寨、尼泊爾對話夥伴國身分。**
2017.06.09	阿斯塔納	簽署《關於共同打擊恐怖主義宣言》、《反極端主義公約》。 **批准接納印度、巴基斯坦為新成員。**
2018.06.10	青島	通過《長期睦鄰友好合作條約未來 5 年實施綱要》、《關於貿易便利化聲明》，批准《打擊三股勢力未來 3 年合作綱要》與十餘份關於安全、經濟、人文等領域合作文件。
2019.06.13	比什凱克	簽署《比什凱克宣言》以及關於資訊通信技術、禁毒、地方合作等 13 個合作文件。

表 4.6　上海合作組織歷屆總理會議及其重要成果

時間	地點	重要成果
2001.09.14	阿拉木圖	啓動六國多邊經貿合作進程。 簽署《成員國政府間關於開展區域經濟合作的基本目標和方向及啓動貿易和投資便利化進程備忘錄》。 宣布正式建立上海合作組織框架內的總理定期會晤機制。 發表《成員國政府總理第一次會晤新聞公報》。
2003.09.23	北京	簽署《成員國多邊經貿合作綱要》、《關於技術性啓動常設機構的備忘錄》、《成員國總理會晤聯合公報》。
2004.09.23	比什凱克	強調恐怖主義、分裂主義、極端主義仍是本地區安全主要威脅；重申推進區域經濟合作是當前另一工作重點，應放在能源、交通、電信和農業專案；批准《多邊經貿合作綱要落實措施計畫》，涉及 11 領域 127 專案。
2005.10.26	莫斯科	批准《多邊經貿合作綱要落實措施計畫實施機制》，強調開展油氣開發和建設油氣管道合作的重要和緊迫性，以及在資訊與通信高技術領域開展合作的必要性。 責成經貿部長會議在成員國有關部委及組織秘書處參與下，研究儘快建立燃料能源綜合體和現代資訊與通信技術問題。
2006.09.15	杜尚別	就加強地區穩定和進一步發展組織框架內合作的迫切問題及深化在經貿、人文、減災、文化、傳染病防治、環保、組織建設等領域合作交換意見，並提出在經貿、科技、社會、文化和其他領域合作的一系列具體措施。 研究落實《多邊經貿合作綱要措施計畫》具體步驟，確定能源、交通、電信領域為近期優先合作領域。
2007.11.02	塔什干	總結迄今經貿和人文領域合作中取得的成果，就下一階段合作方向作出具體規劃，並簽署《海關合作與互助協定》等文件。
2008.10.30	阿斯塔納	修訂通過《成員國多邊經貿合作綱要落實措施計畫》。
2009.11.10	北京	通過《關於加強多邊經濟合作、應對全球金融危機、保障經濟持續發展的共同倡議》與《防治傳染病聯合聲明》；就制訂成員國公路協調發展規劃、加強鐵路、航空運輸領域合作等達成共識；據此，自 2002 年起成立的交通部長會議簽署第四次會議紀要，責成各國專家制訂公路協調發展規劃。
2010.11.25	杜尚別	各國同意強化打擊三股勢力，切實維護本地區安全與穩定；加強經濟政策協調，促進貿易投資便利化，加快經濟技術合作專案；深化救災、教育、文化等領域合作。
2011.11.07	聖彼得堡	重視吸收觀察員國和對話夥伴參與框架內經濟和人文領域活動的重要，通過《關於世界和上合組織地區經濟形勢聯合聲明》，並簽署《銀聯體 2012-16 年中期發展戰略》。

表 4.6　上海合作組織歷屆總理會議及其重要成果　（續）

時間	地點	重要成果
2012.12.05	比什凱克	批准「2012-16年進一步推動項目合作措施清單」，簽署《成員國海關關於加強知識產權保護合作備忘錄》，加強經濟領域合作與交流依舊是重點議題。
2013.11.29	塔什干	就進一步推動貿易和投資便利化達成共識，並通過《關於進一步開展交通領域合作的聯合聲明》等文件。
2014.12.15	阿斯塔納	對中國關於建設絲綢之路經濟帶的倡議表示歡迎，簽署《成員國海關關於發展應用風險管理系統合作備忘錄》和《成員國海關執法合作議定書》。
2015.12.15	鄭州	集中討論產能合作問題，通過《關於區域經濟合作聲明》。
2016.11.03	比什凱克	共同批准《2017-21年進一步推動項目合作的措施清單》、《科技夥伴計畫》、《關於成立開發銀行和發展基金（專門帳戶）下一步工作》等涵蓋貿易、投資、金融、海關、農業等領域多項合作文件。
2017.12.01	索契	廣泛討論關於反制貿易保護主義、強化世界貿易組織作為多邊規則之主要平台、共同推動經濟轉型、深化交通運輸領域合作、共同進行傳染病防疫之問題。
2018.10.12	杜尚別	會議首度納入印度與巴基斯坦兩個新成員國，各國就回應一帶一路與促進組織內合作，以及推動貿易自由化與反對保護主義等，廣泛交換意見。
2019.11.01	塔什干	各國就數據經濟發展既行廣泛討論，並批准《新版多邊貿易合作綱要》、《成員國鐵路合作構想》、《城市生態福祉發展規劃》、《成員國過境運輸系統相互一體化聲明》等。

　　值得注意的是，除推動最核心之國際安全合作外，該組織在2003年還締結了《多邊經貿合作綱要》，目標是在20年內實現貨物、資本、服務和技術的自由流動的遠景規劃，從而將其合作範圍擴及經濟層次。除此之外，上海合作組織自2004年起也啟動了觀察員機制，並陸續給予若干國家觀察員地位（參考表4.4所列）；接著，繼2004年獲得聯合國大會觀察員地位後，組織秘書處也在2005年分別與獨立國協執委會和東協秘書處簽署諒解備忘錄，逐步擴展其區域影響力。儘管目前合作程度依舊有限，包括8個成員國、4個觀察員和

6 個對話夥伴的上海合作組織，無論從參與者國土總面積（占有歐亞大陸五分之三）或人口總規模（全球近二分之一）看來，上海組織都超過了歐盟、北美自由貿易區或東協等機制，乃世界上幅員最廣、人口最多的區域性國際組織。

從近期來看，該組織主要運作目標還是安全問題，尤其是與分離主義運動有關的恐怖主義活動。例如在 2001 年正式成立後，便規定在比什凱克設立區域性反恐機構，並於翌年高峰會上簽署有關反恐機構的協定；其後，在 2003 年決定將前述反恐機構遷到塔什干後，2004 年更正式啓動該機構正式運作。[11] 2005 年 8 月，除烏茲別克之外，其他 5 個組織成員國調動約 1,000 名軍人在哈薩克和中國境內實施首度反恐聯合軍事演習。至於在未來發展方面，阿富汗是首先值得關注的問題；不但在歷次高峰會文件中幾乎都提及此問題，阿富汗政府元首自 2004 年起定期出席高峰會，2005 年該組織正式成立副外長級「阿富汗聯絡組」，2009 年更召開「阿富汗問題特別國際會議」展現積極性，至於 2010 年峰會通過《接收新成員條例》與 2012 年正式給予阿富汗觀察員的身分，不啻明示了某種「擴張」走勢；[12] 一旦美國全面撤離，上合組織預計將扮演更重要角色。

就中國對中亞地區的政策原則而言，繼李鵬在 1994 年提出中國對中亞國家關係所謂 4 項基本政策與 6 點促進雙邊經貿主張後，[13]

---

11 上合組織地區反恐機構（SCO Regional Anti-Terrorist Structure, RATS）：主要職能包括，擬定有關打擊恐怖主義、分裂主義和極端主義的建議；協助成員國打擊前述「三股勢力」；收集、分析並向成員國提供有關前述「三股勢力」資訊；建立關於「三股勢力」組織、成員、活動等資料庫；協助準備和舉行反恐演習；協助對「三股勢力」活動進行偵查並對相關嫌疑者採取措施；擬定打擊「三股勢力」的法律文件；協助培訓反恐專家並與其他國際組織展開反恐合作。機構下設理事會和執行委員會。理事會是主要的協商決策機關，由成員國反恐主管部門負責人或代表組成，而執行委員會則是常設行政機關，最高行政官員為執委會主任。

12 2012-13 年，中國邀請阿富汗、巴基斯坦進行了 3 輪三方對話，2015 年進一步啓動三方外長級戰略對話；2013 年，中國、俄羅斯、印度也舉行「阿富汗問題三方會晤」。

13 所謂 4 項基本政策為：堅持睦鄰友好，和平相處；開展互利合作，促進共同繁榮；尊重各國

胡錦濤在 2004 年對烏茲別克議會演講時，進一步發展中國與中亞國家的關係表示願與中亞各國「深化睦鄰友好，增進政治互信；加強安全協作，維護地區穩定；堅持互惠互利，推進務實合作；擴大文化交流，鞏固傳統友誼」。至於習近平則在 2013 年高峰會上提出 4 點主張，其中包括：弘揚互信、互利、平等、協商、尊重多樣文明、謀求共同發展的「上海精神」；共同維護地區安全穩定，合力打擊三股勢力，並支持阿富汗民族和解進程；發展務實合作，把絲綢之路精神傳承下去；加強人文交流和民間交往等。

大體來說，中國對中亞地區的利益約略有以下 4 個方向：

（一）國家安全（對抗分離主義挑戰）

抑制「東突」勢力對中國西北邊陲地區安全既至關重要，隨著國際恐怖主義自 1990 年代起持續擴散，東突組織之威脅也日益嚴重。尤其 2008 年以來，新疆暴動衝突頻傳，繼 2009 年「烏魯木齊七五事件」後，2013 年又發生半個世紀以來最嚴重騷動，結果除了引發北京高層關注，如何結合周邊勢力圍堵也是重要考量。

（二）地緣政治（回應美國圍堵戰略）

美國在冷戰結束後，試圖透過掌控中亞以控制所謂「世界島」（歐亞大陸），並於 911 事件後藉「反恐」之名駐軍阿富汗和中亞，也為中國周邊戰略布局帶來巨大壓力。

人民的選擇，不干涉別國內政；尊重獨立主權，促進地區穩定。6 點促進雙邊經貿主張則包括：堅持平等互利原則，按經濟規律辦事；合作形式多樣化；從實際出發，充分利用當地資源；改善交通運輸條件，建設新絲綢之路；向中亞國家提供少量經濟援助作為友誼表示；發展多邊合作，促進共同發展。

（三）能源戰略（維繫工業永續發展）

自從中國在 1993 年成為原油淨進口國後，對國際石油市場依賴度也越來越高；在此情況下，無論是分散進口來源或提供安全的陸上通道，中亞對大陸能源政策占有重要地位。

（四）經濟利益（提供新興消費市場）

由於中亞是世界上離海洋最遙遠的區域之一，致使各國經濟發展受到嚴重制約，近期以來，拜中國崛起之賜，藉由通向中國東部海港以進入太平洋既成為另一項選擇，後者為鞏固西疆安全並平衡區域發展所推出之「西部大開發」計畫，也有賴中亞作為其腹地，從而使雙方在經濟方面獲得一定程度之利益交集。事實上，其他國家確實藉此分霑中國之經濟影響（中國與上合組織成員國貿易額由 2001 年的 120 億提升至 2018 年的 2,550 億美元），這正是該組織運作從安全外溢至經貿層面的主要緣故。

為強化與此地區聯繫，中國自 2006 年起便計畫以新疆為中心，陸續建設通往中亞各國的 12 條公路運輸通道；其次則設法加快貫通由中亞前往歐洲的 3 條東西向公路通道，即「中國—哈薩克—俄羅斯—歐洲」、「中國—哈薩克—裏海—歐洲」與「中國—中亞—伊朗—土耳其—歐洲」，以及一條從蒙古西部經新疆至阿拉伯海的南北向通道。最後也是最重要的，乃貫穿歐亞大陸並連接亞洲 28 個國家，又稱「絲綢鐵路」的「泛亞鐵路網」（參考第五章第三節）。

正因中國逐漸認知中亞之戰略利益，習近平不僅在 2013 年 SCO 高峰會中重申「新絲綢之路」構想，希望透過簽署《國際道路運輸便利化協定》（2014 年簽署後於 2017 年生效），讓開啟從中亞到印度洋和波斯灣的交通運輸走廊獲得制度保障；於此同時，除原有的哈薩

克（2011 年）與烏茲別克（2012 年）外，也順勢在 2013 年將與塔吉克和土庫曼互動提升至「戰略夥伴」層次，加上同年與白俄羅斯建立的戰略夥伴關係，確保未來「新絲綢之路」全線安全性，不啻是中國顯而易見的外交目標。更甚者，如同 Alexandros Peterson 所指出，當美國將戰略重心向亞太（Asia Pacific）轉移的同時，中國的戰略重心則有向歐亞（Eurasia）轉移的趨勢，甚至中國實際上或已取代美國和俄羅斯，成為對中亞最有影響力的國家，其結果既使中亞成為美中俄的「大國博弈」之地，亦勢將影響未來全球地緣政治發展。

值得注意的是，中國在 2016 年與阿富汗、巴基斯坦、塔吉克成立了「反恐合作協調機制」（四國機制，QCCM），以加強彼此反恐合作、情報分享、安全部隊培訓支持等工作，不僅意味中國與中亞在安全合作上，首次建立排除俄羅斯參與的官方機制，同年起中國開始秘密駐軍塔吉克並啟動與該國聯合軍演，不啻具有積極戰略暗示。儘管如此，無論俄羅斯自 2015 年起力推歐亞經濟聯盟，抑或 2019 年從吉爾吉斯到哈薩克紛紛傳出反中示威等，亦不啻是某種警鐘。

柒 兩岸超穩定結構的發展

從某個角度來看，當前兩岸與兩韓的持續分裂與對峙，乃罕見之「後冷戰時期冷戰現象」（the Cold War in the Post-Cold War Era）特例：它們不僅都生成於冷戰期間，受到冷戰式全球結構的制約，甚至在冷戰主角已正式結束冷戰後還繼續殘存下來。更重要的是，相對於長期假裝冷戰的美蘇兩國其實早自 1970 年代後便開始慢慢進行和解，前述兩例不僅始終維持著敵對性，也始終被視為最可能爆發衝突的「熱點」（hot spot）。不過，相對於南北韓在 2000 年達成首度高峰會並通過了《共同宣言》，兩岸關係則自幾乎同時自 1999 年起陷

入另一段長期互動低潮，直到 2008 年台灣政黨輪替後才露出一線曙光。

　　無論如何，值得注意的是兩岸「既衝突又穩定」（conflicting but stable）的長期特殊關係。對此，至少在兩岸關係方面，「戰略三角」（strategic triangle）模型雖常被用來解釋前述之結構性情況，事實上其運用存在幾個限制：首先是「附屬性」（subordination），亦即中美台「小三角」不過是從屬於冷戰時期中美蘇「大三角」下的一個次結構，更別說此結構已隨著蘇聯崩解而產生質變；其次是其明顯的「不均衡性」（un-equilibrium），亦即台灣不可能與中國及美國取得真正的對稱關係，所謂「三角」其實更近於一種（中美）「雙邊」關係，台灣不過是其中關鍵變數或工具罷了；最後則是「虛構性」（imagination），由於兩岸關係長期維繫低度互動狀態，因此所謂三角關係在其中一邊處於真空狀態下（意指兩岸在 1949-87 年間的全面不接觸階段，與 1999-2008 年間的政治不接觸階段），其存在也值得懷疑。如果我們從「超穩定結構」（ultra-stable structure）角度來重新檢視兩岸關係的話，則兩岸之間的長期冷戰或許僅是種「結構性的偶然」（structural fortuity），亦即其內外環境結構都正好產生對於衝突爆發的抑制效果。

　　不過，就在美國霸權內涵逐漸變化的同時，兩岸關係及其各自內部環境也產生重大變化。首先由於台灣經濟在 1980 年代快速成長，大陸則在結束文革後也全面投入經濟重建，基於此際雙方的經濟互補性，兩岸關係也在 1988-92 年獲得改善契機，至於初步結果便是 1993 年首次「辜汪會談」及其後一系列非政治性協議的簽署。表面上看來，1990 年代的國內外環境（後冷戰時代來臨、中國推動經改政策與台灣展開民主化）似乎有助兩岸解凍，結果卻非如此，關鍵是中國

之國際地位變化。換言之，中國之明顯崛起態勢顯然深化了美中台三角關係中原即存在的「不均衡性」，並在美國似乎加速往中國傾斜之餘，讓台灣充滿了危機意識感，由此也引發兩岸在 1990 年代的新一波外交戰，其結果是，台灣雖一度利用天安門事件而有所突破，但在北京於 1990 年和 1992 年相繼拉走沙烏地阿拉伯與南韓之後，反而讓台灣在亞洲陷入「零邦交」困境，最後只能透過三個途徑來繼續對抗：首先是全面向美國靠攏，其次是發動「加入聯合國運動」，藉由爭取國際空間來維繫敵我意識，最後則是在民主化運動下，誘發了政治本土化浪潮與分離主義政策。

　　例如在北京於 1993 年發表《台灣問題與中國統一白皮書》後，台灣隨即在 1994 年公布《台海兩岸關係說明書》，強調中國現已分裂為兩個政治實體，雙方應體認各自享有統治權及在國際間為並存之兩個國際法人的事實，這對北京來說不啻是「涉嫌製造兩個中國」並「危害和平統一大業」的作為。在此情況下，原應擔任斡旋角色的美國又因國內出現「中國威脅論」聲浪，以及參眾兩院以壓倒性多數邀請李登輝訪美，兩岸關係頓時因安全閥失靈而陡然陷入對立。接著，在美國與日本於 1995 年協商擴大《安保條約》適用範圍，致使台灣問題增添不確定障礙後，加上 1996 年台灣首度總統民選帶來的不安定因素，導致中國在 1995-96 年進行數度飛彈演習。從某個角度來看，1996 年台海危機可說是兩岸「超穩定結構」迄今面對過的最大挑戰；儘管此次衝突因為美國介入、北京決策階層自制及台灣大選落幕而暫告終止，其所暗示的「結構性危機」（structural crisis）仍值得深思與觀察。

表 4.7　兩岸關係穩定性發展對比

	霸權政策	國際環境	國內發展	兩岸關係
冷戰時期	+	+	+	+
後冷戰時期	+ to −	+	+ to −	−

註：「＋」代表趨向穩定發展，「－」則表示衝突性升高。

　　從表 4.7 對比中可以發現，在冷戰期間支撐「超穩定結構」的幾根支柱已陸續出現鬆動或甚至崩解的傾向。無論美國霸權邁向更迭期暗示的世界秩序不穩定性及兩岸衝突安全閥消失、中國在「走資化」引發後續「民主化」效應中可能出現的民粹危機，抑或兩岸關係逐漸陷入之「一中原則 vs. 自主意識」僵局，皆暗示原先的超穩定結構已慢慢變成「不穩定結構」。儘管如此，當前國際內涵或仍有利於兩岸的正面互動；不但和平解決爭端依舊是國際共識，全球化時代來臨更可能在衝擊既有體系結構外，同時促使既有國際行為規範（例如民族國家與主權觀念等）產生質變。可預見的，北京仍將以「一個中國」原則與「一國兩制」的統一政策主軸，「全面封鎖」的外交政策，「以商圍政」的統戰策略，與「拉攏美國」的最後手段來對付台灣，後者則僅能在相對劣勢下愈發依賴美國保護，並在推動「實質外交」的努力下，繼續堅持所謂「透過民主制度下的全民公決以選擇未來」的消極政策主張。

　　值得一提的是，儘管中國長期堅持所謂「一個中國」原則，但由表 4.8 當可看出，此種原則其實存在明顯的柔性特徵，亦即可與時俱進地調整；再者，從表 4.9 也可發現，此種原則至少迄今仍未完全形成國際共識，而這也是兩岸雖然外交空間相聚懸殊，台灣仍擁有一定國際影響力的原因之一。

表 4.8　中國之 「一個中國」 原則內涵變遷

時間	發表人	主要內容
1979		〈告台灣同胞書〉：世界上普遍承認只有一個中國，承認中華人民共和國政府是中國唯一的合法政府。
1990	楊尚昆	〈論祖國統一〉：台灣本來就是中國的一部分，是中華民族大家庭的一員；中國只有一個，就是中華人民共和國，中國只有一個政府，在北京，台灣歷來是中國的一個省，這是不可改變的。
1993		《台灣問題與中國統一白皮書》：中華人民共和國政府是中國唯一的合法政府，台灣是中國的一部分。
1995	江澤民	江八點：堅持一個中國原則，中國的主權和領土絕不容分割。
1996	李　鵬	世界上只有一個中國，台灣是中國不可分割的一部分；祖國大陸與台灣尚未能實現統一，但台灣是中國不可分割領土的一部分，中國擁有對台灣無可爭辯的主權。
1997	陳雲林	儘管兩岸尚未統一，但台灣作為中國的一部分，作為中國行政區劃中一個省的法律地位從未改變。
1998	錢其琛	一個中國原則獲得國際社會的普遍承認。
1999	錢其琛	世界上只有一個中國，台灣是中國的一部分。
2000		《一個中國的原則與台灣問題白皮書》：一個中國原則是在中國人民捍衛中國主權和領土完整的正義鬥爭中形成的，具有不可動搖的事實和法理基礎。台灣是中國不可分割的一部分。
2000	錢其琛	堅持一個中國原則，意味兩岸雖然沒有統一，但都承認中國只有一個，中國的領土和主權不容分割。
2001	錢其琛	世界上只有一個中國，大陸和台灣同屬一個中國，中國的主權和領土完整不容分割，我們主張的一個中國，是包括大陸和台灣在內的一個中國。
2002	錢其琛	世界上只有一個中國，大陸和台灣同屬一個中國，中國的主權和領土完整不容分割，這是海峽兩岸堅持一個中國原則的共同基點。
2003	錢其琛	世界上只有一個中國，大陸和台灣同屬一個中國，中國的主權和領土完整不容分割。
2005	賈慶林	儘管兩岸迄今尚未統一，但大陸和台灣同屬一個中國的事實從未改變，這就是兩岸關係的現狀。
2005	胡錦濤	胡四點：儘管兩岸迄今尚未統一，但大陸和台灣同屬一個中國的事實從未改變，這就是兩岸關係的現狀。
2014	習近平	習四點：深化維護一個中國框架的共同認知，這個基礎是兩岸關係之錨；兩岸同胞要攜手同心，共圓中華民族偉大復興的中國夢。
2019	習近平	習五條：兩岸在一個中國原則基礎上達成「海峽兩岸同屬一個中國，共同努力謀求國家統一」的「九二共識」，開啟了兩岸協商談判，祖國必須統一也必然統一。

表 4.9　中國邦交國對 「一個中國」 原則態度

承認中國，認知到一個中國原則	美國、馬來西亞、英國……等
承認中國與一個中國原則	馬爾地夫、約旦、葡萄牙、尼日……等
承認中國，注意到一個中國原則	義大利、比利時、巴西、阿根廷……等
承認中國，瞭解並尊重一個中國原則	日本、菲律賓……等
承認中國，尊重一個中國原則	荷蘭
承認中國，未提及一個中國問題	土耳其、伊朗、愛爾蘭……等
未提及唯一合法政府問題	孟加拉、德國、利比亞……等

　　無論如何，根據統計，台灣赴陸人數從 1987 年的 46,679 人，2010 年首度突破 500 萬人次，2018 年再越過 600 萬大關；大陸居民赴台也從 1990 年的 8,545 人次，在 2008 年開放陸客來台觀光後，2015 年達到 418 萬人次高峰，顯見人員往來的密切程度，但 2016 年台灣政黨輪替、2019 年北京暫停來台自由行與 2020 年肺炎疫情又導致再度銳減。儘管迄今為止，兩岸會談仍刻意迴避高階政治（主權）問題，前述互動日趨密切的現實，一度促使雙邊在強調「功能性為主」的前提下，將會談朝向更「制度化」方向發展，但 2016 年後仍因政治情勢丕變造成所謂「已讀不回」窘境。總的來說，相較於前一回合「辜汪時期」（1992-98 年）的兩岸兩會較量，由於台灣與中國大陸經貿能量對比劇烈的此消彼長，目前在情勢與籌碼方面既不利於台灣，相對地，北京對於掌握情勢主動權也顯現出更高的自信感。

第二節 邊界外交：歷史性衝突問題的解決
Border Diplomacy: Solving the Historical Disputes

中國共與 14 個國家接壤，陸地邊界長度超過 22,000 公里，是世界上陸地邊界線最長和鄰國最多的國家，僅三國交界點就多達 16 個。早在 1957 年，周恩來便提出以「和平談判」作為解決邊界問題的核心方針，鄧小平則於 1979 年針對海上邊界問題提出「擱置爭議、共同開發」原則方針。截至目前為止，中國已與其中 12 個鄰國簽訂了邊界條約或協定（印度與不丹除外），已劃定部分約占中國陸地邊界線總長度的九成。自 1960 年代起，先後與緬甸、尼泊爾、蒙古、巴基斯坦、阿富汗等國簽訂了邊界協定，1990 年代至今則繼續與俄羅斯、寮國、越南、哈薩克、吉爾吉斯、塔吉克等國解決了邊界問題。為澈底管理相關問題，中國外交部也在 2009 年正式成立「邊界與海洋事務司」以便協調工作。從表 4.10 可以發現，中國在後冷戰時期確實花了相當多精力來解決歷史邊界問題，從另一角度，排除這些糾紛既有助於避免衝突，對貫徹睦鄰外交政策而言，亦可奠下更穩定的環境基礎。以下便就其中較重要部分加以敘述。

壹 對俄羅斯部分

在中國目前「安西、靠北、爭東南」的三線地緣戰略框架中，所謂安西指的是前述拉攏中亞國家的政策，至於靠北指的則是與俄羅斯和蒙古比鄰的邊界地區，此區雖長期位居中國地緣政治核心，但在蘇聯解體與後冷戰來臨後，中俄邊界便由蘇聯時期 7,300 公里縮為 4,355 公里，其中又有 3,700 公里是水上邊界；在此，有關中俄之間的外交

互動部分，且留待第六章再詳細說明，此處僅先就其邊界爭議的解決
進行討論。

表 4.10　冷戰時期以來中國邊界問題解決進程

年代	國家	主要結果
1960	緬甸	簽署《中緬邊界條約》
1961	尼泊爾	簽署《中尼邊界條約》
1962	北韓	簽署《中朝邊界條約》
1962	蒙古	簽署《中蒙邊界條約》
1963	巴基斯坦	簽署《關於中國新疆和由巴國實際控制其防務之各個地區相接壤的邊界協定》
1963	阿富汗	簽署《中阿邊界條約》
1989	寮國	簽署《關於處理兩國邊境事務的臨時協定》
1991	蘇聯	簽署《中蘇國界東段協定》
1991	寮國	簽署《中老邊界條約》
1993	寮國	簽署《中老邊界議定書》
1993	印度	簽署《關於在中印邊境實際控制線地區保持和平與安寧的協定》
1993	寮國	簽署《中老邊界制度條約》
1993	越南	簽署《有關兩國劃界基本原則的協定》
1994	哈薩克	簽署《中哈國界協定》
1994	俄羅斯	簽署《中蘇國界西段協定》
1994	寮國、緬甸	簽署《中國、寮國、緬甸確定三國交界點協定》
1996	吉爾吉斯	簽署「中吉國界協定」
1996	印度	簽署《關於在中印邊境實控線地區軍事領域建立信任措施協定》
1996		與俄羅斯、哈薩克、吉爾吉斯、塔吉克簽署《關於在邊境地區加強軍事領域信任的協定》
1997		與俄羅斯、哈薩克、吉爾吉斯、塔吉克簽署《關於在邊境地區相互裁減軍事力量的協定》
1997	哈薩克	簽署《中哈國界補充協定》
1997	寮國	簽署《中老邊界制度條約補充議定書》
1997	緬甸	簽署《中緬兩國邊境地區管理與合作協定》
1998	哈薩克	簽署《中哈國界補充協定》

表 4.10　冷戰時期以來中國邊界問題解決進程　（續）

年代	國家	主要結果
1998	不丹	簽署《中不關於在邊境地區保持和平與安寧的協定》
1999	塔吉克	簽署《中塔國界協定》
1999	吉爾吉斯	簽署《中吉國界補充協定》
1999	越南	簽署《中越陸地邊界條約》
2000	越南	簽署《中越北部灣劃界協定》
2000		簽署《中國—塔吉克—吉爾吉斯關於三國國界交界點協定》
2002	塔吉克	簽署《中塔國界補充協定》
2002	東協	簽署《南海各方行為宣言》
2002	吉爾吉斯	簽署《中吉爭議邊界協定》
2004	俄羅斯	簽署《中俄國界東段補充協定》
2005	蒙古	簽署《中蒙邊界第二次聯合檢查議定書》
2005	印度	簽署《解決邊界問題政治指導原則協定》
2006		與越南、寮國簽署《確定三國國界交界點條約》
2011	越南	簽署《關於指導解決中越海上問題基本原則協議》
2012	印度	簽署《關於建立中印邊境事務磋商和協調工作機制的協定》
2013	印度	簽署《邊界防務合作協定》

　　中共建政後曾先後與蘇聯（1991 年 12 月後為俄羅斯、哈薩克、吉爾吉斯和塔吉克等國）4 度舉行邊界談判，第一次在 1964 年，第二次在 1969-78 年，第三次在 1987-98 年，第四次則在 2001-04 年間進行。其中，前兩次談判進展相當有限，直到 Gorbachev 上台後才自 1987 年起恢復談判，並於 1991 年取得共識後草簽了《東段邊界協議》；1994 年，中俄再度就西端邊界劃分問題達成協議，隨著兩國互動在後冷戰時期不斷發展，中國、俄羅斯、哈薩克、塔吉斯及吉爾吉斯乃於 1996 年在上海簽署《關於在邊境地區加強軍事領域信任的協定》，這不僅是中俄關係史上第一份關於邊界安全的平等協定，也

是亞太地區第一份涉及政治軍事領域的多邊協定；同年，兩國元首決定將其雙邊關係由「建設性夥伴關係」提高為「戰略協作夥伴關係」，當然也反映出兩國關係的正面發展。

在此背景下，繼 2001 年中俄《睦鄰友好合作條約》開啟新一階段劃界談判後，兩國終於在 2005 年互換《國界東段補充協定》批准書，象徵澈底解決了所有歷史遺留的邊界問題。根據協定內容，中俄最後一塊有爭議的邊界土地，包括位於黑龍江和烏蘇里江交界處的黑瞎子島和靠近內蒙古滿州里的阿巴該圖洲渚在內近 375 平方公里，雙方在各自讓步後將各得大約一半；其後，兩國自 2006 年起開始實地劃分最後一段邊界線，以結束困擾兩國數百年的邊界糾紛，至於最終結果則是 2008 年 10 月的「界碑揭牌儀式」。值得注意的是，在中共建政後一系列邊界問題當中，對俄談判不啻是讓步最大的一次，因為結果無疑承認了 1858 年《璦琿條約》與 1860 年《北京條約》中，沙皇時期俄國透過不平等條約自中國取得的巨大領土，[14] 這對長期宣稱反帝國主義的中國而言固然是一大反諷，也顯出俄羅斯對當前中國發展與外交處境暗示之重大戰略意義，並可藉此瞭解中國希望藉緩和邊界衝突來拉攏俄羅斯的企圖。

貳　對印度部分

中國與印度兩國邊界全長約 1,700 公里，其中包括西段 600 公里，中段 450 公里與東段約 650 公里，爭議地區面積約 12.5 萬平方公里。印度在 1950 年曾是第一個和中國建交的非社會主義國家；其

14　清朝在 1858 年條約中，將大興安嶺以南、黑龍江以北的 60 萬平方公里土地割給俄國，烏蘇里江以東的 40 萬平方公里暫由雙方共管，1860 年又正式割讓給俄國。

後，周恩來曾在 1950 年代四度訪問印度，共同確立了「和平共處五原則」，但後者卻於 1954 年主動修改地圖，把東段「麥克馬洪線」（McMahon Line）作為已定國界，[15] 在中段地區占領阿里地區 2,000 平方公里土地，並將西段巴里加斯劃入版圖。從印度方面來說，其疆域觀念主要受到源自英國殖民時期「大印度聯邦」構想影響；[16] 據此，Jawaharlal Nehru 先在 1947 年慫恿西藏獨立，於 1951 年趁中國參與韓戰，派兵占領西藏管轄的達旺地區，其後又於 1959 年收容流亡的達賴喇嘛。

在 1962 年中印戰爭裡，儘管印軍戰敗，中國仍單方面宣布停火並主動撤退以推進談判，但遭到印度拒絕。為長期抗衡中國，印度在 1970 年利用中蘇共分裂局面與蘇聯簽下為期 20 年的軍事同盟條約，從而使中印兩國關係進入冷凍期。其後，印度雖於 1969 年表示願與「中國進行有意義的會談」，卻又把占領的東段土地由原先「東北邊境特區」提升為「阿魯納查爾中央直轄區」，直到 1976 年才透過主動恢復向中國派駐大使釋出善意，結果啟動了 1979 年雙邊關係正常化的進程，不過，邊界問題仍是兩國關係中最難解者。自 1981 年起，兩國雖商定輪流舉行邊界談判，印度國會又於 1986 年將前述「阿魯納查爾中央直轄區」再升格為印度第 24 個邦，可以想見，這自然阻礙談判進展。儘管如此，中印仍先後於 1993 年和 1996 年簽訂

---

15 所謂「麥克馬洪線」乃是以主持 1914 年「西姆拉劃界會議」之英國外交官 Henry McMahon 為名，其走向起自不丹和西藏交界，沿分水嶺和山脊線至雲南獨龍江東南的伊素拉希山口，將傳統上被認為屬於西藏約 9 萬平方公里領土劃給印度和緬甸。

16 根據 Nehru 提出的「理想邊界」，他希望將喀什米爾、尼泊爾、錫金、不丹和阿薩姆作為印度國防上的內線，把西藏作為印度勢力範圍內的「緩衝國」，然後以「麥克馬洪線」和「詹森線」（Johnson Line）來區隔中印邊界。後者在 1865 年由英屬印度測量局官員 William H. Johnson 提出，他建議一條穿越阿克賽欽並接通此區最高的崑崙山脈，這條界線在 1897 年由英國軍事情報處長 John Ardagh 向政府提出，也被稱為「阿爾達—詹森線」（Ardagh-Johnson Line）。

《關於在中印邊境實際控制線地區保持和平與安寧的協定》和《關於在中印邊境實控線地區軍事領域建立信任措施的協定》，直到印度於1998年進行核子試爆後才再度阻斷談判。

前述以衝突對立為主的關係在2002年朱鎔基訪印後出現轉機。2003年，印度總理Vajpayee回訪北京並與中國簽署《中印關係原則與全面合作宣言》，首次公開承認西藏是中國領土的一部分，重申不允許西藏人在印度進行反華活動，兩國海軍也在同年底舉行首度海上聯合搜救演習；以此為起點，兩國跟著任命特別代表進行首度會晤，探討解決邊界問題的框架，就《解決邊界問題政治指導原則的協定》達成共識，並在2005年溫家寶訪印期間簽署。值得注意的是，溫家寶曾提出「有讓有得」原則，亦即中國將阿克賽欽交給印度，印方則將阿魯納洽爾邦交給中國，但雙方並未達成最後協議。

不過，就在Vajpayee歷史性訪華行程期間，印度外交部指控一支中國巡邏隊越過實際控制線，進入阿魯納恰爾邦的上蘇班斯里地區；在胡錦濤於2006年訪印前夕，中國駐印大使孫玉璽又公開重申阿魯納洽爾邦乃中國領土，隨即引發印度各界反彈；相對地，根據印度政府在2006年底制定的新海外投資政策，亦首次把中國視為對印度安全構成威脅的國家，可見雙方關係的高度不穩定性。不過，胡錦濤在訪印期間仍與其共同發表了《聯合宣言》，重申解決邊界問題乃兩國現階段最重要戰略目標所在，並向印度提出關於發展兩國戰略合作夥伴關係的六點建議。

總的來說，為解決長期邊界爭端，中印兩國在1981-87年間舉行了第一階段8輪的副部長級會談，接著在1988年Rajev Gandhi的「破冰之旅」後，雙方繼續在1989-2002年進行第二階段14輪磋商，先後於1993年和1996年簽訂了前述兩份協定；以前述協定以及2002-

03 年領導人互訪達成之共識爲基礎，中印在 2003 年獲致「三步走」戰略共識，亦即先確立基本指導原則，再達成落實指導原則的框架協定，最後才進行實際劃界，從而將雙方推進到第三階段談判中（層級也提高爲部長級），至 2019 年爲止已進行 22 輪會談，但依舊在框架協定部分僵持不下。值得一提的是，在 14 個陸地鄰國中，「唯二」還未與中國完成劃界協議者，除了印度之外，還有不丹（它也是迄今未與中國建交的鄰國，[17] 1984-2019 年共與中國進行 24 輪邊界談判），主要是因 1949 年印度與不丹簽署的條約使後者幾乎處於附庸國狀態，隨著 2007 年雙方簽訂的新條約使不丹表面上獲得獨立外交權，與中國「建交」議題也自 2012 年起浮上檯面，這或許將使中國與不丹的關係出現某種轉折。

　　事實上，中國與印度始終對彼此的崛起深具戒心。對中國來說，一方面雖不排除擴大與印度接觸，但也繼續「聯巴制印」的遏制政策，尤其是中國在巴基斯坦長期投資建設的瓜達爾港，該港口靠近荷姆茲海峽，而全球又有 40% 原油供應經過該海峽。爲解決中國經濟發展所需的大量能源問題，中國已和巴基斯坦簽署諒解備忘錄以共同「研究建立通往中國的能源走廊」，由此可見巴基斯坦對中國的戰略價值所在；對此，我們將於下一章中詳述。

參　對東南亞部分

　　中國對東南亞地區的邊界問題可分成陸上（中南半島）與海上（南海）兩個部分。在陸上部分，後冷戰時期主要處理與寮國（中國稱老撾）和越南之間的歷史問題；其中，中國與寮國有著 500 公里邊

17　不丹是唯一未與 5 個安理會常任理事國，也未與兩岸任何一方建交的聯合國成員。

界線，兩國在 1990 年開始劃界談判之後，一方面於翌年簽署《中老邊界條約》，此後又簽署了《邊界議定書》、《邊界制度條約》以及《邊界制度條約補充議定書》等，相當迅速解決了糾紛。至於越南部分，由於存在 1979 年中越戰爭歷史陰影，這也讓雙邊談判拖到 1999年底才簽署《陸地邊界條約》，率先解決了陸上問題，其後，兩國繼續針對海上交界問題在 2000 年舉行了兩輪談判並簽署《北部灣劃界協定》。總的來說，中越兩國直到 2007 年為止，共舉行了 13 輪邊界談判，並於 2009 年完成了全部陸上勘界工作。

　　相較於陸上部分朝最終解決方向邁進，中國在南海問題上則顯得力道小了許多。一般來說，中國的南海政策演變可分為 6 個時期來觀察：

（一）1950-60 年代的「低調姿態」

　　在此時期，一方面中國無力捍衛自身海疆，且毛澤東更注意與美蘇兩強鬥爭。

（二）1970 年代的「逐漸關注」

　　由於聯合國遠東經濟委員會在 1967 年勘察報告中指出南海海底蘊藏豐富石油後，沿海國家便開始爆發主權爭端，牽涉問題包括海域界定、海疆重疊、海域漁業維護與開採石油和天然氣等，於是引發中國更多關注，但內部改革仍是此時期重點。

（三）1980 年代的「開始介入」

　　隨著中國確認改革開放政策，基於南海作為國際航線交通孔道，並控制亞太海域重心的戰略地位，中國對此地區政策也逐漸轉趨積極，例如總書記胡耀邦便在 1985 年成為首度訪問西沙群島的中國高層領導；1986 年，中國接受聯合國委託在南海建立了兩個氣候觀測

站，作爲前進此區的基點；1987 年，北京宣布把南沙列爲海南島直接管轄範圍，1988 年初更曾與越南海軍在赤瓜礁發生過海戰衝突。

（四）1990 年代的「加強鞏固」

進入後冷戰時期，一方面蘇聯瓦解導致其在東南亞影響力大減，美國決定在 1992 年關閉菲律賓軍事基地也讓南海成爲安全眞空狀態；在此有利戰略環境下，爲運用時機以應付各國瓜分南沙資源與對中國主權的挑戰，北京於是在 1992 年公布《領海及毗鄰區法》，提供爭取南沙主權的合法性依據，並要求各國針對南沙問題「擱置爭議，共同開發」；對此，東協隨即於同年通過要求各國自我克制的《南海宣言》作爲回應。截至目前爲止，中國共在南海地區占領了 8 個島礁，數量排在越南（29 個）菲律賓（9 個）之後。

（五）2000 年代的「協商管理」

自 1990 年起，加拿大國際開發署便贊助印尼政府主導召開具二軌性質的「處理南海潛在衝突研討會」，直到 2001 年爲止均每年開會一次，對於凝聚和平解決爭端共識貢獻良多。在各方不斷磋商下，自 1995 年開始構思的多邊方針，終於在 2002 年「東協加中國」高峰會中通過《南海各方行爲宣言》（Declaration on the Conduct of Parties in the South China Sea），未來各國將針對南海爭議地區有關海洋環境保護、海洋科學研究、海上航行安全與通訊、執行海上搜救與打擊海上犯罪等問題共同進行磋商。在此基礎上，繼中菲在 2004 年簽署於南海共同研究油氣資源的協議後，中國、菲律賓與越南的石油公司也在 2005 年簽署爲期 3 年《在南中國海協議區三方聯合海洋地震工作協議》，目標在共同勘探南海石油資源，同時被認爲是落實前述行爲宣言的重要進展之一。

（六）2010 年代後「加強表態」

相較於東協努力將相關議題引導至「國際化」方向並透過多邊途徑解決，參與歷屆「處理南海潛在衝突研討會」的中國代表則明白反對將此平台予以官方化或正式化，也反對邀請區域外國家（如美國與日本）參與南海地區的合作計畫；不過，在美國國務卿 Hillary 於 2009 年正式宣布將「重返」亞洲並隨即簽署《東南亞友好合作條約》後，美國一方面自 2009 年起連續舉辦「東協＋美國」高峰會，並於 2010 年與越南舉行首次雙邊聯合海上演習，越南也在同年東協區域論壇（ARF）中，與美國聯手試圖迫使中國跟東協談判《南海區域行為準則》；對此，中國既表態南海乃「核心利益」所在，並首度召集北海、東海與南海三大艦隊，在南海進行聯合演訓作為回應，較勁意味十足，2012 年更設立管轄西沙、中沙與南沙群島及其海域的「三沙市」，宣稱依據同年修訂之《海南省沿海邊防治安管理條例》，有權對非法進入管轄海域之外籍船隻，進行登船檢查、扣押、驅逐、下令停航、改航與返航等措施。

值得注意的是，儘管中國積極在南海「維權」，基於此際自身實力限制與地緣環境複雜度，和平解決暫時仍為其首要考量。例如繼 2002 年與東南亞相關國家達成《南海各方行為宣言》後，中國一方面自 2007 年以來持續舉辦「落實南海各方行為宣言」高官會議，目標包括對違反行為準則的聲索國（聲明索取某地區領土主權的國家）進行制裁，同時尋求達成「更強的」行為準則。根據前述努力，2015 年第十屆高官會議初步形成〈重要和複雜問題清單〉與〈南海行為準則框架草案要素清單〉2 份開放性文件，並達成將《海上意外相遇準則》覆蓋南海相關國家之共識。2016 年，各方突破性地通過中國與東協《應對海上緊急事態外交高官熱線平台指導方針》和《關於在南

海適用海上意外相遇規則的聯合聲明》2 份文件，據此，相關各方在
2017 年高官會議中通過一份「照顧到各方利益和關切」但「誰都不
許對外公開」的《南海行爲準則框架草案》，於同年第五十屆東協外
長會議中正式認可前述草案，宣稱將依此作爲未來各方正式協商「南
海行爲準則」時的文本依據，並在 2019 年東協外長會議完成第一輪
審讀，中國亦提出了「3 年完成」願景倡議。

第三節　一體化外交：奠定區域霸權基礎
Integration Diplomacy: Laying the Foundation of Regional Hegemony

壹　睦鄰政策的積極主動化

　　正如前述，由於經濟改革開放政策乃中國自 1980 年代以來的國
家發展政策核心，爲塑造有利環境以落實此政策，在其周邊地區推動
「睦鄰友好」政策變成無可避免的配套措施。爲此，中國一方面既須
擴大與周邊鄰國的合作交流，也得解決諸如邊界問題等歷史糾紛，以
降低衝突潛在性。值得注意的是，隨著「中國崛起」態勢逐漸成形，
經濟改革雖迄今仍是其政策重心，未來中國隨著國際地位變化而調整
戰略安排之趨勢也隱然浮現。對此，北京顯然正試圖逐步將周邊國家
整合成一個環繞中國的經濟整合體，以便作爲其領導東亞或甚至爭霸
全球的戰略依托。對此，胡錦濤在 2004 年「博鰲亞洲論壇」年會上，
曾提出與亞洲各國合作發展的 5 項主張：

（一）增進睦鄰友好和政治互信
　　中國將在聯合國憲章和平共處五項基本原則與亞洲國家發展夥伴

關係，堅持大小國家一律平等，堅持通過對話解決彼此間分歧；希望與亞洲各國加強高層往來和各層次交流，就重大國際和地區問題進行協商和協調。

（二）拓展和深化雙邊經濟合作

中國將發展與亞洲各國全面的經濟合作關係，加強貿易投資、資源、醫藥衛生、環保、交通、科技、農業等領域合作。中國將繼續採取實際措施和優惠政策，幫助亞洲國家經濟建設。中國會努力把西部大開發、振興東北老工業戰略與加強周邊經濟合作結合起來。

（三）加速區域經濟一體化進程

中國希望與亞洲國家探討建立不同形式的自由貿易安排，最終形成亞洲自由貿易網絡。中國願意與亞洲各國加強宏觀經濟、金融政策的協調。

（四）促進文化交流和人員往來

中國將致力促進亞洲文化交流，支持亞洲不同文化和宗教對話，提倡理解和寬容。中國願意與亞洲各國努力推動青少年交流，為公務、商務和旅遊給予方便。

（五）推進安全對話和軍事交流

中國將堅持互信、互利、和平協作的新安全觀，希望與各國建立不結盟、不對抗、不針對第三方的安全協作關係。中國將與亞洲國家加強在地區反恐、打擊跨國犯罪、海上安全等安全領域的對話和合作，充分發揮多邊安全機制的積極作用。中國願意與各國建立軍事對話機制，積極推動軍事合作和信任。

全國人大委員長吳邦國也在前述論壇 2007 年年會中，進一步提

出建立在「政治上和諧相處、經濟上平等互利、安全上互信協作、文化上交流互鑑」之「新型亞洲」構想。由此可見，中國已漸由過去趨於被動的政策，逐步轉向更主動進取的外交戰略，並根據國家利益採取理性務實政策。特別是今日以東亞為主的亞洲已成為全世界經濟成長最迅速的地區，並與北美、歐洲並列為三大經濟區域之一，隨著中國改革後經濟迅猛增長，亦勢必得跟著將目光轉往所謂「大國外交」，對此，將在第六章進一步敘述。無論如何，邁向全球性大國地位的第一步，便是設法獲取勢力範圍，對中國而言，也就是擁有對於東亞區域事務的發言主導權。值得注意的是，由於中國日益增加的石油進口需求與周邊國家形成競爭關係，例如和日本在爭奪俄羅斯輸油管道上直接角力，並與印度進行全球搶油大戰等；更甚者，因為東亞各國目前幾乎都透過重商主義和國家資本主義方式，競爭並確保其能源供應來源，這不但阻礙了各國藉由合作型途徑來解決共同能源問題的可能性，從而不啻埋下中國推動睦鄰政策時的負面伏筆；對此，可參考本書在下一章中的說明。

貳 中國與大東亞整合進程

值得注意的是，中國固然基於其國力基礎發展而跟著調整其政策，但日本自新世紀初以來對於東亞整合進程的積極態度，亦不啻刺激了中國對相關問題的深入思考。相對於長期以來對東亞整合的消極姿態，或許因感受到中國崛起以及其與東協加速合作進程所帶來威脅的緣故，為避免在東亞區域合作中被孤立或遭到邊緣化，日本自2002年起乃轉變態度，主動提出「東亞共同體」設想（南韓總統金大中甚至在更早的2001年便公開作此倡議），以便設法在此地區中與中國相抗衡；2006年，日本經濟產業省又進而提出《東亞經濟合作協定》

構想，主張以統一準則對待與中國和東亞各國貿易投資互動，並計畫在 2010 年前聯合東協十國再加上日本、中國、南韓，以及澳洲、紐西蘭和印度，推動共組「十六國自貿區」（2013 年啓動之 RCEP 談判便以此地理規模爲基礎）；在 2009 年政黨輪替後，新首相鳩山由紀夫更一度將推動「東亞共同體」，列爲日本區域外交之首要工作任務。

對此，中國方面的態度則可由下幾個方面來觀察：

（一）以「東亞自由貿易區」作為主要倡議目標

例如在東協領袖不斷發出建立「東亞共同體」的呼聲下，溫家寶在 2004 年 APEC 會中則提出「推動東亞自由貿易區的 7 項倡議」，包括：

1. 中國願開頭帶動關於建立東亞自由貿易區可行性學術研究；
2. 中國願資助「10＋3」區域金融貨幣合作研究；
3. 落實打擊跨國犯罪合作五年規劃，加強非傳統安全領域合作；
4. 建立「十加三」青年交流機制並舉辦青年友好合作論壇；
5. 建議於 2005 年由東亞智庫網路、東亞論壇、東亞學研究網路與東協國際戰略研究所在中國合辦「東亞合作聯合研究大會」；
6. 建議以 1999 年《東亞合作聯合聲明》爲基礎發表「東亞共識」綱領性文件，以確定未來東亞合作方向；
7. 建議各國加強資助東協「十加三」小組。

除此之外，溫家寶在同年東協高峰會上又提出 10 項具體計畫：

1. 同意將與印尼間貿易提升至每年 200 億美元；
2. 除外交、經濟、交通與海關等部長級機制，東國與東協間將增闢

青年事務部部長、總檢察長與能源部部長等對話機制；

3. 將 2006 年定為「中國─東協友好合作年」；

4. 建議成立「中國─東協名人小組」；

5. 提供 1,500 萬美元的亞洲區域合作專款基金以加強與東協合作；

6. 帶頭啓動東亞自由貿易區可行性研究；

7. 確立「東亞共同體」為「十加三」高峰會的長遠目標，並支持由東協繼續主導辦理；

8. 贊成東協舉行東亞高峰會，並支持由馬來西亞舉辦首屆會議；

9. 同意儘早加入《東南亞無核區公約》；

10. 願意成為東協「東部經濟成長區」觀察員。

（二）迄今仍強調讓「東協」扮演領導性角色

　　中國商務部在 2005 年表示倡議建立一個包括中國、日本、南韓和東協成員在內的「東亞自由貿易區」，並期盼啓動相關可行性研究。在 2006 年「中國─東盟建立對話關係十五周年紀念峰會」後，溫家寶一方面與東協領袖共同簽署《聯合聲明》，表示將致力於加強雙邊戰略夥伴關係，亦重申建立東亞共同體乃長遠目標，中國會繼續支持東協扮演重要角色。值得注意的是，正如美國國會在 2005 年針對首屆東亞高峰會提出報告書所試圖警告的，EAS 可被理解為中國地緣政治比重增大的一種表現，也潛藏著排除美國的隱憂並與美國區域戰略相衝突；儘管如此，中國目前尚不願與美國正面衝突，例如中國資深外交專家吳建民便在 2007 年第三屆東亞金融合作會議表示：「中國無意領導東亞共同體」。

（三）對各種可能選項與途徑採取開放性態度

　　現階段中國對區域一體化議題的自致消極政策，既反映在尊重東

協的姿態上，面對當前區域合作方案缺乏共識的現狀，中國亦不刻意突出特定立場；例如胡錦濤在 2011 年 APEC 工商領導人峰會演講中便指出，「中方支持以東亞自由貿易區、東亞全面經濟夥伴關係、跨太平洋戰略經濟夥伴協定等為基礎，穩步推進亞太自由貿易區建設，實現亞太區域經濟一體化目標」。

（四）在中期戰略具體操作部分，或許中國的目光將先聚焦在東北亞
　　　次區域整合上頭

　　對此，請詳見下段敘述。

東北亞次區域整合倡議

　　從某個角度來看，東北亞地區自二十世紀末以來的陸續政治解凍動作，對推進區域合作不啻助益良多；相關和解發展包括 1998 年中國與日本發表《聯合宣言》與日本與俄羅斯簽署《建設性夥伴關係的莫斯科宣言》，2000 年南北韓舉行首度歷史性高峰會並簽署《南北共同宣言》以及俄國與蒙古簽署《烏蘭巴托宣言》，2001 年中國與俄國簽署《睦鄰友好條約》以及俄國與北韓發表了《莫斯科宣言》，2002 年南北韓開始拆除部分 38 度線軍事障礙以及俄國與北韓簽署《友好睦鄰合作條約》，日本與俄國也在同年簽署《雙邊合作行動計畫》等。這些都不啻對非政治性的經貿合作發展有著正面助益。

　　其中，作為東北亞次區域（sub-region）核心的中國、日本與南韓三國，早自 1997 年金融風暴後便展開了合作歷程；除了 1999 年起藉由參與「10＋3」會議之便，每年定期召開高峰會外（參見本章第一節），也分別指定中國的國務院發展研究中心（DRC）、日本的綜合研究發展機構（NIRA）與南韓的對外經濟政策研究院（KIEP）

作為最高學術對口單位與二軌機制，以便研究推動「三國自由貿易區」的可行性。由前述 3 個智庫組成的聯合研究小組在 2004 年開始「三國自貿區跨部門產業影響研究」，據此在同年的三國高峰會中通過了《合作進展報告》與《三國合作行動戰略》。相關建議由日本首先提出，而日韓兩國不僅開始討論雙邊自由貿易區並展開 FTA 實質談判，中國隨後也加入協商，至於前述三個單位亦於 2008 年 12 月提出《中日韓自由貿易協定可能路徑圖相關共同報告書及政策建言》最終報告，正面總結了長達 6 年的研究，據此，2009 年三邊高峰會一方面宣布自 2010 年起展開下一階段之產官學共同研究，並在 2011 年 12 月正式提出最終報告。值得注意的是，儘管此時無論中日或日韓關係，都因領土主權爭端而陷入某種低潮，三國仍在 2012 年簽署《關於促進、便利和保護投資的協定》，並自 2013 年起啟動 FTA 談判，至 2019 年已進行 16 輪，根據 2019 年三邊高峰會與經貿部長會議共識，希望 2020 年能與 RCEP 同時完成。

目前看來，中國除參與前述「三國自由貿易區」討論外，也積極推動整個東北亞地區（包含中國、俄羅斯、蒙古、日本與南北韓共 6 國）整合進程；相關建議例如建立一個類似太平洋經濟合作委員會（PECC）的「東北亞經濟合作委員會」（NEAECC），以便邀集產官學界討論整合未來，其次則建議成立「東北亞開發銀行」（NEADB）作為此次區域融通機制。除此之外，中國甚至認為建構「東北亞自由貿易區」（NEAFTA）的時機也已經來臨。根據研究報告顯示，一旦中日韓三國真的建成自由貿易區，未來將擁有 15 億消費人口，7 兆美元 GDP 與 2 兆美元貿易額；且光是中日韓彼此經濟互動便占了東亞地區貿易額 80% 與總投資額 70%，預料將對東亞整體區域合作產生重大影響。

　　為提供各國一個溝通平台，中國在 2004 年召開首屆「東北亞經濟合作高層論壇」會議，由產官學界共同參加，吳儀除提出「立足當前，放眼長遠；加強理解，增強互信；求同存異，循序漸進」等「東北亞區域合作三原則」之外，在 2006 年第二屆會議中也進一步提出 3 點建議：首先是完善合作機制，特別是提高各成員國中央政府的參與程度，適時建立以圖們江地區開發為基礎的綜合協調機制框架；其次是拓寬合作領域，主要以推進大圖們江區域開發為切入點；第三是增強合作實效，亦即繼續按照「條件成熟一個，推動見效一個，使各方早日受益」原則，加緊落實大圖們江區域合作開發項目。於此同時，中國也自 2005 年起在東北地區舉辦「東北亞博覽會」，作為推動其與東北亞國家經貿往來和區域合作的一項積極與民間性平台。

　　由於中日韓 GDP 總量至 2018 年已達 20 兆美元，約與美國相當，且約大於歐盟的 18 兆（包含英國約 2 兆），對外貿易總額也占世界兩成左右（單單中國便與美國相當），這些都使區域合作呈現強勁潛力。在此背景下，由中俄韓日 4 國共同開發的跨國海陸聯運航線於 2008 年由各方簽署合作協議，乃唯一連接中俄韓三國的環日本海航線，可縮短中國東北至日韓兩國以及美加等東太平洋國家的航程，[18]另一條由蒙古經中國與日本海，最終抵達日本的「東方大通道」（又稱喬巴山—阿爾山—圖們江通道）計畫，也在中日蒙合資下於 2008 年開工，均有助於建立此次區域合作的基礎。[19]對中國而言，強化東北亞次區域合作具有內政與外交雙重意義；從內政角度看，此一合作

---

18 環日本海航線：相關國家在 2008 年第四屆東北亞投資貿易博覽會上簽署合作協議，確定在韓國組建東北亞航運株式公司；此條航線約 800 海里，從中國吉林省琿春出發，先由陸路抵達俄羅斯扎魯比諾港（Zarubino），再由海上經停韓國束草港，最後抵達日本新潟。事實上，中俄韓航線早已於 2000 年開通，2010 年一度停運，2013 年又重新復航。

19 其中，內蒙古阿爾山到蒙古國喬巴山之間全長 476 公里路程，中蒙將共同開發一條「兩山鐵路」；2014 年雙方簽署共建鐵路備忘錄，但至 2019 年仍未實質動工。

既可協助落實其東北開發計畫，也有助於分散自改革開放以來過度集中於東南沿海的失衡問題，外交方面則自東北亞至大東亞的循序漸進政策，亦吻合中國迄今堅持的「韜光養晦」姿態，以及「積小勝爲大勝」的迂迴戰略。

肆　亞歐高峰會

亞歐會議（Asia-Europe Meeting, ASEM）始於 1994 年新加坡總理吳作棟之建議，1996 年在歐盟、東協與中日韓支持下開始運作，目前共 53 成員（包括 51 個國家以及 EU 和 ASEAN 兩個組織），占全球經濟產值三分之二、全球貿易額 55% 與約六成人口，爲歐、亞兩洲之間最重要之跨區域溝通平台，迄今已召開 12 次高峰會議。中國對此發展表示樂觀其成，亦希望藉此取得來自歐洲之資金與技術，每屆均派國務院總理代表出席。自 1996 年迄今，其出席主要發言內容可參考表 4.11 所示。

表 4.11　亞歐高峰會歷屆會議及中國主要發言

時間	地點	重要成果
1996.03.01	泰國曼谷	出席代表：李鵬 提出「亞歐新型夥伴關係五項特徵」：互相尊重，平等相待；求同存異，彼此借鑑；增進瞭解，建立信任；互利互惠，優勢互補；面向未來，共同發展。
1998.04.03	英國倫敦	出席代表：朱鎔基 提出「加強亞歐互利合作、促進共同發展之四項主張」：擴大經貿交流合作；加強科技合作，主動建議召開亞歐科技部長會議；深化金融領域國際合作；加強政治對話磋商。
2000.10.20	韓國首爾	出席代表：朱鎔基 五項建議：適應優化產業結構需要，擴大貿易投資合作；加強亞歐科技交流，深化科技合作；重視人才培養，促進教育領域的合作；著眼可持續發展，推動環境保護和農業領域合作，召開亞歐環境部長會議；積極創造條件拓展合作新領域。 三項倡議：共同打擊跨國犯罪、反腐敗、加強環保和森林可持續發展合作；被寫進《2000 年亞歐合作框架》。

表 4.11　亞歐高峰會歷屆會議及中國主要發言　（續）

時間	地點	重要成果
2002.09.22	丹麥哥本哈根	出席代表：朱鎔基 六項主張：加強政治對話和磋商，促進世界和平發展；深化和提升經貿關係，夯實合作基礎；增加環境與農業合作，促進可持續發展；促進人才培養交流，加強人力資源合作；拓寬亞歐文明交流，推動共同進步；擴大國際事務協調與合作，發揮會議重要影響。
2004.10.08	越南河內	出席代表：溫家寶 提出「充實亞歐新型全面夥伴關係主張」：堅持對話協商，增進政治互信；加強經濟交流，促進地區經濟增長和共同繁榮；拓展合作領域，促進各國經濟社會協調發展；積極開展文明對話與文化交流，尊重和維護文化多樣性。
2006.09.10	芬蘭赫爾辛基	出席代表：溫家寶 提出加強亞歐合作的新主張和亞歐會議的發展目標。
2008.10.24	中國北京	出席代表：胡錦濤、溫家寶 中國首次承辦峰會，2006 年第二輪擴大後首次峰會。
2010.10.04	比利時布魯塞爾	出席代表：溫家寶 五項建議：共同推動世界經濟增長；共同推動國際經濟金融體系改革；共同應對重大全球性挑戰；共同促進世界文明交流互鑑；共同維護亞歐地區和平與穩定。
2012.11.05	寮國永珍	出席代表：溫家寶 提出「深化亞歐合作四項倡議」：舉辦亞歐會議未來發展方向研討會；建立水資源科技創新合作網路；開展林業示範專案；發揮亞歐基金作用。
2014.10.16	義大利米蘭	出席代表：李克強 倡議願與各國一同構建「面向和平與發展的亞歐新型全面夥伴關係」。
2016.07.15	蒙古烏蘭巴托	出席代表：李克強 三點建議：維護亞歐和平安全與穩定發展；推進互聯互通和貿易投資自由化；促進人文交流和社會發展。
2018.10.18	比利時布魯塞爾	出席代表：李克強 發表「共擔全球責任，共迎全球挑戰」演講，呼籲各國繼續維護多邊主義，並構建開放型世界經濟。

第五章
經濟外交

　　如同鄧小平所強調：「發展經濟才是硬道理」，事實上，中國已從早期的「經濟外交 1.0」（以援助促外交）與更主動的「經濟外交 2.0」（以外交促經濟），慢慢地轉變為「經濟外交 3.0」（以經濟促外交）。無論如何，對中國來說，經濟與外交兩個領域在目標與能量上的相互為用，始終處於密不可分的狀態。早在 2002 年 6 月，美國有線電視新聞網（CNN）便推出主題為〈中國積極推行金元外交〉的報導，強調中國正不斷使用其經濟能量來輔助外交目標，在某種程度上，這也反映出美國輿論界對所謂「中國威脅論」的討論熱度與視角；相對地，中國清華大學在 2005 年成立「經濟外交研究中心」並自 2006 年起推出年度報告《中國經濟外交》，也可看出其自身重視的程度。總而言之，所謂「經濟外交」反映出在全球化的國際環境下，經濟因素在國家間互動中越來越重要的事實，本書將進一步觀察中國經濟發展對其外交政策變化的意涵與作用。

第一節　貿易外交：政經互動的對外策略
Trade Diplomacy: Political Economy of the New Strategy

　　在 2004 年《中國外交白皮書》首次明確提出「經濟外交」概念後，可顯著發現的是，中國在外交行為中確實更注重透過外交工作來

推動對外經濟合作；例如胡錦濤便指出，中國應加強經濟外交，推動實施「引進來」和「走出去」相結合的對外開放戰略，至於目標首先是針對第三世界，例如溫家寶在同年中國首次召開的「對發展中國家經濟外交工作會議」中，亦提出開展對發展中國家經濟外交的指導原則，即「相互尊重、平等相待；以政促經、政經結合；互利互惠、共同發展；形式多樣、注重實效」。

如同前言所述「經濟外交 2.0」概念，在政策具體落實方面，中國在 2004 年正式於外交部設立「經濟外交與合作辦公室」，同年 12 月全國工商聯會也與外交部共同舉辦「外交與經濟研討會」，由職業外交官直接面對企業家需求，各駐外使館亦積極配合「西部大開發」和「振興東北老工業基地」等發展戰略，支援中國企業「走出去」，目標是讓中國從一個「對外開放的亞洲大陸型國家」逐漸轉型成「全方位開放、跨區域發展的世界經濟大國」。事實上，中國自 2003 年十六屆三中全會後，便確立了至少針對東亞的「經濟外交」布局，例如溫家寶在該年中日韓第五次峰會中，便積極主導發表《推進三方合作聯合宣言》（參考前章敘述），共同承諾將推動亞洲內部各種形式的區域合作，胡錦濤參加在同年度舉辦的 APEC 非正式高峰會時，也著力闡述「要推動相互開放市場，健全多邊貿易體制」等主張。接著，溫家寶又在 2005 年 3 月的工作報告中強調「將全面加強經濟外交和對外文化交流」，這也是所謂「經濟外交」首次被寫進政府工作報告，從而突顯出它在當前中國全球戰略中所扮演的重要角色。2012 年，前述辦公室職能被新成立的「國際經濟司」取代，如同戴秉國在組織成立大會中要求「開創經濟外交新局面」的發言，時任外交部部長楊潔篪也指出成立國際經濟司目的主要是順應「新形勢下加強經濟外交工作的要求，……從政治和外交角度更好地參與國際經濟合作和

經濟治理，維護國家的發展利益和經濟安全」，可見其政策目標。

壹、改革開放與拓展對外經貿關係

可以這麼說，中國經濟發展既得利於其改革開放政策，此成果在提升其綜合國力之餘，自然也成為重要的外交籌碼；進言之，中國的經濟地位可由以下幾個數據角度來加以觀察：

（一）在國際資本結構中的角色變化

根據聯合國貿易暨開發會議發布之年度性《世界投資報告》，中國不僅自 1992 年以來連續位居發展中國家吸收外資首位，自 2007 年起更僅次於美國，位列全球吸引外資第二名（2019 年吸引全球外資流量 10%），2016 年與 2018 年並躍升全球第二大對外投資國家（次於日本）。於此同時，商務部統計資料亦顯示，中國對外投資額在 2013 年已正式超越引入外資額，充分說明「中國已從傳統意義上的資本輸入大國，演變成資本輸入、輸出雙項大國」。

（二）相對持續且偏高之經濟成長表現

在經濟成長方面，中國在 2006 年曾以 10.7% 成長率達到 1995 年以來最高的一年，這或許暗示著其宏觀降溫政策失敗，依舊連續第二年蟬聯全球最大製造品出口國的「世界工廠」地位，即便在 2008 年全球金融海嘯衝擊下，2009 年仍以 8.5% 成長率高居世界第一，儘管一路減緩至 2019 年 6.1% 低點（2020 年因新冠肺炎疫情衝擊，或繼續探底），相較西方國家仍具明顯競爭力。

（三）在全球經濟結構中的相對地位變化

中國不僅從 2004 年世界銀行公布的全球經濟體排名第七位，迅

速在 2005 年超越義大利、法國與英國，成為僅次於美國、日本及德國的全球第四大經濟體，GDP 更在 2007 年與 2010 年分別超越德國與日本，正式躋身全球第二大經濟體地位，甚至 2013 年起更超越歐元區總和；再者，中國進出口總值也從 2001 年約 5,000 億美元，迅速在 2007 年突破 2 兆美元，2009 年成為全球最大出口國家（相較 1980 年全球第 26 位與 1990 年第 15 位），2013-15 年一度成為全球最大貿易國家，2019 年進出口總值更達 4.5 兆美元左右。

（四）外匯儲備表現

在 2006 年 2 月以 8,526 億美元首次超過日本，成為全球外匯儲備排名第一後，正如倫敦《金融時報》形容的：「如果將中國龐大的外匯存底以百元美鈔堆起來，將有五座聖母峰那麼高」，在 2014 年底達 3.99 兆美元高峰後，2019 年回修至 3 兆美元左右，幾近第二名日本的 3 倍（不包括香港的 4,300 億美元），占全球總量三成。當然，尤其對美國保守派來說，激增的中美貿易逆差與中國快速累積的外匯存底可說是中國政府操縱人民幣匯率的鐵證，同時也是造成全球經濟失衡的緣由；但對中國來說，這無疑是國力的象徵。正如溫家寶所言，外匯存底大幅成長的結果，不啻增強了中國的綜合國力、國際支付和抗風險的能力。儘管對於貿易額、經濟成長率與外匯儲量的解讀，各界意見未必一致，前述幾乎均以正面意義呈現出來的經濟數據，確實成為當前中國開拓外交空間的重要籌碼。

更甚者，經濟外交政策也有助於在以下幾方面塑造中國的積極形象：首先是利用中國身為世界經濟發展引擎的身分，積極推進國際自由貿易，並讓更多國家參與及分享中國經濟成長的結果；其次則是藉此走出中國自身的發展道路，以便使「北京共識」得以取代既存的

「華盛頓共識」，從而拉高中國的軟權力（參考第七章敘述）；最後，如果中國能利用其經濟成就，維護好自己及發展中國家的權益，如此將有機會促使其向全球性大國邁進。

（五）面對日益增加之國際貿易摩擦

從現實角度來看，就在中國對外貿易額分別在 2004 年、2007年、2011 年、2013 年突破 1 兆、2 兆、3 兆與 4 兆美元之際，特別是與美國、日本及歐盟國家之間的外貿依存度卻高達 60% 以上，不啻是中國近年來對外貿易摩擦糾紛愈發激烈的背景，[1]也顯示中國的經濟崛起已使其無可避免地進入「國際摩擦時代」，從而也促使其必須透過經濟外交政策來大力拓展與新興經濟體的關係，以扮演對西方國家政治與經濟風險必要的減壓器。

大體來說，中國的經濟外交作為包括了能源外交，對外援助、投資合作、擴大服務貿易、區域合作等，甚至涵蓋了負面的經濟制裁。

首次成功運用經濟外交手段起自 1997 年；當丹麥代表在聯合國人權大會上抨擊其對待少數民族和異議分子的政策後，中國外交部發言人隨即駁斥：「丹麥政府這項反華議案無疑是搬石頭砸自己的腳」；其後，北京馬上取消和丹麥所有的商貿合約，從而也讓丹麥等歐洲國家自翌年起便不再就人權問題質疑中國。自此，中國便更頻繁地運用「以經濟促外交」的手段，特別是用來圍堵台灣，例如勸說歐盟國家不再向台灣出售武器，甚至連澳大利亞、菲律賓與新加坡等過

1　中國對外貿易摩擦：自從 1979 年歐盟對中國糖精發起首例反傾銷指控以來，2003 年起中國商品出口頻頻被「反傾銷」立案（中國在 1995-2012 年間連續 18 年成為全球遭遇反傾銷調查最多的國家，2006-12 年亦連續 7 年成為遭反補貼調查最多的國家），中國企業在各國內部也接連產生摩擦（例如在拉丁美洲與韓國的工廠遭遇罷工抗爭威脅），2001-04 年間，包括俄羅斯、義大利、奈及利亞與西班牙等多國城市因不滿失業率上升，對中國鞋廠進行多起暴力反制事件。最新發展則是美國以貿易逆差為由，自 2018 年對中國發起之貿易戰。

去與美國及台灣關係密切的國家，都紛紛倒向中國並不斷重申「一個中國」政策。最後，在中國陳述其與地區或國家雙邊關係時，從實際數字面突顯彼此經貿互動呈現正面持續成長現象，既是其固定的宣傳重點所在；在其國家領導人頻繁出訪之餘，加強彼此經濟聯繫也是關鍵工作，例如當胡錦濤在 2005 年底出訪英國、德國、西班牙和韓國時，便順道與這些國家簽署了 37 項雙邊合作文件，廣泛涉及財政、金融、航空、鐵路、工程、再生能源、科技、質檢等經濟合作領域。

貳 財經外交：地位提升與實力展現

值得注意的是「財經外交」說法的提出；例如許多媒體都直稱中國在 2005 年時力推所謂「財經外交年」，自此不僅前述名詞開始被廣泛引述討論，中國財政部部長金人慶也在 2007 年發表〈謀互利共贏、建和諧世界〉一文，首度明確提出要發展「財經外交」，這也意味著中國將以實際行動積極爭取國際財金發言權並參與建立全球經濟新秩序；對此，中國主張在國際以及特別是主要大國間，有必要進行關於財政、貨幣和匯率政策等的宏觀經濟對話交流。進言之，能否熟練運用和駕馭財經外交，關乎中國整體外交戰略的實施與國家利益的保障，至於正確看待既存國際經濟秩序和經濟制度，爭取其他國家對中國經濟措施、理念和制度的支持則是其著力點所在。部分人士認為，所謂「財經外交」早自中共建政初期就已經開始，據其特徵可分為以下 4 個時期：

（一）1951-71 年以維繫生存作為核心

此類政策可將重返聯合國到中美建交當作分界線，將其區隔成主題分別為「生存」與「發展」的兩個時期；在第一個時期中，目標在

於突破巴黎統籌委員會及聯合國在 1951 年後對其進行的禁運與封鎖行動，以便支援國家經濟社會持續發展。

（二）1971-2001 年以與國際接軌為核心

在 2002 年「入世」以前，尤其在 1979 年正式啓動改革政策之後，「與國際接軌」顯然是政策重點所在，特別是對於必須大幅降低對農產品保護措施之因應。

（三）2002-16 年以推動新規範為核心

近幾年來，中國則逐漸朝向「推動規則演化」轉變，亦即以建立新秩序或國際民主化爲口號，力圖推動國際經貿規則向更符合自己期望的方向演化。

（四）2017 年以來成為既有體制捍衛者

自美國總統 Trump 在 2017 年上台後，無論「美國優先」或「退出主義」既帶動一股新保護主義浪潮，相對華府質疑既有（甚至是由其本身推動建立）之國際建制（例如 UN 或 WTO），中國則不斷地在各種場合發言支持現有體制之最高規範的地位。

總的來說，從 1990 年代迄今，由於中國經濟持續快速增長，不僅使其國際影響力逐步提高，現階段「財經外交」則具有以下幾個特徵：

（一）國際發言權顯著提升

從紡織品貿易到石油市場，從礦砂價格到智慧財產權，從金融危機到 SARS 與禽流感防治，中國都越來越成爲國際經濟體系中不可或缺的角色，其中，G-7 集團在 2004 年邀請中國出席其財長和央行行長會議的動作，便極具象徵性意義。尤其是根據世界銀行發展委員會

在 2010 年通過的改革方案，已開發國家共向發展中國家轉移了 3.13%
投票權，後者整體投票權從 44.06% 提高到 47.19%，中國更從 2.77%
提高到 4.42%，這讓它的名次僅次於美國和日本，從原本第六爲上升
到第三位；同年，世界銀行集團 186 個成員國也批准增資 860 多億美
元，中國成爲第三大股東。

（二）匯率外交與人民幣國際化逐漸成爲新政策焦點

在中國於 2005 年承辦「亞歐財長會議」後，既代表國際社會對
中國經濟外交的定位已逐步走出「人頭外交」階段（僅重視中國的消
費市場價値），亦慢慢轉向從金融機制入手的「匯率外交」階段，例
如像日本與美國都將焦點鎖定中國的外匯儲備、人民幣匯率及銀行改
革等議題。相對地，例如中國人民銀行便於 2013 年分別與歐洲央行
和英國央行簽署了 3,500 億和 2,000 億人民幣的雙邊互換協議；根據
環球銀行金融電信協會（SWIFT）數據，人民幣已於 2013 年 10 月超
越歐元，成爲全球第二大貿易結算貨幣，國際清算銀行也指出，人民
幣國際化程度從 2010 年全球第 17 位提升到 2018 年的第 5 位，這些
都有助於其經濟影響力。

（三）更主動積極參與、進行或建立一連串雙邊機制

例如成立於 1979 年的中美聯合經濟委員會（JEC）對推動雙邊經
濟發展便發揮重要作用，目前並成爲兩國雙邊關係重要紐帶；其次，
1998 年建立副部長級「中英財金對話」機制後，兩國除在 2005 年繼
續將其提升至部長層次外，並發表了《關於全球發展問題的聯合聲
明》和《關於經濟全球化的機遇和挑戰的聯合政策文件》等共識性文
件，此外，中日兩國也在同年亞歐財長會議期間簽署《財政合作備忘
錄》，2006 年召開首度雙邊財長對話後，2007 年則舉辦首度《經濟

高層對話》。其次，中國在 2006 年俄國總統 Putin 訪華時，與其簽署《關於啓動中俄財長對話機制諒解備忘錄》並於同年 10 月召開首次對話會議。當然，最關鍵的還是 2006 年首次副總理級「中美經濟戰略對話」，除聚焦人民幣匯率與市場開放議題（中美貿易額於 2007 年底突破 3,000 億美元，2018 年達 6,335 億，貿易逆差則從 2001 年 281 億增長到 2018 年 3,233 億美元）之外，貿易整合、經濟平衡、能源保護、金融業改革、環境永續發展及促進雙邊投資等，也陸續被列入溝通議程中。

（四）作爲輔助外國外交與周邊外交之重要籌碼

例如在 2005 年主辦「大湄公河次區域會議」（GMS）期間，便促成各方在電信、農業、貿易投資和環境等領域簽訂一系列合作諒解備忘錄或戰略行動計畫；在 2006 年的 10＋3 財長會議中也積極推動各方簽署《清邁倡議集體決策機制原則協定》，目的在深化各國財金議題的合作；除此之外，中國一方面與烏茲別克、吉爾吉斯、白俄羅斯等國分別簽署了雙邊財金合作備忘錄，並協助國際金融公司和亞洲開發銀行於 2005 年首次在華成功發行人民幣熊貓債券 21.3 億元，受到國際社會的高度評價，認爲這是中國積極推進金融體制改革的重大舉措。

參　雙邊對話與自貿協定談判

於此同時，爲促進雙邊溝通與理解，中國除與美國、英國、歐盟、日本、俄羅斯、印度、巴西和印尼等建立雙邊財金對話合作機制，以定期就財經議題深入對話之外，如同表 5.1 所示，亦正積極推動與部分國家建構雙邊性準官方論壇機制，進行某種爲深化互動進行

熱身的工作。此外，中國也不斷推動自貿協定以外的雙邊經貿架構，例如根據 2013 年《中國與非洲經貿合作》白皮書，截至 2012 年底，中國已與 32 個非洲國家簽署雙邊投資保護協定，與 45 個國家建立經貿聯合委員會機制；透過這類經濟性的動作，預計也將有助於中國降低對外貿易摩擦並擴張其經濟影響力。

表 5.1　2002-2014 年中國推動雙邊經貿論壇發展

年度	論壇名稱
2002	中—日—韓商務論壇 中國—印尼能源論壇
2003	**中國—葡語國家經貿合作論壇**
2004	中國—新加坡商務論壇 中國—荷蘭商務論壇 中國—巴基斯坦商務論壇 **中國—東盟博覽會** **中國—南亞商務論壇** **中國—加勒比經貿合作論壇**
2005	中國—比利時商務論壇 中國—尼泊爾經貿發展論壇 中國—泰國經貿合作論壇 中國—加拿大經貿合作論壇
2006	中國—俄羅斯經濟工商界高峰論壇 中國—波蘭商務論壇 中國—希臘經貿合作論壇 中國—菲律賓經貿合作論壇 中國寧夏—伊朗經貿合作論壇 中國江蘇—義大利經貿論壇 中國—智利經貿合作論壇 中國—阿爾及利亞雙邊經濟合作論壇 越南—中國投資與經貿合作論壇 中國—南非商務合作論壇 中國—蒙古商務論壇 兩岸經貿論壇（國共論壇）
2007	中國—塔吉克商務投資高層論壇 中國—斯洛伐克商務論壇 中國—葡萄牙經貿論壇

表 5.1　2002-2014 年中國推動雙邊經貿論壇發展　（續）

年度	論壇名稱
	中國—匈牙利經濟與商務論壇 中國—肯亞經貿合作論壇
2008	中國—哈薩克商務論壇 中國—克羅埃西亞經貿論壇 **中國—西非經濟共同體經貿論壇** 中國—土耳其經貿合作論壇
2009	中國—比利時經貿論壇 **中國—俄羅斯—蒙古經貿論壇** 中國—美國經貿合作論壇
2010	**中國—阿拉伯國家經貿論壇** 中國—法國經貿合作論壇 中國—越南經貿論壇 中國—烏克蘭經貿合作論壇 中國—巴西經貿合作論壇 中國—賴比瑞亞經貿合作論壇 **中國—海灣國家經貿論壇**
2011	**中國—中東歐國家經貿論壇**
2012	中國—薩爾瓦多經貿合作論壇
2013	中國—保加利亞經貿論壇 中國廣西—越南全面深化經貿合作論壇 **中國—南亞博覽會、中國—南亞經貿高官論壇**
2014	中國—荷蘭經貿合作論壇

註：以粗體表示者，乃以區域或集團為對象之雙邊經貿促進平台。

　　其次，所謂自由貿易協定（Free Trade Agreement, FTA）是指兩個或兩個以上關稅領土之間設定自由貿易安排的法律文件；雖然其傳統涵義是締約方間相互取消貨物貿易關稅和非關稅壁壘而言，但近幾年來所簽署新的 FTA 內容不僅包括貨物貿易自由化，而且涉及服務貿易、投資、政府採購、智慧財產權保護、標準化等更多元化領域內的相互承諾，因此也被稱爲「經濟夥伴協定」（Economic Partnership Agreement, EPA）。一般來說，FTA 的法律依據主要是被納入 WTO

法律框架內的 GATT 第 24 條和根據烏拉圭回合確定的 GATS 第 5 條，但也有一些由發展中國家簽署的 FTA 是依據 GATT 和 WTO「授權條款」建立的，重點是在不提高對區域外的貿易障礙、區域內成員相互之間取消所有貿易障礙和全部談判 10 年內完成等 3 條件下，可作為最惠國待遇原則的例外。總而言之，由於 WTO 架構在 1995 年開始運作後並未能達成當初所設定透過多邊磋商來解決貿易糾紛的目標，為自力救濟起見，各國乃紛紛以推動雙邊自由貿易協定，或強化區域整合機制功能予以彌補。

　　特別是在東亞地區，由於各種政治與文化複雜因素所致，整體區域整合進程始終處於原地踏步的狀態，這使各國更有簽署自貿協定的迫切性；正如表 5.2 所顯示的，中國在相關進程上自也不落人後，除在 2003 年與港澳簽署「緊密經貿關係安排」並與泰國達成了「夥伴貿易協定」之外，也陸續與東協（2004 年）、智利（2005 年）、巴基斯坦（2006 年）、紐西蘭與新加坡（2008 年）、秘魯（2009 年）、哥斯大黎加（2010 年）、瑞士與冰島（2013 年）等簽署自由貿易協定，包括 2010 年簽署的兩岸經濟合作協定（ECFA）在內，截至 2019 年為止，中國總共簽署了 17 個自由貿易協定。

　　事實上，貿易談判多半會涉及某種程度上的政治考量；例如美國和新加坡在 2003 年所簽署自由貿易協定，便暗含著牽制中國發展的概念，至於東協在與中國簽署自貿協定同時，也積極與印度談判著雙邊經貿互動框架安排，而日本也在 2006 年東協會議上提出成立「泛亞洲自由貿易區」的倡議，其目的與前述美新自貿協定差不多。儘管如此，由於中國手上擁有 13 億人口龐大市場的籌碼，其結果既迫使美國在 2006 年有三分之一的部長到中國訪問，並於 9 月與其共同舉行「經濟戰略對話」，而歐盟也在同年 12 月將其對華關係提升為「戰

表 5.2　中國推動雙邊自由貿易協定統計

年度	FTA 名稱
2003	簽署中國—香港緊密經貿關係安排（CEPA） 簽署中國—澳門緊密經貿關係安排（CEPA） 簽署中國—泰國夥伴貿易協定（PTA）
2004	簽署中國—東協（ASEAN）自由貿易協定（FTA） 簽署中國—紐西蘭貿易與經濟合作框架 展開中國—南部非洲關稅同盟自由貿易協定談判 展開中國—海灣合作委員會自由貿易協定談判
2005	簽署中國—智利自由貿易協定（FTA） 展開中國—澳大利亞自由貿易協定談判
2006	簽署中國—巴基斯坦自由貿易協定（FTA）
2007	展開中國—冰島自由貿易協定談判 展開中國—印度自由貿易協定談判可行性研究 展開中國—南韓自由貿易協定可行性研究
2008	簽署中國—紐西蘭自由貿易協定（FTA） 簽署中國—新加坡自由貿易協定（FTA） 展開中國—挪威自由貿易協定談判
2009	簽署中國—秘魯自由貿易協定（FTA） 展開中國—日本—南韓自由貿易協定談判可行性研究
2010	簽署中國—哥斯大黎加自由貿易協定（FTA） 簽署海峽兩岸經濟合作框架協定（ECFA）
2011	展開中國—瑞士自由貿易協定談判
2012	展開中國—日本—南韓自由貿易協定談判 展開中國—南韓自由貿易協定談判
2013	簽署中國—冰島自由貿易協定（FTA） 簽署中國—瑞士自由貿易協定（FTA） 展開中國—哥倫比亞自由貿易協定可行性研究
2015	簽署中國—南韓自由貿易協定（FTA） 簽署中國—澳大利亞自由貿易協定（FTA）
2017	簽署中國—馬爾地夫自由貿易協定（FTA） 簽署中國—格魯吉亞自由貿易協定（FTA） 展開中國—蒙古自由貿易協定可行性研究
2018	展開中國—孟加拉自由貿易協定可行性研究 展開中國—加拿大自由貿易協定談判 展開中國—巴勒斯坦自由貿易協定談判
2019	簽署中國—毛里求斯自由貿易協定（FTA）
2020	展開中國—柬埔寨自由貿易協定談判

略夥伴」的水準，甚至考慮在 2012 年啓動與中國的自貿協定談判。當然，這並不代表中國在對外自貿協定談判中便可無往不利。

肆 推動境外經濟特區

自 2001 年底正式加入 WTO 以來，中國對外貿易總額雖直線上升，但正如前述，由此所不斷引發的貿易摩擦糾紛，既爲其國際貿易活動埋下負面因素伏筆，也不利於中國企圖透過經濟崛起來累積其軟權力的目標。

例如在中國商務部研究院於 2006 年出版的《中國外貿形勢春季報告》中便指出，當前中國對外貿易正面臨著 3 個挑戰，亦即：貿易平衡、利率上漲與油價居高不下等。爲避免此類問題繼續蔓延，減少對外貿的依賴程度，並有助於其調整國內產業結構以減少金融風險，中國正設法更積極地落實所謂「走出去」的戰略。例如，商務部投資促進事務局便於 2006 年首度發表《中國對外投資促進國別／地區系列報告》，溫家寶在同年主持國務院會議時，也討論通過《關於鼓勵和規範我國企業對外投資合作的意見》。

事實上，自 2003 年開始推動「引進來」和「走出去」相結合的對外開放戰略後，中國企業對外投資在 2005 年約 100 億美元，其後根據《2018 年度中國對外直接投資統計公報》統計，2018 年對外直接投資已達 1,430 億美元規模，僅略低於日本（1,431.6 億美元），爲全球第二大對外投資國，同年底對外直接投資存量亦達 1.98 兆美元，約爲 2002 年的 66.3 倍，名列全球第三位，超過 2.7 萬家境內投資者在全球 188 個國家投資企業 4.3 萬家，涵蓋全球八成國家。基本上來說，中國的投資戰略主要集中在幾個方面：首先是收購外國具競爭力

知名品牌，其次是收購國外油氣企業以確保能源安全，再者則是配合「一帶一路」戰略布局。以東南亞為例，中國自 1996 年起便陸續在數國承建水電工程項目，剛開始時以「承包」方式進行，後來則轉向「BOT」方式；事實上，「承建→承包→BOT」方式顯示出一種明顯的模式演進。更甚者，中國還計畫推動到外國建立經貿合作區的新模式。

根據商務部關係合作司規劃，中國希望在 2006-15 年間於國外設立 50 個「境外經濟貿易合作區」，每個特區將可獲國家撥款 2 億至 3 億人民幣支持，中長期貸款最多可達 20 億人民幣，但投資環境評估及產業發展項目必須經由商務部進行評審，隨後並下發《境外中國經濟貿易合作區的基本要求和申辦程式》，陸續批核若干境外經濟區開始運作，2015 年商務部又進一步推動「境外經貿合作區創新工程」，截至 2018 年底，中國共批准了在 46 個國家成立 113 個經濟合作區，這還不包括 15 個跨邊境經濟合作區，其中有 24 國與 82 個合作區位於一帶一路沿線地區。就短期看來，中國的目標是先在周邊國家設立首批經濟合作區，例如像是巴基斯坦瓜達爾港及旁遮普省拉合爾、緬甸實兌港、越南峴港、新疆霍爾果斯口岸中俄邊界，中期計畫是在非洲與拉丁美洲等邦交國設立聯合經濟開發區，從事能源、礦產開發、產品加工，甚至現代農業種植等；最後則是到歐美等先進國家設立電子、電腦等科技產品等合作區。

2006 年 11 月，前往巴基斯坦訪問的胡錦濤，順道也為中國第一個正式運作的境外經濟貿易合作區「巴基斯坦海爾—魯巴經濟區」揭牌；該合作區是以現有巴基斯坦海爾工業園為基礎進行擴建，由中國海爾集團與巴基斯坦 RUBA 集團合資建設。其次，中國在非洲所建立的第一個經濟貿易合作區「尚比亞—中國經濟貿易合作區」也

表 5.3　部分中國推動境外經濟合作區發展

地點	名稱	投資計畫概況
尚比亞謙比希、盧薩卡地區	中國經貿合作區	由中國有色礦業集團有限公司投資 4.1 億美元於有色金屬、型材加工、倉儲、物流、房地產開發等產業。
埃及蘇伊士灣西北經濟區	蘇伊士經貿合作區	由中非泰達投資股份有限公司（天津泰達投資控股有限公司、中非發展基金有限公司合資）投資 4.6 億美元於石油裝備、紡織服裝、運輸工具、機械電子和新型材料。
巴基斯坦拉合爾市	海爾—魯巴經濟區	青島海爾集團電器產業有限公司 1.29 億美元。主導產業：家電、汽車、紡織、建材、化工等。
泰國東部海岸安美德工業城	羅勇工業園	由浙江省華立產業集團投資 1.2 億美元於汽車配件、機械、家電等產業。
柬埔寨西哈努克港東郊布雷諾區	西哈努克港經濟特區	由江蘇太湖柬埔寨國際經濟合作區投資有限公司（江蘇紅豆集團、無錫光明集團、無錫益多投資發展有限公司、華泰投資置業諮詢有限公司合資）投資 3.2 億美元於輕紡服裝、機械電子、高新技術、物流等產業。
俄羅斯遠東濱海邊區烏蘇里斯克市	烏蘇里斯克經貿合作區	由康吉國際投資有限公司（浙江康奈集團、黑龍江吉信集團、浙江溫州華潤鋼材公司合資）投資 2.9 億美元於輕工業、木材加工業和家電業等。
奈及利亞拉各斯州萊基半島地區	萊基自由貿易區	由中非萊基投資有限公司（中國鐵建、中國土木工程集團、中非發展基金、南京江甯經濟技術開發總公司合資）投資 3.3 億美元於商貿物流、機械製造、房地產開發等。
俄羅斯托木斯克州阿西諾地區、捷古里傑特地區；克麥羅沃州馬林斯克地區	托木斯克木材工貿合作區	由中航林業有限公司（中國航空技術國際控股有限公司、煙台西北林業有限公司、煙台經濟技術開發區經銷中心合資）投資 5.3 億美元於林地撫育採伐業、木材加工業、商貿物流業等。
奈及利亞奧貢州伊格貝薩地區	廣東經貿合作區	由廣東新廣國際集團中非投資有限公司投資 3 億美元於傢俱、建材、陶瓷、五金、醫藥、電子等。
越南前江省新福縣	龍江工業園	由浙江省前江投資管理有限責任公司（四川乾盛礦業有限責任公司、浙江海亮集團、浙江協力皮革合資）投資 1.05 億美元於紡織輕工、機械電子、建材化工等。
衣索比亞 OROMIA 地區	東方工業園	由江蘇永元投資有限公司投資 8.49 億美元於冶金、建材、機電等產業。

表 5.3 部分中國推動境外經濟合作區發展 （續）

地點	名稱	投資計畫概況
模里西斯鳩比地區	晉非經貿合作區	由山西晉非投資有限公司（太原鋼鐵集團有限公司、山西焦煤集團有限責任公司、山西省天利實業有限公司合資）投資 2.2 億美元於資訊商務服務、物流貿易、生產加工、社區服務業等。
印尼貝卡西縣綠壤國際工業中心	中國經貿合作區	由廣西農墾集團有限責任公司投資 9,300 萬美元於家用電器、精細化工、生物制藥、農產品精深加工、機械製造及新材料相關產業。
越南海防市安陽縣	深圳一海防經貿合作區	由深越聯合投資有限公司（由深圳中航投集團、中深國際、海王集團等 7 家企業合資）投資 2 億美元於紡織輕工、機械電子，醫藥生物等。
韓國全羅南道務安郡	韓中工業園	由重慶東泰華安國際投資有限公司（重慶市地產集團、東兆長泰投資集團有限公司合資）投資 3.6 億美元於汽車、摩托車、船舶零部件、生物技術、物流批發業。
委內瑞拉庫阿市	庫阿科技工貿區	由山東浪潮集團有限公司投資 1 億美元於電子、家電和農業機械等產業。
中俄黑龍江邊界地區	俄羅斯龍躍林業經貿合作區	由牡丹江龍躍經貿發展有限公司（黑龍江耐力集團、伊春新春集團、綏芬河三峽公司合資）投資 6 億人民幣於林業開發產業。
匈牙利布達佩斯	匈牙利中歐商貿物流園	由山東帝豪國際投資有限公司投資 2.64 億美元，規劃建設「一區三園」，以物流、倉儲、運輸業為主。
寮國萬象東北新城區	萬象賽色塔綜合開發區	由雲南省建設投資控股集團海外平台雲南省海外投資有限公司與寮國萬象市政府共同出資。
匈牙利東北部卡辛茨巴茨卡市	中匈寶思德經貿合作區	由煙台新益投資有限公司推動，以化工、生物化工為主導產業，兼顧物流、輕工及機械產業發展。
白俄羅斯明斯克	中白工業園	中國在海外面積最大且層次最高的合作區，由中國國機集團和招商局集團主導，產業涵蓋電子資訊、機械製造、新興材料、生物醫藥、倉儲物流、電子商務、大數據資料處理。

在 2007 年於尚比亞首都盧薩卡宣告成立。正如前述，這些境外經濟區最主要的功能之一，乃用來緩解中國對外貿易摩擦問題；根據世界銀行研究報告，隨著中國出口總量上升，全球有近五成貿易救濟調查

和八成已完成案件都針對中國。根據統計，在 1979-2001 年間，中國共面臨 498 件類似案件，但 2002-06 年間便累積達 279 件，甚至單單 2009 年便有 22 個國家和地區對中國發起 116 起調查，雖然此數據在 2013 年略降至 94 起，數量仍相當龐大，甚至中國自 1996 年以來便長期位居全球貿易摩擦目標國榜首（2018 年引爆之中美貿易戰尤為高峰），因此，北京或希望透過此種對外投資方式來規避貿易制裁，同時帶動出口持續成長。

伍 高鐵外交

　　在中國近期貿易外交政策中，最新且最受矚目者無疑是「高鐵外交」。此一名詞最早出現於 2010 年，並源自中國在 2009 年制定之高鐵「走出去」戰略；接著在 2013 年更因習近平與李克強多次於海外推銷中國高鐵而成為焦點，被認為是繼 1950 年代熊貓外交與 1970 年代的乒乓外交後，被稱「中國外交 3.0 版」的新途徑。根據美國智庫戰略暨國際研究中心（CSIS）在 2017 年調查報告，中國海外共有 18 個高鐵項目，包括 1 個已竣工者（土耳其安卡拉至伊斯坦堡）、5 個在建項目與另外 12 個已公布但未動工項目；其中，在建 5 個高鐵項目分別位於越南、寮國、沙烏地阿拉伯、土耳其和伊朗，總金額約 249 億美元，被取消項目分別位於利比亞、墨西哥、緬甸、委內瑞拉和美國，金額約 475 億美元。

　　高鐵成為中國外交中的新籌碼與媒介，其優勢首先來自它擁有全球最長的高鐵營運路線（2019 年底長達 3.5 萬公里，預計 2025 年將達 3.8 萬公里），其次是它所採取列車、軌道、機電與控制系統等「整套打包輸出」的途徑，當然，比日本、法國、德國與加拿大等便

表 5.4　中國推動高鐵外交之重要進展

年度	主要發展
2006	中國鐵建承包土耳其安卡拉至伊斯坦堡高鐵項目，並提供 7.5 億美元貸款，為首度於海外承包高鐵工程項目。
2009	1. 中國鐵道部和俄羅斯運輸部簽署《關於在俄國組織和發展快速及高速鐵路備忘錄》，據此，中國將幫助俄羅斯建設高鐵。 2. 中國與委內瑞拉簽訂 75 億美元鐵路合同，預計成立合資企業建設連接迪納科和阿納科兩州的鐵路，全長 468 公里，時速設計 220 公里。
2010	1. 美國通用電氣公司與中國南車集團簽訂合作協定，建立合資公司在美國本土推廣中國高鐵，首要目標是加州地區。 2. 中國與阿根廷簽署協議，投資 100 億美元協助後者改造鐵路。 3. 中國與寮國協議以建立合資公司方式，建造一條連接中國昆明與寮國首都萬象的高速鐵路。
2011	胡錦濤在訪美期間簽署了中國高鐵技術出口美國備忘錄。
2013	1. 李克強在 APEC 與東協峰會期間，與印尼簽署 200 億美元投資合作協定，包括投資 15 億美元參與雅加達 30 公里單軌鐵路建設；與馬來西亞商定並鼓勵中國企業參與吉隆坡至新加坡高鐵建設；向泰國承諾將參與廊開至帕棲高速鐵路系統專案建設，泰國將以農產品抵償部分費用，被形容為「高鐵換大米」。 2. 李克強與匈牙利及塞爾維亞總理共同宣布，將合作建設連接貝爾格勒和布達佩斯的匈塞鐵路，此乃中國首度將鐵路輸出歐洲，被形容「中國高鐵開進歐洲心臟」。
2014	以中國鐵建為主的聯合公司標下墨西哥高鐵項目，被稱為「海外第一單」，但墨方於 3 天後撤銷結果，隨即宣布無限期擱置，中方自 2015 年起進行索賠。
2015	1. 泰國轉向引入日本新幹線系統，成為中國高鐵外交一大挫敗。 2. 中國以提供全額貸款且「無須印尼政府擔保」的條件，承包總值 55 億美元的爪哇島（雅加達至萬隆）高鐵建案。 3. 由中國發改委主導，參與從中國雲南昆明至寮國萬象，全長 418 公里的高鐵項目，中國在 400 億人民幣投資額中出資 70%。 4. 中國與美國簽署協議合建西部快線（Xpress West）高速鐵路，被視為習近平訪美成果之一；該鐵路預計連接拉斯維加斯與洛杉磯，總投資 127 億美元。 5. 因委內瑞拉陷入經濟危機，中國撤出該國鐵路項目。
2016	1. 印尼高鐵項目正式開工。 2. 美國單方面終止西部快線高鐵項目。
2017	中國發改委與泰國交通部簽署兩份泰中高鐵政府合作項目，目的在促進泰國曼谷至廊開府（第一階段曼谷至阿叻府）全長 253 公里的泰中高鐵建設。
2018	泛亞鐵路「寮國段」正式動工，預計 2022 年完成。
2019	1. 中國部分承包之土耳其高鐵建設項目完工。 2. 中國與泰國政府簽約承包泰國東部經濟走廊（EEC）連接曼谷廊曼機場、素萬那普機場和羅勇府烏塔堡機場的高鐵項目。

宜兩成的價格，這也是其競爭優勢。目前包括串連東南亞諸國的「泛亞高鐵」（中寮泰馬新高鐵）、東歐的「塞匈高鐵」、穿越中亞連結中東歐的「中亞高鐵」，以及從廣東出發，經中南半島、印度，由伊朗進入歐洲的「第三條歐亞大陸橋」等，則是其規劃主推項目。進一步來說，中國透過高鐵外交希望達成之目標大致為：

（一）促進中國產業結構轉型升級

高鐵若能成功輸出，可提升國內的產業結構水準，由傳統的「中國製造」晉升為「中國設計」。

（二）將所得繼續挹注國內交通網路建設

除輸出高鐵外，中國內部原規劃興建「四縱四橫」高鐵路網，2016 年擴大為「八縱八橫」，沿線涵蓋上百個大中型城市，預計可帶動一系列城鎮化、工業化和資訊化發展，甚至有助於「西部大開發」政策，並藉此加強對邊疆地區政治、軍事、經濟與社會控制。

（三）強化對歐亞大陸板塊之影響力

從全球地緣政治看來，位於板塊和新的中亞與中東歐諸國，目前已是北約與歐盟、俄羅斯、中國相繼競逐交好的新政經焦點，一旦能有效提升對此地區影響，一方面有助於中國打擊境內恐怖與分離主義勢力，在經濟上可擴大外銷市場並鞏固能源供給，至於在政治上更可藉此制衡美歐國家；事實上，這或許也是 2013 年後中國提出「一帶一路」戰略之部分邏輯性考量來源。

（四）建構勢力範圍「後院」

例如通往東南亞的「泛亞高鐵」，或希望在與東協建立自由貿易區的基礎上，透過鐵路串連人流與金流，強化中國與此地區國家的關係，甚至將東南亞納入其「後院」範圍。

第二節　能源外交：確保經濟永續發展
Energy Diplomacy: Ensuring the Economic Development

中國在經濟崛起後所面臨的能源問題，大體可分為兩個層面：首先是「能源安全」問題，亦即包括原料供應來源、輸油管線、交通動線等，其次是「能源外交」問題，亦即確保採購對象、油源爭奪、共同開發等。進一步來說，如果突出前述能源問題中之石油因素，中國日益增長的石油需求非但是長期問題，同時亦面臨四大風險，即：油價風險（隨著進口量加大與油價不斷攀升，外匯支付將迅速增加）、油源風險（由於國際石油貿易供應量有限，消費國圍繞油源的爭奪將愈演愈烈）、通道風險（中國進口石油有七成以上通過麻六甲海峽，運輸通道安全問題嚴峻）、政治風險（推動石油外交未來將成為化解政治風險與保障國家安全的重要手段）。

🈷 工業革命與能源爭奪戰

隨著全球化浪潮越來越趨重要，國際互賴現象日漸明顯，以及由於非戰概念與核武技術發展導致軍事議題在國家互動中重要性略降，經濟性外交似乎有取代過去傳統政治性外交的傾向。值得注意的是，這一連串發展的背後主因其實是工業革命及其後遺症所致。自從工業革命在十八世紀末開展以來，人類世界一再被科技革新重組，由此也帶來電腦化、全球通訊革命與知識經濟時代；另一個更重要的發展趨勢則是「能源」逐漸超越並取代「資金」在全球運籌中的重要性。正如許多人指出的：「工業社會的動力與工業文明的活血，依舊是石油。」其實自 1970 年代以來爆發的歷次石油危機中，幾乎沒有一次

是因「能源不足」所引起的，由此可見各國在爭奪石油資源方面的不理性程度。

　　無論如何，由於多數需油孔急的歐美工業國家若非自身並不產油，便是即使生產也不敷自給，因此其能源外交對策首先是採用多邊方式，例如在 1974 年成立「國際能源組織」（IEO）並推動「國際能源計畫」，藉此防止石油輸出國家組織（OPEC）壟斷和主導油源分配，其次是建構經濟甚至軍事互賴關係，避免少數國家有機會鋌而走險，最後則是設法穩定石油供給來源，這也是美國自 1991 年以來數度向中東用兵的主因。顯然，中東長期以來便是全球油氣資源出口重心所在，石油產量長期占據全球三成左右，當然是兵家必爭之地，但裏海區乃至西伯利亞東部也是各國覬覦重點。由此引發的能源外交大戰，未來不僅成為國際秩序穩定的關鍵，甚至可能是霸權興衰的轉捩點。目前看來，參與這場能源外交大戰的要角主要是希望能蟬連霸主寶座的美國、企圖完成和平崛起的中國、身為經濟大國但極度缺乏資源的日本，以及擁有龐大能源但無力自行開發的俄羅斯。

　　多數人認為，自 1990 年代末以來，動盪不安的石油市場乃是美國經濟受害的原因之一。據估計美國在 2003 年石油消耗量約 9 億噸，占全球消費總量三分之一，但自身產量不到 3 億噸。為解決石油安全問題，美國早在 1980 年代便對沙烏地阿拉伯開放國庫券市場，藉此引導石油美元回流，1990 年代後更企圖透過後冷戰單極霸權實力來鞏固區域影響力，例如 1991 年與 2003 年兩度發動伊拉克戰爭，2001 年後利用 911 事件推動反恐來壓制沙烏地阿拉伯，2003 年起利用核子檢查危機壓迫伊朗，然後透過波斯灣國家施壓印尼、奈及利亞與委內瑞拉相繼退出 OPEC，藉此分裂油國的團結。近期因大量開發頁岩油，美國已在 2012 年超越沙烏地阿拉伯，成為全球液體燃料最大生

產國，其後不僅在 2018 年繼 1973 年後首度重返最大石油生產國寶座，在 2018 年達成自給自足，2019 年還進一步成為石油淨出口國。

至於日本則首先在 1980 年代學習美國向沙烏地阿拉伯開放國庫券，接著自 1990 年代起也不顧美國反對，堅持參與投資伊朗油田，甚至提供 3 年 30 億美元貸款來爭取開發權。接著，2003 年先針對波斯灣地區派出首度執行國際任務的自衛隊（希望在伊拉克問題中取得發言權的意圖不言而喻），同時丟出數十億美元援助作為誘因，與中國爭奪俄國油管建設計畫。再者，企圖左右逢源的俄羅斯則希望利用手中豐厚油源來重建國際政經地位；例如在 2002 年，俄國四大石油公司便共同簽署備忘錄，決定修建由西伯利亞延伸到莫曼斯克的輸油管線，以便增加對美國與西歐的出口，於此同時也與德國達成共識，共同建造一條橫跨波羅的海連接兩國的管線，甚至未來還計畫繼續延伸到荷蘭與英國等地；另外，根據中俄在 2014 年簽署之協議，俄羅斯在 2019 年正式啟動「西伯利亞力量」（Power of Siberia）輸氣管工程，總長超過 8,100 公里，預計 2024 年後每年可向中國輸送 380 億立方米天然氣。

最後，根據國際能源組織統計，中國在 1993 年成為石油淨進口國後，2003 年超越日本成為僅次於美國的第二大石油消費國與第五大石油進口國，2013 年進一步成為最大石油淨進口國；值得注意的是，根據中國石油經濟技術研究院自 2008 年起發布的《國內外油氣行業發展報告》，中國的石油淨進口總量在 2009 年首度突破 2 億噸，2013 年逼近 5 億噸後至 2018 年大致持平，石油進口依存度則已屆 70%。在這種情況下，為支撐經濟長期繼續發展，能源外交顯然成為繼大國外交與周邊外交後，中國對外政策的第三個重要環節。

表 5.5　1995-2025 **年世界石油儲量預估**

單位：10 億桶

地區 / 國家	探明儲量	儲量增長	蘊藏儲量	總量	OPEC 估量
美國	21.9	76.0	83.0	180.9	**23.3**
加拿大	178.8	12.5	32.6	223.9	**4.9**
墨西哥	14.6	25.6	45.8	86.0	**11.4**
西歐	15.8	19.3	34.6	69.7	**11.6**
俄羅斯	77.8	137.7	170.8	386.3	**80.0**
中國	18.3	19.6	14.6	52.5	**25.6**
印度	5.4	3.8	6.8	16.0	**5.6**
東南亞	11.0	14.6	23.9	493.5	**15.0**
中東	729.6	252.5	269.2	1251.3	**798.8**
非洲	100.8	73.5	124.7	299.0	**130.1**
拉丁美洲	100.6	90.8	125.3	316.7	**338.1**
總計	1277.7	730.2	938.9	2946.8	**1478.2**

資料來源：本表大致引自美國 Energy Information Administration (EIA), ed., *International Energy Outlook 2005*, 最後一欄則引自 OPEC, *Annual Statistics Bulletin 2013* 補充佐證。

　　從表 5.5 可見，由於中東仍將是全球石油儲量最豐富的地區，這意味著它未來在國際政經互動中依舊居於關鍵位置；不過，俄羅斯、非洲與拉丁美洲的儲量也不少。事實上，目前能源業界的「新七姐妹」（New Seven Sisters）全來自 OECD 以外國家，分別是中國石油集團、俄羅斯天然氣公司、伊朗國家石油公司、巴西國營石油公司、委內瑞拉國家石油公司、馬來西亞國家石油公司、沙烏地阿拉伯的阿美石油公司，[2] 全屬國營公司，油氣產量達全球總量三成，掌控的油氣蘊藏量更超過三分之一。至於表 5.5 也顯示，特別在非洲地區，其原

2　Carola Hoyos, "The New Seven Sisters: Oil and Gas Giants Dwarf Western Rivals," *Financial Times*, March 13, 2007; https://www.ft.com/content/471ae1b8-d001-11db-94cb-000b5df10621

表 5.6　2040 年前世界石油消費成長預估

單位：百萬桶／日

	歷史數據			預測數據				變化率 2010-40
	1990	2001	2010	2015	2020	2030	2040	
美國	17	20	19	19	19	19	19	0%
加拿大	2	2	2	2	2	2	2	0.1%
西歐	13	14	15	13	14	14	14	-0.2%
日本	5	5	4	5	4	4	4	-0.4%
俄羅斯	5	3	3	3	4	4	4	0.9%
中國	2	5	9	12	14	17	20	2.5%
印度	1	2	3	4	4	6	8	3.1%
南韓	1	2	2	2	3	3	3	0.6%
巴西	2	2	3	3	3	3	4	1.2%
拉美	4	5	6	6	7	7	8	1.0%
非洲	2	3	3	4	4	4	5	1.0%
全球	66	78	87	92	97	104	115	0.9%

資料來源：節錄 Energy Information Administration (EIA), ed., *International Energy Outlook 2013*.

油儲量約占全球總量的 7.5%，僅次於中東與拉美，2017 年石油與天然氣產量占全球比例分別是 8.7% 與 6.1%，且緩步上升中；由於非洲多數原油以出口為主，這將使其成為各國進行油源爭奪的主戰場，對消費增長率最高的中國來說更是如此。

　　從 2006 年俄羅斯切斷對烏克蘭天然氣供應，該年底亞塞拜然宣布不再從俄國進口天然氣，2007 年拉脫維亞購買俄國天然氣價格被提高 50%，到俄羅斯與白俄羅斯隨即爆發油氣爭端等，都顯示能源問題日益嚴重；特別是俄羅斯對「能源牌」的頻繁使用不僅在其主要用戶歐洲引起恐慌，使俄羅斯與中亞鄰國及歐盟間形成一場「新冷

表 5.7　未來世界石油主要戰略地區

地區	重要發展
俄羅斯	俄羅斯石油蘊藏量占全球 13%，目前是世界第二大油氣生產國；自 2006 年起頻繁打出「能源牌」，帶動歐盟、中、日與印度等激烈競爭。
波斯灣地區	波斯灣被譽為「世界石油寶庫」，探明石油儲量占世界一半以上；美國 1991 年與 2003 年兩度發動戰爭的目標都是波斯灣豐富油源；伊拉克戰爭後，伊拉克重建石油設施招標幾乎由美國壟斷。
中亞─裏海區	此地區被稱為「21 世紀的能源基地」，石油和天然氣總儲量排在俄羅斯和中東之後，居世界第三位；目前爭議包括繞裏海法律地位和水域劃分、油氣勘探開採權、油氣輸出管道等。
拉丁美洲	拉美探明的石油儲備量占世界 12% 左右，同時是墨西哥、委內瑞拉、秘魯與玻利維亞等國財政主要來源；拉美左派領袖上台已削弱美國影響力。
非洲中部	非洲已探明石油儲量約占全球 8% 至 10%，奈及利亞、利比亞及幾內亞是主要能源供應國；石油問題經常是引發內戰原因；包括中國、法國、英國和日本等都加快滲透非洲滲透的步伐。
南北極地	2006 年美國地質勘測局在英國與挪威支持下進行北極探勘，結果顯示全球有 25% 未開採化石燃料蘊藏在此；北冰洋沿岸的俄羅斯、挪威、美國、丹麥和加拿大已開始爭奪周圍土地主權。
美國	美國開採頁岩油從 2008 年每天 60 萬桶，成長到 2013 年的 350 萬桶，2018 年超越俄羅斯成為世界最大油氣生產國。

戰」。在表 5.7 中，我們設法列舉出未來全球主要油源爭奪的幾個可能戰場。

貳 中國能源問題及其對策

　　中國本身能源相當有限，除煤礦占全球蘊藏量 11.6%，原油與天然氣蘊藏只占全球 2.1% 與 1%。因經濟發展快速，不僅 1993 年起便成為石油淨進口國，2003 年又超越日本成為全球第二大石油進口國，原油進口量也從 1996 年的 2,280 萬噸至 2013 年逼近 5 億噸關卡（2018年為 4.6 億噸），2013 年超越美國成為全球最大石油淨進口國，根據

國際能源機構（IEA）預測，2030 年左右，中國石油進口依存度將達 80%（其需求成長可參考表 5.6）。

　　值得注意的是，中國對石油進口依賴度的急遽增加，不僅已成為導致國際油價上漲因素之一，相對也加重其購油成本。更甚者，石油不過僅是所謂廣義能源問題的一環，目前中國各種原物料供應也出現頻頻告急現象。總的來說，中國的能源領域正面臨「總量需求大、液體燃料短缺、環境污染嚴重、溫室氣體排放和農村能源消耗增加」等重大挑戰。至於中國正式把能源安全問題端上檯面，是在 2003 年 11 月的中央經濟工作會議上，胡錦濤首次提到金融與石油這兩大經濟安全概念；其後，中國便陸續從以下幾個層面來面對其能源困境：

（一）相關機構重組

　　中國的能源管理機構幾經變遷，首先是 1988 年第七屆人大決定撤銷煤炭部、石油部與水利電力部以成立能源部，1993 年第八屆人大又決定撤銷能源部，重組煤炭部與電力部，1998 年第九屆人大再度決定撤銷煤炭部與電力部。2008 年成立之國家發展改革委員會下屬「國家能源局」，乃目前處理能源問題核心機構，但能源議題相關之各項職能依舊分散在國家發展改革委員會、國土資源部、水利部、國家電力監管委員會、國家環境保護總局、國家科技部、中國工程院等相關部門，各部門職能劃分並不清晰。值得注意的是，中國在 2010 年成立新的「國家能源委員會」，由國務院總理溫家寶擔任主任，副總理李克強擔任副主任，至於包括國家發展改革委員會、科技部、工信部、財政部、國土資源部、環保部、交通運輸部、水利部、電監會等 21 個中央和國家部委負責人則擔任委員，充分顯示對於能源問題的高度重視。

（二）強化能源問題研究

中國於 2004 年發布《2004-2020 年能源中長期發展規劃綱要》，除將節約能源放在首位外，也強調應重視能源供應多元化，並做好戰略儲備工作。2006 年資料顯示中國正組織專家開展新能源戰略研究，包括國家能源總戰略研究、節能研究、能源資源研究、環境研究、科技研究、能源安全研究、煤炭可持續發展、電力可持續發展、石油天然氣可持續發展、核能發展研究、可再生能源發展研究、替代能源發展研究、社會經濟發展和能源關係、能源外交研究、國際能源國際合作研究、區域和城鄉能源發展研究、能源管理體制研究、能源管理基本理論研究等 18 個課題。

（三）檢討既有發展模式

中國正開始檢討 20 多年來高消耗、高污染、低效益的粗放擴張型經濟增長方式在社會、環境等方面所付出的巨大代價；中國每創造 1 美元所消耗的能源是美國的 4.3 倍，德國和法國的 7.7 倍，以及日本的 11.5 倍，確實有澈底反省的必要。

（四）控制進口來源

直到 1990 年代初爲止，中國 70% 的石油進口僅來自葉門、阿曼和印尼等 3 個國家，如今則進口來源分散世界各地。中國通常的做法是避開市場直赴油田，然後透過雙邊談判收購外國石油公司股份、簽訂長期供油合同或取得開採權，但缺陷在於收購價格不菲且投資油井產量並不確定。以目前而言，中國石油戰略的順序分別是中東、俄國、非洲與拉丁美洲。

（五）啓動替代性能源研究

在「十一五」（2007-11）期間，中國透過「863 計畫」鎖定先進

能源技術領域三大重點項目，截至 2008 年，中國已是世界第一大太陽能光伏電池生產國及第四大風力發電國家；「十二五」（2012-16）則將安全高效發展核電、加快發展風能、太陽能等可再生能源列入重點；至於在「十三五」（2017-21）則鎖定低碳綠色目標，力爭 2020年非化石能源消費比重提高到 15% 以上，天然氣消費比重達 10%，煤炭消費比重降低到 58%。

（六）展開多邊能源對話

　　中國科技部和歐盟委員會能源交通總司自 1994 年起共同舉辦「中國—歐盟能源合作大會」，每 2 至 3 年輪流舉辦；其次，中國在 2002 年與印尼召開雙邊能源論壇；第三，中國聯合印度、日本、南韓等於 2005 年召開「石油高峰會」，邀請沙烏地阿拉伯、科威特、卡達、伊朗、阿曼與阿拉伯聯合大公國等中東油家解決所謂「亞洲溢價」問題（亦即自 1992 年以來，亞洲進口原油價格每桶約比歐美國家高出 1 至 1.5 美元），同年 12 月又與 OPEC 組織官員在北京展開能源對話，目的是確保中國能獲得穩定的能源供應。繼 2007 年起中國與美國定期召開能源政策對話後，中國與俄羅斯也在 2008 年啟動副總理級能源戰略對話，至於 2010 年與海灣合作理事會啟動的戰略對話機制，能源議題當然是重點所在。

（七）建立儲備機制

　　為防患未然，中國已於 2003 年在國家發展改革委員會下組建國家石油儲備辦公室，第一階段斥資 60 億人民幣建立 4 個戰略石油儲備基地（浙江舟山、鎮海、山東黃島、遼寧大連），已於 2009 年投入使用，儲備量約 1,243 萬噸，支應天數為 14 至 15 日；2015 年第二階段儲備基地（包括遼寧錦州、山東青島、江蘇金壇、浙江舟山、廣

東惠州、新疆獨山子與甘肅蘭州）跟著投入使用，儲備總量增至2,610萬噸，目標是希望在 2020 年將儲備總規模達到 100 天左右石油淨進口量。[3]

（八）推動節能措施

中國企業能源消耗過高，已成爲制約競爭力和經濟效益的重要因素。對此，溫家寶在 2006 年政府工作報告中，首度將能源消耗指標與經濟增長、物價、就業和國際收支並列成爲宏觀調控目標；儘管如此，能否兌現「節能降耗」承諾已成爲中國面臨的重大挑戰。

與各區域能源交往關係

根據 IEA 預測，中國在 2025 年後每日消費量將會達到 1,000 萬桶，因此自 2000 年以來，中國領導人的出訪便經常涉及能源合作問題，甚至中國重要的能源公司往往也陪同出訪，截至 2017 年，中國企業共擁有 210 個海外油氣項目，27 家中企海外原油權益總產量達 1.5 億噸油當量。以下便針對中國與各區域能源互動進行分析。

（一）非洲

其中，由於中石油公司在 2002 年企圖收購俄羅斯石油公司但無功而返，從俄羅斯與哈薩克直接鋪設油管的計畫也進展緩慢，加上直到 2004 年才在沙烏地阿拉伯取得天然氣開採權；這些都讓中國將搜尋能源目光投向非洲。正如部分國際媒體指出：「石油外交幾乎是中國主席非洲之行的主要議題所在」；儘管中國政府努力撇清此種關聯，能源問題依舊是歷次中國高層訪非行程中的矚目焦點。鑑於中東

3　根據國際能源署（IEA）設定之一國石油儲備安全標準線為 90 天。據此，2018 年中國原油儲備仍不足 90 天。相較之下，美國目前戰略儲備足以支持約半年進口，日本戰略儲備接近 150 天，德國約為 100 天。

戰亂頻傳，許多中國專家也建議政府應增加開發非洲石油，至於形式則包括「採購進口」以及「探勘開發」兩類。

大體來說，中國從非洲地區進口石油主要來自於安哥拉、蘇丹、剛果、赤道幾內亞、加彭、喀麥隆、阿爾及利亞、利比亞、奈及利亞與埃及等國，同時在許多國家中還有合作投資項目存在；其中，尤其是與埃及互動關係的升溫，還能有助於拓展與阿拉伯聯盟的關係。由於蘊藏豐富但使用量有限，更甚者，由於非洲地區在全球能源布局中重要性日增，即便曾經聲稱「非洲不屬於美國戰略利益範圍」的美國 Bush 總統也在 2004 年《美國國家安全戰略》中強調將與非洲建立戰略合作關係。從表 5.8 亦可發現，跡象顯示中非關係正進入以能源為中心的新時期，非洲近幾年已成為中國主要能源供應地之一。

進一步來說，中國對非洲的能源政策特色在於：

1. 敢於進入「政治不穩定地區」

例如在 2002 年剛結束長期內戰的安哥拉，中國便立即提供鉅資以進口等值石油來交換重建其基礎設施，從而既使中國成為安哥拉最重要的外援國家，也讓該國在 2006 年還超越沙烏地阿拉伯，成為中國最大的石油進口來源。當然，包括利比亞內戰、奈及利亞內部石油掠奪與南蘇丹內戰等，政治不穩定確實影響中國在此地區之投資獲益。

2. 透入大量資金進行競標或採購

近年來，中國能源企業投入大量資金和勞力來爭取開採開發權，例如在蘇丹與奈及利亞等國高價收購油田股權等；中國企業經常以高價取得當地政府招標項目，或與國有能源公司或私人公司組建合資企業，以達長期營運目的。

表 5.8　中國與非洲地區能源互動

國家	重要發展
蘇丹	1995 年開始進行石油探勘，為中石油公司在海外最大投資對象。 1996 年，中石油標下蘇丹穆格萊德 1、2、4 區油田開發權，並負責組建蘇丹最大的石油企業「大尼羅河股份有限公司」，中方股份占 40%，為最大控股方，1999 年正式投入生產過程。 1997 年，雙方簽約共同建設喀土木煉油廠。 2000 年，中石油獲得尼羅河東部邁盧特盆地油田開採權，預計 2007 年該盆地日產量將達到目前蘇丹全國產量，即每天 30 萬桶。 2003 年，中石油與蘇丹能源礦產部簽署三項合作協議。 2004 年，中石油宣布投資 10 億美元介入蘇丹最大煉油企業專案，其中 3 億用於擴大喀土木煉油廠，其餘用於修建 750 公里輸油管道。 2005 年，中石油公司與蘇丹簽署第 15 塊石油協議並擁有 35% 股權。 2006 年，中國與蘇丹簽署合約開發黃金與鐵礦資源。 2007 年，胡錦濤訪問蘇丹與其簽署石油與能源合作協議；中石油與印尼 Pertamina 公司簽約共同開採蘇丹海上油氣田。 2009 年，中石油公司與蘇丹簽約擴張喀土木煉油廠。
利比亞	2002 年，中石油工程建設集團公司標得一項 528 公里輸油氣雙管工程，金額為 1.45 億歐元，是中國在利比亞承建的規模最大的工程承包專案。 2004 年，中石化下屬中國國際石油化工聯合公司與利比亞國家石油公司簽訂當年度原油採購合同，總金額 3 億美元，全年進口 1,000 萬桶。 2006 年，中國與利比亞簽署諒解備忘錄，投資探勘其海上油田。
阿爾及利亞	2002 年，中石化集團標下阿札爾札亭油田改造項目，簽訂為期 20 年，金額為 1.7 億美元的合作案。 2003 年，雙方啟動阿德拉爾油田上下游整合專案，預計投資 2.45 億美元，成為阿爾及利亞第一個對外合作石油整合化項目；12 月，中石油又與其簽署阿謝里夫盆地和烏埃德姆亞盆地兩個區塊的油氣風險勘探項目合同。 2005 年，中石油公司下屬工程建設公司標下一處工業區建設。 2009 年，中海油公司與泰國國家石油公司聯手標得開發權，並取得 Hassi Bir Rekaiz 地區油氣資源勘探許可。 2011 年，中石油公司獲得 438B 區塊開發權。
奈及利亞	2003 年，標得尼日河三角洲儲量 2,100 萬桶的油田，投資 1.5 億美元。 2005 年，奈及利亞政府與中石油公司簽署供油協議。 2006 年，中海油公司收購奈及利亞第 130 號海上石油勘探許可證 45% 股權，同年胡錦濤訪問奈國並與其簽署合作協議，包括授予中國 4 個油田開採許可證，而中國也承諾投資 40 億美元參與煉油廠擴建以及相關基礎設施。 2007 年，中國葛洲壩公司與中國地質工程公司以 14.6 億美元標下該國北部曼比拉高原大型水電工程。 2009 年，中海油啟動談判收購 500 億美元原油區股權。 2012 年，兩國政府簽署 230 億美元合同，建設 3 個煉油廠及 1 個能源集團。 2018 年，中海油決定對奈及利亞國有石油公司加碼投資 30 億美元。

表 5.8　中國與非洲地區能源互動　（續）

國家	重要發展
尼日	2003 年，簽署兩個區塊的石油探勘協定。 2006 年，以 27 億美元獲得尼日一個深海油田 45% 權益；同年，中石油公司下屬天然氣勘探開發公司在尼日第一口風險探井開鑽；「中尼石油項目技術協商委員會」正式成立。 2008 年，中石油投資 50 億美元開發 Agadem 石油勘探區塊；中國投資在尼日第二大城金德建設煉油廠。 2013 年，中石油將 Agadem 礦區 23.53% 探勘權、20% 開發生產權及 20% 內陸管線權益資產賣給台灣中油公司。
埃及	2004 年，雙方簽署該國南部探勘合作備忘錄，預計投資 3.5 億美元。 2006 年，兩國元首簽署一項戰略合作協定，中國企業將增加對埃及能源、紡織和電子工業的投資額度；同年，兩國並簽署核能合作協議。 2013 年，中石化集團收購美國阿帕奇公司在埃及油田 1/3 權益。
突尼西亞	2003 年，透過收購挪威公司取得油氣開發權益。 2005 年，中石油公司與突尼西亞、科威特共同進行油礦探勘。
加彭	2004 年，中國與加彭簽署礦產合作協議，並開始自該國進口石油；同年，中石化旗下聯合石化公司與法國道達爾加彭石油公司簽署石油探勘和生產合作意向書。 2006 年，中國取得加彭貝林佳鐵礦開採權。 2013 年，加彭宣稱將收回中石化集團所屬阿達克斯公司的油田。
赤道幾內亞	2006 年，中海油公司與該國合作在當地「S 區塊」探勘石油。
安哥拉	2004 年，雙方通過「以工程換能源」協議，由中國提供 20 億美元建設資金。 2005 年，兩國簽署能源、礦產與基礎建設合作協議。 2006 年，該國超過沙烏地阿拉伯成為中國最大石油進口來源；同年，中國向安哥拉提供 30 億美元貸款以建造煉油廠並探勘深海油源；另外，中石化集團下屬中安石化公司標下該國 15、17 與 18 號石油探勘區部分股權。 2009 年，中海油與中石化集團共同收購美國馬拉松公司在 32 區塊 20% 股權。 2010 年，安哥拉成為中國最大原油進口國。 2011 年，中石化集團收購法國道達爾集團所持 31 區塊 5% 權益。 2013 年，中石化集團收購美國馬拉松公司所持 31 區塊 10% 權益。

3. 不以政治發展和人權狀況為接觸條件

　　其中最引人非議的便是不顧蘇丹的種族暴力衝突，和該國政府進行交易，或刻意忽視辛巴威政府所進行的人權迫害等。特別是最後一

個特色，時常遭致其他國家對其最終動機和長期目標的質疑，甚至指出它有從事「新殖民主義」的傾向。但中國則駁斥說，它向來堅持不干涉其他國家內政的原則，且「相信非洲國家的人民有權利和能力來處理自己的事務」，至於中國在非洲的活動更有別於西方殖民主義，最終會再把資金投入當地經濟以形成雙贏局面。不過，儘管中國在非洲地區的投資確實創造不少就業機會，但例如在南非和賴索托，廉價中國商品的湧入亦立即使當地紡織業失去數萬個工作機會；換言之，中國的非洲政策未必能討好人民。

4. 推動「以項目換石油」新策略

　　中國企業在過去幾年採用的一種比較突出的典型模式就是「用項目（工程）換原油」，其出發點乃基於這些非洲國家沒有能力立刻支付中國企業龐大資金，例如中國建築工程總公司在 2010 年與奈及利亞簽署一項投資額 230 億美元框架協議，援助後者興建煉油廠並藉此取得油源便是一例。

（二）中亞

　　蘇聯解體後，中亞五國獨立後，憑藉豐富的油氣資源，哈薩克、土庫曼和烏茲別克大力吸引能源投資，其中，土庫曼雖原油儲量不高，但天然氣儲量排名世界第四位，僅次於俄羅斯、伊朗、卡達，至於哈薩克則是天然氣輸往中國關鍵通道，也是中國在此地區主要爭取對象；中哈天然氣管道全長約 1 萬公里，是世界上最長的天然氣管道。西北油氣進口通道是「西氣東輸」的重要補充，也是防止未來「氣荒」出現的關鍵所在。

　　為加以反制，美國試圖阻止國際金融機構向中國貸款，並計畫

聯合英國建造一條通往裏海的油管，[4]至於俄羅斯也努力聯合裏海周邊的產油國家；[5]不過，中國與哈薩克在能源合作及天然氣管道項目上還是進展快速，中國甚至透過大量購買哈薩克穀物、糧食與肉類產品，並開發其電訊、機械製造與化工市場來強化雙邊關係。值得注意的是，各大國競相爭奪中亞能源的結果，儘管將導致一起分享地區資源，擁有地緣便利性的中國預計仍將拔得頭籌；特別是在 2006 年第五次「中亞區域經濟合作」部長會議召開並通過《中亞區域經濟合作綜合行動計畫》後，由於上海合作組織功能也逐漸向經濟層面外溢，針對中國在此區域的能源合作擴張（參考表 5.9），美國傳統基金會學者 Ariel Cohen 曾在 2006 年指出，中國透過上海合作組織拉攏西鄰國家得目標乃希望達成區域「稱霸」，甚至未來與美歐等強權「爭霸」的企圖，[6]至於中國對中亞地區的投資則可能使當地國家在依賴日深後淪為其附庸國家。

（三）東亞

　　除與日本競爭俄國石油管線計畫外（請見下一段敘述），其實中日韓曾在 2004 年就東北亞能源合作議題進行磋商，目的是協調共同投資遠東與西伯利亞東部油氣與水電資源。不過，更重要的還是對東南亞地區的能源爭奪；例如胡錦濤在 2005 年訪問印尼、菲律賓與汶

4　美國在 2002 年 8 月聯合英國於倫敦成立一家油管公司，據此推動之「巴庫—第比利斯—傑伊漢石油管道」（Baku-Tbilisi-Ceyhan pipeline）全長 1,789 公里，從亞塞拜然經過喬治亞，通往土耳其的地中海港口，2005 年建成後自 2006 年開始輸油。

5　自 1996 年起，歷經 22 年，50 餘次協商與 5 次峰會，俄羅斯、伊朗、哈薩克、亞塞拜然和土庫曼在 2018 年簽署了一項《裏海法律地位協議》，要點包括准許建設海底輸油管道、確定各國捕魚配額，並規定「不得提供本國領土給第三國從事危害其他裏海國家的軍事行動」，同時簽署了 6 份相關協議和備忘錄。

6　Ariel Cohen, "The Dragon Looks West: China and the Shanghai Cooperation Organization," September 7, 2006; https://www.heritage.org/asia/report/the-dragon-looks-west-china-and-the-shanghai-cooperation-organization

表 5.9　中國與中亞地區能源互動

國家	重要發展
哈薩克	1997 年，李鵬訪問該國並簽署《石油天然氣合作協議》，同年中國取得哈薩克第二大油田烏津油田控制權，開始建造油管，並買下阿克糾賓斯克油氣公司 60.3% 股權。 2001 年，兩國合資組建西北輸油管道公司。 2003 年，中石油公司再度買下阿克糾賓斯克油氣公司 25.12% 股權。 2004 年，中國—哈薩克石油管道第二期工程動工，目標針對裏海地區；雙方簽署共同進行能源合作的聯合聲明。 2005 年，中國—哈薩克石油管道第三工程（阿塔蘇—阿拉山口段）動工；同年，中石油公司所屬中油國際公司收購加拿大哈薩克 PK 石油公司 100% 股權，成為中國迄今最大的海外企業收購案。 2006 年，中信集團以 19 億美元自加拿大公司手中收購一處裏海油田；中哈石油管道開始供油。 2009 年，中國廣東核電集團與哈薩克主權基金簽約進行風能、太陽能和水能領域合作，同時就核燃料進行協商。 2011 年，兩國簽署協議，中國向哈薩克全國福利基金提供 17 億美元貸款，哈薩克承諾供應 5.5 萬噸鈾，中國鐵道部協助建設阿斯塔納—阿拉木圖高速鐵路。 2013 年，中國—哈薩克石油管道第二期工程第一階段開通；中石油集團以 50 億美元收購哈薩克裏海大陸架卡沙甘油田項目 8.33% 股份。 2014 年，中國慶華能源集團與哈薩克國家石油天然氣集團簽署合作諒解備忘錄，共同在哈薩克開發建設煤基清潔能源綜合利用專案。 2017 年，中國向哈薩克無償提供 1 兆瓦太陽能及 5 兆瓦風能發電設備的項目，太陽能站位於阿拉木圖市阿拉套創新技術園區，風電站建在馬薩克農業區。 2018 年，中國葛洲壩集團取得騰太科河上游 5 座梯級水電站項目總承包合同。
土庫曼	1994 年，中石油公司與土國石油天然氣部簽署合作意向書。 2000 年，中石油公司與土國政府簽署石油天然氣合作諒解備忘錄。 2006 年，中石油公司與土庫曼國營地質公司聯合勘探該國一處大型天然氣田，合作將持續 3 年，總金額達 1.5 億美元。 2007 年，簽訂每年由購進 170 億方天然氣的協議，土庫曼成為中國最大的海外天然氣進口來源。 2009 年，阿姆河右岸天然氣合作開發項目是中國和土庫曼迄今為止最大的天然氣合作開發項目，也是中石油海外最大的天然氣開發項目，同時是土庫曼迄今所發出唯一陸地開發牌照。 2010 年，中石油在阿姆河岸發掘大型天然氣田。 2013 年，中國石油承建的復興氣田南約洛坦建設項目竣工投產。
烏茲別克	2005 年，中烏兩國簽署能源與反恐合作協定，烏茲別克國家石油天然氣公司與中石油集團並簽訂 6 億美元能源開發合作協議。 2006 年，中石油公司聯合南韓與馬來西亞石油公司，共同與烏茲別克國家石油公司簽署探勘鹹海地區石油的協議。

表 5.9　中國與中亞地區能源互動　（續）

國家	重要發展
	2010 年，兩國簽署「天然氣領域擴大合作的諒解備忘錄」，中石油也和烏茲別克國家油氣公司簽署「關於天然氣購銷的框架協議」，後者每年供氣 100 億立方米。 2011 年，中亞天然氣管道 C 線烏茲別克段開工。 2013 年，中石油與烏茲別克石油公司成立聯合工作小組，共同研究在白松和蘇爾汗區塊開展合作的可行性。 2017 年，中石油下屬烏茲別克公司動工承建卡拉庫里區塊氣田開發工程。
塔吉克	2006 年，中國與其簽署建造輸油管線計畫，預計於 2009-10 年完成；同年，塔吉克電力公司與中國合建構電力網路，工程總值為 3.4 億美元。 2008 年，中國水電集團耗資 3 億美元建造水電站。 2014 年，中石油中亞天然氣管道公司和塔吉克輸氣公司簽署中塔天然氣管道有限公司創建協議，目標為建設中亞天然氣管道 D 線；中石油與塔吉克能源工業部、道達爾公司（TOTAL）、克能石油公司（TETHYS）簽署伯格達（BOKHTAR）區塊專案油氣合作交割協定。
亞塞拜然	2005 年，中石油投資 1.8 億美元於 K&K 油田專案項目；同年，中石化勝利油田在比爾沙加特油田與卡拉秋湖爾油田開採工作也開始進行。 2017 年，亞塞拜然國家石油公司、中石油和中國國家開發銀行簽署關於 GPC 項目投資諒解備忘錄，主要針對巴庫卡拉達赫區油氣資源，預計投資 42 億美元。

萊時，主題便是能源合作，並希望在友好合作基礎上，透過「擱置爭議、共同開發」原則以鞏固中國南部油氣供給；其中印尼既是全球最大天然氣出口國家，也是 OPEC 組織中唯一亞洲成員，自然成為極力爭取對象。[7] 以 2014-16 年國際油價大跌為契機，中國陸續在 2017-18 年與印尼和汶萊簽署能源合作協議。至於在東北亞，中國主要對象則是北韓，雙方於 2005 年簽署《關於海上共同開發石油協定》。不過，由於東亞目前是全球成長率最快的地區，這一方面反映在該區國家對於能源的殷切需求上，而相關競爭或許也有賴多邊協商途徑來解決；

7　中國石油天然氣股份有限公司在印尼設立的子公司為印尼第七大石油公司，擁有 9 個區塊探勘與開採權，2017 年與印尼國家石油公司（Pertamina）簽署備忘錄，雙方將進一步增強在油氣資源開發領域方面的合作。

對此，中國、印度、日本、南韓與美國在 2006 年共同召開一個「五國能源部長會議」，中國則特別就加強五國在能源領域的互利合作提出以下 6 點倡議，包括：共同促進節能技術進步、發展替代能源合作、交流儲備工程技術經驗、加強能源資訊的交流、強化前瞻能源技術研究、增加全球能源供給能力等。

（四）拉丁美洲

　　就區域來說，波斯灣是全球石油儲量最多之處，但就國家來說則是南美洲的委內瑞拉，該國目前探明儲油量近 3,000 億桶，約占全球 18%，高於位居第二位的沙烏地阿拉伯。隨著中國與拉丁美洲雙邊經貿互動快速增長，雙方能源互動也相當密切。根據華府智庫「美洲對話組織」（Inter-American Dialogue）在 2019 年指出，在 2005-18 年間，中國透過國家銀行向拉丁美洲和加勒比海地區國家及國營公司提供超過 1,400 億美元貸款，接受貸款的主要國家以委內瑞拉、巴西、厄瓜多和阿根廷為主，項目則以石油能源、交通運輸和水電開發等基礎設施，以及政府公債、貿易融資與礦藏開發等，也引發「貸款換石油」之議論。[8] 事實上，中國與拉丁美洲開展能源合作始於 1993 年，中石油公司在秘魯標得塔拿拉石油專案並揭開中國在拉丁美洲從事石油合作的序幕後，中石油公司長期為墨西哥石油公司（PEMEX）提供物探、鑽井與修井服務，中石化則為該公司提供海上鑽探服務；其次，中石油在秘魯擁有塔拉拉油田第 6 與 7 區塊開發權以及 1-AB/8

8　此種合作模式起自 2007 年中國和委內瑞拉共同設立的「聯合融資基金」，中方挹注 40 億美元，委內瑞拉以提高原油出口量為還款保證。2009 年，中國和巴西簽署一份正式的貸款換石油協議：中國向巴西國家石油公司（Petrobras）提供約 100 億美元貸款，期限 10 年，巴西則同意 2009 年每日供應 15 萬桶原油，2010-19 年每日出口 20 萬桶原油。此後，中國先後於 2009 年和厄瓜多簽署 10 億美元協議，2010 年與 2014 年和委內瑞拉簽署 206 億美元與 40 億美元的協定。

區開發專案，並在委內瑞拉擁有卡拉高萊斯油田與英特甘博油田開發項目，中石化則收購若干位於委內瑞拉油田；接著在 2011 年，繼中海油公司以 31 億美元入股拉美油氣開發商 Bridas 公司，中石化集團又以 71 億美元收購巴西和西班牙合資油氣商 Repsol 的 40% 股份，進一步強化對拉丁美洲能源市場的發言權。

相對地，由於美國長時間忽略拉丁美洲，與區域內國家經濟關係已略落後北京，即使 Trump 在 2018 年推動《促進美洲成長》（Growth in the Americas）倡議，希望加強對拉丁美洲能源和基礎建設投資，以對抗中國將一帶一路倡議推進此一區域，即便北京對拉丁美洲貸款自 2015 年達到 215 億美元高峰後趨於下降，華府的動作仍緩不濟急。

肆 與主要國家之能源衝突與合作

基於全球能源有限性的前提，再加上產業升級深化各國對能源的需求，其結果自然形成激烈競爭的局面。[9]正如前述，由於中國在能源問題上逐漸傾向採取主動積極擴張的政策，於是亦將無可避免地與若干國家發生衝突。在此便試圖以印度、日本與俄羅斯為例來加以說明。

（一）印度（逐步由競爭轉向合作）

根據英國石油公司（BP）在 2017 年發布的《能源展望報告》，中印兩國將迅速占據全球能源需求增長近半，甚至印度的需求增長速度還將更快，或在 2035 年取代中國成為能源需求增長最大的市場。[10]

9　Michael T. Klare, *Rising Powers, Shrinking Planet: the New Geopolitics of Energy* (New York: Metropolitan Books, 2009).

10　若根據 IEA 在 2017 年的《世界能源展望》（*World Energy Outlook*），則印度將在 2040 年成為全球最大能源消費國家，全國電動車總量將僅次於中國與歐盟。

儘管未來或將成為中國最大競爭對手，印度能源戰略布局起步較晚，這也導致它幾乎在多數交易競爭中都屈居劣勢。不過，印度仍透過其地緣位置戰略特性來吸引大國合作，特別是俄羅斯，例如俄國總統 Putin 便於 2004 年底訪印並與其簽署能源協定；大體來說，石油和天然氣均蘊藏豐富的俄羅斯進軍南亞可說是 Putin 能源外交政策的一個重要部分，目的在強化雙邊傳統盟友關係，並藉此擴大自身海外能源市場。無論如何，中印除了競爭也有合作空間，兩國在 2006 年簽署了諒解備忘錄，主要針對雙方合作在第三國開發勘探石油和天然氣，除此之外還包含 5 個協議，包括：上游的勘探和生產；提煉及對石油、石化品的市場推廣；城市間天然氣（包括液化天然氣）的運輸；國內及跨國間石油、天然氣的管道鋪設；對最前沿的碳氫化合物的研發等。截至 2016 年，中國對印度能源行業投資規模達 144.1 億美元。

（二）日本（受政治干預而陷入僵局）

相較中印有可能由競爭轉趨合作，中國與日本的競爭態勢則似乎愈演愈烈。事實上，東海油氣資源爭端只是個小插曲，兩國對石油的爭奪早已蔓延到世界各地；首先是俄羅斯的遠東輸油管線爭議，其次是日本也使用放棄債權方式來拉攏北非產油國家，甚至還將其能源多樣化戰略目標延伸至伊朗與中亞裏海區。由於獲得長期穩定的石油供應已成為首要國家戰略訴求之一，當然導致中日對立。至於在能源合作問題上，中國曾邀請日本參與共同開採東海油氣資源，[11]但遭到拒絕，日本也曾建議與中國攜手建立戰略石油儲備基地，中國亦未積極

---

11 日本自 1982 年起便向中方提議，希望以中間線確定兩國海上界限，但未獲得明確答覆，日本則據此解讀中方默認，並於 1996 年通過《專屬經濟區和大陸架法》正式提出「日中中間線」，也埋下東海問題伏筆。中日曾在 2008 年就共同開發東海油氣田達成共識，但談判在 2010 年中斷；迄今北京在「日中中間線」接近中方一側的海域，建造總計 16 座油氣田開採設施。

回應。無論如何，兩國雖於 2007 年展開首度能源問題部長級對話並簽署聯合聲明，中石油公司與新日本石油公司也簽署一份長期合作備忘錄，後續發展仍值得觀察。

（三）俄羅斯（逐步加強更緊密合作）

中國在 2006 年陸續與印度、歐盟、伊朗、巴基斯坦及中亞各國針對能源問題達成協議後，對俄羅斯方面則與兩國外交緊密互動（參考下一章）似乎稍顯不同，正如許多觀察家指出，中俄雖結成政治和軍事戰略夥伴以共同對抗美國在東亞和中亞的擴張，但俄國在能源領域只將中國當成一個買主，有時甚或將其視爲對手，最佳例證是遠東輸油管道計畫。俄羅斯先是在 1994 年提出修建中俄石油管道的建議，[12] 其後更於 2003 年初步確定以「安大線」（從俄國安加爾斯克到中國大慶）爲建設方向，但在日本加入競爭後，俄羅斯隨即將路線改爲「安納線」（從安加爾斯克至俄國面對太平洋的港口納霍德卡），最後在三方磋商妥協下才定爲「泰納線」（從西伯利亞的泰舍至納霍德卡），[13] 途經中俄邊境的斯科沃羅季諾時再分出支線到大慶。前述中俄石油管線於 2010 年完工，象徵兩國能源關係的一大轉折點。

從某個角度看來，俄國在輸油管道上的搖擺不定充分顯示其面對中國時的矛盾態度。爲未雨綢繆起見，俄羅斯一度禁止本國公司直接將原油銷給中國，並限制中國擁有該國石油公司股權份額，甚至阻撓中國取得中亞地區能源開採權；儘管如此，在 2008 年金融海嘯衝擊

---

12 俄羅斯在 1994 年首次提出興建輸油管道概念，並於同年 11 月《中國石油天然氣總公司與俄羅斯西伯利亞遠東石油股份公司會談備忘錄》中表明，雙方將就西伯利亞到中國東北建立輸油管線計畫問題進行探討；1996 年俄羅斯總統 Yeltsin 和中國簽署《關於共同開展能源領域合作的協議》中，也將輸油管道列進考量。
13 管道正式名稱爲「東西伯利亞—太平洋石油管道」（The Eastern Siberia–Pacific Ocean oil pipeline, ESPO），由俄羅斯國家石油管道公司（Transneft）負責。

下，雖 2011 年便開始履約供油，中俄中於在 2012 年達成以 250 億美元援助換取 3 億噸石油，以泰納線為主的 20 年石油管道協議。接著，俄羅斯天然氣公司與中國石油天然氣集團公司又在 2014 年簽署價值 4,000 億美元的 30 年輸氣協議，計畫在 2025 年讓輸氣量達到 380 億立方米最高水平，並於 2019 年底開始正式供氣；這是俄羅斯天然氣公司有史以來簽訂的最大合同，與蘇聯解體後最重要的能源工程項目，也是世界上距離最長的輸氣管道，從俄羅斯西伯利亞到中國長三角長逾 8,000 公里。

第三節　通道外交：建構新世紀對外運輸網路
Route Diplomacy: Constructing the Outward Network

　　無論是為打通國際貿易路線，確保能源輸送數量與安全，還是藉此建構影響周邊區域的交通網路，中國都正積極發掘並開拓對外的各種運輸通道。正如《中國財經報》在 2004 年建議，中國應該下大功夫加緊建設蛛網式的戰略通道，以便降低中國在海上石油運輸被中斷時所導致的脆弱性，並減少對西太平洋戰略通道的依賴；由此亦可發現輿論對相關議題的關注。

壹　涉外能源運輸管道計畫

　　在各種國際通道方面，最重要者乃是與能源外交息息相關的油氣線管道，目前在中國周邊地區的相關計畫相當多（請參考表 5.10）；其中，與中國密切相關的首先是前面曾提及的中俄管道，儘管俄國在日方介入下採取折衷方案，對中國來說不啻收到「塞翁失馬」效果，

亦即由於被迫多方拓展油源，既使其對俄國依賴度大為下降，也讓自身增加談判籌碼。大體言之，中國藉以捍衛其能源安全的戰略通道計畫，可由以下幾個方面來觀察。

（一）中亞地區的「四氣一油」規劃

中國在此地區主要透過和中亞三國（土庫曼、烏茲別克、哈薩克）的「四氣一油」能源大動脈來落實，

1. 中國—中亞天然氣管道：4 條西起土庫曼和烏茲別克，穿越烏茲別克中部和哈薩克南部，經新疆霍爾果斯口岸入境的天然氣管道，乃中國首條規劃由陸上引進境外天然氣資源的戰略管道，源自 2006 年簽署的《關於實施中土天然氣管道項目和土庫曼斯坦向中國出售天然氣總協議》，堪稱中國史上規模最大的境外天然氣項目，中亞段總長度約 2,000 公里，進入中國境內後經烏魯木齊、蘭州、西安等，最後到達南昌，中國段長度約 8,000 公里，然後進一步延伸至上海或廣州。相較以國內氣源為主，2004 年起投入營運的「西氣東輸一線」，[14] 前述中亞管道也被稱為「西氣東輸二線」，於 2009 年正式供氣。

2. 中國—哈薩克輸油管線：在中哈油管計畫方面，不僅有助於讓中國接觸裏海地區油源（參見表 5.10）。根據雙方在 2017 年達成協議，哈薩克自 2019 年起每年將對中國輸送 100 億立方米天然氣。

---

14 以新疆塔里木氣田為來源，長江三角洲為主目標，西起新疆輪台，途經甘肅、寧夏、安徽、江蘇、上海等 9 個地區，全長 3,835 公里。

表 5.10　中國周邊油氣管線計畫

名稱	發展過程與路線設定	長度	投資額
中哈油管	1. 哈薩克阿特勞—肯基亞克（全長 488.8 公里，2003 年完工） 2. 哈薩克阿塔蘇—中國新疆阿拉山口（獨山子煉油和乙烯工程基地，全長 962.2 公里，2005 年竣工，2006 年正式通油） 3. 哈薩克 Kumkol—肯基亞克（全長 793 公里，2009 年竣工）	3,000 km	7 億美元
中亞天然氣管線	中國—中亞天然氣管道計畫（土庫曼—烏茲別克—哈薩克—中國） A 線：2008 年動工、2009 年開始運行 B 線：2008 年動工、2010 年開始運行 C 線：2011 年動工、2014 年開始運行 D 線：2014 年開工	18,000 km	
巴傑油管	亞塞拜然巴庫—喬治亞第比利斯—土耳其傑伊漢（2005 年完工通油） 裏海和地中海之間首條直接輸油管線 美國主導，但英國石油公司擁有 30% 股份	1,767 km	30 億美元
泰納線油管	俄羅斯西伯利亞泰舍—納霍德卡，支線「斯大線」由斯克沃羅季諾市通往大慶，全段已於 2010 年完工	4,130 km	160 億美元
喜馬拉雅油管擬議中	巴基斯坦瓜達爾港—中國新疆紅其拉甫山口，2006 年起倡議		
IPI 油管擬議中	伊朗—巴基斯坦—印度 1994 年起倡議，印度與巴基斯坦在 2005 年達成協議，伊朗與巴基斯坦在 2008 年達成協議，但印度於同年退出談判後，2014 年提議另一條經阿曼的海下油管	2,775 km	
中緬油氣管線	中國雲南昆明—緬甸瑞麗—緬甸皎漂港 全長 771 公里，2004 年規劃，2013 年完工	2,380 km	25 億美元
TAPI 天然氣管線	土庫曼道拉塔巴德—阿富汗希拉特—坎大哈—查曼—巴基斯坦奎達—木爾坦—印度邊境小鎮法自卡 2008 年 4 國簽訂協議，ADB 於 2010 年介入提供先期資金，2015 年開工	1,735 km	100 億美元
印中俄油氣管道擬議中	1. 俄羅斯西伯利亞—秋明—鄂木斯克—塞梅伊—德魯茲巴—中國烏魯木齊—庫爾勒—庫車—阿克蘇—喀什—塔里木—印度 2. 俄羅斯西伯利亞—秋明—阿斯塔納—卡拉幹達—比什凱克—伊蘇庫爾—中國新疆喀什—印度		

表 5.10　中國周邊油氣管線計畫　（續）

名稱	發展過程與路線設定	長度	投資額
	3. 俄羅斯伊爾庫茨克—蒙古烏蘭巴托—中國新疆玉門—敦煌—和闐—印度 2006 年起開始規劃		
印俄油管 擬議中	俄羅斯—哈薩克—烏茲別克，與 TAPI 天然氣管道平行—土庫曼—阿富汗—巴基斯坦—印度 2014 年由印度建議，2016 年簽署備忘錄		300 億美元
日本中亞油管 擬議中	中亞—阿富汗—巴基斯坦港口喀拉蚩 日本於 2006 年「中亞＋日本」會議中提議		

（二）中國與俄羅斯之間的輸油管線

　　為解決經濟窘境，在俄方提議下，中俄 1994 年開始討論跨國油管計畫；在 1996 年正式確認此項專案後，中石油集團、俄國石油管道運輸公司和俄尤科斯石油公司在 2001 年簽署了《關於開展鋪設俄羅斯至中國原油管道項目可行性研究主要原則的協議》，同年兩國總理簽署《關於共同開展鋪設中俄原油管道專案可行性研究的總協議》，隨後於 2002 年列入元首聯合聲明。但因日本自 2003 年起積極介入修改路線，[15]俄國在 2005 年提出「泰納線」折衷方案，最終於 2010 年完工。事實上，此計畫乃前述2009年貸款換石油協議之一環。

（三）從東南亞到印度洋地區

　　正如由雲南財經大學印度洋地區研究中心與中國社科院亞太與全球戰略研究院發布的《印度洋地區發展報告 2014》藍皮書指出，印

---

15 關於油管路線，中國建議的是「安大線」，亦即從俄國安加爾斯克經赤塔，到中國大慶；至於日本則建議「安納線」，亦即從安加爾斯克，沿著貝阿大鐵路，在貝加爾湖北面直接鋪到靠近日本海的俄國遠東港口納霍德卡；最終，俄國選擇了所謂「泰納線」，又稱「東西伯利亞—太平洋石油管道」（ESPO）的折衷方案，西起泰舍特，東至納霍德卡地區的科濟米諾灣，其中，起自斯克沃羅季諾市，經漠河南至大慶的「斯大線」為其支線。

度洋地區乃中國戰略通道的關鍵地域，由於中國進口石油半數以上來自中東、非洲與東南亞，其中八成更通過麻六甲海峽這個大國競逐的航運通道，所謂「麻六甲困局」（Malacca Dilemma）既成為中國戰略研究最熱門的題目，[16] 此藍皮書也指出，在利用公共秩序保證海上通道安全同時，[17] 建議中國應積極嘗試建立各種補充性通道，以因應可能挑戰。於此同時，美國國防部淨評估室在 2004 年《亞洲的能源未來》報告中則指出：從中東到南中國海，中國正沿著海上交通線建立起「珍珠鏈」（string of pearls）戰略規劃，以軍事基地與外交關係等建制來保護其能源利益，其重要部署包括在巴基斯坦西南端接近波斯灣處的瓜達爾港（Gwadar）設置海軍基地與電子監聽站，[18] 以監視從荷姆茲海峽到阿拉伯海，透過附屬於孟加拉吉大港的貨櫃港監視孟加拉灣，控制緬甸接近麻六甲海峽的烏瑪港，柬埔寨簽署協議興建通往海港鐵路，翻修南海島嶼機場並加強探油裝備。且相對於太平洋美軍司令部藉反恐為名制定《區域海事安全計畫》，擬定要向麻六甲海峽派駐海軍陸戰隊與特種部隊，中國自 2005 年起也頻頻藉由與東南亞與南亞國家之間的非傳統安全演習（參考下一章敘述），來增加其海軍力量在此海域中的曝光程度。

大體來說，中國在此地區的能源管道計畫包括：

---

16 麻六甲海峽：連接印度洋與南中國海的通道，由新加坡、馬來西亞和印尼共管，全長約1,080公里，西北部最寬達 370 公里，東南部最窄處只有 37 公里。根據國際海事局（International Maritime Bureau, IMB）統計顯示，新加坡周圍的麻六甲國際水域可能是世界上最危險的地區；事實上，南海地區（包括麻六甲海峽及東南亞海域）乃僅次於非洲海域（包括索馬利亞海域、亞丁灣及西非海域），受海盜襲擊最嚴重的區域。

17 例如中國在出席 2005 年「麻六甲和新加坡海峽安全會議」時便表示，應海峽沿岸國家要求，中國將考慮動員資源協助相關建設並加強人員培訓，並主張透過對話保障海峽安全。

18 瓜達爾港：中國在 2002-04 年間投入 1.99 億美元，透過中港集團投資興建其基礎設施，2005年開始運行後交由全球第二大港口經營管理公司新加坡國際港務集團負責管理，2012 年再轉由中國建築工程總公司在香港上市的全資子公司中國海外集團來接管。

1. **泰國克拉運河計畫**：2001 年起由中國與日本評估與泰國合作在其南部克拉地峽興建一條「東方巴拿馬運河」或「亞洲蘇伊士運河」；該條地峽北連中南半島，南接馬來半島，地峽以南約 400 公里地段均爲泰國領土，最窄處僅 56 公里，東臨暹羅灣，西瀕安達曼海。擬議中的雙向航道全長 102 公里，修成後將不必繞過麻六甲海峽，直接從印度洋進入太平洋的暹羅灣，大型輪船將可節省 2 至 5 天時間，至於工期和經費初步測算需耗時 10 至 15 年。因此計畫緩不濟急且耗資過劇，可行性並不高，同時中國考慮到新加坡的態度，致使相關討論到 2003 年底暫時無疾而終。[19]隨著美國力推「重返亞洲」且暗示圍堵中國，相關討論在 2014-15 年間重新浮現，但中泰政府均公開否認此項目。

2. **中緬油氣管線**：該管道起點爲緬甸皎漂港，途經若開邦、馬圭省、曼德勒省、撣邦，經南坎進入中國瑞麗，由中、緬、韓、印「四國六方」共同投資建設；天然氣管線已於 2013 年開始向中國輸送，原油管道（緬甸段）則將於 2014 年竣工開通。2013 年完工後原訂 2015 年開始運作，但最終延至 2017 年。

貳 歐亞大陸橫貫交通系統

　　爲解決中國發展過程中的東西部差距問題，擴大西部建設發展腹地，同時將影響力延伸至整個亞洲大陸，近年來中國積極投入周邊區

---

19 泰國在前述運河方案失利後，接著在 2003 年由內閣批准一份《泰國能源戰略發展計畫》，目的是在同樣地點上建設海陸綜合運輸體系的「戰略性能源陸地橋梁」，以便強化對新加坡的競爭能力；計畫分成兩部分，首先是將曼谷東南方的西拉差港建成石油自由貿易區，以吸引國際石油商進駐，已於 2004 年正式啟動，至於第二部分則是在克拉地峽地區建設海陸綜合運輸體系，並鋪設一條長達 240 公里的輸油管道連接位於安達曼海的攀牙府和暹羅灣的納空西塔瑪拉府。泰國聲稱此項能源大陸橋計畫可爲東亞各主要石油進口國家，每桶節省約 2 美元費用。

域的多國性交通建設工程計畫。可分為以下幾個部分來觀察。

(一)「泛亞公路」（Asian Highway, AH）系統

亞洲各國與聯合國亞太經濟及社會委員會（ESCAP）為改善亞洲公路系統進行的合作計畫，也是亞洲陸路交通基礎建設發展計畫（ALTID）三大工程之一。1959 年起倡導，並於第一階段（1960-70）工程取得頗大進展，但在 1975 年因經費不繼而暫停；ESCAP 自 1992 年起重新開啟協調，在 2003 年通過「泛亞公路跨政府協定」（IGA）後，共涵蓋 32 個國家，包括 55 條路線，總長度為 14 萬公里；在 2004 年 ESCAP 會議上有 23 國簽署協定。

(二)「泛亞鐵路」（Trans-Asian Railway, TAR）系統

同樣由 ESCAP 進行策劃，目的在打通歐亞大陸運輸網；始於 1960 年代，預計貫通新加坡及土耳其伊斯坦堡，並延伸至歐洲及非洲，但因受阻於冷戰時期的政經因素，直到 1992 年由亞洲開發銀行召開的第一屆區域經濟合作部長級會議上，才由中國首次提出可將雲南經寮國、泰國與馬來西亞和新加坡的鐵路相連的構想。在 1993 年的第二屆部長級會議中，「雲南—泰國鐵路」更被通過作為優先推薦項目。

至於「泛亞鐵路」名稱再度被提出則是在 1995 年東協高峰會上，馬來西亞總理 Mahathir 提出修建一條超越湄公河流域範圍，從馬來半島南端的新加坡經馬來西亞、泰國、越南、緬甸、柬埔寨到中國昆明的「泛亞鐵路」倡議，隨即獲得各國認同；如果經由中國鐵路網路，還可連接亞洲北部的蒙古和俄羅斯遠東地區，形成縱貫亞洲大陸之新亞歐大陸橋。特別在中國與東協簽署 FTA 後，解決交通硬體設施發展問題也有助於落實自由貿易區；進一步來說，泛亞鐵路一旦建成

後，中國內陸地區西下印度洋和西進中東、北非、西歐等可縮短運距與運輸費用，比繞道麻六甲海峽縮短近 5,000 公里。至於更全面性的規劃，則由 ESCAP 邀集亞洲 18 個國家於 2006 年在雅加達通過《泛亞鐵路網政府間協議》並於 2010 年在釜山簽署，計畫線路總長達 8 萬公里（相關細節請參考表 5.11）。

　　為展現經濟實力，並使未來的歐亞大陸交通系統更符合其需求，中國不斷主動提出各種聯外網路計畫，強化自身「倡議者」角色，[20] 並率先出資建設經寮國連接昆明和曼谷的公路，即「南北走廊」項目（又稱昆曼公路），於 2013 年竣工通車，未來僅需 25 小時便可穿越中南半島。其次，泛亞鐵路東線第一階段（雲南玉蒙段，玉溪—蒙自）已於 2013 年通車，第二階段（雲南蒙河段，蒙自—河口）也在 2014 年通車。在中線第一階段部分，玉溪至邊境磨憨口岸段（最終通往寮國永珍，也稱中老鐵路）於 2010 年開工，預計 2021 年完工，至於西線第一階段廣昆段（廣通—昆明）已於 2013 年完成。

表 5.11　泛亞鐵公路系統計畫概況

A. 泛亞鐵路	
路線	內容
東北線 32,500 km	連接歐洲和太平洋，此線與西伯利亞鐵路多數重疊 途經德國—波蘭—白俄羅斯—俄羅斯—哈薩克—蒙古—中國—朝鮮半島；在波蘭與白俄羅斯、中國與哈薩克，及中國與蒙古邊界換軌 因北韓政治因素，南韓貨物須經海路運至海參崴上火車

---

20 例如廣西方面便於 2005 年提出泛亞鐵路「中—東線方案」，主要是指開通新加坡—吉隆坡—曼谷—萬象—越南清化—河內—憑祥—中國廣西崇左—南寧的鐵路通道，然後再與粵桂、湘桂、黔桂、滇桂等國內鐵路連接，總營運里程約 3,700 公里；據評估將有利於推動中國與東南亞地區各國的經貿合作。事實上，前述計畫也以「南寧—新加坡經濟通道」為名，成為 2010 年泛北部灣經濟合作論壇的討論焦點。

表 5.11　泛亞鐵公路系統計畫概況　（續）

東南線 12,600 km	東線：新加坡—吉隆坡—曼谷—金邊—胡志明市—河內—昆明 中線：新加坡—吉隆坡—曼谷—萬象—尚勇—祥雲（或玉溪）—昆明 西線：新加坡—吉隆坡—曼谷—仰光—瑞麗—昆明 由此再連接柬埔寨、越南等中南半島鐵路網
南線 22,600 km	連接土耳其—伊朗—巴基斯坦—印度—孟加拉—緬甸—泰國，然後分別進入中國 雲南及經馬來西亞進入新加坡 未完成路段包括伊朗東部、印度至緬甸、緬甸至泰國、泰國至雲南 在伊朗與巴基斯坦、印度與緬甸，和中國與泰國邊境需換軌
北線 13,200 km	連接北歐與波斯灣，從芬蘭赫爾辛耳穿越俄羅斯至裏海後分成三條支線 西線經亞塞拜然與亞美尼亞進入伊朗西部，中線經裏海進入伊朗，東線經哈薩 克、烏茲別克和土庫曼進入伊朗東部，三線在德黑蘭會合後抵達阿巴斯

B. 泛亞公路

編號	長度	起迄點	備註
AH1	20,557 km	東京至土耳其與保加利亞邊境	在土、保邊境與 AH5 會合
AH2	13,177 km	印尼登巴薩至伊朗 Khosravi	在清萊和 Kyaing Tong 與 AH2 會合
AH3	7,331 km	俄羅斯烏蘭烏德至中國塘沽；上海 至泰國清萊、緬甸 Kyaing Tong	
AH4	6,024 km	俄羅斯西伯利亞至蒙古 Yarantai； 中國烏魯木齊至巴基斯坦喀拉蚩	在新西伯利亞與 AH6 會合；在烏 魯木齊與 AH5 會合；在喀拉蚩與 AH7 會合
AH5	10,380 km	上海至土、保邊境	在上海與 AH3 會合；在土保邊境 與 AH1 會合
AH6	10,475 km	韓國釜山至俄羅斯 / 白俄羅斯邊境	
AH7	5,868 km	俄羅斯葉卡捷琳堡至喀拉蚩	在喀拉蚩與 AH4 會合
AH8	4,718 km	俄羅斯與芬蘭邊境至伊朗	

C. 歐亞大陸橋

路線	長度	途徑
第一條	9,288 km	即「西伯利亞大鐵路」，從俄羅斯莫斯科通往海參崴，有兩條傳統支 線：一由烏蘭烏德附近分出，經蒙古到北京；另一支由赤塔經滿洲里與 哈爾濱到北京 1916 年完工，2002 年完成電氣化工程
第二條	10,800 km	從中國江蘇連雲港，沿隴海鐵路、蘭新鐵路、北疆鐵路，至新疆博樂阿 拉山口，再從哈薩克通往終點荷蘭鹿特丹港 於 1990 年 9 月貫通
第三條 擬議中	11,000 km	以上海、廈門、廣州、北海等為起點，經昆明、大理、瑞麗到達緬甸密 支那、印度雷多與新德里、巴基斯坦拉合爾、伊朗扎黑丹與庫姆；然後 在庫姆分成兩路，一路往伊朗德黑蘭、土耳其安卡拉跨越博斯普魯斯海 峽到達伊斯坦堡連接歐洲鐵路網，另一路經伊朗阿巴丹、伊拉克巴格 達、黎巴嫩貝魯特、以色列特拉維夫到達埃及塞得港，與非洲鐵路網連 接

（三）「新絲綢之路」與「歐亞大陸橋」計畫

　　在西部方面，中國首先提出建立「新絲綢之路」的概念，亦即協調各方力量，促進新亞歐大陸橋發展並推動中國與中亞、東亞和歐洲各國的合作，爲此，中國在 2000 年要求國務院外經貿部（現商務部）聯同外交部、國家計委（現國家發展改革委）、國家經貿委、財政部、科技部共同組建了「新亞歐大陸橋國際協調機制」作爲協調單位；其次是在 2004 年將江蘇連雲港到新疆霍爾果斯全長 4,395 公里的公路全線貫通；接著陸續開通數十餘個陸路口岸與客貨運輸線路，以便利與中亞往來。於此同時，中國一方面幫中亞鄰國發展公路基礎設施，並修復連接中國、吉爾吉斯與烏茲別克的公路，甚至還提出「中吉烏國際鐵路」計畫（中國喀什—吉爾吉斯奧什市—烏茲別克安集延），[21] 預計爲中國走向中亞開闢一條新通道，但因俄羅斯顧慮中國在此地區影響力擴張，吉爾吉斯在 2013 年宣布拒絕加入計畫以致陷入僵局，直到 2018 年又重起溝通討論。

　　除此之外，包括中國、吉爾吉斯、塔吉克、阿富汗與伊朗 5 國已於 2010 年簽署全長 2,300 公里，總預算 43 億美元之《中伊鐵路建設初步協議》，將從新疆出發，抵達伊朗後分爲南（直達波斯灣）、西（通往土耳其和歐洲）兩線，2015 年正式開通。接著，中國在 2011 年宣布從四川重慶開往德國杜伊斯堡的「渝新歐國際鐵路」（總里程數 11,179 公里）正式開通，2013 年又宣布從河南鄭州開往德國漢堡的「鄭歐國際鐵路」（總里程數爲 10,214 公里）也開啓運行，兩條

21　1997 年「歐洲—高加索—亞洲運輸走廊組織」首次提及建設中吉烏鐵路，在中國積極推動下，同年三國就此項目簽署備忘錄。1999 年，中國鐵道部提出《新建中吉烏國際鐵路建設方案鐵路中國境內段可行性研究報告》，並設定了南、北兩個方案。2008 年中國專家組建議採用全長約 523 公里的南方案，包括中國段 213 公里，吉爾吉斯段 260 公里、烏茲別克段約 50 公里。

路線都途經西安、蘭州、烏魯木齊，由阿拉山口穿越哈薩克，俄羅斯、白俄羅斯、波蘭等 4 個國家，最終抵達德國。可以這麼說，前述成果既正面回應了中國官方長期以來的「歐亞大陸橋」或「新絲綢之路」政策規劃，未來更可呼應 2014 年以來「一帶一路」戰略之地緣戰略布局。

（四）青藏鐵路之延伸系統

西南方面，中國在 2001 年批准建設從格爾木至拉薩，全長 1,118 公里的青藏鐵路，最後於 2006 年正式通車，成為中國藉以影響南亞地區的重要管道。[22] 印度媒體便指出，這條鐵路可說「大幅提高中國的軍事機動及後勤供給能力，……使中國每年可向西藏運送 500 萬噸物資，也可在一個月內運送多達 12 個陸軍步兵師」，進一步來說，青藏鐵路亦使西藏與中國內地聯繫更緊密。至於外部後續連鎖反應包括：中國與其南亞重要盟邦巴基斯坦在 2006 年聯合聲明宣稱將擴建中巴喀喇崑崙公路，巴基斯坦亦在同年批准建設從巴基斯坦赫韋利揚通往中國喀什的鐵路計畫，雙方於 2013 年進一步就此達成共識；尼泊爾逐漸中國靠近（例如跨境鐵路計畫），[23] 甚至向來被視為印度保護國的不丹也在 2012 年跟中國討論建交事宜。一旦前述龐大的交通建設相繼完成，應會明顯增強中國對南亞次大陸乃至歐亞大陸地緣形勢之影響力。

（五）中歐班列

中歐班列是指由中國開往歐洲的快速貨物班列，適合裝運集裝箱

22　青藏鐵路自 2010 年起興建延伸至日喀則的支線（拉日線），已於 2014 年通車。

23　中國與尼泊爾在 2016 年總理會談中達成建設鐵路共識，2017-18 年陸續開展可行性研究，2018 年兩國簽署《跨境鐵路協議》。2019 年第二屆一帶一路高峰論壇亦正式宣布納入連接兩國穿越喜馬拉雅山之鐵路網，計畫耗費 3.12 億美元在 2022 年左右建成。

的貨運編組列車，目前已形成「三大通道、四大口岸、五個方向、六大線路」基本格局（參考表 5.12）。2015 年起啓用「中歐班列」統一品牌。自 2011 年首發以來，至 2014 年 4 月累積達 230 列，2016 年 4 月達 1,880 列，2019 年 4 月更超過 1.5 萬列，[24] 累計共有 65 條路線通往歐洲 15 國 44 座城市。（部分路線可參考表 5.13）中國於 2016 年 10 月發布《中歐班列建設發展規劃，2016-2020 年》，正式將中歐班列提升至國家戰略層面。

表 5.12　中歐班列基本規劃格局

三大通道	西通道（新疆阿拉山口、霍爾果斯口岸）：經哈薩克、俄羅斯、烏克蘭、白俄羅斯等進入波蘭、德國等 中通道（內蒙古二連浩特口岸）：經蒙古、俄羅斯、白俄羅斯、烏克蘭等進入西歐各國 東通道（內蒙古滿洲里口岸）：經俄羅斯、烏克蘭、白俄羅斯等國進入西歐
四大口岸	阿拉山口、滿洲里、二連浩特、霍爾果斯（出入列數排名）
五個方向	歐盟、俄羅斯及中東歐、中亞、中東、東南亞
六大線路	成都、重慶、鄭州、武漢、西安、蘇州（國內營運排名）

表 5.13　2011-2017 年中歐班列發展概況

起訖站	開通時間	運行路線	備註
重慶—杜伊斯堡（渝新歐）	2011.03	重慶團結村—阿拉山口—哈薩克—俄羅斯—白俄羅斯—波蘭—德國杜伊斯堡	全程 11,000 公里，約 15 天
武漢—捷克（漢新歐）	2012.10	武漢吳家山—阿拉山口—哈薩克—俄羅斯—白俄羅斯—波蘭、捷克	全程 10,700 公里，約 15 天回程由俄羅斯托木斯克，經滿州里入境

---

24 2018 年共開行中歐班列 6,300 列，幾乎相當於 2011-17 年累計開行量總和，2019 年又提升至 8,224 列，數量明顯上升，但「空櫃率」與「補貼依賴」成為新問題焦點。

表 5.13 2011-2017 年中歐班列發展概況 （續）

起訖站	開通時間	運行路線	備註
長沙—杜伊斯堡（湘新歐）	2012.10	長沙霞凝貨場—阿拉山口—哈薩克—俄羅斯—白俄羅斯—波蘭—德國杜伊斯堡	全程 11,808 公里，約 18 天
長沙—莫斯科（湘新歐）	2012.10	長沙霞凝貨場—二連浩特或滿洲里—俄羅斯莫斯科	全程 8,047 公里，約 13 天
成都—羅茲（蓉歐）	2013.04	成都城廂—阿拉山口—哈薩克—俄羅斯—白俄羅斯—波蘭羅茲	全程 9,965 公里，約 14 天
鄭州—漢堡（鄭歐）	2013.07	鄭州圃田站—阿拉山口—哈薩克—俄羅斯—白俄羅斯—波蘭—德國漢堡	全程 10,245 公里，約 15 天
蘇州—華沙（蘇滿歐）	2013.09	蘇州—滿洲里—俄羅斯—白俄羅斯—波蘭華沙	全程 11,200 公里，約 15 天 主要貨源為 IT 產品
義烏—馬德里（義新歐）	2014.11	義烏西站—阿拉山口哈薩克—俄羅斯—白俄羅斯—波蘭—德國—法國—西班牙	全程 13,052 公里，約 21 天
哈爾濱—比克良	2015.02	哈爾濱香坊—滿洲里—西伯利亞大鐵路—俄羅斯比克良	全程 6,578 公里，約 10 天
哈爾濱—漢堡（哈歐）	2015.02	哈爾濱香坊—滿洲里—西伯利亞大鐵路—莫斯科—波蘭—德國漢堡	全程 9,820 公里，約 14 天
合肥—漢堡（合新歐）	2015.06	合肥北站—阿拉山口—哈薩克—俄羅斯—白俄羅斯—波蘭—德國漢堡	全程 10,600 公里，約 14-16 天
廈門—羅茲（廈蓉歐）	2015.07	廈門海滄—成都青白江—阿拉山口—哈薩克—俄羅斯—白俄羅斯—波蘭羅茲	全程 12,733 公里，約 15 天 2016 年連接台灣高雄港
昆明—羅茲	2015.07	昆明—成都—阿拉山口—哈薩克—俄羅斯—白俄羅斯—波蘭羅茲	全程 10,956 公里，約 18 天
蘭州—漢堡	2015.08	蘭州—阿拉山口—哈薩克—俄羅斯—白俄羅斯—波蘭—德國漢堡	全程 8,027 公里，約 15 天
長春—施瓦茨海德（長滿歐）	2015.08	長春—滿洲里—俄羅斯—波蘭—德國施瓦茨海德	全程 9,800 公里，約 14 天
東莞—杜伊斯堡（粵蒙歐）	2016.04	東莞石龍—滿州里—俄羅斯—白俄羅斯—波蘭—德國杜伊斯堡	全程 13,500 公里，約 19 天

表 5.13　2011-2017 **年中歐班列發展概況　（續）**

起訖站	開通時間	運行路線	備註
保定—明斯克（冀歐）	2016.04	保定—滿洲里—俄羅斯—白俄羅斯明斯克	全程 9,500 公里，約 12-14 天
南京—莫斯科	2016.06	南京—滿洲里—俄羅斯莫斯科	全程 10,000 公里，約 15 天
西安—華沙	2016.08	西安國際港務區—阿拉山口—哈薩克—俄羅斯—白俄羅斯—波蘭華沙	全程 9,048 公里，約 12 天
營口—莫斯科	2016.08	營口—滿洲里—後貝加爾—莫斯科	全程 8,198 公里，約 11 天
廣州—莫斯科	2016.08	廣州—滿洲里—莫斯科—沃爾西諾	全程 11,500 公里，約 14 天
義烏—車里亞賓斯克	2016.08	義烏—阿拉山口—哈薩克—俄羅斯車里亞賓斯克	全程 7,200 公里，約 8 天
成都—伊斯坦堡（蓉歐）	2016.09	成都裝箱中心—霍爾果斯—哈薩克—亞塞拜然—喬治亞—伊斯坦堡	全程 13,000 公里，15-16 天哈薩克至亞薩拜然為船運，喬治亞至土耳其為公路
西寧—安特衛普	2016.09	青海西寧雙寨物流中心—甘肅—阿拉山口—哈薩克—俄羅斯—波蘭—德國—比利時安特衛普	全程 9,838 公里，約 12 天首條由青藏高原出發班列
瀋陽—漢堡（瀋滿歐）	2016.11	瀋陽—滿洲里—俄羅斯—白俄羅斯—波蘭—德國漢堡	全程 11,000 公里，約 14-15 天
義烏—倫敦	2017.01	義烏—阿拉山口—哈薩克—俄羅斯—白俄羅斯—波蘭—德國—比利時—法國—英國倫敦	全程 12,000 公里，約 18 天首條穿越英法海底隧道班列
太原—俄羅斯（晉滿歐）	2017.02	太原中鼎物流園—滿洲里—俄羅斯列索西比爾斯克	全程 6,000 公里
廈門—莫斯科	2017.04	廈門海滄—滿洲里—後貝加爾—莫斯科昆朵沃	全程 10,920 公里，約 13-14 天首條廈門直開的中歐班列
西安—布達佩斯	2017.04	西安—阿拉山口—哈薩克—俄羅斯—白俄羅斯—波蘭—捷克—斯洛伐克—匈牙利布達佩斯	全程 9,312 公里，約 17 天
昆明—鹿特丹	2017.04	昆明王家營—阿拉山口—哈薩克—俄羅斯—白俄羅斯—波蘭—德國—荷蘭鹿特丹	全程 12,000 公里，約 20 天
青島—莫斯科	2017.06	青島—滿洲里—俄羅斯莫斯科	全程 7,900 公里，約 22 天

表 5.13　2011-2017 年中歐班列發展概況　（續）

起訖站	開通時間	運行路線	備註
深圳—漢堡	2017.05	深圳鹽田港—阿拉山口—哈薩克—俄羅斯—白俄羅斯明斯克—波蘭—德國	全程 9,900 公里，約 13 天
濟南—莫斯科（濟滿歐）	2017.08	濟南南站—滿洲里—俄羅斯莫斯科	全程 7500 公里，約 15 天
格爾木—彼爾姆	2017.08	青海格爾木—阿拉山口—哈薩克—俄羅斯彼爾姆	全程 6,359 公里，約 15 天
鄭州—慕尼黑	2017.08	鄭州—阿拉山口—哈薩克—俄羅斯—捷克—法國—義大利—德國慕尼黑	
威海—漢堡	2017.09	威海—二連浩特—蒙古—俄羅斯—白俄羅斯—波蘭—德國漢堡	全程 11,000 公里，約 15-18 天
齊齊哈爾—莫斯科（齊滿歐）	2017.09	齊齊哈爾—滿洲里—俄羅斯莫斯科	全程 7,344 公里，約 10 天
贛州港—漢堡	2017.09	鄭州—阿拉山口或滿州里—俄羅斯—波蘭—德國漢堡	全程 11,000 公里，約 15-17 天

註：此表不包括「中亞班列」在內，且 2018-19 年後增長過速，暫不列入。

第六章
大國外交

　　事實上，中國的「大國外交」政策發展其實可分成 1982-2001 年的「1.0 時期」、2002-17 年的「2.0 時期」與 2018 年以來的「3.0 時期」等幾個階段來加以觀察：在第一階段中，除「大國外交」之名尚未彰顯外，其重點乃是「與大國關係正常化的外交」，目的在解決過去革命外交時期與國際環境之間的意識形態衝突，以便爲深化經濟改革與國家地位崛起鋪路，其中，分別於 1979 年與 1989 年完成中美與中蘇關係正常化，以及 2001 年加入 WTO 乃是主要重點任務。第二階段可稱「走向大國之路的外交」，目的在透過「夥伴外交」等新模式，配合闡釋中國崛起路徑與世界新格局內涵之具中國特色的新理論，一方面積極參與國際事務，最終修正過去「韜光養晦，鬥而不破」的基本立場。至於第三階段目標則是落實所謂「中國特色大國外交」，並設法將中國「再度」推往全球體系核心位置。以下，我們便將對此政策內涵變遷過程作深入的分析。

第一節　結構變遷：大國化政策的背景分析
Structural Transformation: Background of the New Policy

壹　權力、國際環境與外交政策

　　結構現實主義者向來認爲，除所擁有的權力要素外，國際環境

乃影響國家行為及國際關係的最重要變數之一。特別是由於國家間關係日趨緊密，從而使體系現象亦成為眾人關注焦點；例如自 1940 年代末期以來的世界，就被認為具有「兩極體系」的特徵。值得注意的是，兩極時期的國際體系與過去相較起來具有兩個特色：首先是「超強」（superpower）國家的誕生，特別是美國，不僅在冷戰初期幾乎擁有原子武器的壟斷權，其軍事預算亦占全世界的 50% 左右；其次則是體系的「全球化」，亦即競爭範圍遍及全球。不過，無論如何解釋霸權興衰，[1]1970 年代顯然是冷戰體系轉型的第一個關鍵分水嶺。在兩極體系內涵由緊密轉趨鬆散後，包括布萊頓森林體系崩解，石油危機爆發，日本與西歐成功復興並逐漸形成威脅美國的競爭力，蘇聯受軍備競賽拖累乃至瀕臨經濟解體等因素，都使得兩極架構為之鬆動，最後則是 1989-91 年蘇聯集團崩解引發的國際內涵變化。蘇共總書記 Gorbachev 在 1988 年底宣布將於東歐撤軍的說法，一方面反應出蘇聯已理性地將發展重點由軍事轉到經濟面，同時預示東歐變局即將爆發，其結果不僅是翌年骨牌性民主化效應，最後在引爆境內民族問題後，終於將蘇聯「埋葬在歷史的灰燼中」。

　　雖未必如霸權穩定論所言，超強的存在將可保障世界體系穩定，[2]其衰落仍必然帶來一定程度的動盪局面或至少是體系質變。在兩極體系不復存在之後，就短期言，目前體系存在的是種趨近「單極多

1　Robert Gilpin, *War and Change in World Politics* (New York: Cambridge University Press, 1981); Paul Kennedy, *The Rise and Fall of Great Powers* (New York: Random House, 1987); K. A. Oye, "Constrained Confidence and the Evolution of the Reagon Foreign Policy," in Oye and D. Rothchlid, eds., *The Reagon Era in American Foreign Policy* (Boston: Little Brown, 1987), pp. 3-40.
2　Charles P. Kindleberger, "Dominance and Leadership in the International Economy," *International Studies Quarterly*, 25(1981), pp. 242-259; Robert O. Keohane, "The Theory of Hegemonic Stability and Changes in International Economic Regime, 1967-1977," in Ole Holsti, Randolph Siverson and Alexander George, eds. *Change in the International System* (Boulder: Westview Press, 1980), pp. 131-162.

邊」或「一超多強」的格局；至於長期來看，由於軍備管制逐漸成為共識，合作性國際組織也如雨後春筍般出現，未來似乎是個「最好的時代」，但因後冷戰時期以來紛爭不斷，南北對抗日趨惡化，全球性糧食、人口與環保等問題似乎亦沒有可解決的跡象，未來也很可能是個「最壞的時代」。無論如何，冷戰體系轉型不僅牽動著主要強權的相對地位，對某些中等國家而言，則不啻挑戰與機會並存，至於如何利用機會或因應挑戰，大體視各國如何理性地依其權力進行實際外交作為而定。從某個角度看來，這正是促使中國的「大國外交」政策逐漸萌芽、發展與轉型之背景所在；換句話說，想成為大國除要有主觀意願外，也不能沒有客觀環境的配合。

　　長期以來，在中國相關外交文件中雖經常以「大國」自稱，但所謂「大國外交」一詞則似乎很難被發現；更甚者，到二十世紀末為止，儘管中國從未忽視與大國之間的交往，但至少在其表面上的意識形態格局排序中，往往是以發展中國家作為重心，其次是周邊國家，最後才論及發達國家。直到 2001 年底，中共「十六大」政治報告中才首度打破前述固定思維序列，在論述外交任務時先提到發達國家，然後是周邊國家和第三世界國家，這可說預示著中國外交戰略的調整方向；接著，在 2004 年中召開的十六屆四中全會，又將「正確處理大國外交、周邊外交、發展中國家外交的關係」視為中共未來執政的重要工作，並確定將繼續執行所謂「不結盟、不對抗、不針對第三國」的新型大國關係；由此，「大國外交」既正式浮上檯面，從而也成為其外交的新指引。

貳　後冷戰初期格局對中國的挑戰

　　對中國來說，相較 1950-53 年與 1966-76 年分別因參加韓戰與爆

發文革引發的外交挫折，在後冷戰過渡期 1989 年爆發的「六四天安門事件」，不啻為其國際形象與地位帶來第三度嚴重打擊，這年正好是「五四運動」70 周年，中共建政 40 周年以及中美關係正常化 10 周年。其後，華府立即停止其海外公司擔保美商在中國投資、停止貿易發展署在中國資金運用、停止出口軍火、停止與中國核子合作項目，以及停止放寬對中國輸出貨品與技術談判並加強管制等措施；歐體也立即停止軍售、凍結部長級官員互訪、取消合作計畫等；接著，日本決定凍結貸款並停止若干合作計畫；至於台灣則趁此契機擺脫長期外交劣勢，在 1989-90 年間連續締結了 9 個邦交國。不僅如此，其國內效果還包括趙紫陽下台以及「第三代領導核心」江澤民的繼任。

　　面對此種惡劣局勢，相較過去毛澤東企圖利用「造反外交」逼迫國際力量承認中國的地位，鄧小平則務實地擬定「冷靜觀察，韜光養晦，站穩腳跟，沉著應付，朋友要交，心中有數」等方針，[3] 並由高層密集出國訪問來改善處境，例如外交部長錢其琛在 1989-91 年間便出訪達 75 國次。但有助其突破困境的真正關鍵還是美國的態度，以及特別是 1990 年底波斯灣戰爭爆發後的國際情勢。在面對中東局勢的挑戰下，由於有出兵波灣以維護區域和平及國家利益的必要性，而此又有賴中國這個安理會常任理事國的配合；據此，北京不僅利用時機強化與美國的高層互訪，華府自 1992 年起開始將對華態度定調為「交往而非對抗」，加上同年底就任的 Clinton 也以推動政治民主與經濟自由的擴大戰略取代圍堵政策，這些都有助中國的脫離孤立。

3　相關方針見《鄧小平文選：第三卷》（北京：人民出版社，1993 年），〈社會主義的中國誰也動搖不了〉，頁 328-334，〈堅持社會主義，防止和平演變〉，頁 346-348，〈中國永遠不允許別國干涉內政〉，頁 361-364。有時也簡化為「冷靜觀察，韜光養晦，站穩腳跟，有所作為」之十六字方針，見唐家璇，〈當前國際形勢與我國對外關係〉，《解放軍報》，1994 年 3 月 7 日。

　　事實上，中國的對外方針與外交政策儘管經常受某些個人（早期的周恩來或後來的鄧小平）與特定國內環境（例如文化大革命）左右，國際環境變化仍對其造成重要影響。針對後冷戰初期國際體系架構與內涵變化，並基於 1980 年代以來改革開放政策達成的正面效果，中國在提高實質權力地位之餘，也開始調整其外交政策。正如鄧小平的看法：「……美蘇壟斷一切的情況正在變化；世界格局將來是三極也好，四極也好，五極也好，蘇聯總還是多極中的一個，不管它怎麼削弱，甚至有幾個加盟共和國退出去。……所謂多極，中國算一極。中國不要貶低自己，怎麼樣也算一極。」除自我肯定外，中國更須解決因新時代來臨所浮現之新挑戰，特別是所謂「和平演變」（peaceful transformation）問題；尤其在東歐變局與蘇聯崩解，導致共產主義頓成弱勢，民主自由制度則成為主流意識形態後，身為碩果僅存共黨政權之一的中國，當然不免有危機意識感。

　　儘管政權合法性受到莫大壓力，鄧小平仍強調，「要頂住這股逆流，旗幟要鮮明，因為如果我們不堅持社會主義，最終發展起來只不過是一個附庸國，而且連想發展起來也不容易。」至於辦法在對內方面是繼續強調「四個堅持」與改革開放的平行發展性，對外則實施決不當頭的「睦鄰政策」，並建構對其有利的同盟關係，亦即展開所謂「夥伴外交」策略；此策略一方面希望透過擱置意識型態爭議來迴避和平演變壓力，同時代表中國在邁向真正強權國家途中，所採取的過渡性手段，亦即利用「準同盟」（quasi-alliance）關係，既收到拉攏接觸重要國家之效，卻又暫時無須負擔義務（請參考第八章詳述）。

參　自我定位與大國政策發展

　　進言之，中國的「大國外交」政策既與它在國際新結構中的相

對位置變化有關，也源自對自身國際定位的態度。正如閻學通所言：
「……冷戰結束後，中國崛起的勢頭越來越明顯，國人也感到中國在
世界上的國際地位不斷提高。」[4]這種中國崛起（China Rising）論調
不僅是其國內知識界普遍共識，也是大國外交政策的重要出發點。
值得注意的是，中國的「自我大國形象」不僅根源於其長遠歷史傳
統，亦延續自中共建政初期的自我宣傳，例如周恩來在參與 1954 年
日內瓦會議前便宣稱：「中國是一個大國，……我們是登上國際舞台
了。」但因受制於美蘇冷戰結構現實，毛澤東在 1964 年只好對來訪
的法國議員說：「法國是小國，中國是小國，只有美國和蘇聯才是大
國。」直到冷戰後期，由於國際結構鬆動加上中國開始推動新經濟政
策，鄧小平在 1984 年便提到：「中國是個大國，又是個小國；所謂
大國就是人多，土地面積大，小國就是發展中國家。……中國是名符
其實的小國，但也是名符其實的大國，因為在聯合國安理會常任理事
國中，中國算一個」；1985 年又說：「世界上的人在議論國際局勢
的大三角，坦率地說，我們這一角的力量是很單薄的。……我們算是
一個大國，但這個大國又是一個小國。」可見其對自身力量既肯定但
又保守的矛盾評估。

　　無論如何，由於蘇聯解體與冷戰落幕，致使中國不必在衝突背景
中去考慮安全問題，而經濟與軍事影響力的上升，亦可使其在塑造周
遭環境時扮演更積極的角色。尤其在後冷戰時期國際局勢的劇烈變化
中，包括 1979-93 年間高達 16.8% 的奇蹟式平均成長率，以及其繼續
抗拒第三波民主化浪潮對其政治結構調整的壓力等事實，都使觀察家
們普遍對中國的未來採取樂觀評估，並認為它將成為美國霸權地位的

4　閻學通等，《中國崛起：國際環境評估》（天津：天津人民出版社，1998 年），頁 58。

新競爭者。相對地，對中國領導者來說，自也希望利用這個契機來提升國家安全乃至取得大國影響力。特別是在 1995-96 年對台文攻武嚇失敗後，根據綜合國力「重量不重質」的政策思考漸占上風，「大國論」也正式成型。在 1997 年十五大推出「大國關係正深刻調整」的論斷後，一方面諸如「大國」、「亞太大國」、「區域大國」或「最大的發展中國家」常被用於自我描述用語，至於「大國關係」或「大國外交」也隨著成為外交論述的重點。大體來說，其政策焦點包括以下幾個部分：

（一）提倡或推動「多極格局」概念對抗美國「單極稱霸」戰略

例如江澤民在十五大對國際情勢的評估：「……多極化趨勢在全球或地區範圍內，在政治與經濟等領域都有著新的發展，世界上各種力量出現新的分化與組合。」與其說這是某種主觀認定，毋寧說它是中國希望能客觀推動的結果，目的是用以對抗美國以「單極」為主的後冷戰時期國際戰略。

（二）倡議「國際新秩序」以建立正當性基礎

相較於美國 Bush 總統在 1990 年倡導的世界新秩序，中國則從「和平共處五原則」出發，強調「每個國家都有權根據本國國情選擇自己的政治、經濟和社會制度，世界各國，特別是大國必須嚴格遵守不干涉他國內政」，目的當然是嚇阻西方（美國）的和平演變與「新干涉主義」策略。接著是重申「反霸」；例如趙紫陽在第六屆人大會議便提到：「中國絕不謀求霸權，……不管誰在什麼地方搞什麼樣的霸權主義，我們都堅決反對。」鄧小平也在 1990 年時說：「我們千萬不要當頭。……這個頭我們當不起。……中國永遠站在第三世界一邊，中國永不稱霸，中國也永遠不當頭。」此態度與前述多極格局主

張其實是相呼應的。

（三）提出「新安全觀」回應美國主導的傳統現實主義

對中國來說，後冷戰初期的中蘇關係正常化發展，固然無形中解除自 1960 年代以來面臨最大的潛在威脅，不過，包括繼續遂行「保台制中」策略、藉由擴大《美日安保條約》範圍來提升代理人地位，以及透過 TMD 與 NMD 等系統來強化對東亞地區甚至全球的影響力等美國企圖壓制中國的政策，仍是主要隱憂。對此，中國基本上是以擴大軍備更新及強化對區域性問題的獨立介入性作為回應。

（四）以廣泛的「夥伴關係」來為大國地位築基

正如前述，中國自 1994 年以來便透過複雜且多層次的夥伴關係，與各主要的區域國家建立起一套新外交架構。

（五）透過「特使外交」來強化外交積極性

例如中國在 2002 年派出首任中東問題特使前往該地區進行斡旋工作，不啻扭轉了過去「不具體介入問題」的傳統政策立場，接著又於陸續針對若干國際熱點，於 2003 年派出朝鮮半島問題特使，2007年派出氣候變化談判特別代表與非洲事務特別代表（一段時間兼任達富爾問題特使）、2013 年派出亞洲事務特使（目前主要處理緬甸事務）等（詳見表 6.1）。其實除前述具常任性質的「問題特使」之外，中國也針對若干重要地區，例如在 2008 年派出首任駐東協大使，並經常針對特殊個案派遣特使，[5]充分顯示出越來越「大國化」的外交政策內涵趨勢。

5　例如 2008 年派何亞非為特使斡旋印巴衝突、2009 年派戴秉國為特使斡旋六方會談、2014 年派張業遂為特使處理馬航問題等，另外也針對總統就職、建國慶典、重要國際會議或政治顯要人物喪禮等派出「儀式特使」。

表 6.1　中國派出常設性駐外特使概況

頭銜	人員更迭
駐歐盟大使	2001 關呈遠、2008 宋哲、2012 吳海龍、2014 楊燕怡、2017 張明
中東問題特使	2002 王世杰、2006 孫必乾、2009 吳思科、2013 宮小生、2019 翟雋
朝鮮半島問題特別代表 *	2003 寧賦魁、2005 李濱、2007 陳乃清、2009 楊厚蘭、2010 武大偉、2017 孔鉉佑
氣候變化談判特別代表	2007 于慶泰、2010 黃惠康、2013 高風、2015 解振華
非洲事務特別代表	2007 劉貴今、2012 鍾建華、2016 許靜湖
駐東盟大使	2008 薛捍勤、2011 佟曉玲、2012 楊秀萍、2015 徐步、2018 黃溪連、2020 鄧錫軍
亞洲事務特使	2013 王英凡、2015 孫國祥
阿富汗事務特使	2014 孫玉璽、2015 鄧錫軍、2020 劉健
駐非盟大使 **	2015 曠偉霖
拉美事務特別代表	2015 殷恆民、2018 劉玉琴
敘利亞問題特使 ***	2016 解曉岩
歐洲事務特別代表	2019 吳紅波

註：* 原稱「朝鮮半島問題特使」，2010 年後改為現稱；
　　** 前 3 任駐非盟大使 2005 林琳、2008 顧小傑、2011 解曉岩為駐衣索比亞大使兼任；
　　*** 2012 年曾派翟雋為特使介入敘利亞問題，但非常設性質。

（六）陸續發布區域外交白皮書提供政策指引

　　新入新世紀後，為因應其愈趨積極之全球布局，自 2003 年起，中國陸續針對歐盟、非洲、拉丁美洲、阿拉伯國家，乃至北極問題等發布政策白皮書（見表 6.2），一方面提供區域政策指引，同時也針對特定區域並配合時事背景，陳述或詮釋自身作為。

肆　推動中國特色大國外交與主場外交

　　從 2012 年「十八大」到 2017 年「十九大」報告，中國對內外部環境的判斷都是：「國內外形勢正發生深刻複雜變化，我國發展仍處

表6.2　中國針對特定區域事務白皮書文件

時間	文件名稱	相關背景
2003.10	中國對歐盟政策文件	2003 年美國發動伊拉克戰爭
2006.01	中國對非洲政策文件	2006 年首屆中非合作論壇高峰會
2008.11	中國對拉美和加勒比政策文件	2008 年全球金融海嘯
2014.04	中國對歐盟政策文件 2	2009 年歐債危機、2013 年一帶一路戰略
2015.12	中國對非洲政策文件 2	2015 年中非論壇 15 周年
2016.01	中國對阿拉伯國家政策文件	2013 年一帶一路戰略
2016.11	中國對拉美和加勒比政策文件 2	2015 年中拉論壇首屆部長級會議
2018.01	中國的北極政策	2017 年中俄宣示共同推動冰上絲綢之路
2018.12	中國對歐盟政策文件 3	2017 年美國 Trump 上台推動新保護主義

於重要戰略機遇期」，事實上這也是新世紀以來北京的一貫思路與視角；不同的是，與最初主要著眼「消極應變」不同，如今更重視的或許是「積極建構」。對此，繼外長王毅 2013 年 6 月在清華大學「世界和平論壇」上講述中國「正在探索之中國特色的大國外交政策」後，2014 年的中央外事工作會議進一步正式確立「中國特色大國外交」理念的指導地位，[6]核心內容是自許在國際上更好地發揮負責任大國作用。

　　根據中共外交部黨委 2016 年 3 月在《求是》上發表的〈黨的十八大以來中國特色大國外交理論與實踐〉指出，所謂「習近平外交思想」主要強調對外工作要有「鮮明的中國特色、中國風格、中國氣派」，在正「進入了實現中華民族偉大復興的關鍵階段」的情況下，

6　中央外事會議對此闡釋的原則包括：主張合作共贏，樹立雙贏、多贏、共贏的新理念；主張結伴而不結盟，在堅持不結盟原則的前提下廣交朋友；主張維護國際關係基本準則，堅持不干涉內政而又積極介入國際事務；主張堅決捍衛國家核心利益，堅持和平解決爭端；主張建立新型大國關係，力爭擺脫新興大國與守成大國走向衝突對抗的老路。

對外工作應設法維護和延長此一重要的戰略機遇期，以實現「兩個一百年」爲奮鬥目標，最終實現民族復興使命並打造人類命運共同體。據此，主要手段是在堅持不結盟原則的前提下積極建設夥伴關係，然後逐步構建全方位、多層次、立體化的外交布局。值得注意的是，外長王毅每年都對相關工作進行某種總結式描述，例如，2013年是「中國特色大國外交的開局之年」，2014年是「布局之年」也是「中國外交全面進取的豐收之年」，2015年是「中國特色大國外交全面推進之年」，2016年是「中國外交攻堅克難、開拓進取的重要一年」，2017年是「中國外交回顧總結與開啓新篇之年」，至於2018年則是所謂「習近平新時代中國特色社會主義思想指引下中國特色大國外交的開局之年」。

於此同時，外長王毅在回答媒體關於2014年中國外交展望時，將主辦5月亞洲相互協作與信任措施會議（亞信會議）和11月APEC峰會首度冠以「主場外交」之名，隨即引發熱議。事實上，「多邊爲重要舞台」本爲中國外交政策重要指導原則之一，近期尤其爲回應並抵消所謂「中國威脅論」，並藉此塑造「負責任大國」形象，多邊機制的地位越來越重要，積極參與既存多邊平台（例如APEC或ARF）或自創品牌（例如ABF或AIIB）並提出倡議尤爲重頭戲。關於2014年迄今中國自稱之「主場外交」，可整理歸納如表6.3；其中，2015年9月的閱兵其實並未被官方列入，另外，2014-16年與2018年雖列入博鰲論壇，但2017年與2019並未列入亦頗爲有趣。

至於究竟何謂「主場外交」？中國前駐瑞典、紐西蘭大使陳明明認爲，主場外交要具備兩個條件，一是在中國召開，二是多邊的，亦即至少涉及3個國家以上；上海國際問題研究院院長陳東曉指出，主場外交應包含3層含義，一是明確外交活動的「地理場域」，亦即在

本國（境）內而非國（境）外開展，二是明確東道主對外交活動的「能動性」，可發揮重要乃至主導作用，三是明確外交活動對服務本國總體外交任務具「積極正面作用」。

表 6.3　2014-2019 年中國的主場外交

年代	內容
2014	4 月亞洲博鰲論壇 ABF 年會、5 月亞洲相互協作與信任措施會議 CICA 高峰會 11 月亞洲經濟合作 APEC 高峰會
2015	1 月中國—拉共體論壇首屆部長級會議、3 月亞洲博鰲論壇 ABF 年會 9 月抗戰暨世界反法西斯戰爭勝利 70 周年閱兵 11 月中國—中東歐國家領導人 16＋1 會晤、12 月上海合作組織 SCO 總理理事會
2016	1 月亞洲基礎設施投資銀行 AIIB 開業儀式 3 月亞洲博鰲論壇 ABF 年會、9 月二十國集團 G20 高峰會
2017	1 月亞洲博鰲論壇 ABF 年會 5 月一帶一路國際合作高峰論壇、9 月金磚國家 BRICS 高峰會
2018	4 月亞洲博鰲論壇 ABF 年會、6 月上海合作組織 SCO 高峰會 9 月中非合作論壇高峰會、11 月中國國際進口博覽會
2019	3 月亞洲博鰲論壇 ABF 年會 4 月一帶一路國際合作高峰論壇、4-10 月世界園藝博覽會 5 月亞洲文明對話大會、11 月中國國際進口博覽會

第二節　多極化外交：結構變遷之挑戰與回應
Multi-polar Diplomacy: Interacting with the Major Powers

作為當前中國外交戰略重點之一的「多極化」目標，內涵大體上包括以下幾個部分：首先，中國認為多極化乃國際政治發展趨勢，它將與經濟全球化同時構成對未來中長期國際形勢判斷的基礎與制定自身對外政策的依據；其次，中國主張多極化有利於世界和平與穩定，

亦即它「不僅符合世界人民的利益，而且也符合中國的利益」；最後，中國將設法積極推動並鞏固此一多極化趨勢。為達成此目標，中國既需瞭解自身定位，也得出動出擊來營造有利環境；例如中國在後冷戰時期高層頻繁出訪（參考第二章第三節），便不只是種爭取生存的「國際布局之旅」，也是利用美國單邊主義招致反彈時催生多極化世界的作為。

結構轉換下的策略演進

　　根據實際綜合國力與外交政策之間的互動關係，歷經 1950-60 年代的「依賴期」及 1970-80 年代的「自主期」，1990-2000 年代堪稱「發展期」，至於 2010 年代以來則具備某種「擴張期」特徵。不管為破解西方（美國）圍堵政策而必須採取預防措施、防止各大國支持其內部分離主義勢力，抑或繼續爭取有助於推動改革開放之外部環境，中國對本身作為國際政治中「一極」或世界「五強」之一的期許與肯定，透過「大國外交」主軸進行的高層互訪、建構夥伴關係網絡、大幅汰舊更新軍備，以及藉由安理會常任理事國地位進行發言等舉措，不僅有助於拉高其地位，也讓許多人推論它將成為美國「並駕齊驅的競爭者」；如 Niall Ferguson 在 2007 年創造「中美國」（Chimerica）這個新詞彙，[7] 強調由最大消費國（美國）與最大儲蓄國（中國）構成的利益共同體，將對全球經濟帶來重大影響；緊接著 Fred Bergstan 更於 2008 年提出所謂「G2」概念，[8] 主張中美兩國應建立平等協商領導

---

[7] Niall Ferguson and Moritz Schularick, "Chimerica and the Global Asset Market Boom," *International Finance*, 10:3(2007), pp. 215-239.

[8] Fred Bergstan, "A Partnership of Equals: How Washington Should Respond to China's Economic Challenge," *Foreign Affairs*, July/August 2008; http://www.foreignaffairs.com/articles/64448/c-fred-bergsten-a-partnership-of-equals

全球經濟事務的模式。

　　當然，調整與當前霸權國家之間的關係，乃是大國外交的主要努力方向。特別是在美國採取「預防性防禦」（preventive defense）策略，擴張解釋美日安保條約的適用範圍，甚至試圖自其全國飛彈防禦系統（NMD）延伸出一道部署在西太平洋地區（日本、南韓與台灣）的戰區飛彈防禦體系（TMD）後，中國除表達批判態度，也採取軟硬兼施兩手策略，一方面與美國建立戰略夥伴關係，同時始終以第三世界國家角度抨擊華府霸權作為，甚至還出現所謂「超限戰」的「不對稱戰爭」觀點。從某個角度看來，目前的中美俄三角關係似乎重回1950 年代態勢，差異在於當時中國乃蘇聯的附庸國家，如今中俄則在共同抗美時站在較均等的地位上。

　　有關中國與當前主要國際勢力的關係，請見表 6.4 與本書相關敘述。至於在第三世界問題方面，正如第三章所述，「南南合作」自1980 年代後已隱然成為中國對外政策重心之一，北京不僅在 1981 年出席首屆南北對話高峰會，1986-90 年間更向 47 個非洲國家提供 117套經濟合作計畫，從中國身為全球中低所得國家身分，[9]卻對世界上半數國家提供援助的事實看來，當可瞭解相關議題在其政策中的重要性。最後在參與多邊組織及塑造國際新秩序議題上，自 1971 年獲得聯合國席位代表權後，北京便開始積極利用此一舞台來拓展外交，主要策略則如鄧小平所言：「聯合國安全理事會常任理事國，中國算一個，中國這一票是第三世界的，是名副其實屬於第三世界不發達國家的。」充分顯示出聯合國組織對中國的工具性價值。特別在 1980 年

9　根據世界銀行統計，中國人均 GDP 在 1990 年排名 131 位，2000 年微升至 119 名，儘管2010 年後 GDP 總量躍居全球第二，人均 GDP 仍僅排 94 名，2017 年則來到 74 名。

代後，中國將矛頭指向傳統超強，積極推動「裁軍」與「非核化」議題並擴大參與聯合國周邊組織，進而將觸角深入 APEC（1991 年加入）及新成立的 WTO（2001 年加入）等單位；其目的固然希望提高國際參與，也希望藉此縮小台灣的外交空間。

　　總而言之，在國家發展成果與國際環境等國內外結構轉換都趨向有利後，中國也相當理性地利用此契機重新塑造其外交戰略，至於結果自然會帶來其與傳統大國之間關係的質變。

表 6.4　中國與主要國際勢力關係

國家	衝突點	合作點
美國	台灣問題 貿易平衡與人民幣升值問題 區域與全球戰略競爭關係	朝鮮半島無核化 全球反恐合作
俄國	遠東地區安全與發展問題 中亞地區影響力	推動中亞反恐行動 抵制美國單邊主義 伊朗、阿富汗與北韓問題
日本	釣魚台主權歸屬 西伯利亞與東海油田爭奪 參拜靖國神社與歷史爭端 台灣問題 美日安保區域戰略安排	維持區域金融秩序 東北亞次區域經貿合作
歐盟	武器禁運問題 貿易逆差問題 非洲與中亞能源爭奪	抵制美國單邊主義 雙邊貿易互惠合作

貳 中美關係：潛在衝突性下的交往

　　一般認為，相對於過去歐洲、日本與南韓等美國競爭對手，中國顯然有所不同：首先在追趕速度方面，中國廠商的價格競爭壓力使美國幾乎沒有足夠的時間回應；其次在廣度方面，中國正以「世界工

廠」式的全方位競爭挑戰著美國的優勢;第三,與日韓等國採取保護政策不同的是,中國全面引進外資來發展;再者在市場規模上,中國亦逐漸成為許多產品(如汽車與手機)的最大市場;最後則是中國的加入 WTO,將部分限制美國單方面對其採取對策。總之,中國在全球經濟結構中的越來越活躍不僅正面支持「中國崛起」論,也在美國內部引發不同的意見:例如一派認為,由於中國將焦點放在經濟發展與國際地位上,短期間與美國發生衝突的機率其實並不高,但另一派則強調權力政治的本質,認為「權力極大化」乃所有強權國家的共同目標,而中國也將盡其所能地拉大與其鄰國之間的差距。正如某些評論觀察家所指出的:「中國不可以太貧窮,因為會造成美國的負擔,但中國也不可以太富有,因為它同樣會成為美國的負擔,只有不死不活的中國才是美國的最愛。」可見美國對中國的矛盾心態。

正如表 6.5 所見,中美關係在 1990 年代 Clinton 任內基本上雖呈現正面發展的格局,但 2000 年後逐漸呈現下列複雜格局:

(一)美國對中國推動「以圍堵為主之交往」政策

繼「中國崛起」所帶來的「中國威脅」,讓 Bush 在 2000-04 年第一任期將中國由「戰略夥伴」轉向「戰略競爭者」設定,同時為因應包括台灣海峽、朝鮮半島與中東等「不安定弧形地帶」緊急狀況所需,華府不斷修改計畫增加亞太軍事部署。2009 年 Obama 上任後,國務卿 Hillary Clinton 首先選定東亞作為出訪首站(1960 年代以來美國國務卿第一次將首度出訪地選在亞洲),同年底於東協峰會宣布美國將「重返亞洲」後,2011 年還以〈美國的太平洋世紀〉為題撰文,Obama 更聲稱自己是「美國第一個太平洋總統」,至於 2015 年推動與日本簽署新版防衛指針,目標當然都在落實圍堵中國上面。

表 6.5　1972 年後中美關係大事記

年代	重要發展
1972	美國總統 Nixon 訪問中國並簽署《上海公報》
1973	中美雙方在首都設立辦事處
1978	雙方簽署《建交公報》並於翌年正式派駐大使
1979	鄧小平成為中共建政後首位訪美的中國高層 美國總統 Carter 批准《台灣關係法》成為美台互動新架構
1982	中美雙方簽署《八一七公報》規範美國對台軍售問題
1985	國家主席李先念訪問美國，是中國國家元首首度訪美
1989	美國針對「六四天安門事件」發起全球性制裁
1996	美國派遣兩艘航空母艦回應中國在台灣海峽的飛彈演習
1997	江澤民訪美與 Clinton 簽署《聯合聲明》建立「建設性戰略夥伴關係」 雙方建立副總長級防務磋商機制
1998	雙方簽署《兩國國防部關於建立加強海上軍事安全磋商機制的協定》 3 月《中美和平利用核能合作協定》正式生效 6 月，美國總統 Clinton 訪中就南亞問題、生物武器公約議定書和殺傷人員地雷問題發表了三個《聯合聲明》
1999	中美簽署關於中國加入世貿組織的雙邊協定 美國誤炸中國駐南斯拉夫大使館
2000	美國總統 Clinton 簽署《對華永久正常貿易關係法案》
2001	4 月發生南海軍機擦撞事件
2005	雙方在 8 月舉行首度「中美戰略對話」 11 月簽署《關於紡織品和服裝貿易的諒解備忘錄》
2006	中美舉行首度「中美戰略經濟對話」
2007	兩國間發生一系列有關「中國產品安全問題」貿易摩擦
2008	雙方建立國防部「熱線」機制
2009	7 月推動首輪「中美戰略與經濟對話」 11 月美國總統 Obama 訪華，強調將建立並深化戰略互信
2010	5 月啓動首次雙邊「人文交流高層磋商機制」
2011	1 月胡錦濤赴美進行國是訪問並發表聯合聲明 5 月推動首輪「中美戰略與安全對話」 美國積極介入「南海問題」引發雙方對峙發展
2012	習近平赴美進行國是訪問並倡議建構「新型大國關係」

表 6.5　1972 年後中美關係大事記　（續）

年代	重要發展
2013	習近平赴美進行國是訪問並推動「跨太平洋合作」 雙方針對全球氣候變遷問題於 4 月發表《聯合聲明》 11 月中國宣布設置「東海防空識別區」 12 月發生中美軍艦南海對峙事件
2014	美國總統夫人 Michelle 訪華進行「夫人外交」 中國首度參與美國主導之「環太平洋演習」 11 月美國總統 Obama 訪華參與 APEC 並發表聯合聲明
2015	習近平赴美進行國是訪問，發表《氣候變化聯合聲明》，並簽署《軍事危機通報與空中相遇準則》 10 月美國針對南海進行「航行自由」行動 11 月新加坡「馬習會」；12 月，Obama 上任以來第二度對台軍售 12 月舉行首次「打擊網路犯罪及相關事項高級別聯合對話」
2016	美國總統 Obama 訪華參與 G20 峰會 美韓發表聯合聲明決定部署薩德系統，中國表示反對 12 月美國總統當選人 Trump 與蔡英文通電話
2017	4 月習近平訪美，雙方宣布建立外交安全對話、全面經濟對話、執法及網絡安全對話、社會和人文對話等 4 個高級別對話機制 11 月 Trump 訪華
2018	美國總統 Trump 批准《台灣旅行法》與《西藏對等旅行法》 美國以貿易逆差為由，對中國發起「貿易戰」，雙方相互提高關稅
2019	美國總統 Trump 批准《香港人權與民主法案》 8 月美國財政部將中國列入「匯率操縱國」

（二）雙方在外交戰場上進行「軟同盟」競賽

相對美國前述的軟硬兼施策略，中國則試圖以「聯俄制美」與「聯歐制美」（見下段敘述）回應，後者例如中國自 2004 年起便明顯加強與法德兩國關係，企圖在解除禁運後透過購買高科技武器（法國幻象 2000 與德國潛艇）來進行拉攏，以便抵銷美國在台海爭議中的關鍵地位（同時強化對原先武器來源國俄國的議價能力）。為加以反制，美國一方面重申反對歐盟解禁軍購，也設法藉由「聯日制中」

來壓制；例如 2005 年默示支持日本將安保條約涵蓋區域擴及朝鮮半島、台灣和北太平洋地區，而美國亦不斷強調自己是太平洋國家，將與日、韓、澳洲、印度等盟國共同合作確保區域穩定，於此同時，中國則開始掀起反日浪潮，可見中美激烈交鋒程度。

（三）短期內雙方仍陷入「和戰交錯」僵局

在伊拉克戰爭泥沼與北韓核武爭議之雙重壓力下，美國 2005-06 年一度被迫將中國由「戰略競爭者」再度轉向設定為「利益相關者」（stakeholders）。當然，中美之間存在若干明顯矛盾，例如美國希望中國在部分議題（全球反恐、六方會談與伊拉克善後）上支持其戰略利益，對此，由於中國的參與也有助於提升國際地位，甚至解決部分國內問題（例如分離主義活動），因此未必反對，但在另一些問題（例如台海問題以及包括開放市場、智慧財產權與人民幣貶值等）上，兩國則顯然存在衝突面向。在可見的未來，中美應該仍繼續維持「和戰交錯」局面；例如，由於怕擦槍走火，中美在 1997 年建立「防務磋商機制」並於翌年簽署《海上軍事安全磋商協議》後，美國在 2003-04 年向中國建議設置「軍事熱線」與「危機管理機制」，並於 2008 年獲得落實。於此同時，基於中美關係錯縱複雜，繼 2006 年啟動兩國成立「戰略經濟對話機制」，[10] 2010 年建立「人文交流高層磋商機制」，2011 年召開首次「戰略與安全對話」，以及 2015 年舉行副總理級「打擊網路犯罪及相關事項高級別聯合對話」，2017 年習近平訪美後，雙方更進一步整合前述經驗，宣布建立外交安全對話、全面經濟對話、執法及網絡安全對話、社會和人文對話四個高級別對

10　2006 年 12 月由中國國務院副總理吳儀和寶森分別作為兩國元首特別代表共同主持對話，乃史上規格最高的雙邊經濟主管官員交流，在中美關係史上具有重大里程碑意義。

話機制。這些安全閥都具有重要象徵意義。

（四）從「重返亞洲」到「印太戰略」不斷升高雙方對峙態勢

　　自 2005 年美國被排除在東亞高峰會（EAS）後，2006 年小泉首相下台後的政局動盪一度將日本推向中國（直到 2012 年安倍上台為止），2008 年中日韓首度召開正式三邊峰會也似乎代表此區域大國正試圖凝聚某種自主意識，再加上 2008 年台灣政黨輪替後兩岸關係大幅改善，以及中國與東協自貿協定於 2010 年正式生效，美國的危機意識可以想見；對此，繼國務卿 Hillary 在 2009 年發表「重返亞洲」演說後，美國首先在 2011 年爭取參與東亞高峰會，並於 2012 年香格里拉對話中宣布將推動「亞太再平衡」，由此既促使中國在 2012 年正式組織航母編隊並於 2013 年公告「東海防空識別區」加以反制，2017 年 Trump 上任後提出之所謂「印太戰略」則不啻將美國對中國包圍圈，從西太平洋延伸至印度洋，2018 年發起之貿易戰更將中美推向某種對峙高峰。

　　正因為中美對抗態勢愈發明顯，儘管 Graham Allison 在 2017 年所謂「修昔底德陷阱」之論證雖未必符合邏輯，[11] 依舊引發全球關注議論，至於美國國務院政策規劃主任 Kiron Skinner 在 2019 年則將中美衝突定性為「文明衝突」，聲稱中國是美國首次遇上的「非白人競爭對手」，且兩者是「全然不同文明和不同意識形態的對抗」，由此將為美國造成更大且更長期的威脅，其程度甚至將超過當年的蘇聯，後續發展亦值得注意。

---

11 Graham Allison, *Destined for War: Can America and China Escape Thucydides's Trap?* (New York: Mariner, 2017).

參　中俄關係：維持緊密同盟互動

　　中俄關係在 1989 年完成正常化後，自 1990 年代起有進一步發展。儘管中俄合作關係仍有隱憂，特別是俄國內部關於「大西洋主義者」（傾向西化）與「歐亞主義者」（反對過度西化）的爭論以及對「中國威脅論」之反應，而中蘇共長期對峙經驗亦勢必讓中國保持謹慎。不過，由表 6.6 可以發現，在 Yeltsin 在 1992 年訪華而江澤民也在 1994 年回訪後，相較中美互動詭譎多變，中俄在後冷戰時期的互動不啻呈現出正面發展且快速提升態勢。根據江澤民的說法，中俄友好關係具有 4 點基礎：毗鄰而居，互為最大鄰國，增進信任並保持關係穩定發展符合雙方的根本利益；都有巨大的國內市場，且目前都不斷深化經濟改革，為兩國合作提供新的機遇；都是世界大國，又都是聯合國安理會常任理事國，共同致力世界和平與發展有助於世界繁榮和穩定；兩國人民有著傳統友誼，彼此都希望成為好朋友、好鄰居、好夥伴。胡錦濤則在 2010 年就加強雙邊戰略協作提出 4 點建議：加強在 G-20 機制化問題上的協調配合，提高國際事務話語權並維護兩國和發展中國家正當權益；密切溝通以共同維護地區和平穩定；加強反恐合作並共同打擊三股勢力；加強在氣候變化與能源安全等重大議題的合作。

　　對中國來說，中俄關係既與其「周邊外交」策略密切相關（俄國乃中國邊界最長、面積最大且實力最強的鄰國），也是當前以抗美為主之「大國外交」國際布局的核心要素。至於其雙邊互動實質進展，可由以下幾個方面切入：

表 6.6　後冷戰時期中俄關係大事記

年代	重要發展
1991	中俄兩國簽署《會談紀要》，解決兩國關係繼承問題
1992	Yeltsin 訪華並簽署《關於中俄相互關係基礎的聯合聲明》
1994	江澤民訪俄並簽署《聯合聲明》，決定建立戰略夥伴關係，並簽署《關於互不首先使用核武和互不將戰略核武瞄準對方的聯合聲明》
1996	Yeltsin 訪華並宣布將建立「平等信任、面向 21 世紀的戰略協作夥伴關係」與雙方高層熱線機制
1997	江澤民訪俄並簽署《關於世界多極化和建設國際新秩序的聯合聲明》 Yeltsin 訪華並簽署《共同經濟利用邊界河流的個別島嶼及其附近水域的指導原則協定》，《俄聯邦各主體政府和中國地方人民政府合作原則協定》，《俄中經濟和科技合作基本方針諒解備忘錄》，《從俄國東西伯利亞地區鋪設天然氣管道和開發科維克京斯克凝析油田備忘錄》
1998	江澤民訪俄並簽署《關於中俄邊界問題的聯合聲明》與《關於世紀之交中俄關係的聯合聲明》等
1999	Yeltsin 訪華並簽署了《關於共同經濟利用中俄邊界地段個別島嶼及其附近水域協定》，同年啓動兩國總理定期會晤機制
2000	Putin 訪華並簽署《中俄北京宣言》和《中俄關於反導問題聲明》
2001	江澤民訪俄並簽署《中俄睦鄰友好合作條約》與《莫斯科宣言》
2002	Putin 訪華並簽署《聯合聲明》
2003	胡錦濤訪俄並簽署《聯合聲明》
2004	Putin 訪華並簽署《聯合聲明》與《中俄關於國界東段補充協定》
2005	胡錦濤訪俄並簽署《聯合公報》與《關於 21 世紀國際秩序聯合聲明》
2006	Putin 訪華出席「俄羅斯年」開幕式並簽署《聯合聲明》
2007	胡錦濤訪俄出席「中國年」活動，簽署《聯合聲明》與 30 項經濟合作協議
2008	Medvedev 訪華並簽署《關於重大國際問題的聯合聲明》
2009	胡錦濤訪俄並簽署《聯合聲明》，雙方協議：俄方將以 20 年內每年 1,500 萬噸原油換取中國 250 億美元貸款
2010	Medvedev 訪華並簽署《關於全面深化戰略協作夥伴關係的聯合聲明》
2011	胡錦濤訪俄並簽署《關於當前國際形勢和重大國際問題的聯合聲明》
2012	Putin 訪華並簽署《關於進一步深化平等信任的中俄全面戰略協作夥伴關係的聯合聲明》，中國舉辦「俄羅斯旅遊年」
2013	習近平訪俄簽署《關於合作共贏、深化全面戰略協作夥伴關係聯合聲明》，稱中俄關係是「世界上最重要的一組雙邊關係」和「最好的一組大國關係」 俄羅斯舉辦「中國旅遊年」

表 6.6　後冷戰時期中俄關係大事記　（續）

年代	重要發展
2014	習近平訪俄並參與索契冬季奧運，中國舉辦「俄羅斯青年友好交流年」 Putin 訪華並簽署《關於全面戰略協作夥伴關係新階段的聯合聲明》
2015	習近平訪俄，雙方簽署《關於深化全面戰略協作夥伴關係、倡導合作共贏的聯合聲明》與《關於絲綢之路經濟帶建設和歐亞經濟聯盟建設對接合作的聯合聲明》 中俄首度在地中海與黑海地區舉辦海軍聯合演習 Putin 訪華參與反法西斯戰爭七十周年閱兵典禮 俄羅斯舉辦「中國青年友好交流年」
2016	Putin 訪華並簽署《關於協作推進資訊網路空間發展的聯合聲明》、《關於加強全球戰略穩定的聯合聲明》、《關於促進國際法的聯合聲明》 中國舉辦「俄羅斯媒體交流年」
2017	習近平訪俄並簽署《關於進一步深化全面戰略協作夥伴關係聯合聲明》與《關於當前世界形勢和重大國際問題的聯合聲明》 雙方外交部發表《關於朝鮮半島問題的聯合聲明》 俄羅斯舉辦「中國媒體交流年」
2018	Putin 訪華並簽署《聯合聲明》 中國舉辦「俄羅斯地方合作交流年」
2019	習近平訪俄並簽署《關於加強當代全球戰略穩定的聯合聲明》與《關於兩國發展新時代全面戰略協作夥伴關係聯合聲明》，稱 Putin 為「最好的朋友」 中俄戰略轟炸機首度聯合在東北亞空中戰略巡航 俄羅斯舉辦「中國地方合作交流年」，啓動中俄東線天然氣管道供氣

（一）以軍事交流作為戰略合作核心

自從 1992 年俄羅斯首次向中國出售 26 架蘇愷 27 戰鬥機後，既拉開雙方軍事技術合作序幕，中國隨後也成爲俄羅斯武器最大買家。更甚者，由於美國推動 NMD 與 TMD 部署，2001 年並藉阿富汗戰爭進入中亞地區，既導致中俄面臨共同的戰略危機感，2006 年北約新一輪東擴（特別是針對喬治亞與烏克蘭）與 2007 年美國企圖在波蘭部署飛彈，亦使俄國感到巨大壓力。爲加以對抗，兩國既共同於 2003 年參與在上海合作組織框架內的聯合反恐演習，2005 年首度進

行聯合實兵演習，2012 年首度進行海上聯合演習，2015 年首度在同一年兩次舉辦聯合海上演習，2018-19 年中國首度參與俄羅斯境內實兵演習，2019 年雙方又首度進行空中戰略聯合巡航，交流層次呈現持續且顯著提升態勢。

（二）互動關係內涵持續提升

中俄自 1994 年推動「建設性夥伴關係」以來，1996 年提升為「平等與信任、面向 21 世紀的戰略協作夥伴關係」，2013 年再提升為「合作共贏、深化全面戰略協作夥伴關係」，2019 年更決定深化「新時代全面戰略協作夥伴關係」；除此之外，雙方不但在 2015 年宣布絲綢之路經濟帶建設與歐亞經濟聯盟建設對接合作，2016 年又宣稱在開放、透明和考慮彼此利益基礎上建立「歐亞全面夥伴關係」，未來可能吸納歐亞經濟聯盟、上海合作組織和東協成員加入。

（三）建構多渠道且頻繁的高層互動框架

中俄兩國國家元首除定期隔年互訪外，在其他國際場合中也密切來往，例如胡錦濤光是 2006 年便和 Putin 會晤 4 次，2010 年與 Medvedev 也有 6 度會面，習近平與 Putin 在 2013-19 年間更會面超過 30 次。於此同時，在俄國前總統 Yeltsin 在 1996 年訪華期間與江澤民共同宣布將建立兩國「總理定期會晤機制」後，同年 12 月便舉行首次會晤，翌年 6 月，雙方在北京舉行二度會晤後便簽署了《關於建立中俄總理定期會晤機制及其組織原則的協定》，自此啟動年度會面慣例。

（四）落實至民間層次之更廣泛交流

在前述正面氣氛下，雙方同時積極推動民間交流，包括相互辦理 2006-07 年「國家年」、2009-10 年「語言年」、2012-13 年「旅

遊年」、2014-15 年「青少年友好交流年」、2016-17 年「媒體交流年」、2018-19 年「地方合作交流年」與 2020-21 年的「科技創新年」等，顯示出由上而下的深化路徑。

（五）目前處於控制中但仍潛藏之雙邊矛盾

一般認為，儘管中俄關係自新世紀以來無疑「處於歷史最高水準」，習近平在 2019 年更稱俄羅斯是「搬不走的好鄰居、拆不散的真夥伴」，兩國關係基本格局短期內應不致有根本動搖，但絕非不存在挑戰。例如，中國經濟快速擴張拉開雙方差距、中國移民控制俄羅斯遠東地區貿易，2005 年松花江污染問題後續發展（2008 年簽署《合理利用和保護跨界水協定》基本解決）、中國在中亞影響力日增（例如俄國阻撓吉爾吉斯加入中國主導之跨國鐵路計畫）、2014 年俄羅斯併吞克里米亞，乃至 2020 年新冠肺炎危機等，都顯現出中俄態度之不同步發展。

肆 中歐關係：不穩定的合作互動

中國在 1975 年與歐洲經濟共同體正式建立關係後，1983 年接著與煤鋼共同體和原子能共同體建立關係，並決定每年舉行定期政治磋商以及在聯合國大會期間舉行外長會晤。值得注意的是，由於歐盟各國在 1980-90 年代普遍面對成長率低落、勞動生產率不振、企業利潤下滑與失業率居高不下經濟等困境，於是在 1994 年公布《走向亞洲新戰略》，積極與亞洲國家尋求政治對話管道，企圖利用東亞高速成長來保障歐洲於全球經濟中的領先地位。事實上，在歐盟公布前述新戰略之前，德國在 1993 年便展開「亞洲攻勢」並開始制定《亞洲外交藍圖》，法國則在 1994 年提出《法國在亞洲的主要行動綱領》，

希望 5 年內將對亞洲出口比重從 7% 提高至 10%，英國也決定將對亞太區域經貿互動列為國家發展的主要目標，加上若干國家紛紛召開會議探討「亞洲世紀」議題，從而在歐洲形成一波「亞洲熱」。此後，歐盟陸續通過一系列與中國相關之政策文件（表 6.7），並自 1998 年起推動雙邊總理級會晤機制（表 6.8）。

表 6.7　歐盟對中國重要政策文件

年代	文件名稱	重要發展
1995	《中歐關係的長期政策》	歐盟最初瞄準對象也包括日本，同時通過《歐洲與日本：未來階段》文件
1998	《與中國發展全球夥伴關係》	由於中國吸引力逐漸超越日本，歐盟在 1994 年與其簽署《政治對話協定》後，1998 年接著通過此文件，同年雙方在第二屆亞歐會議期間決定建立年度會晤機制
2001	《歐盟對中國策略》	雙方據此決定深化關係，2002 年達成新的《政治對話協定》
2003	《走向成熟的夥伴關係：歐中關係之共同利益和挑戰》	決定發展全面戰略夥伴關係
2006	《歐盟－中國：更緊密夥伴、承擔更多責任》	歐盟強調應更著力於中國復興，但中國亦須承擔更多的政治責任
2006	《競爭與夥伴關係：歐盟－中國貿易與投資政策》	首度對華貿易政策文件；歐盟強調中國乃全球化成功案例而非威脅，但中國也應努力使其競爭力具公平性，為此，歐盟要求中國擴大市場開放度，允許人民幣升值，加強公平貿易，減少經濟干預，擴大保護知識產權，以及全面開放銀行業等
2016	《歐盟對中國新戰略要素》	強調進一步經貿合作與推動雙贏
2019	《歐中關係戰略展望》	面對中國持續崛起，歐盟視中國為追求科技領導地位的「經濟競爭者」與推動另一種治理模式的「體制對手」

表 6.8　歷屆中歐領導人會議發展

時間	地點	參與者與成果
1998	倫敦	中國總理、歐盟輪值主席英國首相和歐盟委員會主席 發表《聯合聲明》，希望建立長期穩定的建設性夥伴關係並推動每年定期會晤，重申支持中國入世與加強雙邊經貿關係
1999	北京	中國總理、歐盟輪值主席芬蘭總理和歐盟委員會主席 達成進一步擴大和深化在各個領域互利合作的共識
2000	北京	中國總理、歐盟輪值主席法國總統和歐盟委員會主席 雙方就中國入世、加強在科技、能源、資訊、教育等領域合作，打擊非法移民，加強人權對話與司法合作等問題交換意見
2001	布魯塞爾	中國總理、歐盟輪值主席比利時首相和歐盟委員會主席 同意加強政治對話與人權對話，共同繼絕非法移民等議題，並就海洋運輸協定等展開談判
2002	哥本哈根	中國總理、歐盟輪值主席丹麥首相和歐盟委員會主席 討論有關雙邊經貿交流與區域安全合作議題
2003	北京	中國總理、歐盟輪值主席義大利總理、歐盟委員會主席、歐盟共同外交與安全政策高級代表 簽署《伽利略衛星導航合作協定》和《旅遊目的地國地位諒解備忘錄》，重申一個中國原則與全球反恐政策
2004	海牙	中國總理、歐盟輪值主席荷蘭首相、歐盟委員會主席、歐盟共同外交與安全政策高級代表 簽署《中歐關於防擴散和軍備控制問題聯合聲明》、《和平利用核能研發合作協定》、《科學技術合作協定續簽協議》與《海關合作協定和財政協議》
2005	北京	中國總理、歐盟輪值主席英國首相、歐盟委員會主席、歐盟共同外交與安全政策高級代表 發表《聯合聲明》和《氣候變化聯合宣言》，簽署關於交通運輸、環境保護、空間開發、北京首都機場建設等合作文件
2006	赫爾辛基	中國總理、歐盟輪值主席芬蘭總統、歐盟委員會主席、歐盟共同外交與安全政策高級代表 舉行兩輪戰略對話，啟動首度「能源交通戰略對話和氣候變化磋商」，加強在國際事務和全球性問題上的協調與合作
2007	北京	中國總理、歐盟輪值主席葡萄牙總統、歐盟委員會主席、歐盟共同外交與安全政策高級代表 就反恐、氣候變化、伊朗核問題、非洲問題、朝鮮問題等進行討論，決定在 2008 年建立中國國務院與歐盟委員會的副總理級對話
2009	布拉格	中國總理、歐盟輪值主席捷克總統、歐盟委員會主席、歐盟共同外交與安全政策高級代表 因金融海嘯推遲舉行；簽署《清潔能源中心聯合聲明》、《科技夥伴關係計畫》和《中小企業合作共識文件》等協議

表 6.8　歷屆中歐領導人會議發展　（續）

時間	地點	參與者與成果
2009	南京	中國總理、歐盟輪值主席瑞典首相、歐盟委員會主席、歐盟共同外交與安全政策高級代表 簽署《科技合作協定》與節能減排、貿易和投資、環境治理等合作文件
2010	布魯塞爾	中國總理、歐盟輪值主席比利時首相、歐盟委員會主席、歐洲理事會主席 歐盟《里斯本條約》生效後首次會晤；同意加強全面戰略夥伴關係，強調 G-20 重要性，共同採取適當氣候變化和能源政策，宣布 2012 年為中歐文化對話年，簽署關於海洋事務和 2011 年青年交流年合作協定
2012	北京	2011 年會因歐洲陷入債務危機而推遲舉行 中國總理、歐盟委員會主席、歐洲理事會主席 同意在 2012 年建立中歐高級別人文交流對話機制；利用中國「十二五規劃」和「歐洲 2020 戰略」彼此合作；深化在宏觀經濟、貿易、財金等領域的雙邊對話與務實合作；儘速全面解決市場經濟地位問題
2012	布魯塞爾	中國總理、歐盟委員會主席、歐洲理事會主席、歐盟共同外交與安全政策高級代表 期待在平等和相互尊重基礎上加強人權領域對話；鼓勵中國加入 WTO《政府採購協定》；同意建立年度創新合作對話；歡迎中歐空間科技合作對話首次開會；確認啟動網絡工作小組；同意就北極事務交換意見
2013	北京	中國總理、歐盟委員會主席、歐洲理事會主席 共同發表《中歐合作 2020 戰略規劃》並宣布啟動投資協定談判；積極探討開展自貿區可行性研究，力爭 2020 年貿易額達到 1 兆美元；反對貿易保護主義，加強在國際和地區事務中溝通協調
2015	布魯塞爾	中國總理、歐盟委員會主席、歐洲理事會主席 發表《氣候變化聯合聲明》；考慮成立共同投資基金，強化歐盟對接一帶一路戰略；歐盟將在中國 15 個城市設立申根簽證中心，加快商談和簽署互免持外交護照人員簽證協議；同意啟動法律事務對話
2016	北京	中國總理、歐盟委員會主席、歐洲理事會主席 雙方就鞏固中歐政治互信、穩步落實合作共識、加強國際和地區事務中的溝通與協調等深入交換意見
2017	布魯塞爾	中國總理、歐盟委員會主席、歐洲理事會主席 共同推動開放型世界經濟、加強 WTO 在世界貿易體系中的核心作用、加強一帶一路與歐洲投資銀行對接，並簽署若干合作協議
2018	北京	中國總理、歐盟委員會主席、歐洲理事會主席 支持開展外交與安全政策對話與合作以應對共同挑戰、廣泛討論從阿富汗到敘利亞等中東問題、抵制保護主義與單邊主義
2019	布魯塞爾	中國總理、歐盟委員會主席、歐洲理事會主席 廣泛討論區域與全球問題並簽署能源、競爭等領域合作文件

在政策指導方面，中國在 2003 年公布首份《對歐盟政策文件》，這也是中共建政以來所發布第一份以特定地區為目標的外交政策指引；文件中強調中歐關係正「處於歷史最高點」，希望雙方深化經貿交流，並期盼歐盟在分離主義（西藏與台灣）與武器禁運問題上慎重且重新思考政策方向。接著，繼溫家寶在 2005 年中歐峰會提出 4 點合作意見，[12] 與 2006 年中歐工商峰會上針對促進雙邊經貿提出 4 點建議後，[13] 北京在 2014 年推動了第二份《對歐盟政策文件》，其中，落實《中歐合作 2020 戰略規劃》與打造「和平、增長、改革、文明」四大夥伴關係，乃文件中所揭櫫政策重點所在。

截至目前為止，歐盟已成為中國第一大貿易夥伴（2004 年起）與最大技術供應來源（2006 年起），中國也成為歐盟最大進口來源（2006 年起）與第二大貿易夥伴。雙方不僅陸續在 1983 年啟動外長對話、1984 年啟動經濟部長對話、1998 年啟動總理會晤，並於 2005 年啟動副外長級戰略對話與副部長級財金對話、2008 年啟動副總理級經貿高層對話、2010 年啟動副總理級戰略對話，除此之外，還存在諸如雙邊政府採購對話、商務會議高層對話、高層能源會議等多層次定期溝通機制，顯示其關係大體維持穩定正面發展。儘管如此，中國經濟崛起與中歐巨額貿易逆差仍使歐洲社會出現諸如「中國威脅論」、「責任觀衝突論」以及「對華警戒論」等觀念，彼此歧見主要

---

12 包括：加強政治交往和戰略合作；提高各領域合作的水準；共同擔負起維護世界和平與發展的重任；妥善解決彼此關切的問題；雙方要客觀看待和妥善處理中歐間貿易摩擦，分清主流支流，發揮互補優勢，實現互利共贏。

13 包括：（1）拓展各類技術合作：雙方應尋求新的合作領域、專案和方式，開展多種形式、多層次的科技合作；（2）加強能源和環保合作：中國對新能源和環保產品的需求越來越大，歐盟在垃圾處理、建築節能、環境管理以及風能、太陽能、核能、生物能等可再生能源領域在中國市場上可有作為；（3）深化農業和服務業合作：可在鄉村發展、農村扶貧、農業生態、農產品質量、動物衛生等領域合作，在服務領域合作也有很大潛力；（4）推動中小企業合作：雙方中小企業應充分利用現有平台，在技術轉讓、市場共用、加工貿易、人力資源等方面擴大合作。

呈現於以下幾個方面：

（一）人權問題

　　中國堅持內政主權獨立的立場，態度也相當強悍，例如在 2005 年通過針對台灣的《反分裂國家法》，堅拒歐盟以解除武器禁運交換人權鬆綁的建議，在 2006 年中歐峰會舉行期間亦突然先發制人地公布外國通訊社管理辦法，避免其成為當年底中歐人權對話議題；這些都充分顯示出中國的底線所在，此議題迄今亦仍是歐盟對中政策重點。

（二）武器禁運問題

　　這既是個歷史產物，與前述人權議題互動，同時是美國用以繼續支配歐洲和遏制中國的象徵；值得注意的是，正因此問題所反映出的乃是美國的政策立場，它也是觀察中美歐三角關係變化的關鍵。

（三）非洲和中亞的能源與市場問題

　　非洲乃歐盟近來關注焦點，一方面與中國在 2005 年召開首度「非洲問題特別戰略對話」（其實歐盟已與美國和加拿大分別進行過多次非洲問題對話），隨後於歐盟高峰會中通過首部《對非洲戰略文件》強調「非洲人治理非洲」的概念，暗示希望排除中國目前在非洲擁有的發言優勢，以便分享此區蘊藏的豐富能源；特別是諸如法國與英國都在此區經營許久，當然不容中國壟斷其特權。同樣地，中國透過上海合作組織在中亞地區展現之政經影響，也讓歐盟陸續通過 2007 年《歐盟與中亞：新夥伴關係戰略》、2018 年《鏈結歐洲與亞洲的歐盟新戰略》與 2019 年的《歐盟與中亞：更堅實夥伴關係的新機遇》等，目標在強化歐盟與中亞互動以反制中國。

（四）經貿發展問題

為緩解歐盟對中國長期存在鉅額貿易逆差問題，雙方在 2006 年領導人會晤中開啟《夥伴關係與合作協定》（PCA）談判，目的在取代 1985 年的《歐體與中國貿易與經濟合作協議》，迄今無實質進展，但 2017 年美國 Trump 上台後帶來的新保護主義浪潮，無疑讓中歐經貿關係呈現「既競爭又合作」之複雜面貌。

除了歐盟外，中國與幾個歐洲次集團的互動也值得關注：

（一）北大西洋議會（1999 年後稱北約議員大會）

此一北約（NATO）附屬機構正逐漸拉近與中國關係。成立於 1955 年的前述機制乃北約成員國的議會間組織，其成員由各國議會指派，名額則按各國人口比例分配。2005 年該議會首次主動組團訪華，以便完成題為《崛起的中國與跨大西洋經濟》內部評估報告並作為 NATO 及成員國決策依據，同時與中國政府機構及智庫建立關係。

（二）前蘇聯集團東歐國家

中國對此地區關注已久，例如李鵬在 1994 年訪問羅馬尼亞時，便重申「尊重各國人民選擇，不干涉他國內部事務；發展傳統友誼，和平友好相處；加強互利合作，共同發展繁榮；支援和平解決爭端，促進地區穩定」等對東歐基本政策。翌年江澤民出訪匈牙利時，又再度闡述了中國與中東歐國家發展長期友好互利合作關係的五項原則：「尊重各國人民的選擇，不干涉別國內政；在和平共處五項原則基礎上一視同仁地同各國發展友好合作關係；中國同中東歐國家沒有根本的利害衝突；根據平等互利原則擴大中國同它們的經貿合作，促進彼此經濟的發展，以造福於各自國家的人民；真誠希望中東歐地區穩

定，各國人民友好和睦相處，支持和平解決相互之間的爭端，尊重和支援本地區國家加強區域合作的願望」。其後在 2004-05 年間，中國陸續與此區域數個國家締結夥伴關係（參考第八章），2012 年更首度舉辦「中國—中東歐領導人會晤」，[14] 顯示出更積極介入的政策走向（詳見第七章）。

伍 中俄印與中俄蒙互動：地緣軸心轉移暗示

嚴格來說，印度在地緣環境區分中，原本屬於「南亞」而非「東亞」的討論範疇，但近年來有將印度逐漸向東牽引而成為東亞權力平衡一環之趨勢。特別在 1992 年東協高峰會決定邀請印度成為「部分對話夥伴」，1996 年提升為「正式對話夥伴」並獲邀參與東協區域論壇後，從而讓後者有機會進入亞太政治與安全對話框架。對印度而言，加強與東協互動不僅有助於其推動「東望政策」，以便在未來「亞洲世紀」中發揮更大影響力，2017 年美國公布「印太戰略」後，印度也隨即在 2018 年將「東望」（Look East）強化為「東進」（Act East）政策。

儘管如此，強化與東協互動不過是個開端，真正提高印度國際地位者還是來自其他大國的戰略考量。正如前述，俄羅斯自 1997 年起便開始思考利用印度來制衡歐美的可能性，具體建議是在中印俄間架構一個「戰略三角」關係，但 1998 年印度核試導致中印關係緊張，致使其無法立即成形。儘管如此，Putin 在 2000 年仍明確將中國與印

---

14 中國—中東歐領導人會晤：除中國外，參與者包括：波蘭、捷克、斯洛伐克、匈牙利、斯洛維尼亞、克羅埃西亞、波斯尼亞、塞爾維亞、黑山、羅馬尼亞、保加利亞、阿爾巴尼亞、馬其頓、愛沙尼亞、立陶宛和拉脫維亞等 16 國，人口約 1.2 億。溫家寶在首屆會晤中宣布了中國關於促進與中東歐國家友好合作的 12 項舉措與 4 條原則性建議。

度作爲俄羅斯遠東外交的政策核心對象，同年訪問印度並簽署《戰略夥伴關係宣言》後，印度總理 2001 年回訪時也在聯合聲明中主張建立一個「新型的合作性安全秩序」。接著，Putin 在 2002 年訪印與其簽署之《德里宣言》，乃界定兩國新世紀關係的一份重要文件，雙方決定將「彼此戰略夥伴關係提升到新高度」，並同意「進一步推進雙邊合作及與其他國家的合作，以面對全球化挑戰並減輕其負面效應」。

正如印度總理 Singh 所言：「印度始終將與俄羅斯關係視爲首要之務，不會受到其他任何國家影響」，即便雙方關係在 2007 年一度陷入低潮（主因是航權爭執），隨著 2008 年俄羅斯在核子供應集團（Nuclear Suppliers Group）取消對印禁令，成爲繼美國與法國後，第三個與其簽署發展民用核能的國家後，雙方不啻在重建合作關係方面邁開更大步伐；如同印度學者 Rajat Verma 指出，迫於中國崛起、全球金融危機和中東戰爭等多重壓力，美國出現有意與中國分享亞洲勢力的可能趨勢，亦是促使印俄關係拉近的戰略環境背景。

在印俄關係迅速開展同時，中印關係也跟著逐步復甦。在 1962 年邊界戰爭導致長期僵局後，Gandhi 在 1988 年成爲 34 年來首位訪中的印度領袖，雖讓此種關係出現解凍跡象，但 1998 年 Vajpayee 帶領民族主義色彩濃厚的政黨聯盟執政後，一方面鼓吹「中國威脅論」，同時連續進行 5 次地下核子試驗，結果導致中印關係惡化，直到 2002 年朱鎔基訪印與 2003 年 Vajpayee 回訪北京並簽署《中印關係原則與全面合作宣言》後才有所好轉，同年底兩國更舉行了首度海上聯合搜救演習。其後，由於被稱爲印度「經濟改革之父」的 Manmohan Singh 在 2004 年當選總理，溫家寶於 2005 年訪印時也首度將能源合作納入戰略對話議題，會後並針對雙方邊界爭議達成政治性指導原

則，從而有效拉近中印關係。

　　大體來說，中印經貿互動確有明顯進展；例如雙邊貿易額便從1995年11.6億迅速增至2008年的360億美元（印俄同年貿易額僅有70億美元），使中國超越歐盟與美國成為印度第一大貿易夥伴，2018年更達902億美元。此種密切關係雖是兩國在2009年首屆金磚高峰會與上海合作組織高峰會議期間決定設立總理熱線電話之背景，但中國在南亞事務上依舊傾向巴基斯坦，也不完全支持印度成為安理會常任理事國，亦突顯出雙邊互動的矛盾。例如印度自2008年以來持續以中國為主要目標推動反傾銷調查，而中國大洋礦產資源研究開發協會在2011年獲得國際海床管理委員會批准，於西南印度洋海底探勘多金屬硫化物礦區的發展後，印度海軍情報局（DNI）隨即發出警告，印度石油與天然氣公司（ONGC）也在同年與越南國營油氣公司，針對中國宣稱擁有主權之南沙群島西側簽署3年合作協議，也引發中國方面的批判。

　　更甚者，除了俄羅斯與中國尋求發展與印度的更密切關係，自2001年Bush政府將中國從Clinton時期「戰略夥伴關係」重新界定為「戰略競爭者」後，與印度關係便成為美國圍堵中國的一環。值得注意的是，在美國國防部綜合評估辦公室和印度綜合防務參謀部於2002年舉行的研討會中，印方甚至主張建立以美國為首的「北美─亞洲條約組織」（NAATO）新體系（或稱亞洲版北約），印度部隊在同年首度參與美國本土的聯合軍事演習，2005年並與美國啟動代號「馬拉巴爾」的首度海上聯合演習。其後，2008年美國宣布出售24枚「魚叉II式」反艦飛彈，既是它首次向印度提供飛彈，也是2006年以來的第四次大規模軍售案，具有高度象徵意義。在Obama上台後，國務卿Hillary隨即在2009年訪印並與其簽署國防、太空和

科技合作協議，並同意舉行定期戰略對話；接著，Obama 在 2010 年親自到訪稱美印互動是「廿一世紀最具決定性的夥伴關係之一」，並再度宣示支持印度成爲聯合國安理會常任理事國的態度。大體言之，美國所以強化對印度關係源自其全球戰略設定的調整，尤其是圍堵中國，至於印度雖未必完全配合華府的政策，強化對美關係確實有助於拉抬己身國際地位與提高全球經濟競爭力，因此，雙方乃在「各取所需」前提下一拍即合。

　　總的來說，由於中印俄人口占全世界四成，GDP 總值亦占 20%，建立密切互動關係意義相當重大，甚至可能發展爲與美國和歐盟擁有平等發言權的「新的一極」。雖然此三角關係中並非沒有潛在衝突存在（特別是中印西藏爭端），美國在新世紀初展現之單邊主義姿態，無疑提供了一個共同威脅來源，至於後冷戰時期浮現之新安全觀也有助捐棄過去導致彼此對抗的舊思維，再加上全球化浪潮導致經濟發展凌駕安全議題之趨勢，更讓中印俄三國將對方視爲本國未來發展的潛在市場，這些都是強化三邊關係的動力來源。繼三國外長在 2005 年進行正式會晤後（參考表 6.9），三國領袖又進一步在 2006 年 G-8 會議後舉行首度三邊高峰會。進言之，從全球地緣戰略格局來看，中印俄合作抗美的可能趨勢無疑也代表來自世界島的陸權力量，儘管其間不無歧見，[15] 但對美國所代表海權勢力的反撲，尤其印度在 2018 年正式成爲中俄主導之上海合作組織成員，後續發展絕對值得觀察。

------

15 例如 2010 年舉行，代號爲「因陀羅」的第三次印俄聯合軍演（前兩次於 2005 年與 2007 年分別在印度和俄羅斯進行），便因選在中印邊境演習而被認爲有遏制中國的意圖。至於三國在中亞地區上演的能源爭奪戰也引發矚目。

表 6.9 歷次中俄印外長會議

時間	地點	進展
2002.09.14	美國紐約	在聯合國大會期間非正式共進午餐
2003.09.20	美國紐約	在聯合國大會期間非正式會晤
2004.10.21	阿拉木圖	在亞信會議期間
2005.06.02	俄羅斯符拉迪沃夫托克	首次專門舉行三邊外長會議 主張遵循國際法，宣導多邊主義，推動世界多極化、國際關係民主化和發展模式多樣化，建立公正合理的國際秩序，讓聯合國在國際事務中應發揮中心作用
2006.07.18	俄羅斯聖彼得堡	三國領導人首次舉行高峰會
2007.02.14	印度新德里	
2007.10.24	中國哈爾濱	
2008.05.15	俄羅斯葉卡捷琳堡	重申對聯合國進行全面改革，中俄兩國外長重申，兩國重視印度在國際事務中的地位，理解並支持印度在聯合國發揮更大作用的願望
2009.10.27	印度班加羅爾	以 G20 取代 G8 成為國際經濟平台
2010.11.15	中國武漢	同意在 BRICS 及各種亞太經貿和安全合作機制中發揮積極作用，推動國際秩序朝平等、民主的方向發展；重申 G20 作為國際經濟金融合作的主要論壇
2012.04.13	俄羅斯莫斯科	共同關切阿富汗、伊朗與北韓問題，中印並支持俄羅斯加入 WTO
2013.11.10	印度新德里	
2015.02.02	中國北京	中俄歡迎印度成為上合組織成員
2016.04.18	俄羅斯莫斯科	共同支持基於海洋法之國際海洋秩序
2017.12.11	印度新德里	中印洞朗對峙後，中國高官首度訪印
2019.02.27	中國烏鎮	圍繞地區安全與經濟合作等意義進行討論，研究推動三邊防長磋商機制，共同反制保護主義

　　值得注意的是，中俄除共同推動對印度關係之外，2014 年習近平訪問蒙古時也與蒙古達成推動中俄蒙三國元首會晤的共識，在實質進展方面，一般利用上海合作組織高峰會期間進行（參見表 6.10）。

表 6.10　歷次中俄蒙元首會晤

時間	地點	進展
2014.09.11	塔吉克杜尚別	商定進一步發展相互陸鄰友好合作關係，確定三方合作宗旨原則；建立副外長磋商機制以落實共識
2015.07.09	俄羅斯烏法	商定將經濟合作作為優先重點領域，決定對接中方「絲綢之路經濟帶」、俄方「跨歐亞大通道」與蒙方「草原之路」等倡議，推動構建中蒙俄經濟走廊；批准《中俄蒙發展三方合作中期路線圖》
2016.06.23	烏茲別克塔什干	簽署《建設中蒙俄經濟走廊規劃綱要》和三國海關《關於特定商品海關監管結果互認的協定》
2018.06.09	中國青島	同意繼續深化政治互信和戰略協作，並強化三國發展戰略對接
2019.06.14	吉爾吉斯比什凱克	共同對抗保護主義與單邊主義，推動區域合作發展

陸 中國與 G8 關係：邁向大國階梯

　　起自 1976 年的「七大工業國峰會」（G7）突顯出 3 個重要意義：[16] 首先是透露美國霸權鬆動及冷戰體系由二元朝多極格局轉化的跡象，其次是暗示二次戰後國際政治頂層結構內涵變化，尤其是納入被排拒在聯合國安理會常任理事國之外的德、義、日等戰敗國；最後也是最重要的，它彰顯出在全球化浪潮衝擊下，「國際經濟」關鍵性逐漸凌駕「國際政治」之現實。不過，蘇聯始終被排除在峰會之外亦顯示 G7 依舊是冷戰產物，直到後冷戰初期，Gorbachev 與 Yeltsin 才分別在 1991 年與 1992-93 年受邀與會，最終並在 1997 年確立「八國高峰會」（G8）新架構，直到俄羅斯因 2014 年併吞克里米亞被逐出後才重返 G7 迄今。值得一提的是，G8 的發展既暗示世界局勢的「改

16　該機制源自 1973 年為因應石油危機，由美國、英國、法國、日本、西德召開的 G5 會議，1975 年加入義大利，1976 年再加上加拿大後，正式浮現 G7 平台。

變」，也反映出國際現實的「不變」，亦即少數統治權力鬥爭之永恆性。

德國與日本雖早在 2000-01 年便建議邀請中國參加，法國更在 2003 年首度邀中國、印度與巴西參與會前的「非正式南北領袖對話會」，各大國仍未就此達成共識，至少美國表態反對。大體來說，中國與會問題雖主要涉及經濟考量（如同 1990 年代邀請俄羅斯），政治考慮也不能忽視，例如美國曾要求將偏離市場經濟的俄羅斯逐出 G8（2014 年終於達成目標），但俄國隨即表示，當初它受邀本非基於經濟因素，而是因擁有強大核武力量所致。同樣地，將中國拉進 G8 以便將其「體制化」後加以控制，不能不說是西方的思維關鍵。值得觀察的是，近年來強調「大國外交」的中國雖非常重視國際參與，特別是躋身金字塔頂層，胡錦濤卻婉拒出席 2004 年在美國舉行的 G8 會議，理由是必須前往東歐訪問並出席上海合作組織峰會；這突顯出中國與當前國際大國間微妙的權力關係變化，也再次印證中國追求「獨立自主外交」的決心，亦即希望在邁向大國之路過程中，謹慎地應對西方企圖將其「體制化」的做法。[17]

進言之，G8 峰會既代表了國際權力層峰結構，其組成來源不能不反映出環境內涵的變遷。[18]對此，繼 2003 年初步嘗試後，2005 年度峰會首次以 G8＋5 形式召開，亦即由既有成員加上中國、印度、南非、巴西和墨西哥等 5 個列席之代表性發展中國家，後者分別來自亞洲、非洲與拉丁美洲，可不同程度地代表第三世界的意見；其中，

---

17 參見：陳曉進，《中國與八國集團》（北京：時事出版社，2006 年）。

18 Michael Hodges, John Kirton and Joseph Daniels, eds, *The G8's Role in the New Millennium* (New York: Routledge, 1999); Peter Hajnal, *The G7/G8 System: Evolution, Role and Documentation* (New York: Ashagte Publishing, 1999).

胡錦濤在會上闡述了中國對當前國際形勢及世界經濟的看法，並表明
支持加強南北對話與共同解決全球性問題的立場，在中國藉此與印
度、巴西、南非、墨西哥領袖舉行的會晤中，亦簡要闡述對加強南
南合作，維護發展中國家利益的立場和主張。其後，中國又參與了
2006 在俄羅斯召開的 G8＋6 會議，並與印度、巴西、南非、墨西哥
和剛果等發展中國家代表會晤。事實上，中國雖自 2006 年起已躋身
全球第四大經濟體，但似乎並不急欲加入 G8 集團，原因是其當務之
急乃深化改革並保持增長，何況中國與西方工業化國家在經濟成熟度
方面依舊存在不小差距，過早加入或許反而會制約其經濟發展。

　　儘管如此，2007 年的 G8 峰會不僅將主題設定爲「增長與責
任」，德國總理更直接表示所謂「責任」是指那些迅速崛起的發展中
大國（尤其中國）在解決世界政經問題中應承擔更大責任；例如關於
氣候變遷問題，美國非但在 G8 會議上拿中國當擋箭牌，在同年底的
全球氣候變遷會議中亦如法泡製。這些都顯示「義務」問題乃中國未
來與 G8 國家互動時，必須考量的挑戰。基於中國全球經濟影響力的
水漲船高，義大利與日本曾分別在 2008 年與 2010 年公開主張納入中
國成爲 G9（日本其實至 2009 年都持反對意見）；值得注意的是，在
2003 年與 2005-08 年 5 度列席後，胡錦濤在 2009 年因新疆動亂臨時
取消出席 G8 會議，不僅創下中共建政後國家元首因國內動盪暫時中
斷外訪並提前回國的先例，2010 年再度缺席不啻具若干象徵意義，
尤其 2010 年 G8 與 G20 先後在加拿大舉辦，中國卻捨 G8 且自此轉向
積極參與 G20，或許也反映出其重心所在。[19]

----

19 值得注意的是，Putin 在 2012 年二度擔任俄羅斯總統後，選擇先訪問中國而主動拒絕參與
　 G8 會議，也是另一具象徵意義的國際政治變化，何況 2014 年後其會籍已遭凍結。

第三節　軍事外交：全球性威望的展現
Military Diplomacy: Displaying the Global Prestige

　　為尋求大國地位並發揮影響力，中國不排除整建軍備的傳統路線；首先是設法提升軍備管理效率與製造水準，其次是建立新一代戰機、艦艇與飛彈部隊來增加戰力，再者是努力提高太空與衛星技術，接著是採取精兵政策並逐漸汰減過於龐大的傳統武力，最後則是調整總體戰略觀，亦即從原來以陸權為主的戰略觀轉而追求開闢「海洋國土」。更甚者，隨著軍備能力的不斷提升，中國也將日益提升的軍事實力與影響力運用在外交政策上。

壹 對外軍事性交往活動

　　根據 Kenneth Allen 與 Eric McVadon 等的說法，所謂「軍事外交」（military diplomacy）可分為7大項目，[20]包括：軍事磋商機制、軍事高層官員互訪、軍事人員交流、技術合作、武器出售、軍備管制協商以及維持和平活動等；其中在功能交換過程當中，還包括雙邊在操作、後勤、訓練、參與國際會議、教育課程互換、語言訓練等等，雙邊軍事演習更是軍事外交最重要的項目之一。從某個角度來說，這乃是傳統軍事力量在全球化浪潮下的工具性質變。至於中國軍隊與國外的交往，過去一般統稱「中外軍事交往」，直到1998年《中國的國防》白皮書中才首度出現「中國積極展開全方位、多層次的軍事外交」說法。[21]具體來說，以下幾項乃中國對外軍事性活動的熱點所在：

----

20 Kenneth Allen and Eric McVadon, *China's Foreign Military Relations* (Washington D.C.: The Henry L. Stimson Center, 1999).
21 所謂「軍事外交」，根據熊武一等主編《軍事大辭海》（北京：長城出版社，2000年）定

（一）建構雙邊軍事互動關係

根據 2019 年《新時代的中國國防》白皮書指出，中國迄今已與150 多國開展軍事交往，在駐外使館（團）設有 130 個駐外武官機構，116 國在中國設立武官處，並與 41 個國家和國際組織建立防務磋商對話機制 54 項。可見解放軍在中國外交體系中的活躍角色。

（二）參與國際軍事性對話平台

中國軍隊多次派員參加亞太地區多邊安全會議、亞太地區防衛當局官員論壇、東北亞合作對話會、東盟地區論壇會議以及各類區域性多邊安全研討會等，並先後派員觀摩在泰國舉行的金色眼鏡蛇聯合演習、西太平洋地區的海軍掃雷演習和潛艇搜救演習等。

（三）參與聯合國維持和平行動（參考表 6.11）[22]

自 1988 年申請加入聯合國維持和平行動特別委員會後，中國在1990 年首次向聯合國維和行動派遣軍事觀察員，2001 年正式成立國防部維和事務辦公室；根據 2019 年《新時代的中國國防》白皮書，至 2018 年底為止，中國已向 24 項相關行動派出軍事人員 3.9 萬人次，在 2015 年建立維和待命部隊後，2018 年底共有 2,506 人在 9 個區域執行任務，乃安理會常任理事國中名列第一位的參與者。值得注意的是，中國參與的行動中有三分之二位於非洲，對強化它在該區域乃至整個第三世界的影響力，發揮相當正面助益；其次，維和任務也成為

義為「由軍事領導機關、駐外武官或軍事代表團進行的外交活動；如軍事代表團互訪、談判、締結軍事條約或協調兩軍關係以及處理國際上的軍事事務等。」錢其琛主編的《世界外交大辭典》（北京：世界知識出版社，2005 年）則定義為「對一國國防部門和軍隊旨在促進國家間關係在軍事領域所進行的對外交往的一種提法；在中國，國防部和人民解放軍的這種對外交往被認為是中國總體外交的重要組成部分。」

[22] Prashant Kumar Singh, "China's Military Diplomacy: Investigating PLA's Participation in UN Peacekeeping Operations," *Strategic Analysis*, 35:5(2011), pp. 793-818.

它與台灣外交角力的工具，例如馬其頓在 1999 年與台灣建交後，中國隨即在安理會中封殺其維和案。

表 6.11　中國參與聯合國維持和平行動大事記

年代	重要發展
1982	開始繳交聯合國維和行動攤派款項
1984	提出中國參與聯合國維和行動的 7 點原則
1988	申請加入聯合國維持和平行動特別委員會
1989	參加「聯合國納米比亞過渡時期協助團」（UNTAG，至 1990 年）
1990	首次向中東地區「聯合國停戰監督組織」（UNTSO）派遣軍事觀察員
1991	參與「聯合國伊拉克－科威特觀察團」（UNIKOM，至 2003 年） 參與「聯合國西撒哈拉公民投票特派觀察團」（MINURSO）
1992	參與「聯合國駐柬埔寨臨時權力機構」（UNTAC）並出動首支「藍盔部隊」（軍事工程隊）執行相關任務（至 1993 年）
1993	參與「聯合國莫三比克行動」（ONUMOZ，至 1994 年） 參與「聯合國賴比瑞亞觀察團」（UNOMIL，至 1997 年）
1998	參與「聯合國阿富汗特派團」（UNSMA，至 2000 年） 參與「聯合國獅子山國觀察團」（UNOMSIL，至 2005 年）
1999	派員參與聯合國維持和平行動部（UNDPKO）
2000	首度向「聯合國東帝汶過渡行政當局」（UNTAET）派遣民事員警（至 2006 年） 參與「聯合國衣索比亞－厄立特里亞觀察團」（UNMEE，至 2008 年）
2001	成立國防部維和事務辦公室，統一協調和管理中國軍隊參與維和行動工作 向「聯合國駐波士尼亞和黑塞哥維那特派團」（UNMIBH）派遣民事員警（至 2002 年） 參與「聯合國剛果特派團」（MONUC，至 2010 年）
2002	正式參加聯合國維和行動第一級待命安排，隨時準備提供工程、醫療、運輸等後勤保障分隊，可提供 1 個聯合國標準工程營、1 個聯合國標準醫療分隊、2 個聯合國標準運輸連 參與「聯合國東帝汶支助團」（UNMISET，至 2005 年）
2003	向剛果派遣一個 175 人工兵連和一個 43 人醫療分隊 參與「聯合國賴比瑞亞特派團」（UNMIL）派遣包括運輸連、工兵連和醫療分隊在內共 550 人的維和部隊，這是迄今為止中國參與維和行動規模最大且人數最多的一次
2004	聯合國授予中國赴賴比瑞亞維和部隊全體官兵「和平榮譽勳章」 首度派遣維和警察防暴隊伍 95 人參與「聯合國海地穩定特派團」（MINUSTAH，至 2017 年）

表 6.11 中國參與聯合國維持和平行動大事記 （續）

年代	重要發展
	參與「聯合國阿富汗支助團」（UNAMA，至 2005 年） 參與「**聯合國科索沃臨時行政機構特派團**」（UNMIK） 參與「聯合國象牙海岸維和行動」（OUCI，至 2017 年） 參與「聯合國蒲隆地維和行動」（ONVB，至 2006 年）
2005	向「聯合國蘇丹維持和平行動」（UNMIS）派出 435 人部隊，為期 6 年半，是迄今參與期限最長的一次（至 2011 年）
2006	向「**聯合國駐黎巴嫩臨時部隊**」（UNIFIL）派出維和工兵營 182 人，下轄排雷連、工程連、保障連和一級醫院 參與「聯合國東帝汶綜合特派團」（UNMIT，至 2012 年）
2007	派員參與「聯合國獅子山國綜合辦事處」（UNIOSIL，至 2008 年） 中國國防部維和辦公室趙京民少將被任命為聯合國西撒哈拉全民投票特派團部隊指揮官，也是首位被任命為維和部隊高級指揮官的中國軍人 參與「**非盟—聯合國達富爾混合行動**」（UNAMID），派出首批部隊赴蘇丹達爾富爾地區，這是聯合國第一支進駐該地區的維和部隊
2009	向聯合國維和行動追加 70 萬美元捐款，目前排名全球第七位
2010	參與「**聯合國維持剛果穩定特派團**」（MONUSCO）
2011	參與「**聯合國南蘇丹特派團**」（UNISFA）
2012	參與「聯合國敘利亞監督團」（UNSMIS，同年結束） 公布「中國人民解放軍參加聯合國維持和平行動試行條例」
2013	參與「**聯合國馬利多層面綜合穩定特派團**」（MINUSMA）並應邀首次派出維和安全分隊
2015	首次派遣解放軍步兵營 700 人參與南蘇丹維和行動 超越日本，成為全球第二大 PKO 經費分攤國
2016	建立公安部常備維和警隊，成為首支列入聯合國維和能力待命機制快速部署等級的防暴隊
2017	向 UN 完成註冊 8,000 人規模維和待命部隊，包括 10 個類型 28 支分隊

註：粗體字部分表示仍繼續執行且中國參與之 PKO 行動。

（四）透過海軍出訪延伸軍事影響力

海軍出訪乃中國軍事外交的重要項目之一。由於受到各種條件限制，中國海軍活動長期以來僅限於近岸，直到 1977 年才首度有艦

艇穿過島鏈進到西太平洋，但本質上是單獨行動，至於 1985 年前往
南亞地區巴基斯坦、斯里蘭卡和孟加拉等國，則是首次正式出訪。
1997 年首度組隊橫渡太平洋，抵達美國、墨西哥與智利訪問，創下
其海軍對外交往史上出訪規模最大、時間最長、航程最遠且訪問國
家和城市最多的紀錄。接著，另一艦艇編隊於 2000 年訪了坦尚尼亞
和南非，乃中國海軍首次訪問非洲。2002 年，中國啓動首度環球遠
航，橫跨太平洋、印度洋和大西洋，總航程超過 3 萬海里，再度刷新
1997 年紀錄。至於 2005 年訪問巴基斯坦、印度和泰國，則是中國海
軍首度在境外與外軍舉行以聯合搜救爲主的非傳統安全演習。接著，
在 2007 年遠洋艦隊首度駛入波羅的海後，中國一方面在 2008 年首度
派遣護航艦隊至亞丁灣執行防堵海盜任務，其後更藉此在 2010 年首
度穿越蘇伊士運河進入地中海執行撤僑任務。[23] 至於 2015-16 年的 152
編隊遠航歷時 309 天，總航程 5.23 萬海里，開創中國海軍在單次任
務中靠泊 16 國 18 港，航經三大洋五大洲、25 個海峽和 3 大運河的
歷史性舉措。

（五）通過《反恐怖主義法》派兵海外

中國在 2015 年通過允許派軍隊前往海外執行反恐任務的新法
案，但 2016 年生效迄今尙無執行紀錄。

貳 雙邊與多邊軍事演習

爲達成與各國進行「軍事外交」的目標，自新世紀伊始，中國
軍方也開始頻繁但有選擇性地邀請各國參觀其國內的軍事演習，或逐

---

23 若僅指單純過境，則一支訪問艦隊曾於 2007 年首度穿越蘇伊士運河。

步參加跟各國共同舉行雙邊或多邊聯合軍事演習，以擴展與國家安全合作相關的領域，並透過軍力展示來宣揚國威，同時達到嚇阻性效果。根據其國防白皮書記錄，中國在 2002-12 年間曾依據協議與 31 國舉行了 28 次聯合演習與 34 次聯合訓練，2012-18 年又與 30 多國舉行 100 餘次聯合演習。其中較重要部分請參考表 6.12（本表統計起自 2000 年，且涵蓋中國自行舉辦但具「涉外」性質之演習）。

表 6.12　新世紀中國主要涉外軍事演習紀錄

時間	演習名稱	內容重點
2000.11	中國陸軍摩步旅進攻作戰演習	在南京軍區舉行摩步旅對野戰陣地防禦之敵進攻戰鬥對抗演習 邀請美國軍方派員觀摩
2001.06	海上聯合掃雷演習	在印尼外海舉行，中美俄印越 5 國參加
2002.10	中吉聯合反恐軍事演習	代號為「演習-01」 中國與吉爾吉斯在兩國邊境舉行聯合反恐演習 **上海合作組織框架內首次舉行的雙邊聯合軍演** **首次於境外與外國聯合舉行實兵演習**
2003.08	上海合作組織成員國武裝力量聯合反恐軍事演習	代號為「聯合-2003」 上海組織框架內首次舉行多邊聯合反恐軍演 **首次參加大規模多邊聯合反恐演習**
2003.08	中國裝甲旅縱深突擊作戰演習	代號為「北劍-0308」 在內蒙古朱日和合同戰術訓練基地舉行 邀請來自 15 國 27 名軍事觀察員觀摩 **首次開放最大的合同戰術訓練基地**
2003.10	中巴海軍聯合海上搜救演習	代號為「海豚-0310」 中國與巴基斯坦在上海附近東海海域舉行演習 **首次與外國海軍進行非傳統安全聯合演習**
2003.11	中印海軍聯合海上搜救演習	代號為「海豚-0311」 中國與印度在上海附近東海海域舉行演習 **中國首次與印度海軍進行非傳統安全演習**
2004.03	中法海軍聯合軍事演習	在青島附近黃海海域進行 中國迄今與外國海軍舉行內容最豐富、規模最大的一次聯合軍事演習 **首次完成兩軍海上直升機互降**

表 6.12 新世紀中國主要涉外軍事演習紀錄 （續）

時間	演習名稱	內容重點
2004.06	中英海軍聯合搜救演習	在青島附近黃海海域進行 中國與英國海軍舉行的第一次聯合演習 邀請美、法、德等 15 國 15 名駐華武官觀摩
2004.08	中巴聯合反恐軍事演習	代號為「友誼 -2004」 中國與巴基斯坦在新疆帕米爾高原中巴邊境舉行 兩國軍隊首次聯合反恐軍演
2004.08	中印邊防部隊聯合登山訓練	中國和印度邊防部隊在西藏自治區普蘭縣舉行 兩軍邊防部隊首次舉行聯合訓練
2004.09	中國海軍陸戰旅兩棲登陸演習	代號為「蛟龍 -2004」 在廣東汕尾兩棲作戰訓練基地進行 來自法、德等國軍事觀察員和國防大學防務學院國際問題研討班中外學員 50 餘人觀摩
2004.09	中國機械化步兵師山地進攻作戰演習	代號為「鐵拳 -2004」 在河南確山合同戰術訓練基地舉行 來自 16 國軍隊領導人和軍事觀察員以及 13 國駐華武官觀摩
2004.10	中澳聯合海上搜救演習	中國與澳大利亞海軍在黃海海域舉行 首次與澳大利亞海軍進行非傳統安全演習
2005.07	中日聯合海難搜救演習	在上海附近東海海域舉行 中日首次就海上救援展開合作演練
2005.08	中俄聯合軍事演習	代號為「和平使命 -2005」 雙方派出陸海空軍、空降兵、海軍陸戰隊以及保障部隊近萬人參加，演習包括戰略磋商、戰役籌劃和實施交戰三個部分 開始儀式在俄羅斯符拉迪沃斯托克舉行，海上封鎖作戰、兩棲登陸作戰、強制隔離作戰三個實兵課目演練分別在青島東南海域、膠南琅琊臺地區以及濰北靶場展開 上海合作組織成員國國防部長和該組織觀察員國的軍事觀察員出席觀摩
2005.09	裝甲旅縱深突擊作戰演習	代號為「北劍 -2005」 在內蒙古朱日和合同戰術訓練基地舉行，解放軍史上規模最大的裝甲實兵演練 來自 24 國軍事觀察員和駐華武官觀摩 **新中國成立以來邀請國家最多的軍事演習**
2005.11	中巴聯合海上搜救演習	代號為「中巴友誼 -2005」 中國與巴基斯坦海軍首次在阿拉伯海舉行以聯合搜救為主要內容的非傳統安全領域演習

表 6.12 新世紀中國主要涉外軍事演習紀錄 （續）

時間	演習名稱	内容重點
		首次在異國海域與他國海軍舉行以聯合搜救為主非傳統安全演習；航經 5 個海區、4 個海峽，橫穿印度洋北部進入阿拉伯海，航程近 1 萬海里
2005.12	中印聯合海上搜救演習	代號為「中印友誼 -2005」 兩國第二度進行非傳統安全聯合演習
2005.12	中泰聯合海上搜救演習	代號為「中泰友誼 -2005」 於泰國暹羅灣海域舉行的非傳統安全演習
2006.06	多國聯合海上安全演習	在上海外海至俄羅斯海參威外海間展開 由日本發起，美國、中國、韓國、俄羅斯和加拿大等國海防部隊參與的聯合演習，以落實「反擴散安全倡議」（PSI）
2006.08	中哈聯合反恐軍事演習	代號為「天山一號」 第一階段在哈薩克斯坦阿拉木圖州進行，第二階段在中國新疆維吾爾自治區伊寧市進行 中國執法安全部門首次與外國相關部門舉行反恐演習，上海合作組織框架内中哈兩國首次舉行聯合反恐演習
2006.09	中美聯合海上搜救演習第一階段	在美國加州聖地牙哥軍港舉行 中美海軍首次進行編隊運動通信和搜救等非傳統安全領域演習
2006.09	中塔聯合反恐軍事演習	代號為「協作 -2006」 在塔吉克杜尚別附近穆米拉克訓練場舉行 參演部隊包括 500 名塔吉克特種兵和一個中國特種兵連，塔吉克方面還將提供重炮、空中力量和空降支援 **中國部隊首次成建制、攜帶裝備前往境外**
2006.10	摩托化步兵師山地進攻演習	代號為「確山 -2006」 **首度對媒體全程開放的軍事演習**
2006.11	中美聯合海上搜救演習第二階段	在南海海域舉行 中美海軍分別派出運七運輸機和 P-3C 巡邏機參加演習，為首次出現派出固定翼飛機
2006.12	中巴聯合反恐軍事演習	代號為「友誼 -2006」 在巴基斯坦東北部山區阿伯塔巴德舉行 演習課題為在山地條件下進行聯合反恐怖作戰，假想目標為邊境地區跨國恐怖分子
2007.03	多國聯合海上軍事演習	代號為「和平 -07」 由巴基斯坦主辦，中國、美國、英國、法國、孟加拉與土耳其共同參加，目標在針對來自海上的恐怖主義威脅 **首次參加多國海上聯合軍演與實兵實彈演習**

表 6.12　新世紀中國主要涉外軍事演習紀錄　（續）

時間	演習名稱	內容重點
2007.04	中印聯合海上演習	在青島附近黃海海域舉行 以通信與艦隊編組為主的海事演練
2007.05	西太平洋海軍論壇海上演習	在新加坡附近海域舉行 共有來自 12 國 15 艘軍艦參加，主要目的是促進各國海軍之間的合作與交流，提高各國海軍應對威脅和聯合行動能力
2007.07	中泰陸軍特種部隊聯合演訓	代號為「突擊 -2007」 在廣州軍區舉行，主要目標為反恐訓練 **首度與外國軍隊進行聯合訓練**
2007.08	上海合作組織聯合反恐演習	代號為「和平使命 -2007」 分為戰略磋商、聯合反恐戰役準備與實施兩個階段，分別在中國烏魯木齊和俄羅斯車里雅賓斯克兩地進行
2007.09	摩托化步兵師進攻實戰演習	代號為「勇士 -2007」 在內蒙古柯爾沁草原舉行 邀請來自 35 國 55 名觀察員參與，是迄今中國軍隊邀請國家最多，也是媒體開放程度最高者 中國國防部首次邀請日本軍官參與
2007.09	中澳紐聯合海上搜救演習	在雪梨附近海域舉行 主要科目包括通信演練、艦艇編隊運動、海上綜合補給演練和聯合搜救訓練
2007.09	中英聯合海上搜救演習	在青島附近黃海海域舉行 以通信與艦隊編組為主的海事演練
2007.09	中英聯合海上演習	代號為「中英友誼 -2007」 在樸資茅斯附近大西洋海域舉行 **首度與英國航空母艦聯合演習**，方向主要是非傳統安全領域
2007.09	中西聯合海上演習	代號為「中西友誼 -2007」 在西班牙加地斯灣附近海域舉行 以聯合搜救為主的非傳統安全演習
2007.09	中法聯合海上演習	代號為「中法友誼 -2007」 在地中海域舉行，以聯合搜救為主
2007.09	中俄聯合反恐演習	代號為「合作 -2007」 在莫斯科近郊舉行，由俄羅斯內務部內衛部隊與中國人民武裝員警部隊聯合進行
2007.12	中印聯合地面演習	代號為「攜手 -2007」 在中國成都軍區昆明舉行 **首度與印度舉辦聯合軍事演習**

表 6.12　新世紀中國主要涉外軍事演習紀錄　（續）

時間	演習名稱	內容重點
2008.09	空降師實兵對抗演習	代號為「礪兵-2008」 在內蒙古朱日和基地進行，邀請 36 國共 110 人代表團出席觀摩；是迄今邀請國家最多、層次最高且規模最大之軍事外交活動
2008.10	迎外實兵實彈演習	代號為「前鋒-2008」 在確山訓練基地向 67 國 300 多名外軍學員展示在資訊化條件下以聯合作戰為背景的山地戰鬥
2008.12	中印聯合地面演習	代號為「攜手-2008」，在印度卡納塔克邦進行
2009.03	多國海上聯合軍事演練	代號為「和平-09」 在巴基斯坦進行。中國、美國、英國、法國、日本和土耳其等 11 國派艦艇、飛機或特種作戰分隊參加，俄羅斯、德國、澳大利亞、埃及、印尼等 20 多國派軍事觀察員觀摩
2009.06	中國—加彭聯合醫療演練	代號為「和平天使-2009」 **中國軍隊和外軍舉行首次衛勤聯合演習，首次在非洲與非洲國家共同雙邊聯合行動**
2009.06	中新聯合安保訓練	代號為「合作-2009」 與新加坡合作在廣州軍區進行
2009.07	中俄聯合反恐演習	代號為「和平使命-2009」 在瀋陽軍區洮南合同戰術基地舉行
2009.07	中蒙聯合訓練演習	代號為「維和使命-2009」 在中國北京地區進行 首度與蒙古舉行以 PKO 為主的聯合訓練
2009.08	中俄界河應急聯合演習	在中國黑龍江省黑河市與俄羅斯阿莫爾州布拉戈維申斯克市之間的港區水域展開 中俄投入近 300 人及 40 餘艘海事、航道、水文、環保及其他社會船艇。針對人員救助、船舶及設施溢油處置、船舶消防等方面進行演習
2009.09	中俄護航編隊聯合演習	代號為「和平藍盾-2009」，在亞丁灣西部進行
2009.10	陸空聯合火力打擊演習	代號為「前鋒-2009A」 來自 70 多國外軍留學生和外國軍事觀察員共 215 人現場觀戰
2009.11	陸軍實兵自主度抗演習	代號為「必勝-2009」 來自國防大學防務學院、南京陸軍指揮學院外軍學員及 55 國 130 多名軍官擔任觀察員

表 6.12　新世紀中國主要涉外軍事演習紀錄　（續）

時間	演習名稱	內容重點
2010.07	中巴聯合反恐軍事演習	代號為「友誼 -2010」 在中國寧夏青銅峽地區舉行 演習課題為邊境山地進行聯合反恐怖作戰
2010.08	中俄韓聯合反盜反恐演習	3 國海岸警衛船在日本海海域進行 中國海監船首度參加多國聯合演練
2010.09	上海合作組織聯合反恐演習	代號為「和平使命 -2010」 在哈薩克南部馬特布拉克進行
2010.09	兩岸海上搜救聯合演習	**兩岸首度進行聯合演習**
2010.10	中泰反恐聯合演習	代號為「藍色突擊 -2010」 在泰國東部尖竹汶山區舉行，由雙方海軍陸戰隊參與混合編組訓練
2010.10	中土空軍聯合訓練	在土耳其科尼亞空軍基地進行 **首度與北約國家進行演訓**
2010.11	中國—羅馬尼亞陸軍山地師聯合演習	代號為「友誼行動 -2010」 在雲南昆明舉行
2010.11	中國—秘魯人道救援聯合演習	代號為「和平天使 -2010」 在秘魯首都利馬舉行
2010.11	中新聯合安保訓練	代號為「合作 -2010」 與新加坡合作在新加坡木賴訓練場進行
2010.11	海上實兵實彈檢驗性演習	代號為「蛟龍 -2010」 由南海艦隊在南海某海域進行 來自 70 餘國 200 餘名外國軍官現場觀摩 **中國海軍首度開放外軍觀摩**
2011.03	多國海上聯合軍事演練	在巴基斯坦舉行，共有 12 國 16 艘艦艇參加
2011.03	中日聯合海上搜救通信演習	由上海海上搜救中心與日本海上保安廳廣島分部共同推動舉行
2011.03	中巴空軍聯合訓練	代號為「雄鷹 -I」，在巴基斯坦空軍基地舉行
2011.05	聯合反恐演習	代號為「天山二號」 在中國新疆喀什舉行，吉爾吉斯與塔吉克共同參與之聯合打擊恐怖主義演習
2011.06	中國—印尼特種部隊聯訓	代號為「利刃 -2011」 在印尼萬隆舉行，目標為聯合打擊恐怖主義組織
2011.07	中白聯合空降演習	代號為「神鷹 -2011」 與白俄羅斯共同進行

表 6.12　新世紀中國主要涉外軍事演習紀錄　（續）

時間	演習名稱	內容重點
2011.08	中俄聯合反恐軍事演習	代號為「和平使命-2011」 在日本海舉行，雙方首度同時動員陸、海、空三軍進行聯合反恐軍演
2011.11	迎外實兵實彈演習	代號為「前鋒-2011」 在確山合同戰術基地舉行 260 多位來自國防大學、空軍指揮學院、南京陸軍指揮學院等外軍學員，以及英法德等 8 國空降旅、裝甲旅長和觀察員現場觀摩
2011.11	中巴聯合反恐軍事演習	代號為「友誼-2011」，在巴基斯坦曼格拉舉行
2012.04	中俄海上聯合演習	代號為「海上聯合-2012」 在中國青島附近黃海海域舉行 **中俄海軍首次舉行聯合演訓**
2012.05	中泰海軍陸戰隊聯合演習	代號為「藍色突擊-2012」 目標為聯合打擊恐怖主義組織
2012.06	上海合作組織聯合反恐演習	代號為「和平使命-2012」 在塔吉克胡佔德市舉行
2012.07	中國—印尼特種部隊聯訓	代號為「利刃-2012」 目標為聯合打擊恐怖主義組織
2012.08	兩岸海上救難聯合演習	在金廈海域舉行 共 29 艘艦艇、3 架直升機及 600 多名人員參演 **大陸官員首度登上台灣官方艦艇**
2012.08	中以聯合軍事演習	在以色列海法舉行 中國與以色列首度進行聯合軍事演習
2012.08	中越海上搜救應急通信演習	兩國首度舉行之類似演習活動
2012.10	東海聯合軍事演習	代號為「東海協作-2012」 繼 2007 與 2009 年以來最大規模類似軍演，模擬中國公務船與他國衝突事件
2012.10	中澳新人道主義救援減災聯合演練	代號為「合作精神-2012」 中國、澳大利亞與紐西蘭聯合在澳大利亞布里斯班外海舉行
2012.11	中白聯合空降演習	代號為「神鷹-2012」 在中國湖北空降基地舉行
2013.03	多國海上聯合軍事演練	在巴基斯坦舉行 中國、巴基斯坦、美國、英國、日本等 14 國共 24 艘艦艇和 25 架飛機以及特種部隊參加

表 6.12　新世紀中國主要涉外軍事演習紀錄　（續）

時間	演習名稱	內容重點
2013.06	數位（數碼）科技演習	代號為「聯教 -2013- 朱日和」 在內蒙古朱日和合同戰術訓練基地進行 中國網軍首度亮相
2013.07	中俄聯合海上演習	代號為「海上聯合 -2013」 在日本海大彼得灣舉行，共 20 餘艘艦艇參加
2013.07	中俄聯合反恐軍事演習	代號為「和平使命 -2013」 在俄國車里雅賓斯克舉行，雙方迄今最大規模的陸地聯合反恐軍演
2013.07	中澳海上搜救聯合演習	在澳洲大堡礁海域舉行
2013.08	中美反海盜聯合演習	在亞丁灣海域舉行
2013.09	中美海上搜救聯合演習	在夏威夷海域進行 雙方共 4 艘艦艇、3 架直升機參加。首次實現直升機編隊飛行、成立聯合離艦損管隊、空中兵力聯合搜索海域等項目
2013.09	東協防長會議擴大海上演習	首度舉行，共 12 國參加，在澳洲外海進行
2013.09	中巴空軍聯合訓練	代號為「雄鷹 -II」 在中國境內空軍基地進行
2013.10	中智聯合海上軍事演習	在智利外海舉行，雙方各派 2 艘軍艦參加
2013.11	中美人道救援減災聯合演習	在夏威夷海域進行 中國首次派出實兵到美國本土海域演習
2013.11	中印聯合軍事演習	代號為「攜手 -2013」 在中國成都舉行
2013.11	迎外陸空實兵實彈演習	代號為「礪山 - 前鋒 -2013B」 共有 89 國 350 名外軍觀察員參加，規模空前
2013.11	中國─印尼特種部隊聯訓	代號為「利刃 -2013」 在印尼西爪哇省萬隆蘇萊曼空軍機場舉行 進行空降聯合營救人質演練
2014.03	多邊人道主義救援減災演習	代號為「科摩多 -2014」 在印尼巴丹島進行，共有 17 國 24 艘艦艇參與
2014.04	西太平洋海軍論壇聯合演習	代號為「海上合作 -2014」 在青島外海進行，為中國首度主辦多國聯合海上演習，共有 8 國 19 艘艦艇參與，紀念其海軍建軍 65 周年，但拒邀日本參加

表 6.12 新世紀中國主要涉外軍事演習紀錄 （續）

時間	演習名稱	內容重點
2014.04	中巴聯合衛勤訓練	代號為「和平天使-2014」 在巴基斯坦舉行
2014.05	中巴空軍聯合訓練	代號為「雄鷹-III」 在巴基斯坦拉菲克空軍基地舉行
2014.05	中俄聯合海上演習	代號為「海上聯合-2014」 中國長江口以東的東海北部海空域進行，雙方共投入 14 艘艦艇與 2 艘潛艇 雙方部隊首度進行混編演練
2014.06	多國聯合海上軍事演習	代號為「環太平洋-2014」 中國首度受邀參加
2014.08	上海合作組織聯合反恐演習	代號為「和平使命-2014」 在內蒙古朱日和訓練基地舉行 該系列演習首度在中國舉辦
2014.10	中美澳聯合陸軍訓練演習	代號為「科瓦里-2014」 在澳洲北部叢林地區舉行，此為首度舉辦
2014.10	中國一印尼特種部隊聯訓	代號為「利刃-2014」 在中國場舉行，進行空降聯合營救人質演練
2014.10	中巴聯合海上軍事演習	代號為「喜馬拉雅-1」
2014.11	中印聯合軍事演習	代號為「攜手-2014」 在印度馬哈拉斯特拉邦舉行
2014.12	中馬聯合演習	代號為「和平友誼-2014」 中國與馬來西亞首次聯合演習，但僅為桌面推演
2015.02	中法聯合海上演習	在法國土倫港外海，針對海上意外相遇、通信操演、臨檢、救治轉運傷患等項目
2015.05	中俄聯合海上演習	代號為「海上聯合-2015-I」 在地中海舉行，雙方共 9 艘艦艇參加，是中國首度在此海域進行聯合演習，也是距離本土最遠的一次，雙方並穿越海峽進入黑海
2015.05	東協區域論壇聯合救災演習	由中國與馬來西亞聯合主持，在馬來西亞玻璃州舉行，為該系列演習第 4 次舉行 **首度參與國際大型聯合軍事與民事救災演練**
2015.05	西太平洋海軍論壇聯合演習	新加坡主辦，在馬來西亞以東海域進行，共有 10 國 14 艘艦艇參與
2015.05	中新聯合海上演習	代號為「合作-2015」 雙方首次進行之海上聯合軍事演習

表 6.12 新世紀中國主要涉外軍事演習紀錄 （續）

時間	演習名稱	內容重點
2015.06	多國維和軍事演習	代號為「可汗探索 -2015」 由美國與蒙古共同組織並在蒙古舉行，共有 23 國 1,200 多名人員參演，中國為首度參加
2015.06	中斯聯合恐演習	代號為「絲路協作 -2015」，在斯里蘭卡舉行
2015.06	中白聯合空降演習	代號為「神鷹 -2015」，在白俄羅斯舉行
2015.08	中俄聯合海上演習	代號為「海上聯合 -2015-II」 在日本海舉行，雙方共 23 艘艦艇參加，是兩國史上迄今規模最大的聯合演習
2015.08	中美澳聯合陸軍訓練演習	代號為「科瓦里 -2015」 在澳洲達爾文港以南之國家公園營地舉行
2015.09	中馬聯合演習	代號為「和平友誼 -2015」 在麻六甲海域舉行，是中國與馬來西亞雙邊首次實兵演習，也是中國與東協國家國迄今規模最大之聯合演習
2015.10	中法聯合海上演習	中國南海艦隊驅逐艦支隊「運城」號導彈護衛艦與法國海軍「葡月」號導彈護衛艦在南海海域根據《海上意外遭遇準則》進行演練
2015.10	中印聯合軍事演習	代號為「攜手 -2015」 在中國昆明舉行，雙方各出動 144 人混合編組
2015.10	中巴空軍聯合訓練	代號為「雄鷹 -IV」，在銀川空軍基地進行
2015.11	中澳聯合海上演習	在南海海域進行演練
2015.11	中美聯合海上演習	兩國首度在大西洋海域進行演習 在梅波特港東南海域進行，中美各自有 3 艘軍艦參演，根據《海上意外遭遇準則》進行演練
2015.11	中泰聯合空中訓演	代號為「鷹擊 -2015」 雙方首次進行之空中聯合軍事演習 在泰國空軍阿叻基地舉行
2015.11	中美人道主義救援減災演習	在美國陸軍 Lewis-McChord 基地進行為期一個月之聯合醫療救護演習 **中國地面部隊首次在美國本土舉行聯合演習**
2015.12	中巴聯合反恐軍事演習	代號為「友誼 -2015」 在中國寧夏青銅峽訓練基地舉行
2015.12	中巴海上反潛實戰演習	代號為「朋友」 在中國東海海域舉行
2016.02	中印聯合戰術演習	代號為「合作 -2016」 在爭議邊界北段中國實際控制區舉行，為雙方首度在邊境地區進行人道救援演練

表 6.12　新世紀中國主要涉外軍事演習紀錄　（續）

時間	演習名稱	內容重點
2016.02	中柬聯合海軍演習	在柬埔寨西哈努省港口舉行，為雙方首度進行海上聯合演習
2016.04	中巴空軍聯合訓練	代號為「雄鷹 -V」 在巴基斯坦基地進行
2016.05	中泰海軍陸戰隊聯合演習	代號為「藍色突擊 -2016」 在泰國梭桃邑海軍陸戰隊司令部舉行，目標為進行人道主義救援聯合演訓
2016.05	中俄反導計算機聯合演習	首次首長司令部計算機模擬飛彈防禦聯合演習
2016.07	多國聯合海上軍事演習	代號為「環太平洋 -2016」 中國參演規模僅次於美國與加拿大
2016.08	多邊人道主義救援減災演習	代號為「科摩多 -2016」 在印尼西普拉島進行，共有 15 國 46 艘艦艇參與
2016.09	中俄聯合海上演習	代號為「海上聯合 -2016」 在廣東湛江周邊之南海海域舉行
2016.09	上海合作組織聯合反恐演習	代號為「和平使命 -2016」 在吉爾吉斯巴雷克奇市訓練場舉行
2016.09	中美澳聯合陸軍訓練演習	代號為「科瓦里 -2016」 在澳洲北領地營區舉行
2016.10	中德衛勤實兵聯合演習	代號為「聯合救援 -2016」 中國與歐洲國家軍隊首次類似演習，也是中國衛勤部隊在境內與外軍舉行首次演習
2016.10	中塔聯合反恐軍事演習	繼 2006 年後再度舉辦，在塔吉克克戈爾諾—巴達赫尚自治州舉行
2016.11	中馬聯合演習	代號為「和平友誼 -2016」 在馬來西亞巴耶英達附近地域舉行
2016.11	中巴聯合海上演習	在巴基斯坦喀拉蚩附近海域舉行
2016.11	中美人道主義救援減災演習	在中國昆明進行，雙方共有 233 人參與
2016.11	中印聯合軍事演習	代號為「攜手 -2016」，在印度浦那地區舉行
2017.01	多國維和部隊反恐救援演習	代號為「聯合救援 -2017」 在馬利東部戰區訓練場舉行，為中國赴馬利維和部隊首次參與多國衛勤實兵聯合演習
2017.04	中尼聯合軍事演習	代號為「2017- 薩加瑪塔友誼」 在尼泊爾加德滿都舉行，以反恐為主要項目 兩國首度進行聯合演習

表 6.12　新世紀中國主要涉外軍事演習紀錄　（續）

時間	演習名稱	內容重點
2017.05	中尼聯合處突演練	代號為「和平力量 -2017」 在賴比瑞亞舉行，由中國與奈及利亞駐賴比瑞亞維和警察防暴隊聯合舉行
2017.06	中巴聯合海上演習	在阿拉伯海北部海域舉行
2017.07	中俄聯合海上演習	代號為「海上聯合 -2017」 第一階段在波羅的海舉行，第二階段在日本海與鄂霍次克海舉行
2017.07	中白聯合反恐演習	代號為「聯合盾牌 -2017」 在白俄羅斯明斯克訓練中心舉行
2017.09	中澳陸軍聯合訓練	代號為「熊貓袋鼠 -2017」 在中國雲南昆明舉行
2017.12	中俄反導計算機聯合演習	代號為「空天安全」
2018.08	上海合作組織聯合反恐演習	代號為「和平使命 -2018」 在俄羅斯車里雅賓斯克訓練場舉行
2018.09	中澳陸軍聯合訓練	代號為「熊貓袋鼠 -2018」 在澳洲坎培拉舉行
2018.10	中國—東協聯合演習	代號為「海上聯演 -2018」 在中國廣東湛江及其以東海域舉行 分港岸活動、海上演練和演習總結 3 個階段，中國與東協共 8 艘艦艇與 1200 官兵參加
2018.10	中馬泰聯合演習	代號為「和平友誼 -2018」 在馬來西亞森美蘭州附近海域舉行 泰國首度受邀參與此一系列
2018.10	中國—歐盟聯合醫療救援演習	代號為「協作 -2018」 在亞丁灣西部海域舉行
2018.12	中巴駐訓聯演	代號為「勇士 -6」 在旁遮普省伯比反恐訓練中心舉行
2018.12	中印聯合軍事演習	代號為「攜手 -2018」，在中國成都舉行
2019.03	中柬聯合反恐演習	代號為「金龍 -2019」 在柬埔寨貢布省舉行，探討聯合作戰指揮模式
2019.04	中國—東協聯合演習	代號為「海上聯演 -2019」 在中國青島海域舉行
2019.04	中新聯合演習	代號為「合作 -2019」 在慕萊城市戰訓聯中心進行

表 6.12 新世紀中國主要涉外軍事演習紀錄 （續）

時間	演習名稱	內容重點
2019.05	中俄聯合海上演習	代號為「海上聯合-2019」，在中國青島舉行
2019.10	中沙聯合海上演習	代號為「藍劍-2019」，為期 3 週
2019.10	中澳陸軍聯合訓練	代號為「熊貓袋鼠-2019」 在中國海南島訓練基地舉行
2019.11	中印聯合軍事演習	代號為「攜手-2019」 在印度梅加拉亞邦西隆市烏姆羅伊軍營舉行
2019.12	中俄伊聯合海上演習	在波斯灣出海口附近海域舉行
2019.12	中坦聯合演習	代號為「真誠夥伴-2019」 在坦尚尼亞綜合訓練中心舉行
2019.12	中巴駐訓聯演	代號為「勇士-7」 在巴基斯坦切拉特市舉行
2020.01	中巴聯合海上演習	代號為「海洋衛士-2020」 在北阿拉伯海域舉行，分為岸港訓練和海上聯演兩個階段，兩國第 6 次雙邊演習

大體來說，近期中國涉外軍事演習具有以下幾個特徵：

（一）結合「走出去」與「請進來」之聯合演習途徑

與外國軍隊聯合訓練乃近年來解放軍訓練的一種新趨勢，除了積極參與境外演訓之外，也經常邀請外國軍隊至境內參與演習。

（二）擴大觀摩範圍以提升軍事透明度

除了消極回應國際輿論對於中國軍事發展透明度之疑慮外，從更積極的面向看來，中國在自信心提升之餘，邀請外國觀察員也有「展示國威」之宣傳效果。

（三）年度性演習次數日益頻繁

人民解放軍系列演習內容涉及陸空聯合戰鬥、遠海實兵實彈對抗、諸軍兵種聯合防空、常規導彈火力突擊等眾多課題，這還不包括

海內外聯合演習在內，顯見中國有藉演習彌補實戰不足的**趨勢**。

（四）透過系列性演習建構並強化戰略聯繫

　　如同表 6.13 所示，近年來中國逐漸透過被動參與以及主動規劃等雙重途徑，逐漸如美國一般形成系列性之演習活動，一方面可沖淡

表 6.13　中國與外國主要之聯合演習系列

系列名稱	對象與性質	舉辦年度
友誼	與巴基斯坦合作之反恐演練	2004-06, 2010-11, 2015-16
和平使命	上海合作組織架構下聯合反恐軍演	中俄雙邊：2005, 2009, 2011, 2013 六國多邊：(2003), 2007, 2010, 2012, 2014, 2016, 2018
和平	由巴基斯坦主導，在阿拉伯海進行之多國海上聯合演習	2007, 2009, 2011, 2013
攜手	中印聯合地面演習	2007-08, 2013-16, 2018
合作	中國與新加坡聯合演習	2009-10, 2015, 2019
和平天使	中國所推動境外人道救援演練	2009-10, 2014
藍色突擊	與泰國陸戰隊之反恐演習	2010, 2012, 2016
利刃	與印尼特種部隊所進行聯合演習	2011-14
神鷹	與白俄羅斯空降部隊聯合演習	2011, 2012, 2015
雄鷹	與巴基斯坦空軍聯合訓練	2011 起每年舉行
海上聯合	中俄聯合海上軍事演習	2012-17, 2019
（無）	中越海軍北部灣聯合巡邏	2012-18 共進行 13 次
勇士	與巴基斯坦陸軍聯合反恐演練	2013 起每年舉行
（無）	中美人道主義救援減災演習	2012-13, 2015-18
科瓦里	與美澳聯合舉行之陸軍演練	2014 起每年舉行
和平友誼	中國與馬來西亞之聯合演習	2014-16, 2018 納入泰國
海洋衛士	與巴基斯坦聯合海上演習	2015-17 未命名, 2019-20
空天安全	與俄羅斯計算機聯合演習	2016 未命名, 2017
熊貓袋鼠	中澳陸軍聯合訓練	2017 起每年舉行
海上聯演	中國與東協聯合海上演習	2018, 2019

外國對特定演習個案之疑慮，也可藉此強化與特定夥伴關係之軍事連結（例如俄國與巴基斯坦）。

參 戰略對話機制

一般來說，中國自新世紀初便逐步與世界主要力量間建立戰略對話關係；值得注意的是，其中部分對話在開始階段並未冠以「戰略」之名，例如在 1996 年與俄羅斯確立元首會晤機制後，無論元首、總理和議會領袖年度互訪等都具有一定程度戰略意義。至於大規模推展對話關係且頗見成效者則在 2005 年，該年堪稱中國名副其實的「戰略對話年」，短短一年便連續啟動與俄羅斯、印度、日本及美國之間的戰略對話。表 6.14 便整理了 1993-2013 年的 20 年間，由中國所推動或被邀請參與，或它雖並未參與但卻為主要議題的其他戰略安全性對話或雙邊磋商機制。

特別在中國主動倡議部分，大致上又可分為兩大範疇：

（一）由國防部門主導的安全防務磋商機制

討論內容大體傾向狹義安全問題以及周邊安全相關議題，在首先於 1993 年推動中日安全磋商機制後，根據 2019 年《新時代的中國國防》白皮書指出，中國迄今已與 41 個國家和國際組織建立 54 項防務磋商對話機制，對象國大多數都是其周邊國家，維護國家安全的意涵可謂相當明顯，但近年來也有逐步向世界各地延伸舉辦之趨勢。

（二）由外交部門主導的戰略對話機制

中國先後與俄國、英國、印度、日本、美國、歐盟、德國、加拿大等建立此類機制；其中，比較特別的是中俄間對話顯然層級最高（副總理級），中美則另就經濟問題舉行部長級對話，至於其他的對

話夥伴則若非是 G8 成員，便是準大國（如印度），可見其在中國「大國外交」政策中所扮演的溝通性角色。

表 6.14　1993-2013 年與中國相關之對話機制發展

對話	等級	起始時間	主要議題與進展
中日安全磋商	副外長級	1993.10	討論有關安全和防衛政策及雙方關注的地區問題，於 2002 年升格為副外長級對話
中國—東協磋商機制	副外長級	1995.04	每年定期與行對話溝通，中國外長每年並列席參與東協外長會議
中法防務對話	副總長級	1997.03	每年定期進行軍事關係會談
中美防務磋商	副總長級	1997.10	每年定期進行軍事關係會談
中澳防務磋商	副總長級	1997.10	每年定期進行軍事關係會談
中俄防務磋商	副總長級	1997.11	每年定期進行軍事關係會談
美台防務磋商	副部長級	1997	每年定期進行軍事關係會談又稱蒙特瑞會談（Monterey Talks）
中美安全對話	二軌性	1998	由美國外交政策委員會牽線進行的智囊對談
中美海上軍事安全磋商	少將級	1998.07	每年定期進行海上軍事安全問題會談
中俄戰略穩定磋商	副外長級	1999.04	每年定期就雙邊與國際問題交換意見
中日防務磋商	副總長級	2000.11	每年定期進行軍事關係會談
中泰防務磋商	副總長級	2001.12	每年定期進行軍事關係會談
中巴防務磋商	副總長級	2002.03	每年定期進行軍事關係會談
中加外交磋商	副外長級	2002.09	兩年一度與加勒比海邦交國間進行意見交換
美日安保諮商 2＋2	外長級	2002.12	加強美日同盟內部溝通協調
中英戰略安全對話	副外長級	2003.10	就區域與全球安全問題交換意見
中蒙防務磋商	副總長級	2004.04	每年定期進行軍事關係會談
中日東海問題磋商	部長級	2004.10	至 2008 年共展開 12 輪磋商，就建立雙邊海上熱線機制以及共同開發達成共識協議，2010 年 5 月進行首輪司長級對話
中俄戰略對話	副總理級	2005.02	雙方就中亞地區穩定、北韓核武危機、傳統與非傳統安全等問題展開討論
中印戰略對話	副外長級	2005.01	雙方僅就各自關心的問題泛談，重點是交換看法
中越防務磋商	副總長級	2005.04	提供雙方進行安全事務溝通管道

表 6.14　1993-2013 年與中國相關之對話機制發展　（續）

對話	等級	起始時間	主要議題與進展
中日戰略對話	副外長級	2005.05	談及小泉參拜靖國神社問題、日本遺棄在中國境內化學武器問題、東海油田開發問題等
中菲國防安全磋商	副總長級	2005.05	提供雙方進行安全事務溝通管道
中美日三邊對話	二軌性	2005.07	由美國布魯金斯研究所安排的智囊會談
中美戰略對話	副外長級	2005.08	就中美關係和共同關心的重大國際與地區問題交換意見，2008 年首度有國防部官員與會
中歐戰略對話	副外長級	2005.12	就各自國際地位、中國和平發展道路、歐盟整合發展情況及雙方共同關心的國際問題進行討論 雙方另就非洲問題發展召開特別對話
中德戰略對話	外長級	2006.11	就中德、中歐關係以及全球與區域問題交換意見 原為副外長級，2011 年 4 月升格為部長級
美韓戰略對話	外長級	2006.01	討論朝鮮半島局勢、韓美同盟和北韓核子問題等
中加戰略對話	副外長級	2006.01	就雙邊關係、國際安全、北韓問題、伊朗問題、聯合國改革、反恐及其它國際和地區問題交換看法
美日澳戰略對話	外長級	2006.03	討論伊拉克、伊朗、北韓與中國擴軍等問題
中—阿曼戰略磋商	副外長級	2006.03	提供雙方進行安全事務溝通管道
中馬防務磋商	副總長級	2006.05	提供雙方進行安全事務溝通管道
中—印尼防務磋商	副總長級	2006.05	提供雙方進行安全事務溝通管道
中美戰略經濟對話	部長級	2006.09	就推動中美建設性合作關係發展交換意見
中俄友好戰略對話	二軌性	2006.09	由中國國際友好聯絡會與俄羅斯安全、國防和司法學院聯合舉辦
中約戰略對話	副外長級	2006.12	中國與約旦簽署戰略對話小組備忘錄
日俄戰略對話	副外長級	2007.01	針對北韓問題、伊朗問題、能源安全合作與北方島嶼問題等進行磋商
美中歐對話項目	二軌性	2007.02	由美國布魯斯學會美歐中心與英國歐洲改革中心共同組織，旨在增進對中國如何處理與美國及歐盟關係的瞭解
日印戰略對話	外長級	2007.03	就加強在政治與安全保障、經濟、人員交流等領域合作，以及將雙邊關係提升為戰略夥伴關係進行討論

表 6.14　1993-2013 年與中國相關之對話機制發展　（續）

對話	等級	起始時間	主要議題與進展
中印國防對話	副總長級	2007.11	討論有關雙邊的安全與軍事合作事宜
中紐戰略對話	副總長級	2007.11	討論有關雙邊的安全與軍事合作事宜
中─新加坡防務對話	副總長級	2008.01	就國際和地區安全形勢、國防政策與軍隊建設、兩軍關係及其它共同關心問題交換意見
美越戰略對話	副外長級	2008.10	討論雙邊共同關注之安全議題
中墨戰略對話	副外長級	2009.08	討論雙邊共同關注之安全議題
中美戰略與經濟對話	準元首級	2009.07	針對人民幣問題、雙邊經貿互動與全球金融體系穩定等進行討論
中─海合會戰略對話	部長級	2010.06	就共同關心的國際和地區問題深入交換意見
中英防務戰略磋商	副總長級	2010.02	交換意見並推動安全合作事宜
中土軍事合作高級對話	副總長級	2010.05	交換意見並推動安全合作事宜
美韓安保諮商 2+2	外長級	2010.07	因應天安艦事件後區域安全形勢首度進行
中美戰略安全對話	副部長級	2011.05	某種程度的 2+2 對話，由美國副國務卿與國防部副部長，以及中國外交部副部長與解放軍副總參謀長出席會談
中美亞太事務諮商	副部長級	2011.06	約每半年召開一次，目的在降低雙方爆發衝突可能性，朝鮮半島與南海問題為最初關注點
中韓國防戰略對話	副總長級	2011.07	就國防戰略對話機制、地區安全形勢、兩國對外軍事交流、雙方防務交流與合作，以及其他共同關心問題交換意見
中印經濟戰略對話	副部長級	2011.09	加強宏觀經濟政策協調，共同應對經濟發展中出現的問題和挑戰
美日台安全形勢對話	二軌性	2011.10	針對亞太安全形勢交換意見
美日印戰略對話	司長級	2011.12	針對海上安全合作、阿富汗問題以及中亞事務問題等進行磋商
中日海洋事務高級別磋商	副司長級	2012.01	針對東海與雙邊海上合作問題交換意見
中波戰略對話	副外長級	2012.03	針對雙邊關係與中歐關係等交換意見
美菲安保諮商 2+2	外長級	2012.04	因應南中國海逐漸升溫之緊張情勢
中美韓戰略對話	一軌半	2013.07	共同討論區域外交、安全領域、經濟和文化等領域的合作方案

表 6.14　1993-2013 年與中國相關之對話機制發展　（續）

對話	等級	起始時間	主要議題與進展
中朝戰略對話	副部長級	2013.06	中朝雙邊關係、朝鮮半島局勢以及雙方共同關心的國際和地區問題
日俄安保諮商 2+2	外長級	2013.11	針對東北亞區域安全問題進行討論
中韓高層外交與安全戰略對話	部長級	2013.11	就北韓核武與日本欲解禁集體自衛權問題交換意見並磋商

　　在前述對話機制中，最重要的當然是繼 1997 年防務磋商機制後，2005 年建立的中美戰略對話；儘管美國最初並不願以「戰略對話」來稱呼，而代以「全球對話」和「高層對話」，雙方仍陸續就經貿、知識產權、能源戰略、北韓核武危機等一系列雙邊和國際問題進行討論。爲共同因應全球金融海嘯衝擊，中美在 2009 年同意整合前述「戰略對話」與 2006 年啓動之「戰略經濟對話」機制，成立新的「戰略與經濟對話」；儘管似乎僅在字面上多一個「與」字，關鍵在於新機制代表層級顯著升高到「元首特別代表」層次。至於 2017 年後重新整合之 4 大對話機制則更具象徵意義。

　　與建構中美對話幾乎同時，中國在 2005 年底也與歐盟「三駕馬車」（歐盟輪值主席國、歐盟委員會、候任主席國）代表舉行了首輪中歐戰略對話，就各自在國際體系中的作用、中國的和平發展道路、歐盟整合與發展情況及雙方共同關心的國際和地區問題（北韓與伊朗核子問題）進行深入討論。最後，在中俄兩國之間則存在著最複雜且多元化的對話框架，包括副總長級防務磋商、副外長級戰略穩定磋商、副總理級戰略對話與二軌性的友好戰略對話等，如果再加上前述定期的元首與總理會晤的話，將可充分顯示出其雙邊關係的熱絡程度，以及俄國當前對中國的全球戰略價值所在。

　　總而言之，中國參與戰略對話機制顯示出幾個主要指標：

（一）反映出中國國際地位上升趨勢

　　在改革開放前，中國的戰略影響力主要來自領土面積與人口數等固定的權力來源；隨著中國經濟和科技實力的大幅度提升，影響世界的方式和手段也發生轉變，主要是從內向型（韜光養晦）朝外向型（主動出擊）轉變，使其逐漸成為具全球影響性的國家。

（二）透過溝通形塑自身戰略並爭取國際話語權

　　由於中國在國際戰略、外交戰略和國家安全戰略等諸多戰略問題上慢慢擁有較清晰且獨立認知，讓它有形塑或重新確立其戰略定位、戰略利益和國際戰略走向的需要，這既是目前它廣泛與世界各主要力量建構戰略對話管道的主因，至於爭取溝通機會和話語權以抵銷所謂「中國威脅論」，也是重要目標。

（三）從傳統安全向經濟領域議題逐步擴散

　　正如第五章第一節關於當前中國推動「財經外交」的敘述，中國對外溝通出現由傳統安全（軍事國防利益）轉趨非傳統安全（經濟）項目逐步擴散的明顯傾向，值得注意。

（四）中國正成為周邊與重要大國對話之主要議題

　　根據表 6.14 中所列出中國雖未參與，但顯然是其主要議題之一的其他國家所組織的對話機制，充分顯示中國崛起正逐漸影響區域與全球格局變化。

肆 太空戰略發展

　　最後，在大國競爭方面，太空範疇對未來衝突的勝負顯然日益具

有舉足輕重作用；從 2006 年包括美國、俄羅斯、以色列、日本、韓國和歐洲等紛紛發射軍事衛星並投入各種太空領域競賽可見一斑。至於對中國來說，它在此領域之發展歷程則經歷了以下幾個里程碑：

（一）發射首枚人造衛星（1970）

自 1956 年啓動太空計畫，[24] 並在 1960 年成功發射第一枚液體燃料火箭後，既爲 1965 年啓動研製長征系列火箭奠定了基礎，[25] 中國迅速於 1970 年發射第一顆人造衛星「東方紅一號」，也使其成爲世界第五個擁有運載火箭和獨立發射衛星能力的國家，1975 年又成爲繼美國與蘇聯後第三個掌握衛星發射和返回技術國家。

（二）推出「三步走」太空發展戰略（1992）

在科學部門於 1986 年向政府提交所謂「八六三計畫」後，中國航天部翌年召開首次載人飛行計畫會議；接著江澤民在 1992 年確定「三步走」戰略，其中載人飛行器定名「神舟號」，整個太空計畫代號則爲「九二一工程」，目標是階段性達成載人航天、進行太空對地觀測與太空科學技術研究、提供初期天地往返運輸工具，與累積太空站工程系統經驗等 4 項基本任務。

（三）發布航太戰略白皮書（2000）

爲確定長期戰略方向，繼 2000 年首次發表《中國的航太》白皮書後，2006 年的第二部白皮書揭櫫了以下新世紀的 4 項發展原則（堅持服從國家整體發展戰略、堅持獨立自主創新技術發展、堅持發

24　當時負責單位為國防部第五研究院，乃目前中國國家航天局前身。

25　自 1970 年 4 月至 2019 年 3 月，長征系列火箭累積發射達 300 次，共將 225 顆航天器送上預定軌道，成功率達到 97%。根據統計，長征火箭前 100 次發射用了 37 年，第二個 100 次用了 7.5 年，第三個 100 次僅耗時 4 年，2018 年更連續成功發射 37 次。

揮航太科技對國家經濟社會發展的帶動與支撐作用、堅持開展太空領域國際交流合作），2011 年的第三部白皮書則進一步將航天運輸系統、人造地球衛星、載人航天、深空探測、航天發射場、航天測控、空間應用、空間科學與空間碎片等揭櫫爲未來 5 年發展目標，至於 2016 年最新版白皮書也延續此一方向。一般認爲未來中國的太空事業將以下列 3 個方向作爲主要發展任務：首先是啓動並繼續實施載人航太、月球探測、高解析度對地觀測系統、北斗衛星導航系統及新一代運載火箭等重大科技工程；其次是建立長期穩定運行的衛星對地觀測系統、更完善衛星通信廣播系統和區域性衛星導航定位系統；最後則以航太科技爲先導，帶動相關學科技術並促進新興產業發展。根據「十三五」（2016-20）規劃，空間科學部分目標或將設定如下：2020 年左右完成載人航太、探月工程、北斗導航、高分觀測等重大專項，2025 年前後全面建成國家民用空間基礎設施，至於 2030 年則實現躋身航太強國之列。

（四）擁有自主衛星系統（2000）

中國在 2000 年成爲繼美俄兩國後，第三個擁有自主導航衛星系統的國家，迄今共建設了酒泉、西昌和太原等三個衛星發射中心，擁有返回式遙感衛星系列、「東方紅」通信廣播衛星系列、「風雲」氣象衛星系列、「實踐」科學探測與技術試驗衛星系列、「資源」地球資源衛星系列以及「北斗」導航定位衛星系列等 6 個衛星系列。

（五）掌握載人航太技術（2003）

中國在 2003 年成功透過「神舟五號」進行載人太空飛行，成爲繼美國和俄羅斯後第三個掌握載人航太技術的國家。2005 年再度發射「神舟六號」，2008 年「神舟七號」則完成首度太空漫步活動。

其後中國於 2011 年發射「天宮一號」目標飛行器，以建立自主性太空站基礎，接著在 2001-13 年分別完成太空器對接與太空人進駐實驗。不過，2011 年中俄合作的火星探測器「螢火一號」最終則以失敗收場。

（六）啓動「嫦娥工程」月球探測計畫（2003）

這是繼發射人造衛星和突破載人飛行後，中國太空活動的第三個重要里程碑。相關戰略採取「繞（2007 年與 2010 年發射『嫦娥一號』與『嫦娥二號』繞月探測衛星）、落（2013 年由『嫦娥三號』攜帶著陸器『玉兔號』進行月球表面探測）、回（預計 2017 年啓動可返回任務）」三階段推動，至於 2025-30 年前後才會擇機測試載人登月，並設法與其他國家共同建設月球基地。[26]

其太空事業的發展梗概可參見表 6.15 的整理。

表 6.15　中國太空部門重要發展

年代	重要發展
1956	啓動太空技術研究計畫
1960	成功發射第一枚液體燃料探空火箭
1965	開始啓動「長征」系列火箭研發工作
1970	成功發射第一顆人造地球衛星「東方紅 1 號」，成為第五個發射衛星國家
1975	成為世界上第三個掌握衛星返回技術的國家
1984	成功發射第一顆試驗通信衛星
1988	成功發射第一顆「風雲一號」氣象衛星
1992	江澤民做出代號為「921 工程」的載人太空飛行決策
1993	成立「國家航天局」負責相關法規與活動推展

26　在其他國家方面：美國曾於 2004 年提出 2015-19 年重新登月計畫，但 2010 年已正式取消；德國計畫在 2020 年前發射登陸月球的無人探測器；南韓聲稱希望在 2025 年完成登月計畫；俄羅斯則把登月目標鎖定在 2030 年之前。

表 6.15 中國太空部門重要發展 （續）

年代	重要發展
2000	成功發射兩顆「北斗」導航衛星，初步建立導航衛星系統，成為世界上第三個擁有自主導航衛星系統的國家 首次發表《中國的航太》白皮書
2003	正式啓動月球探測計畫「嫦娥工程」 成功發射「神舟五號」，成為第三個完成載人太空飛行的國家
2005	再度成功發射「神舟六號」太空船
2006	發布《2006 年中國的航太》白皮書
2007	成功發射一枚中程導彈摧毀即將報廢的氣象衛星「風雲 1-C」 成功發射第 4 顆北斗導航衛星 發射「嫦娥一號」探月衛星，傳回首幅月面圖像 中俄簽署「關於聯合探測火星合作協議」
2008	發射「神舟七號」太空船，完成太空人出艙行走
2010	發射「嫦娥二號」探月衛星
2011	發布《2011 年中國的航太》白皮書 發射「天宮一號」目標飛行器，以建立自主性太空站基礎 發射「神舟八號」與「天宮一號」完成對接，成為第三個完成太空器對接國家 發射「螢火一號」火星探測器（2012 年失敗返回） 啓動「天眼工程」（FAST，全球最大單口徑球面射電望遠鏡）
2012	發射「神舟九號」首次完成與「天宮一號」手控對接實驗任務 太空人首次成功進入實驗太空站並駐留 6 天 第二代「北斗」系統完成亞太地區全覆蓋服務
2013	發射「嫦娥三號」攜帶著陸器「玉兔號」進行月球表面探測
2015	發射首顆新一代「北斗」衛星，啓動全球系統布局
2016	發射「長征七號」火箭，掌握多目標協同飛行控制任務，開啓太空實驗室任務，伴隨升空的「天源一號」衛星完成首次在軌加注（空中加油）試驗 設定 4 月 24 日為「中國航天日」 建設於貴州的「天眼工程」竣工 世界首顆量子科學實驗衛星「墨子號」發射升空 發射「天宮二號」，且首次進行燃料在軌道補加技術驗證 發布《2016 年中國的航太》白皮書
2018	年底發射「嫦娥四號」探測器
2019	「嫦娥四號」探測器成功在月球馮・卡門（Von Kármán）環形山著陸，這是人類探測器首次造訪月球背面 第三代「北斗」全球系統 24 顆中遠地軌道衛星全部發射部署

隨著中國太空技術不斷提高，美國對所謂「中國威脅」的關注焦點也轉向太空戰略範疇；例如五角大廈自 1998 年起每年公布的《中國軍事力量報告》便越來越強調「對太空的探索正主導中國的戰略發展」，並警告北京已擁有「足以剝奪美國太空能力的關鍵技術」。2003 年中國發射神舟五號載人飛船之際，西方對中國太空戰略的猜測和議論也達到高潮，例如擔心中國發展在太空領域的「不對稱作戰」，尤其是透過「微型衛星」損害或摧毀美國衛星之高科技裝置，美國媒體更於 2006 年底聲稱，有跡象顯示中國可能正發展太空武器；特別是中國於 2007 年試射了一枚中程彈道導彈，成功摧毀一顆即將報廢的氣象衛星，此乃 20 年來國際首度出現之「星戰」級動作，也使中國成為繼美俄後第三個擁有此種能力的國家，但中國外交部隨後聲稱正與俄羅斯等國積極推動裁軍會議，希望透過談判締結防止太空武器化和太空軍備競賽的法律文件。其後，包括 2010 年發射「嫦娥一號」、2011 年火箭發射次數超過美國與 2012 年人工衛星發射次數超過俄羅斯等，既使國際輿論更關切中國太空行動的「軍事化」潛在性，由此可能引發之升級版軍備競賽亦勢將影響下一階段國際關係進展。

第七章
柔性外交

　　自從美國學者 Joseph S. Nye 在 1990 年首度提出軟權力（soft power）這個名詞後，[1] 相關概念便不斷引發討論；根據他的定義，所謂軟權力是指「一種懷柔招安、近悅遠服的能力，而不是單憑強壓人低頭或用錢收買方式，去達到自身所欲之目的；一個國家的文化、政治理念或政策若能被人接受喜愛的話，那麼它就擁有了軟權力。」可見所謂軟權力乃相較於武力等傳統硬權力（hard power）的不同概念，基本上涵蓋了價值觀、生活方式與文化內涵等領域。這種新概念既是對過去歐美長期使用武力控制全球體系，以及後冷戰時期美國企圖透過單邊主義漠視國際多元文化環境的反彈，也反映出國際結構內涵的某種變遷趨勢；正如 Nye 首倡此名詞的原意，它既是美國必須自我檢視反省的目標，也是當前用以弭平糾葛並建立國際新秩序的必經途徑。值得注意的是，儘管美國或許在這方面擁有優勢（例如英語與美式流行文化），並不代表它可壟斷此種新外交模式；相對地，其他國家也可在此範疇中各自努力，包括中國在內。

1　Joseph S. Nye, Jr., "The Changing Nature of World Power," *Political Science Quarterly*, 105:2(1990), pp. 177-192; "Soft Power," *Foreign Policy*, 80(1990), pp. 153-171; *Bound to Lead: The Changing Nature of American Power* (New York: Basic Books, 1990); *Soft Power: The Means To Success In World Politics* (New York: Public Affairs, 2005).

第一節　軟權力外交：新形象的全球輸出
Soft-Power Diplomacy: Output of the New Image

　　隨著中國經濟的快速發展，其影響力也開始滲透到世界各地，例如英國廣播公司（BBC）在 2006 年所做民調顯示，在受訪的 22 國中有 14 個國家多數公民認為，中國在世界上的影響力具有積極意義，18 至 29 歲年輕人對中國懷有好感者更高達 58%；當然，正所謂「民意如流水」，同一民調對中國形象採取正面態度者在 2010 年降為 40%，2014 年略升至 43%，2017 年再降至 41%，已低於採取負面態度者比例（42%）。進一步來說，相較五角大廈近年《中國軍力報告》對北京「硬權力」（hard power）提升的重視，越來越多美國學者其實更關注中國「軟權力」未來對美國利益產生的威脅，例如 Joseph Nye 便在 2005 年指出，中國的軟權力正慢慢崛起，美國則相對呈現下降趨勢，但是華府應做的是自我反省而非對此發展採取遏制性戰略；[2]Joshua Kurlantzick 更在 2007 年以「魅力攻勢」為書名，描述中國憑藉其軟權力所發揮的全球影響力。[3]在此，本章將針對中國當前軟權力主要內涵（發展模式與語言）及其運用方式（孔子學院與和諧概念）進行初步討論。

壹　中國模式、北京共識與發展外交

　　談到軟權力，或許一般人習慣由傳統文化入手來觀察；不過，

2　Joseph S. Nye, "The Rise of China's Soft Power," *Wall Street Journal*, December 29, 2005; see also Jean A. Garrison "China's Prudent Cultivation of Soft Power and Implications for U.S. Policy in East Asia," *Asian Affairs: An American Review*, 32:1(2005), pp. 25-30.

3　Joshua Kurlantzick, *Charm Offensive: How China's Soft Power Is Transforming the World* (New Haven: Yale University Press, 2007).

美國《國際先驅論壇報》曾在 2006 年刊登一篇〈中國模式的魅力〉投書指出：[4]目前世界上居於主流的乃「美國模式」（American model），此模式一般由意識形態出發，重點在推廣美式民主制度，缺點在於鮮少注意當地的風土民情，且主觀認定第三世界國家可直接引進在西方已發展成熟的資本主義制度；更甚者，由於美國利用其超強身分來推動此種概念，其結果往往導致第三世界在設定好自身安全網絡與各種規範前，便被迫接受並實施以自由化、私有化與民主化為指導方針的一系列機制，最終只好導引出令人沮喪且具破壞性的結果，諸如海地、菲律賓與伊拉克等都是明顯例證。

相對地，從貧窮落後國家看來，或許「中國模式」（Chinese model）比美國模式更富有魅力。隨著中國相對經濟實力在過去幾十年不斷地提升，及其人民生活水準的明顯改善，所謂中國模式也成為極受注目的一種新政經現象，例如美國學者 Kenneth Lieberthal 便認為，以中國模式為基礎的「北京共識」正威脅著過去由美國長期主導的「華盛頓共識」，主要原因在於，特別是那些威權領導者更希望由此學到如何在發展經濟同時，透過實現社會穩定來維繫獨裁統治。除此之外，許多發展中國家也慢慢接受中國倡導「消除貧困和保障生存權就是對人權最大的尊重」的理念，以對抗美國所謂「沒有民主自由，經濟就難以發展」的傳統現代化推論；例如對許多參加中非合作論壇的非洲領袖來說，他們並不只是被中國提供的援助和貿易機會所誘惑，也受到中國發展模式的吸引，甚至俄羅斯共產黨也一度在官方網站上指出：「俄共將繼續學習中國的改革經驗，……並準備將中國

4　Wei-Wei Zhang, "The Allure of the Chinese Model," International Harold, November 1, 2006; https://www.nytimes.com/2006/11/01/opinion/01iht-edafrica.3357752.html

模式作爲競選利器，借鑑中國式發展道路來爭取更多的選民支持。」

　　值得注意的是，儘管林毅夫從中國發展和轉型的經驗視角對所謂中國模式的探討，不能不說是引發相關討論熱潮的起點之一，[5]基於「韜光養晦」的政策原則，中國迄今仍企圖撇清與此種觀念之牽連。例如經常負責產出理論方針的中共中央黨校，前副校長李君如便強調：「中國不會對外輸出自己的發展模式；我們認爲，中國的發展模式是與自己的特殊國情緊密相關的，中國的模式不見得適合別人。」另一位前任副校長鄭必堅也說：「我們歷來說，中國只輸出電腦，不輸出發展模式。」國務院副總理吳儀在 2006 年中美經濟戰略對話中，同樣強調「中國主張保持發展模式多樣性，並推動各種發展模式優勢互補。」

　　可以這麼說，首先正如丁學良指出，所謂中國模式確實仍舊未存在任何學術共識；[6]不過，即便中國並未公開推廣「中國模式」，不斷強調發展經驗多樣化的論調不啻已對「美國模式」提出挑戰；尤有甚者，即便中國目前仍對自身經濟的全球影響力採取審慎態度，「中國模式」受到各界矚目乃不爭事實。例如英國外交政策研究中心便於2006 年 5 月發表高盛公司高級顧問 Joshua Cooper Ramo 所撰寫一份題爲「北京共識」的研究報告，指出所謂「……中國的模式，已開始在經濟、社會以及政治方面改變整個國際發展格局」，[7]相較繼續倡導旨在保護自身單邊利益之美國，中國在許多國際事務領域則正削弱著美國的影響力，並使其更難落實霸權政策；其對抗能量來自於某種新思想，亦即「中國正在指引世界上其他國家如何去保護自己的生活方

5　林毅夫，《中國奇蹟：發展戰略與經濟改革》（上海：三聯書店，1994 年）。

6　丁學良，《中國模式：贊成與反對》（香港：牛津大學出版社，2011 年）。

7　Joshua Cooper Ramo, *The Beijing Consensus* (New York: Foreign Policy Centre, 2004).

式和政治選擇；……這些國家不僅正設法去完成自我發展，也想知道如何既與國際秩序接軌，又可以眞正實現獨立」。Ramo 將這種新動力和發展物理學稱爲「北京共識」（Beijing Consensus），認爲它將取代廣受懷疑的「華盛頓共識」，[8]並指出此共識同時涉及經濟與社會變化，亦即它基本上是利用經濟學和統治權來改善社會，這正是「華盛頓共識」自 1990 年代以來始終無法達到的發展經濟學目標。

當然，Ramo 也指出，其他國家不可能照抄中國的發展道路，何況此種道路充滿著矛盾、緊張和陷阱，但中國崛起引發第三世界之模仿興趣無庸置疑。進一步來說，如果「創新是所謂北京共識第一定理的核心，那麼第二定理就是努力去創造一個有利於持續與公平發展的環境」，這正是廣大落後國家們的共同願望所在；「雖然中國的官員們很想繼續假裝中國仍是一個艱苦奮鬥的國家，但他們必須意識到，其他國家所以如此關注中國典範的原因之一，正因此種典範源自其艱苦奮鬥，……最終證明一個發展中國家也可以成爲一個強國」。據此，所謂「北京共識」不啻來自某種見賢思齊的反射動作。

事實上，「華盛頓共識」乃後冷戰時期一個重要特徵；在美國財政部、華爾街金融家與國際貨幣基金的共同努力推動下，此一共識既希望以資本主義和市場制度爲中心來落實新自由主義（neo-liberalism）想法，許多發展中國家（包括陷入債務危機的拉美國家、蘇聯崩解後獨立的東歐國家，以及曾受金融風暴籠罩的東亞國家）都曾經主動或被迫進行相關實踐，結果使後冷戰時期的「全球化」在華

8　為應對 1980 年代拉丁美洲普遍發展危機，包括界銀行經濟學家 John Williamson 等人在 1989 年提出所謂「華盛頓共識」（Washington Consensus）政策倡議，一般被認為屬新自由主義政治經濟學，財務制度「自由化」與「結構調整」乃其核心概念。Pedro-Paul Kuczynski and John Williamson, eds., *After the Washington Consensus: Restarting Growth and Reform in Latin America* (Washington, D.C.: Institute for International Economics, 2003).

盛頓共識引導下幾乎等同「美國化」。無論如何，近年來由於全球化浪潮受到抵制，許多國家逐漸調整其發展戰略和政策，加上美國掀起反恐戰爭引發的反彈聲浪等，無疑減損了華盛頓共識原有的影響力。只不過，究竟北京共識能否落實為一種新模式？能否概括所謂的中國發展道路？是否真能取代既存的華盛頓共識？中國是否能透過此一共識獲致或增進軟權力？這一連串問題恐怕依舊是爭論不休的。

　　儘管如此，正如楚樹龍提出，當前中國不但有著越來越重視「發展外交」的趨勢，此種政策是指中國在外交議題上更加注重發展問題，至於宗旨則由過去長期堅持的「反對霸權主義，維護世界和平」，轉向所謂「維護世界和平，促進共同發展」，目的當然是透過柔性的中國模式來強化南南外交力道。[9]例如中國便主張包括聯合國等國際組織應更多地關注發展問題，自己也積極參加聯合國發展會議，並努力落實聯合國在「千禧年高峰會」中確定的發展目標；此外，中國同時更頻繁地向發展中國家和地區（尤其是非洲）提供各種發展援助，並積極參與各種區域發展計畫（例如大湄公河次區域開發與圖們江開發計畫等）。

貳　漢語熱及其影響

　　除前述「北京共識」之外，近幾年全球性「漢語熱」浪潮，不啻提供另一個觀察中國軟權力的重要指標；可見的具體例證如下：

（一）美國

　　早在 1994 年，美國便在高中課程裡將中文列入 SAT II 測驗範

9　楚樹龍、金威主編，《中國外交戰略和政策》（北京：時事出版社，2008 年），頁 117-119。

圍，到了 2004 年底，美國大學理事會曾就漢語、日語、義大利語和俄語等是否開設「進階課程」（AP）問題，向全美 14,000 所高中發出意向問卷，結果選擇義大利語的有 240 校，175 校選日語，50 校選俄語，至於選漢語的學校則高達 2,400 所，實際開課學校從 2000 年約 300 所增至 2011 年超過 4,000 所。根據美國漢語教師協會在 2016 年統計，全美中小學在學漢語人數達到 40 萬人左右，但同時值得注意的是，大學生修習漢語課人數在 2009 年達到高峰後便持續衰退，也呈現另一種降溫跡象。

（二）亞洲

日本開設有漢語課的高中從 1986 年 40 多所增加到 2017 年超過 700 所，同時有 630 所大學開設中文課程；在南韓，漢語考試則被正式列入外語高考科目，並自 2007 年起成為該國第二大外語，同年首度舉辦「少兒漢語水平考試」，至於全國普通高中將漢語納入第二外語課程比例也從 2000 年 8.8% 升至 2012 年 36.8%；巴基斯坦信德省自 2013 年起將中文列入 6 年級必修科目。沙烏地阿拉伯更在 2019 年宣布將漢語課比照英語，納入所有教育階段的課程當中。

（三）歐洲

德國自 2004 年起將漢語納入中學會考科目選項；瑞典宣布自 2014 年起全國中小學都將開設中文課；塞爾維亞在 2012 年指定 31 所中小學將作為普及漢語教學的首批試點學校；法國在 2016 年開設漢語課的中學超過 700 所，大學也逾 150 所；英國教育部在 2012 年宣布修改教學大綱，漢語自 2014 年起將成為英國小學生 3 年級起必修課，2016 年宣布啟動教學專案「中文培優項目」（MEP），計畫至 2020 年投入 1,000 萬英鎊在中學課程；荷蘭在 2018 年正式將漢語

列入中學畢業考試外語選考科目；俄羅斯也在 2018 年將漢語納入 9 年級學生期末考試範圍。

（四）非洲

茅利塔尼亞設立了公務員漢語進修班；突尼西亞教育部自 2003 年決定從高二起設漢語公共選修課，並要求所有報考大學中文專業的學生必須在高中學過漢語；埃及教育部決定將漢語作爲中學第二外國語；南非和烏干達分別在 2014 年與 2018 年將漢語列入中學選修課程。

截至 2015 年左右，全球共有 100 多個國家超過 3,000 所大學開設有漢語課程，學習漢語的學生數量至 2017 年估計超過 1 億人。其實在 1970 年代初期，由於中國取得聯合國席位，加上 Nixon 訪華導致中美關係趨於緩和，曾帶動過一波漢語熱潮，只不過時間相當短暫。至於當前席捲全球的漢語熱則可能來自以下幾個背景：

（一）首先是中國經濟起飛提供的前景與機會

在 1978-2005 年間，中國一方面保持著年均 9% 以上的高度成長率，各種制度改革與創新也紛紛上路，由此所暗示的無窮經濟潛力，不啻使中國這個擁有世界最龐大人口的國家看來似乎商機無限，同時提供更多人學習漢語的功利性動機。

（二）隨著經濟發展而來的國際地位提升，亦有助於為中國重塑一個不同於以往且更具吸引力的國家形象

中國過去一度積弱不振，海外華人不僅長期受到歧視與壓抑，對母國文化的認同也被加諸種種限制，如今則隨著中國國際地位上升，既爲許多華僑提供了讓子女學習漢語的動因，他們也占了海外漢語學習者很大比例。例如在修習漢語課程的美國大學生中，便有半數是華裔與來自東南亞地區的華僑後裔，當然，西方人對學習漢語的興趣確

也與日俱增。更甚者，由於中國崛起帶動了關於「北京共識」的討論，也促使許多第三世界人士為進一步瞭解所謂「中國模式」而開始學習漢語。

（三）中國政府積極的政策推動也扮演重要的催化角色。對此，又可歸納為以下幾個方面來觀察：

1. 漢語水平考試（HSK）：又被稱為「漢語托福」，截至 2017 年全球共 1,100 個考點，包括海外 130 國共 742 個考點；1992 年起成為國家考試標準，同時向國外推廣，每年全球考生達 650 萬人次。

2. 代號「212 工程」的漢語橋計畫：由國家對外漢語教學領導小組自 2004 年起正式啟動，目標是透過 4 個五年計畫與 9 大專案，力爭在 2007 年前後將全球學習漢語者的人數推進到 1 億人以上（實際進度約 2017 年達成），使漢語成為強勢語言。

3. 孔子學院：相關內容請見下個段落。

4. 國際漢語教師中國志願者計畫：自 2004 年初推出，目標派遣漢語教學人員出國執教或培訓當地的漢語師資。

5. 外國人在中國永久居留審批管理辦法：2004 年 8 月通過，目的是利用提供居留機會（俗稱中國綠卡）以刺激更多外國人加入學習漢語行列（實際成效有限，例如 2004-13 年僅有 7,356 人申請永久居留）。

6. 推動漢語學習者聯誼活動：例如 2005 年 7 月召開首屆「世界漢語大會」，有來自 66 個國家和地區的 600 名代表參加，目的在結合全球漢語學習者的力量；其次，中國也在 2006 年 11 月創刊了針對海外讀者學習漢語的雜誌「漢語世界」，為海外讀者搭起瞭解中國文化的新平台。

　　正如 David Crystal 所言：「語言優勢與文化力量有著緊密連結」，但「不論政治、經濟或軍事力量，若無強大力量作爲基礎，任何語言都無法成爲國際溝通媒介」。[10] 由此可以發現，語言既是文化的載體，而當一國的民族語言被普遍學習時，亦反映該國國際地位的提升和影響力的深化。語言符號學家 Umberto Eco 也指出：「當前英語所以取得首要地位，……乃因爲大英帝國商業及殖民擴張開其端，接著又因美國的經濟與科技霸權而使其獲得確定。」可見語言與文化及權力間的確關係密切。

　　漢語雖長期與英語、俄語、法語、西班牙語並列爲聯合國 5 大工作語言，同時是世界上使用人數最多的語言之一；但如 Crystal 所言，一個語言能否成爲全球性語言，關鍵並不在有「多少人」使用它，而是「誰」在使用它，至於所謂「誰」顯然與其所擁有的權力地位有關。過去中國長期地位低落，漢語自然很難成爲強勢語言；相對地，諸如英語、法語、西語以及葡萄牙語則都是由於其母國的擴張政策而致「國際化」。當然，隨著國際內涵質變，未來全球性語言的出現未必非得如過去一般，以展示硬權力爲前提；隨著中國經濟增長，「附加價值」不斷提高的漢語正成爲外國人瘋狂追求的「經濟語言」，從而一方面爲中國增添了不少軟權力要素，也使其影響力水漲船高，例如根據聯合國的決定，自 2008 年起，該組織所使用的中文便一律以簡體字呈現，這特別對台灣來說不啻是一個值得警惕的訊號。

---

10 David Crystal, *English as a Global Language* (Cambridge: Cambridge University Press, 1997); Fred E. Jandt, *An Introduction to Intercultural Communication: Identities in a Global Community* (New York: Sage Publications, 2017).

❀孔子學院與文化外交

　　值得注意的是，中國不僅正如前述，主動或被動地透過各種政策來回應目前全球發燒中的漢語熱，更甚者，它亦正藉由更積極的政策，試圖將這股語言學習潮轉化成更具有文化意涵的軟權力基礎，對此，或許可稱為「文化外交」（culture diplomacy）。正如中國文化部部長孫家正在 2004 年指出的，「文化外交已經成為中國繼經濟、政治外交之後的第三大支柱」，目的「既要堅持中國的文化主權，維護我國思想文化的獨立性，保證我國的文化安全，又要不斷擴大中華文化的影響，擴大中國文化產品與文化服務的出口份額」。至於在實際政策面上，則主要分為國內與國外兩個部分：

（一）國內方面乃建立具指導統籌性的中央機構

　　亦即將處理相關事宜的機構從原來直屬教育部管理，負責對外漢語教學的「國家對外漢語教學領導小組辦公室」（簡稱為「國家漢辦」）之上，建立起另一個更高層跨部會單位，即「中國國家漢語國際推廣領導小組」，由國務院辦公廳、教育部、財政部、國務院僑務辦公室、外交部、國家發展和改革委員會、商務部、文化部、國家廣播電影電視總局（國際廣播電台）、新聞出版總署、國務院新聞辦公室、國家語言文字工作委員會等 12 個部委共組而成。

（二）國外部分乃推動以「孔子學院」為核心之框架計畫

　　自 2004 年開啟的設立「孔子學院」運動，是當前中國旨在普及全球漢語教育的九大國家專案之一；具體做法是，主要由中國的大學等公共機關與其他國家的大學或研究機構共同創辦，對方提供土地和教學大樓等物質基礎，中國方面則負責提供師資和教材，除此之外，

中方還負責培育漢語教師並舉辦漢語文化學術講座等活動。進言之，所謂孔子學院並不是一般意義上的大學，而是專責在推廣漢語文化的一個非營利性的教育和文化交流公益機構。

　　至於在孔子學院計畫的具體發展方面，首先在 2004 年 11 月，全球第一所孔子學院正式在韓國首爾由韓中文化協力研究院負責運作，緊接著是南開大學與馬里蘭大學共同建設的項目，這也是北美地區與美國境內首家孔子學院。2005 年 2 月，中國人民大學協助瑞典斯德哥爾摩大學正式成立，成爲歐洲地區第一家孔子學院，同年 5 月，位於珀斯的西澳大學舉行大洋洲與澳大利亞第一個孔子學院揭牌儀式，12 月天津師範大學則與肯亞大學共同創設了奈洛比孔子學院，也是非洲的第一家孔子學院。2006 年 2 月，雲南大學和孟加拉南北大學共同創辦的孔子學院在達卡中孟友誼會議中心掛牌，成爲南亞首家孔子學院，翌日拉丁美洲第一家孔子學院，墨西哥城孔子學院也正式揭牌；4 月，中國教育部和匯豐銀行等 5 家英國企業達成備忘錄，將在倫敦設立全球首家「商務孔子學院」；11 月，黎巴嫩聖約瑟夫大學建立了中東地區首家孔子學院。總計 2004-18 年全球共 155 個國家建立了 548 所孔子學院與 1,193 所孔子課堂，速度遠超過當初想像。

　　從歷史上看來，透過國家力量來推動語言影響力之例證屢見不鮮；最早的是 1883 年的法國語文學院，其次如 1938 年起負責推廣英語的英國文化協會，以及 1951 年受德國政府委託負責海外德語教育和文化活動的歌德學院等，但其幅度與影響力都不及孔子學院；唯一可相提並論的還是美國，自 1951 年設置心理戰略委員會後，以美國新聞署爲推動單位，截至 1964 年共對 106 國推動公共信息工作，在 86 國建立 180 個圖書館或信息中心，在 34 國建立 70 個閱覽室，在 33 國建立 149 個雙語中心，既成爲美國形象代表，也是冷戰時期的

軟實力機制主要象徵。[11]大體來說，中國推動孔子學院十餘年來，以下幾個角度或許值得深入思索探討：

（一）名稱選擇的背後思考

儘管一度在文化大革命期間曾高喊要「打倒孔家店」，目前中國不無諷刺地選擇「孔子學院」這個精心挑選的名稱，仍直接表明北京希望提升軟權力的想法，目的在避免讓人聯想到其官方意識形態，並用以配合和平與和諧之類正積極宣傳的價值觀，希望最終能消除國際環境對中國迅速崛起的擔憂。

（二）相關活動的確切效應仍有待評估

從孔子學院創辦速度遠超過預期來看，由於這些機構多半由外國相關部門和大學主動申請，然後在中國「國家漢辦」的牽線下交由國內大學具體承辦，結果往往讓搶辦類似機構成為「政績工程」，甚至將孔子學院變成搖錢樹和「出國旅遊專案」，隨之而來的則是師資和教材是否合格等等諸多問題。

（三）不能忽視此活動帶來之反彈效應

孔子學院計畫或有助於提升中國之國際文化影響力，但也引發若干反彈。例如在中美競爭加劇下，為了防堵中國勢力在其國內滲透，Trump 在 2018 年 8 月簽署《2019 財年國防授權法》規定五角大廈終止資助設有孔子學院美國大學的中文旗艦項目，參議院常設調查附屬委員會在 2019 年 2 月發布的《中國對美國教育體制之影響》報告也

---

11 針對中國自 2004 年起力推孔子學院，日本政府也在 2005 年發表《推進日本品牌戰略》研究報告，呼籲透過增強軟權力來提高國際地位，2007 年又宣布將在海外加強推廣日語，並計畫增建 100 個以上的日語中心；其次，南韓則計畫開辦專門教授韓國傳統文化的「世宗學堂」，首座學堂在 2007 年於中國西安建立；至於印度媒體和學者亦倡導應學習中國經驗，設立類似「甘地學院」之類的機構來推廣印度文化，但未有政策回應。

指控「孔子學院是中國大戰略之一」，除了限制美國學術自由之外，目的在滿足北京的 3 個戰略目標：改變美國人對中國作為經濟與安全威脅之印象、壓制中國內外對中共的批評、成為在美國推動「千人計畫」收買人才並進行滲透的灘頭堡。

第二節　論壇外交：以區域外交為核心的發展
Forum Diplomacy: Developing the Relation with Regions

　　根據 2002 年中共「十六大」提出的「中國新時期外交工作的目標、任務和策略」，中國將開展雙邊外交、區域外交、多邊外交以及大國外交、發展中國家外交和經濟外交作為對外政策重點。其中，區域外交部分希望能透過跨區域主義的概念，從經貿合作交流角度與各區域展開廣泛交往互動。據此，正如表 7.1 所列，中國自 2002 年以來便加速建構了與世界各主要區域之間的論壇式溝通管道，長期看來，這對增進其軟權力並提升影響力應有正面助益。

　　大體來說，中國所推動的論壇外交具有以下 3 個特徵：

（一）主要針對第三世界區域，以目標而言不啻是「南南外交」的某種補充途徑，但就形式而言，則充滿「柔性外交」意味。

（二）如同本書將中國不附加條件的外援稱為「軟援助」一般，相較於西方傳統上以推動制度改革為主的「硬干涉」，中國更強調平等溝通的論壇建制則不妨稱為一種「軟接觸」政策。

（三）目前中國所推動之論壇多半仍以「經濟性」議題為主，但部分已透露出往政治安全議題外溢之發展跡象。

表 7.1　中國與各區域間對話機制發展

名稱	成立年代	發展重點
中國—里約集團對話機制	1990	每年進行一次外長級對話
中國—東協對話機制	1991	中國先是自 1991 年起每年參與東協外長會議，其後並於 1995 年與其建立副外長級磋商機制
中國—南方共同市場對話機制	1997	由中國提議建立，迄今舉辦過 5 次對話
中國—東協（10＋1）高峰會	1997	由東協發起，每年定期召開
中國—歐盟領導人會議	1998	由中國國務院總理、歐盟輪值主席和歐盟委員會主席每年定期進行對話（參考第六章）
中國—非洲合作論壇	2000	由中國發起，每 3 年召開一次部長級會議 2006 起配合部長會議召開高峰會
南方高峰會（77＋1）	2000	由 77 集團與中國共同促成
中國—中亞五國經貿合作論壇	2001	由中國外經貿部、中國社科院主辦
中國—安第斯共同體政治磋商與合作機制	2002	由中國發起，迄今舉辦過 2 次外長級磋商
中國—葡語國家經貿合作論壇	2003	由中國發起，每 3 年召開一次部長級會議
中國—加勒比經貿合作論壇	2004	由中國發起，2005 年召開首屆會議
中國—阿拉伯國家合作論壇	2004	由阿拉伯國家聯盟發起
中國—東盟博覽會	2004	由中國發起，每年固定於廣西南寧舉辦
中國—東盟商務與投資峰會	2004	由中國發起，東盟工商會與中國—東盟商務理事會每年於廣西南寧共同舉辦
中國—南亞商務論壇	2004	由中國國際貿易促進委員會、雲南省政府和南亞聯盟工商會主辦的半官方論壇
中歐工商峰會	2004	由中國商務部與歐盟委員會主辦，中國貿促會和中國歐盟商會協辦的商務論壇，至 2013 年底已召開 9 次
中國—太平洋島國經濟發展合作論壇	2006	由中國發起
中國—中美洲民間友好論壇	2006	由中國對外友協推動的民間交流活動，目標在爭取與台灣邦交國建立關係
中國—阿拉伯友好大會	2006	由中國對外友協推動的民間交流活動
中國—西非經濟共同體經貿論壇	2008	由中國發起，每 4 年在兩地輪流召開
中國—阿拉伯國家博覽會	2010	由中國寧夏發起之經濟性平台，原稱中國—阿拉伯國家經貿論壇，2013 年起改為此名稱

表 7.1　中國與各區域間對話機制發展　（續）

名稱	成立年代	發展重點
中國—海合會戰略對話	2010	2010-11 年與 2014 年開過三輪對話
中國—中東歐國家（16＋1）經貿論壇暨領導人會晤	2011	由中國發起，2012 年起召開高峰會
中國—拉美高級防務論壇	2012	由中國國防部外事辦公室主導發起
中國—南亞博覽會	2013	由南亞商品交易展升格而成
中國—拉美共同體論壇	2015	由中國於 2012 年起倡議 中國於 2004 成為拉美議會與美洲國家組織觀察員
瀾滄江—湄公河對話合作	2015	由中國於 2014 年倡議，2016 年首度峰會

壹　對拉丁美洲地區

　　自 2008 年《亞洲華爾街日報》發表〈中國在拉丁美洲〉專文，[12] 指出中國在此地區影響力的快速提升及其對美國造成的威脅後，儘管北京一再聲稱沒有跟美國爭取拉丁美洲的意願，近年來它與拉美關係快速攀升仍是不爭事實，Carlos Roa 便在 2019 年在《國家利益》撰文直指中國正取代美國在其「後院」的霸主地位。[13] 以下幾個對話機制的運作或可供參考：

（一）中國—里約集團對話機制（1990-2011）

　　1986 年底，4 個康塔多拉集團成員加上 4 個利瑪集團國家外長在巴西里約熱內盧決定建立「政治磋商和協調常設機構」，當時被稱為

12　William Ratliff, "China's Latin American Tango," *Wall Street Journal Asia*, November 27, 2008; https://www.wsj.com/articles/SB122772793674260489

13　Carlos Roa, "The United States is Losing Latin America to China," *The National Interest*, August 19, 2019; https://nationalinterest.org/feature/united-states-losing-latin-america-china-73906

「八國集團」，1990 年又決定易名「里約集團」，[14]宗旨在於加強區域內國家的政治合作，除了「促進適合於解決該區域問題的途徑」之外，更希望「藉由對話與合作，建立一個有益於泛美關係的架構」，集團成員最終擴到 25 個。中國自 1990 年與其建立外長級對話機制以來，至 2007 年進行過 17 次政治對話過程（僅 1992 年中斷一次），2008 年後雖無對話紀錄，2011 年雙方曾有外長級聯繫，同年底該集團也正式宣布終止運作。

（二）中國—南方共同市場對話機制（1997）

阿根廷、巴西、巴拉圭和烏拉圭等 4 國於 1991 年宣布建立「南方共同市場」（MERCOSUR），並自 1995 年正式運作後，便積極發展和各主要國家或集團之關係；例如在 1995 年與歐盟簽署《區域合作框架協定》後，1999 年展開 FTA 談判諮商，最終在 2019 年完成簽署並建成跨洲自由貿易區。該組織迄今已陸續和中國、歐盟、日本、俄羅斯和南韓等建立了對話或合作機制。在中國於 1996 年提議建立「中國—南方共同市場對話機制」後，雙方陸續於 1997-98 年、2000 年、2003-04 年舉行 5 次對話，但直到 2018 年才又重啟對話。

（三）中國—拉丁美洲與加勒比地區民間友好論壇（1998）

作為中國外交系統重要外圍組織的中國人民對外友好協會（對外友協），在 1998 年於牙買加召開第一屆「中國與拉丁美洲加勒比地

---

14 里約集團（The Rio Group）：為促進中美洲地區的和平發展，哥倫比亞、墨西哥、巴拿馬與委內瑞拉等 4 國外長於 1983 年在巴拿馬康塔多拉島集會，最後成立了康塔多拉集團（Contadora Group），並於 1984 年通過「關於中美洲和平與安全紀要」協議，呼籲中美洲國家透過談判來解決問題。1985 年，為聲援前述集團的和平斡旋號召，阿根廷、巴西、秘魯與烏拉圭 4 國外長於是在秘魯卡塔赫納集會並發表支持立場，也被稱為卡塔赫納集團（Cartagena Group）或利馬集團（Lima Group）。1986 年，兩集團共八國外長在巴西的里約熱內盧集會，決定建立常設性的政治協調機制，此即所謂「里約集團」。

區對華友好組織大會」後，分別於 2003 年在哥倫比亞、2005 年在阿
根廷、2013 年在哥斯大黎加、2015 年在杭州舉辦了後續論壇。值得
注意的是，針對台灣邦交國較集中的中美洲地區，對外友協曾邀請薩
爾瓦多（2018 年與台灣斷交）的薩中友好協會，在 2006 年合辦首屆
「中國─中美洲民間友好論壇」並決定成立「中美洲─中國友好聯合
會」（總部設在巴拿馬，後者於 2017 年與台灣斷交），與會代表除
了共同聲明台灣為「中國的一個省份」外，也共同探討如何發展中美
洲 7 個台灣邦交國和中國之互動關係，第二屆論壇於 2010 年在墨西
哥城舉行。

（四）中國─安第斯共同體政治磋商與合作機制（2000-04）

　　中國與安第斯共同體於 2000 年簽署協議建立「政治磋商與合作
機制」後，[15] 2002 年舉行首次外長級磋商會議，會後聯合公報雙方同
意開展全方位和多層次交流，並重視針對非法毒品及其相關有組織犯
罪（或恐怖主義運動）方面的合作，該組織成員國也宣示堅持「一個
中國」政策。雙方在 2004 年舉行第二次磋商會議，中方表示將針對
拉丁美洲舉辦外交官和高級公務員培訓班，歡迎安第斯共同體派員參
加。安第斯議會雖於 2005 年與中國全國人大簽署友好合作協定並接
納後者成為該組織觀察員，但前述磋商此後並未再度召開。

（五）中國─加勒比經貿合作論壇（2005-11）

　　該論壇由中國在 2004 年倡議建立，以「促進合作、共同發展」

---

15 安第斯共同體（Andean Community）：玻利維亞、哥倫比亞、委內瑞拉、厄瓜多和秘魯等國
首先在 1969 年組成安第斯集團（Andean Group），在 1995 年通過整合協議後，翌年 3 月改
名為「安第斯共同體」。2000 年，集團高峰會發表「利馬聲明」，希望能在 2005 年底前建
成共同市場，但因哥倫比亞與秘魯在 2005 年分別與美國簽署 FTA 後，委內瑞拉為表抗議而
於 2006 年宣布退出該組織並轉而加入南方共同市場。

爲宗旨，不定期在加勒比地區和中國輪流召開會議，是種以經濟合作發展爲主題的經貿合作論壇。2005年雙方在牙買加召開首屆會議，中國與區域內11個國家（古巴、巴哈馬、巴貝多、多明尼克、安地卡及巴布達、蓋亞納、聖露西亞、蘇利南、千里達、格瑞納達與牙買加）簽署合作綱領，雙方就加強投資、貿易、農業、漁業、旅遊、航空、金融和人力資源等領域合作展開磋商，並舉辦中加企業家大會、經貿合作專案對接會和貿易展覽會等。[16]第二屆與第三屆論壇分別在2007年與2011年於廈門與千里達首都西班牙港舉行，其後未再舉辦。

（六）中國—拉美高級防務論壇（2012）

在中國國防部外辦主導下，國防大學防務學院承辦此一多邊軍事溝通機制，玻利維亞、哥倫比亞、古巴、厄瓜多爾、秘魯、烏拉圭等6國參加首次會議，其後固定2年舉辦一次。

（七）中國—拉共體論壇（2015）

因應拉丁美洲新一波整合浪潮，[17]全國人大首先在2004年成爲「拉丁美洲議會」觀察員，同年中國正式成爲美洲國家組織（OAS）觀察員，並提出建立「中國—拉美合作論壇」與「中國—美國國家組織基金」建議（前者未獲回應，後者於2005年啓動）。隨著拉丁美洲與加勒比國家共同體（CELAC，中國簡稱拉共體）於2010年

---

16 根據中國商務部統計，中國與其位於加勒比地區的5個邦交國（古巴、蘇里南、牙買加、圭亞那和千里達）簽訂貿易協定，與5國（古巴、牙買加、巴貝多、千里達、圭亞那）簽訂相互鼓勵和保護投資協定，與4國（古巴、牙買加、巴貝多和千里達）簽訂避免雙重徵稅協定，巴哈馬與中國還簽訂了海運協定。

17 在2000年、2002年與2004年三屆南美洲高峰會（South American Summit）醞釀下，12個南美洲國家元首在2004年通過《庫斯科聲明》成立「南美國家共同體」（South American Community of Nations, CSN），在歷經2005-06年兩次峰會後，2007年更名「南美國家聯盟」（Union of South American Nations, UNASUR）並於2008年通過憲章，2009-11年舉行3次特別高峰會，但因整合停滯，巴西、阿根廷、智利、哥倫比亞、厄瓜多、蓋亞那、巴拉圭和秘魯8國在2019年宣布退出並另創「南美進步論壇」（PROSUR）。

成立並歷經 2011-13 年 3 度高峰會，[18]中國在 2012 年提出對話倡議，CELAC 則在 2014 年第四屆高峰會上通過《關於支持建立中國—拉共體論壇特別聲明》，意味中國和此地區整體合作進入實質階段。雙方在 2015 年北京會議通過《首屆部長級會議北京宣言》、《中國與拉美和加勒比國家合作規劃 2015-19》、《中國—拉共體論壇機制設置和運行規則》等三個成果文件，2018 年智利聖地牙哥第二屆會議則通過了《中國與拉共體成員國優先領域合作共同行動計畫 2019-21》和《關於一帶一路倡議的特別聲明》等文件。

貳 對亞太地區

（一）東協加中國高峰會（10＋1, 1997-）

東協於 1997 年與中國、日本與南韓等國各自形成「10＋1」機制，並確定農業、資訊通信、人力資源開發、相互投資和湄公河流域開發等 5 大重點合作領域。在第一屆「東協加中國」非正式高峰會議上，雙方發表了確定睦鄰互信夥伴關係的《聯合宣言》，2002 年簽署《全面經濟合作框架協定》後，最終在 2010 年建成自由貿易區。事實上，中國與東協自 1995 年起便啟動年度性副部長級「中國—東盟高官政治磋商」，其後又更名為「中國—東盟高官磋商」，藉此深化政治與安全領域對話，除此之外，雙方也在 2011 年設置「中國—東盟中心」作為即時性橋梁。

---

18 拉丁美洲與加勒比國家共同體（Community of Latin American and Caribbean States, CELAC）涵蓋除美國與加拿大以外，其餘 33 個美洲國家，於 2010 年里約集團與加勒比共同體的聯合高峰會上宣告成立。

（二）中國—東盟博覽會（2004-）

根據溫家寶於 2003 年倡議，配合 FTA 早期收穫計畫，中國商務部與東協各國主管經貿部門在 2004 年共同舉辦首屆「中國—東盟博覽會」，[19]隨後並宣布廣西南寧爲永久會址，自 2007 年起，每屆博覽會都會鎖定一個特定主題。[20]根據廣西國際博覽事務局統計，首屆博覽會共設展位 2,506 個，至 2019 年展位更達到 6,600 個，已成爲中國與東協經貿互動重要橋梁。東盟工商會與中國—東盟商務理事會也在博覽會中同時舉辦「中國—東盟商務與投資峰會」，2006 年並通過《中國—東盟工商界共同行動計畫》，對落實雙邊自貿協議具正面助益。

（三）中國—南亞商務論壇（2004-）

儘管中國希望與此區域發展更密切的聯繫，但因印度長期以來始終堅持「不會干涉此地區國家內政，……但任何外來干涉都將被印度視爲不友好行爲」原則，加上印度在區域中的傳統主導地位，[21]致使中國僅能透過迂迴方式來接觸。例如，中國國際貿易促進委員會、雲南省政府和南亞聯盟工商會便在 2004 年底共同主辦首屆「中國—南亞商務論壇」此一半官方論壇，並區分「使節和高官論壇」與「工商

---

19 其他國家合辦單位包括：汶萊工業和初級資源部、柬埔寨商業部、印尼貿易部、寮國工業貿易部、馬來西亞國際貿易和工業部、緬甸商務部、菲律賓貿易和工業部、新加坡貿易和工業部、泰國商業部、越南工業貿易部。

20 2007-13 年主題分別是：港口合作、信息通信合作、海關與商界合作、自貿區與新機遇、環保合作、科技合作、區域合作發展。2014-19 年主題則持續環繞「共建 21 世紀海上絲綢之路」。

21 南亞區域合作聯盟（South Asian Association for Regional Cooperation, SAARC）：在孟加拉首先於 1980 年提出開展南亞區域合作倡議後，孟加拉、不丹、印度、馬爾地夫、尼泊爾、巴基斯坦和斯里蘭卡等 7 國代表於 1981 年具體磋商成立南亞區域合作聯盟相關事宜；在 1983 年各國外長舉行首次會晤並通過了「南亞區域合作聯盟聲明」後，7 國元首於 1985 年召開首屆高峰會、宣告聯盟成立並制定《聯盟憲章》，但大體仍由印度扮演主導角色。值得注意的是，SAARC 在 2005 年正式接納中國作爲觀察員。

領導人論壇」兩部分，共同商討中國與南亞地區商務合作的發展領域和途徑討；自 2008 年第三屆會議起，論壇改爲每年召開，並自 2011 年起實施輪值主席國制度。除前述商務論壇外，繼雲南省 2004 年首次在昆明進出口商品交易會（昆交會）上增設「南亞館」並於 2007 年更名「南亞國家商品展」，且於 2010 年確定永久落戶昆明後，中國國務院進一步於 2013 年批准該商品展正式升格「中國—南亞博覽會」，透過國家級博覽會身分以擔任雙邊經貿溝通管道。

（四）中國—太平洋島國經濟發展合作論壇（2006-）

中國副外長楊潔篪在 2005 年出席第十七屆太平洋島國論壇會後，提出建立「中國—太平洋島國經濟發展合作論壇」建議，目的是促進中國與太平洋島國之多領域合作，規劃由中國與區域內島國輪流舉辦。其後，不僅溫家寶親自出席 2006 年在斐濟舉辦的首屆論壇會議，藉機拉攏區域內台灣邦交國也是關鍵背景。接著，在 2008 年於廈門舉行「貿易、投資與旅遊部長級會議」後，廣州與薩摩亞分別於 2013 年與 2019 年召開第二屆與第三屆論壇。

（五）瀾滄江—湄公河對話合作（2015-）

根據李克強在 2014 年 10＋1 會中倡議，中國和泰國外交部副部長共同邀集柬埔寨、寮國、緬甸、越南於 2015 年舉辦首次外交高官會，主題爲「六個國家，一個命運共同體」，同年底並於雲南舉行首次外長級會議，會後聯合聲明宣稱此乃率先響應聯合國發展高峰會《2015 年後發展議程》的首個具體行動。2016 年，6 國召開首次高峰會並發表《三亞宣言》，2018 年峰會又通過《金邊宣言》與《五年行動計畫》。

參 對非洲地區

（一）中國—非洲合作論壇（2000-）

此論壇是中國和非洲於 2000 年共同創立的對話和合作機制，[22] 根據機制設計，部長級會議自 2000 年起每 3 年輪流在中國和非洲舉行，資深官員會議分別在下屆部長級會議前 1 年和會前召開；首次部長會議除通過《北京宣言》和《中非經濟和社會發展合作綱領》外，中國並提出逐步擴大援助規模、減免部分國家債務、鼓勵中國企業投資、幫助該地區國家培訓專業人才等各項承諾。2003 年第二屆部長會議通過《2004-06 阿迪斯阿貝巴行動計畫》並舉辦中非企業家大會，2006 年除第三屆部長級會議外，同時舉行主題為「友誼、和平、合作、發展」的首次高峰會，並通過《2007-09 北京行動計畫》與宣示建立「新型戰略夥伴關係」（參見第三章）。值得注意的是，在 2012 年論壇會中，中國主動發起「中非和平安全合作夥伴倡議」，希望深化與非洲國家在安全領域的合作，顯見其互動從經濟到安全領域的外溢趨勢。2018 年第二次峰會則聚焦「命運共同體」與對接「一帶一路」議題。

（二）中國—西非經濟共同體經貿論壇（2008-）

除了前述論壇，鑑於西部非洲區域整合發展趨勢，[23] 尤其奈及利亞的快速發展力道（2013 年 GDP 達 5,090 億美元，超越南非成為

---

22 在非洲地區「唯二」未參加論壇者為台灣邦交國史瓦帝尼，以及與摩洛哥存在主權爭議的撒拉威阿拉伯民主共和國（1976 年獨立）。

23 西非國家經濟共同體（Economic Community of West African States, ECOWAS）：1975 年在奈及利亞和多哥兩國元首倡議下，西非洲 15 國（維德角 1977 年加入）在奈及利亞召開高峰會，正式簽署共同體條約，它也是目前非洲最大的區域性經濟合作組織，成員國占非洲總面積 1/6 與總人口近 1/3 左右。

非洲最大經濟體，且為唯一人口破億非洲國家），中國在 2003 年派遣駐奈及利亞大使兼任駐西非經濟共同體大使，更主動於 2008 年與 2012 年兩度舉辦「中國─西共體經貿論壇」。

肆 對中東地區

（一）中國─阿拉伯國家合作論壇（2004-）

在該聯盟於 2001 年底向中國遞交一份《阿拉伯─中國合作論壇宣言草案》後，雙方在 2004 年正式成立「中國─阿拉伯國家合作論壇」並舉行首屆部長級會議（每 2 年召開一次），簽署《論壇宣言》和《行動計畫》兩份文件，同時商定在 2005 年召開企業家大會與論壇資深官員會議。在 2006 年第二屆部長級會議中，雙方簽署《會議公報》、《2006-08 年行動執行計畫》、《環保合作聯合公報》及《企業家大會諒解備忘錄》等 4 項文件，表示將在政治磋商、經貿、能源、人力資源開發和環保等領域推動合作，至 2019 年共舉辦過 8 屆部長級會議、16 次高官會與 5 次高官級戰略政治對話。

（二）中國─阿拉伯友好大會（2006-）

中國阿拉伯友好協會、阿拉伯國家聯盟及來自阿拉伯國家 20 多個對華民間友好組織，共同在 2006 年於蘇丹召開本屆會議，並通過決議每 2 年召開一次，2012 年首度在中國舉辦。

（三）中國─阿拉伯國家博覽會（2010-）

基於寧夏是中國境內最大回族聚居區（占總人口三分之一以上），和阿拉伯國家有長期交流歷史，亦具文化和宗教優勢，同時希望藉此拉攏穆斯林，北京在 2010 年寧夏國際投資貿易洽談會（寧洽

會）期間舉辦首屆「中國—阿拉伯國家經貿論壇」，在 2011-12 年連續辦理之後，2013 年更名「中國—阿拉伯國家博覽會」，並改爲每 2 年舉辦一次。

対其他第三世界地區

（一）南方高峰會（77＋1, 2000-05）

在 1964 年貿易暨開發會議（UNCTAD）形成所謂「77 集團」之後，[24]中國雖非集團成員，一直與其保持合作關係，並自 1990 年代以來逐漸形成「77 國集團＋中國」的新合作模式，目前不僅全面參與該集團活動，在全球氣候變化談判中更形成歐盟、「77 國集團＋中國」以及由美國爲首已開發國家等三大利益集團的對峙局面。

隨著發展中國家外債總額從 1980 年 4,300 億左右，飆升至 2014 年將近 5 兆美元，以「77 國集團＋中國」爲核心的首屆南方高峰會（South Summit）於 2000 年在古巴哈瓦那召開，共有 122 位國家元首或代表參與，會議目標主要就經濟全球化、南南合作、南北關係與智慧財產權等問題進行討論，最後並通過《最後聲明》與《行動綱領》，前者指出目前全世界首要任務是建立一個眞正和平繁榮的世界，與更合理與公正的國際經濟制度；要求各國遵守聯合國憲章原則，尊重主權和不干涉內政等原則，反對所謂「人道主義干預」，主張取消強加給發展中國家的經濟措施和單方面制裁；已開發國家與發

---

24 77 集團（Group 77）：在 1963 年 UNCTAD 籌備會中，73 個亞洲、非洲與拉美國家加上南斯拉夫與紐西蘭曾共同提出聯合宣言並形成「75 國集團」，後來肯亞、南韓與越南加入，而紐西蘭退出後，最後 77 個發展中國家在 1964 年首屆 UNCTAD 會議上再次發表《聯合宣言》並要求建立一個更公正的國際經濟新秩序，後來便被稱爲「77 集團」，儘管其成員逐漸增加，集團名稱始終不變。值得一提的是，該集團組織相當鬆散，既無總部也沒有常設機構、章程和財務預算，至 2019 年共有 135 個成員國。

展中國家應以利益分享和責任分擔爲基礎，實行新的國際合作制度；改革國際金融機構，使其更加民主透明化。至於《行動綱領》則進一步指出，與會各國將推動發展中國家有效參與制定國際經濟政策；推動南方國家知識和科技發展；發展中國家應努力加強和擴大南南貿易與投資合作。第二屆南方高峰會於 2005 年在多哈舉辦，共 131 國與會，主要在審視 2000 年行動綱領執行情況，但此後未再舉辦。除此之外，「77 國集團＋中國」曾於 2009 年哥本哈根氣候會議上發表共同立場文件。

（二）中國—葡語國家經貿合作論壇（2003-）

由中國發起，澳門特區政府承辦，每 3 年舉辦一次，成員包括葡萄牙、巴西、莫三比克、維德角、安哥拉、幾內亞比索、東帝汶與中國等 8 國。首屆會議於 2003 年召開，下設經濟合作與發展論壇、部長級會議、貿易投資論壇等 3 個主題論壇及貿易投資洽談會，部長級會議並通過《經貿合作行動綱領》。第二屆部長級會議於 2006 年舉行，會中制訂《2007-09 年共同合作目標》，並舉辦企業家大會、雙邊會談、論壇成果展等多項活動，進一步深化澳門作爲聯繫中國和葡語國家的橋梁作用。在 2010 年第三屆會議通過《經貿合作綱領》後，中國在 2013 年第四屆會議中公布所謂「八項新舉措」，[25] 2016 年第五屆會議則繼續通過《2017-19 年行動綱領》。

（三）中國—中東歐國家經貿論壇（16＋1, 2011-）

如同美國「後院」拉丁美洲一般，中國也正前進俄羅斯「後院」中東歐地區，自 2011 年起推動「中國—中東歐經貿論壇」爲主要代

25　主要內容包括：向論壇國家提供 18 億人民幣優惠貸款，在有意願的國家建設境外經貿合作區，提供 1,800 個政府獎學金名額鼓勵和支持學生交流等。

表。根據「相互尊重，平等相待；互利共贏，共同發展；中歐合作，相向而行」等三大原則，在中東歐國家逐步「向東看」而中國也希望「向西開放」的互利基礎上，雙方藉此深化互動關係，2012 年起配合論壇活動推動「中國—中東歐領導人會晤」之升級版，雙方除於 2013 年決定將翌年定為「中國—中東歐國家合作投資經貿促進年」，中國亦推出「100 億美元專項貸款」作為誘因，期盼能深耕此一地區。

第三節　多邊外交：國際機制的倡議與參與
Multilateral Diplomacy: Engaging the International Regimes

對目前中國來說，所謂「多邊外交」指的是如何利用既有國際組織與非國家行為體，與更多國家在全球性平台上展開多領域溝通與合作，以營造對其發展有利的國際和平環境，至於「反對霸權主義和強權政治」、「維護廣大發展中國家的權益」、「推動國際政治新秩序」，甚至「建構新型國際關係」等，則是北京經常在多邊外交活動中揭櫫的重要口號與原則。值得注意的是，相較傳統上較常用於處理對外關係的雙邊模式，自 1990 年代起，中國顯然逐漸更主動利用參與國際多邊外交來拓展其全球活動空間，[26] 迄今不僅已成為百餘個國際組織成員，甚至積極爭取擔任組織領導工作。有關中國參加的重要多邊機制，請參考表 7.2；以下將以區域為主分別介紹。

---

[26] Stephen Olson and Clyde Prestowitz, *The Evolving Role of China in International Institutions* (Washington, D.C.: The U.S.-China Economic and Security Review Commission, 2011); Colum Lynch and Elias Groll, "As U.S. Retreats From World Organizations, China Steps in to Fill the Void," *Foreign Policy*, October 7, 2017, https://foreignpolicy.com/2017/10/06/as-u-s-retreats-from-world-organizations-china-steps-in-the-fill-the-void/

表 7.2　中國參與的主要多邊論壇機制

名稱	成立年代	發展重點
聯合國	1945	中國在 1971 年取得會員資格與安理會常任國席次
不結盟運動	1961	中國自 1992 年起成為觀察員
亞洲開發銀行	1966	中國在 1986 年加入，目前為第三大股東
桑戈委員會	1971	主旨為核不擴散，中國在 1997 年加入
G-8 高峰會	1975	由法國發起，每年定期召開高峰會 中國於 2003 首度受邀出席對話，目前主要參與 G8＋5峰會形式
印度洋委員會	1984	中國自 2016 年受邀擔任觀察員
南亞區域合作聯盟	1985	中國自 2005 年受邀擔任觀察員
G-7 財長與央行行長會議	1986	中國自 2005 年起開始出席
太平洋島國論壇	1989	前身為 1971 年成立的南太平洋論壇，1989 年後改為現名，中國自 1999 年起參與
亞太經濟合作	1989	由澳洲與日本發起，1993 年召開非正式高峰會，中國自 1991 年起入會
世界經濟論壇東亞經濟高峰會	1991	每年召開一次，香港與新加坡為永久會址
東北亞合作對話	1993	由美國 UCSD 主辦的一軌半對話機制
世界貿易組織	1995	中國於 1995 年成為觀察員，2001 年正式入會
東協區域論壇	1994	由東南亞國協發起
南方中心	1995	由南方委員會轉型成立，中國同時加入
亞洲相互協作與信任措施會議	1996	由哈薩克發起，2002 年舉辦首度高峰會
亞歐高峰會	1996	由新加坡發起，每兩年召開一次
環印度洋地區合作聯盟	1997	中國於 2000 年成為對話夥伴國
G-20 工業國集團	1999	於德國成立
東亞—拉美合作論壇	1999	由新加坡與智利發起
亞洲議會大會	1999	由部分亞洲和南太平洋地區島國發起
博鰲亞洲論壇	2001	由菲律賓、日本與澳洲發起
上海合作組織高峰會	2001	主要針對中亞問題進行討論
亞洲合作對話	2002	以經濟合作為主，中國負責農業與能源領域
G-20 發展中國家集團	2003	於第五次 WTO 部長級會議中成形
北京論壇	2004	由韓國發起，北京大學主辦
上海論壇	2004	由韓國發起，復旦大學主辦

表 7.2 中國參與的主要多邊論壇機制 （續）

名稱	成立年代	發展重點
南南合作經貿合作論壇	2005	由中國與聯合國開發計畫署共同發起
東亞高峰會	2005	前身為起自 1997 的 10＋3 高峰會
金磚五國高峰會	2009	包括中國、俄羅斯、巴西與印度，2010 年加入南非
亞洲基礎設施投資銀行	2015	中國在 2014 年發起籌建，並為最大股東

對亞太地區：配合周邊外交政策

基於「大國為關鍵，周邊是首要」的短期政策主軸，在可見的未來，中國仍將繼續著力於其周邊有利環境的形塑；對此，多邊外交自然是個重要的補充性政策途徑。以下便對此分別述之。

（一）太平洋島國論壇（Pacific Islands Forum）

前身為 1971 年成立的「南太平洋論壇」，2000 年更名為「太平洋島國論壇」，希望加強成員國在貿易、經濟發展、航空、海運、電訊、能源、旅遊、教育等領域合作，以及在政治和安全等領域政策協調，每年舉行一次高峰會。截至 2019 年共有 18 個成員國與 11 個觀察員；1989 年起決定邀請部分國家出席高峰會後的對話會議，目前共計有 18 個對話夥伴與 1 個發展夥伴（台灣）。在 2000 年中國捐資成立「中國—論壇合作基金」後，論壇在 2002 年於北京設立駐華貿易代表處，中國則於 2005 年倡議建立雙邊論壇機制（細節參見前一段落）。

（二）亞太經濟合作（Asia-Pacific Economic Cooperation, APEC）

在澳洲與日本倡議下，APEC 首屆部長級會議於 1989 年召開；1991 年，第三屆部長級會議通過《漢城宣言》，將該組織宗旨和目標確定為：「為本地區人民的共同利益保持經濟增長與發展；促進成員間經濟互賴；加強開放的多邊貿易體制；減少區域貿易和投資壁壘」。該組織迄今共有 21 個成員，首次非正式高峰會於 1993 年在西雅圖召開。中國在 1991 年加入後，曾於 2001 年與 2014 年兩度主辦峰會，始終堅持主張 APEC 是個具論壇性質之區域經濟合作平台，反對在此討論區域性政治和安全問題，反對針對發展中成員進行貿易保護主義，並支持在開放和不歧視原則的基礎上推動貿易投資自由化。就經濟實力而言，中國 GDP 在亞太地區所占比重從 1991 年加入該組織時（15 成員國）3.5% 提升到 2011 年（21 成員國）的 38.7%，貿易規模占亞太地區比重也從 1991 年 6.6% 提升到 2011 年 20.9%，隨著經濟實力崛起，影響力亦日益提升。

（三）東北亞合作對話（Northeast Asia Cooperation Dialogue, NEACD）

在 UCSD 全球衝突與合作研究中心（IGCC）發起下，該對話自 1993 年以來每年都舉行，目的是增進中、美、日、俄與南北韓之間的相互理解，至 2017 年已舉辦過 27 次對話；其中，北韓雖參加了 1993 年的預備會議，直到 2006 年才首度參與正式對話，其後直到 2016 年才再度出席。透過此一機制，各國重要官員（通常來自外交單位）和個人（重要學者和安全專家）共同討論各種政治、安全和經濟問題，至於「共同建立信任措施」與「相互再保障措施」乃焦點所在。

（四）東協區域論壇（ASEAN Regional Forum, ARF）

1993 年東協部長級會議中決定邀請亞太各國家代表出席，正式在 1994 年成立「東協區域論壇」作為區域內最重要的安全對話機制，[27] 也是亞太地區成員最廣泛的一個安全對話平台，中國除普遍參與並主辦部分論壇活動外，堅持論壇性質應以「建立信任」為核心，支持 ARF 探討適合本地區的預防性外交作為或形成各方都能接受的預防性外交概念，並一再重申關於 ARF 成員之間通報和派員觀察多邊聯合軍事演習的建議。

（五）亞洲相互協作與信任措施會議（CICA）

根據哈薩克 1992 年在聯合國大會上的倡議，1999 年召開首次外長會議並通過《成員國相互關係原則宣言》，強調相互尊重主權，互不干涉內政，和平解決爭端，不使用武力威脅，以及發展經濟、社會和文化合作等普遍國際關係原則；截至 2019 年共有 27 個成員國、8 個觀察員國和 5 個觀察員組織（聯合國、歐安組織、阿拉伯國家聯盟、突厥語國家議會大會、國際移民組織）。在 2002 年首次高峰會中，通過了《阿拉木圖文件》和《關於消除恐怖主義和促進文明對話宣言》，其後分別於 2006 年在阿拉木圖、2010 年在土耳其伊斯坦堡相繼召開峰會，2014 年高峰會在中國北京召開並為當年「主場外交」之一，2019 年峰會則在塔吉克杜尚別舉辦。

（六）亞洲合作對話（Asia Cooperation Dialogue, ACD）

2001 年由泰國總理 Taksin 倡議建立，2002 年舉行首次外長會

---

27 論壇成員包括 10 個東協（ASEAN）成員，10 個東協對話夥伴（歐盟、日本、加拿大、中國、印度、紐西蘭、澳大利亞、俄羅斯、南韓、美國），1 個東協候選國（東帝汶）與 1 個觀察員（巴布亞紐幾內亞與東帝汶），加上蒙古、北韓、巴基斯坦、孟加拉、斯里蘭卡等 5 個國家，在廣義東亞地區只有台灣未加入。

議，截至 2019 年共有 35 個對話成員國，乃是一個非正式且非機構化論壇，主要目的是整合亞洲現有的次區域合作機制，並透過設定「主要行動國」（prime mover，或稱牽頭國）形式開展具體領域合作，目前有 24 國自願擔任 20 個領域合作的主要行動國（中國負責糧食、水資源與能源安全領域）。至 2019 年已舉辦過 16 屆外長會議，2012年召開首屆高峰會後，2013 年外長會議通過設置臨時秘書處，2016年第二屆高峰會最終決定將秘書處常設於科威特。

（七）亞洲議會大會（Asian Parliamentary Assembly, APA）

部分亞洲和南太平洋地區島國議會於 1999 年在孟加拉籌組亞洲議會和平協會（AAPP）。2001 年第二屆年會決定不設置常設秘書處，秘書長由年會東道國議會秘書長擔任，第三屆年會於 2002 在中國舉行，中國全國人大委員長吳邦國曾在 2003 年第四屆年會中提出4 項主張：「推動建立公正、合理的國際政治經濟新秩序；謀求各國的共同發展與繁榮，加強南北合作；樹立以互信、互利、平等、協作爲核心的新安全觀；維護和加強聯合國的重要作用」。2006 年德黑蘭年會決定更名「亞洲議會大會」，截至 2019 年共有 41 個成員國與17 個觀察員。

（八）博鰲亞洲論壇（Boao Forum for Asia）

由菲律賓、澳大利亞與日本在 1998 年倡議設置，基於中國的地位與巨大市場潛力，建議將總部設在中國（永久會址於海南博鰲），本質上是個非官方、非營利性、定期且定址的開放性國際組織，宗旨爲深化亞洲各國間的交流、協調與合作，並增強亞洲與世界其他地區的對話與聯繫；爲政府、企業及專家學者提供一個對話平台；以及爲會員與會員間、會員與非會員間提供服務。目前共 29 個成員，每年

召開年會，中國國家主席或國務院總理每年都進行主題發言，且論壇多次被列入「主場外交」。論壇特點在於它是第一個以亞洲為立足點，從亞洲視角去審視世界重大經濟問題，同時透過與世界其他地區對話交流，深化亞洲內外的經濟聯繫。28

（九）上海合作組織高峰會：參考第四章敘述。

（十）東亞高峰會（East Asia Summit, EAS）

根據馬來西亞總理 Mahathir 在 2000 年倡議與 2004 年「10＋3」高峰會共識，各國在 2005 年邀集印度、澳洲與紐西蘭等另外 3 個廣義亞太國家召開首屆「東亞高峰會」，同意「把高峰會建成一個論壇，就共同感興趣和關切的戰略、政治和經濟問題進行對話，確保各國和平相處，透過加強技術轉移、基礎建設、善治、人道主義援助等來促進東亞發展、金融穩定和能源安全，並承諾促進金融聯繫，推動貿易與投資的擴大與自由化進程，同時深化文化與民間交流合作」，並簽署《預防、控制和應對禽流感東亞峰會宣言》。2007 年第二屆峰會通過《東亞能源安全宿霧宣言》，針對東亞能源合作提出具體目標和措施，同時根據〈主席聲明〉所作峰會定位，它未來僅是 ASEAN、ARF 與 APEC 的輔助機制，並將持續由東協主導。值得注意的是，中國在會議中始終聲稱「無意爭取東亞合作的主導權」，

---

28 類似的半官方對話機制還有南韓高等教育財團出資支持的「北京論壇」和「上海論壇」。2002 年 10 月，南韓高等教育財團總長金在烈提出創辦「北京論壇」構想，北京大學隨後決定承辦此一致力推動亞太人文社會科學研究的論壇，負責提供行政支援，高等教育財團則負責財政，各屆會議籌辦細節則由雙方協商後確定；首屆論壇在 2004 年召開，主題為「文明的和諧與共同繁榮」，下設 14 個分論壇。其次，同樣由南韓高等教育財團出資，復旦大學主辦的首屆「上海論壇」則在 2005 年召開，聚焦「經濟全球化與亞洲的選擇」主題，並以「關注亞洲、聚焦熱點、薈萃菁英、推進互動、增強合作、謀求共識」為宗旨，構建學、政、商三方交流平台；基本上，該論壇定位在討論經濟議題，以便與以文化為主旨的北京論壇區隔。

顯示它暫時在周邊地區中維持「韜光養晦」政策的趨勢。至於峰會在 2010 年接納美國與俄羅斯入會，由此自 2011 年起形成 10＋8 新格局，則埋下新一階段發展的政治變數。

（十一）亞洲基礎設施投資銀行（AIIB）

根據習近平 2013 年訪問印尼時的倡議，中國在 2014 年正式邀集 21 國籌組此一金融機制，在 2015 年簽署相關協議之後，2016 年正式開業，截至 2019 年 7 月共有 100 個成員國，遠超過 1966 年成立的亞洲開發銀行（68 個成員國），其宗旨在於協助推動亞洲地區基礎設施建設、搭建地區性融資平台與加強區域經濟整合發展。根據亞洲開發銀行統計預測，亞洲基礎設施建設在 2010-20 年間或需投入 8 兆美元，ADB 與 WB 能提供部分僅約 200 億，儘管如此，亞洲地區實際上外匯儲備相當豐厚，或為可填補前述缺口之資金來源。值得注意的是，包括美國與日本都將此機制視為中國區域影響力擴張之象徵，因此採取抵制態度，從而讓南韓、澳洲乃至英國等美國傳統盟邦之加入備受注目。

貳 對第三世界：提升對南方世界影響

（一）東亞─拉美合作論壇（FEALAC）

由新加坡總理吳作棟在 1998 年倡議設立，目的在為兩個區域國家政治、商業和其他領域領導人提供交換意見的場所，並增進對話與合作，成立大會於 1999 年在新加坡召開，13 個東亞國家、12 個拉美國家，加上澳大利亞與紐西蘭共 27 國以創始成員身分出席，迄今共

有 36 個成員國。[29]根據 2001 年第三次資深官員會議與首屆外長會議通過之《框架文件》，決定定名「東亞—拉美合作論壇」，每 2 至 3 年召開外長會議，下設 4 個工作小組。2010 年與 2011 年分別設置協調委員會與網絡秘書處（後者於韓國），2016 年啓動在聯合國大會期間的「三駕馬車」（前任、現任與候任協調國）外長會議作爲新的溝通機制。中國在框架內提供的合作項目包括：東亞—拉美大學校長論壇、青年外交官培訓班、高級外交官訪華團、新聞記者高級研修班、拉美國家聯合新聞團、拉丁美洲公務員培訓班、拉美和加勒比對華友好組織負責人研修班和拉美和加勒比經貿官員研修班等。

（二）不結盟運動（Non-alignment Movement, NAM）

南斯拉夫、埃及、印度和印尼等倡議之冷戰期間「等距外交」平台，共 25 國出席 1961 年在南斯拉夫召開的第一次高峰會，由此正式形成「不結盟運動」。該運動不設總部也無常設機構及成文章程，但定期召開高峰會、外長會議、協調局外長會議及紐約協調局會議等，各項會議均採共識決原則，迄今共有 120 個成員國。自 1970 年起，高峰會定期每 3 年舉行一次（至 2019 年共舉行 18 次）。中國在 1992 年第十屆高峰會上成爲觀察員，自此陸續出席歷次高峰會及協調局部長級會議，並與不結盟國家在多邊領域保持經常性協調合作，但迄今並非正式成員。

（三）G-20 發展中國家集團（也稱爲 G21、G22、G20＋）

源自 2003 年由巴西、印度及南非等國外長共同簽署之《巴西利

---

29 該論壇成員包括：中國、日本、韓國、蒙古、新加坡、印尼、馬來西亞、泰國、菲律賓、汶萊、越南、寮國、柬埔寨、緬甸、阿根廷、巴西、智利、哥倫比亞、委內瑞拉、玻利維亞、巴拿馬、巴拉圭、秘魯、烏拉圭、厄瓜多、墨西哥、哥斯大黎加、薩爾瓦多、古巴、尼加拉瓜、瓜地馬拉、多明尼加、蘇里南、宏都拉斯、澳大利亞和紐西蘭。

亞聲明》，強調發展中國家仍應對競爭力較弱項目進行貿易保護，並認為此概念應列入 WTO 貿易規範協商談判之中；由於 20 個發展中國家共同連署上述聲明並提交至同年 9 月在墨西哥坎昆舉行的第五次 WTO 部長級會議，集團因此成形，其後因成員數次變動而產生諸如 G21 或 G22 等稱呼，最後定為 G20，但與 1999 年 G7 財長會議倡設之 G20 並不相同。其中，中國、巴西、印度和南非被稱為「G4 集團」。

參 迎向國際結構體制化挑戰

（一）八大工業國高峰會（G8，參考第六章敘述）

自 1986 年召開的 G7 財長與央行行長會議（每年 3 至 4 次），除在 1991 年接納俄羅斯成為觀察員（1998 年成為正式成員，2014 年逐出），為施壓人民幣升值，2005 年起邀請中國（連同巴西、印度與南非等國）相關官員與會並推動「8＋5」（中國、印度、巴西、南非與墨西哥）高峰會，由此形成 G8 集團與發展中強國的對峙態勢，從而對調整世界經濟格局與重塑世界金融秩序產生深遠暗示。不過，在 G20 於 2009 年宣布取代 G8 成為全球經濟合作主要論壇後，前述「8＋5」會議已不再召開，中國也不再直接參與 G8 會議。

（二）世界貿易組織（World Trade Organization, WTO）

在關稅暨貿易總協定（GATT）烏拉圭回合部長會議於 1994 年決定成立更具全球性的世界貿易組織後，WTO 自 1995 年正式運作並負責管理全球經濟和貿易秩序。與前身 GATT 相比，WTO 涵蓋貨物、服務業及智慧財產權貿易，GATT 只適用於商品貨物貿易。組織成員共分已開發成員、發展中成員、轉軌經濟體成員和低度開發成員等 4

類，截至 2016 年共 154 個成員。中國在 1995 年 7 月被接納爲觀察員，2001 年 11 月正式入會。[30]

中國對於加入 WTO 的原則是：首先，中國沒有理由不加入被稱爲經濟聯合國的世貿組織；其次，中國加入 WTO 主要注重其義務與權利之平衡性；最後則由於中國以發展中成員身分加入，只能逐步實施貿易自由化。大體言之，此舉對中國不啻利弊互見；在有利部分，過去以美國爲首國家對中國採取的歧視性貿易政策將被自動取消，致使其對外貿易環境獲得改善，特別是針對勞力密集出口導向產業；其次，加入 WTO 將刺激外資到中國投資，由此既可提供就業機會，也能增加地方稅收並提高中國的管理與科技能力；第三，開放市場將促使中國經濟和世界接軌，進而推動經濟市場化建設和建立現代化工業體系，有助於中國產業升級與提升競爭力。當然，缺乏競爭力之部分行業勢將因此受到衝擊，短期內帶來失業率上升並影響社會穩定。

（三）亞歐高峰會（Asia-Europe Meeting, ASEM）

1994 年在新加坡舉行的世界經濟論壇（WEF）首度提及此一構想後，該論壇在 1995 年繼續對此進行討論。新加坡總理吳作棟認爲，相較歐洲與美洲（透過 NATO）及亞洲與美洲（透過 APEC）已建立聯繫管道，歐洲與亞洲也應催生類似機制。據此，包括東協 7 國、歐盟 15 國、歐盟執委會主席、中國、日本與南韓等，在 1996 年共同召開了首屆峰會，從而開啓亞歐兩洲經貿合作與對話管道，迄今共有 53 個成員國。峰會除確定「開放性區域主義」原則之外，各國決定致力於加強亞歐關係，並設置外交部與經濟部部長級會議作爲溝通平台。值得注意的是，1996 年首屆會議中瀰漫之樂觀氣氛隨即因

---

30 香港與澳門在 1995 年加入 WTO，台灣（台澎金馬關稅領域）則在 2002 年加入。

1997 年東亞金融風暴而蒙上陰影。歐盟雖試圖提出解決危機的構想，實際上傾向說服東亞國家接受 IMF 推動的結構改革，由此順勢讓中國成為 1998 年第二屆峰會焦點。

在 2000 年第三屆高峰會中，歐盟決定深化對話內容並推動建立「亞歐合作框架」（AECF），希望主導雙方形成關於政治、經濟、貿易、文化與甚至是社會議題等多方面共識。接著，在 2004 年第五屆峰會接納 13 個新對話成員（包括柬埔寨、寮國與緬甸等 3 個新東協成員與 10 個 EU 準會員國）後，峰會參與國人口總數也達到全球四成，GDP 總值超過全球半數。根據溫家寶於 2004 年峰會中的建議，中國共青團、全國青聯、亞歐基金在 2005 年舉辦了首屆亞歐政黨青年組織領導人論壇，共有來自 34 個成員國的政黨青年組織出席，這也是 ASEM 框架內首次之政黨青年組織領袖對話，可見中國對青年交流的重視。除此之外，中國曾主辦 2001 年外長會議與 2008 年第七屆高峰會。

（四）聯合國（United Nations, UN）

在 1971 年取得代表權後，中國在 UN 中最主要活動便是擔任安理會常任理事國，並於 2000 倡議舉行史上首次常任理事國高峰會。不過，與在安理會中相對消極的表現相比，中國著力更多的乃是維持和平行動（參考第六章）；自 1989 年首度派出 20 名文職人員參加納米比亞過渡時期協助團後，中國已成為參與 PKO 行動最頻繁的安理會常任理事國；2004 年參與海地特派團，乃中國維和人員第一次出現在西半球，也是首度在非邦交國進行部署。除此之外，中國積極介入聯合國在軍備管制、裁軍與防止擴散領域的行動，全面參與包括各種條約起草之法律領域工作，並主動爭取聯合國周邊組織之領導工

作。值得一提的是，中國負擔聯合國會費比例先從 2000 年 0.995% 上升到 2006 年 2.053%，在發展中國家名列第一，2012 年提高到 5.1% 後成爲第六大會費繳納國，2019 年上調至 12.005% 後更正式超越日本，成爲僅次於美國的第二大會費繳納國。

其次，安理會乃中國在 UN 框架中發揮影響力的重要管道，「否決權」則是其主要形式。根據統計，5 個常任理事國在 1945-2019 年間共使用過 289 次否決權，其中法國 18 次，英國 32 次，美國 83 次，俄羅斯（含蘇聯）141 次，中國僅使用過 14 次（不包含中華民國 1 次：1955 年否決蒙古入會案），分別是 1972 年否決孟加拉入會案以及有關中東巴勒斯坦和阿拉伯問題的修正案、1997 年否決向瓜地馬拉派遣軍事觀察員案（理由是該國每年均在總務委員會連署支持台灣的提案）、1999 年否決駐馬其頓預防性部署部隊延期案（理由是馬其頓與台灣建立邦交），2007 年否決英美所提緬甸政府侵犯人權案（中國繼 1972 年後第二次與俄國聯手否決），2008 年否決美英所提辛巴威問題案，最後則是 2011-19 年連續 8 度聯合俄羅斯否決關於敘利亞問題之提案。從迄今使用經驗看來，中國對此權力雖採取傾向低調姿態，2007 年以來似乎轉趨積極主動。

更重要的是，中國全力發揮聯合國在第三世界發展領域的作用；除敦促已開發國家履行消除貧困、增加援助、減免債務、開放市場等方面的承諾，爲發展中國家構建一個更公平的國際經貿環境，並積極開展南南合作外，在 2005 年聯合國成立 60 周年高峰會上，胡錦濤亦宣布在關稅、債務、優惠貸款、公共衛生合作及人力資源開發等領域爲發展中國家採取 5 項重大措施，並促進中國與聯合國各專門機構共同在中國舉辦全球扶貧大會、千禧年發展目標會議、防治禽流感籌資大會等國際合作會議。最後，中國曾在 1995 年舉辦第四屆世界婦女

大會並通過「北京宣言」和「北京行動綱領」等促進國際婦女運動發展的綱領性文件；接著，中國也積極推動公共衛生合作，在 2003-05年連續三屆聯合國大會中推動通過中國所提出的「加強全球公共衛生能力建設」決議案。總之，聯合國架構已成爲中國參與當前國際體系最關鍵管道之一。

（五）G-20 工業國家集團

由 G8 財長會議在 1999 年成立，爲布萊頓森林體系下的溝通機制，除原有 G8 成員外、還包括歐盟、澳大利亞、中國、巴西、阿根廷、墨西哥、南韓、印尼、印度、沙烏地阿拉伯、南非、土耳其等12 個國家財長和中央銀行行長，成員國家 GDP 約占全世界 85%，人口則將近世界總數三分之二。2008 年起爲因應全球金融海嘯壓力，G20 不僅頻繁召開高峰會（原則上每年兩次，但 2011 年後僅維持每年一次，至 2019 年已召開 14 次），2009 年宣布取代 G8 的國際經濟事務協調地位，中國在高峰會中的發言權與影響力更是與日俱增。

（六）金磚國家高峰會（BRICS Summit）

所謂金磚國家（BRIC）原指中國、俄羅斯、印度、巴西等 4 個成長前景被看好的新興市場國家；在俄羅斯倡議下，四國於 2006 年聯合國大會期間舉行首次「金磚國家外長會晤」，此後成爲年度慣例；接著，在 2008 年四國外長首度於聯合國以外場合會面並發表聯合公報之後，2009 年在俄羅斯葉卡捷琳堡舉行首次高峰會，2011 年又正式吸收南非成爲五國機制，並於同年 G20 峰會前進行非正式會晤，截至 2019 年已召開 11 次峰會與 9 次非正式會晤，中國在 2011年與 2017 年曾兩度承辦。各國在 2013 年峰會中通過《德爾班宣言》及其後續行動計畫，決定建立金磚國家工商理事會和智庫理事會，

2014 年通過《福塔萊薩宣言》後正式成立金磚國家開發銀行（初始資本額 1,000 億美元，總部設於上海），2017 年廈門峰會後啓動外長會議與駐聯合國代表會晤機制。隨著 2008 年金融海嘯衝擊始終餘波盪漾，金磚五國經濟影響力雖與日俱增，實則 2015 年後只有中國和印度經濟持續穩定發展。

第八章
新型外交

　　所謂「外交政策」原本便是國家解決其涉外問題時，根據周遭環境以及本身利益與實力，爲自己量身設計出來的一套辦法；更甚者，從人類的長遠歷史發展來看，由於國際環境內涵呈現持續變遷趨勢，由此迫使國家必須不斷推陳出新地尋找解決之道。無論是拿破崙戰爭後，在十九世紀流行於歐洲的「權力平衡」概念，抑或因爲爆發兩次世界大戰，二十世紀下半葉醞釀出來的「集體安全」想法等，還是在全球化浪潮與國際互賴環境中，逐漸浮現之「人類安全」視角，都不啻說明了前述邏輯。正如《外交事務》（*Foreign Affairs*）2003 年一篇〈中國新外交〉文章指出：「最近幾年來，中國已經開始採取更加不對抗、更加老練、更有信心、有時更有建設性的方法去應對地區和全球事務。」中國外交部部長王毅在 2013 年也曾分別以「開啓中國外交新征程」和「站在新起點上的中國」爲題發表演說，似乎透露中國也正以新的視野看待世界。據此，對目前的中國而言，究竟是被「體制化」進既有的國際制度框架中，還是有可能闢出蹊徑，在「具有中國特色的社會主義道路」外，走出一條具「中國特色」的國際政治學研究與外交政策道路，乃本章欲進一步觀察分析之重點。

第一節　口號外交：政策語意學的複雜多樣化
Slogan Diplomacy: Complicating the Semantics in Policy

壹 價值觀、國際形象與外交政策

　　人類所以有異於萬物之處，正在於其發展出一套用來分辨是非、善惡與曲直的價值觀（value），然後藉此解決現在（人際與社會衝突）與未來（發展）所遭遇的挑戰；至於那些被多數人接受並能相對恆常存在的價值觀，則成為穩定社會與政治發展的正當性（legitimacy）來源。例如早在古希臘時期，Aristotle 便曾努力去分辨「好的」與「壞的」政體，然後希望由此釐清我們所應追尋的方向。問題是，基於人類的「不完美性」（並非全知全能，又經常因「自利」考量造成思考扭曲現象），結果既使各種價值均必須不斷面對批判，也往往在價值崩解帶來認同危機（crisis of identity）之後，直接影響了制度與環境的穩定性。進一步來說，所謂認同危機一方面可能來自價值觀本身的不完美缺陷，實際上或來自其本身無法因應挑戰所致。

　　無論如何，特別是主要強權國家，經常希望透過價值設定來捍衛既存權力分配現狀的正當性；例如過去中國便試圖建立「華夷有別」的文明標準，來定義其作為中央王國（Middle Kingdom）的地位。至於十九世紀的英國，作為第一個準全球霸權國家，也曾嘗試過建立 3 個普遍性原則，亦即：權力平衡（阻止獨霸歐陸國家出現之可能）、不干涉主義（表面上聲稱捍衛主權原則，實則藉此阻止某些歐陸國家利用干預他國內政而稱霸）與國際法（制定符合英國利益的規範，並要求各國一致遵守，尤其是海洋法方面）。由此可知，隱藏在國家泛

道德性宣示政策底下的，有時不過是赤裸裸的利益展現。

　　作爲二十世紀霸權的美國也是如此。首先，它自一次戰後躍升強權地位後便開始推動以「集體安全」來取代「權力平衡」政策，藉此打破英國堅持的不干涉主義，接著更推出「民主合理論」，一方面建構與蘇聯展開全球性冷戰對抗的正當性基礎，同時提供直接或間接干預他國內政的理由，甚至到了後冷戰時期依舊如此。例如美國總統 Bush 在 2007 年國情咨文演說當中，便矢言堅守「意識型態戰爭」原則下的外交政策，並堅持繼續在中東地區推廣民主：「……我們現今所面臨的重要問題在於，美國是否將協助中東地區人民建立自由社會，並享有所有人類應享的權利」，因爲「人身自由是所有恐怖分子最害怕的」。Bush 並進一步聲稱，其主張的「自由議題」已在 2006 年獲致一連串成就，例如迫使敘利亞軍隊撤出黎巴嫩，以及在戰亂頻仍的阿富汗與伊拉克舉行民主選舉等。這種說法雖備受爭議，至少反映出美國的政策走向。

　　作爲一個崛起中的強權，中國或許也將根據其國家利益來設定某些「普遍性價值觀」；無論最後成功與否，這都是觀察其外交趨勢的重要角度。例如 John K. Fairbank 曾經說：「通過中國歷史可以最好地瞭解中國，這是因爲，與其他民族相比起來，中國人更愛從歷史角度觀察自身，並強烈地感受到某種傳統的存在，……只有在中國歷史長河的背景下，才能理解其發展之方向，並瞭解目前在中國發生之一切事情。」[1] David Lampton 也指出：「要研究中國問題，就要設身處地、用中國人的眼光來思考問題。……道理非常簡單；任何人看待世界的眼光都不相同，這既可能與其歷史文化背景有關，也可能與個

---

[1]　John K. Fairbank, *China: Tradition and Transformation* (New York: Houghton Mifflin Co., 1989).

人經歷、意識形態和價值觀等有關。而一個人對外部世界作出何種反
應，首先取決於他對這個世界的認知；因此若想研究並瞭解另一種文
化背景下的人的行爲方式，就得試圖透過其眼光來解讀來自外界的資
訊。」[2] 這種說法儘管是極有價值的，但過於客觀地將焦點集中在「認
知」問題上，未免仍嫌消極了些。正如本書第一章所言，所謂認知基
本上或許乃是以「利益設定」作爲出發點；換言之，在決定利益取向
與優先順序後，國家對於外部世界的認知圖像也將跟著被具體地呈現
出來。

貳　當前中國對外口號及其意涵

　　中國外交部網站曾對當前「中國外交政策」內涵有如下一段描
述：「中國高舉和平、發展、合作旗幟，堅持奉行獨立自主和平外交
政策，堅持走和平發展道路，堅持互利共贏的對外開放戰略，既通過
爭取和平的國際環境來發展自己，又通過自身的發展促進和平。中國
將繼續推動世界多極化，宣導國際關係民主化和發展模式多樣化，促
進經濟全球化朝有利於各國共同繁榮的方向發展。積極宣導多邊主義
和樹立以互信、互利、平等、協作爲主要內容的新安全觀，反對霸權
主義和強權政治，反對一切形式的恐怖主義，推動國際秩序向更加公
正合理的方向發展。中國在和平共處五項原則基礎上發展與世界各國
的友好合作關係。堅持與鄰爲善、以鄰爲伴的方針，加強與周邊國家
的友好合作關係。深化與發展中國家的互利合作，維護與發展中國家
的共同利益。進一步發展同發達國家的關係，努力尋求和擴大共同利

2　David Lampton, *The Three Faces of Chinese Power: Might, Money and Minds* (Berkeley: University of California Press, 2008).

益的匯合點，妥善處理分歧。積極參與多邊外交，維護和加強聯合國及安理會的權威和主導作用，努力在國際事務中發揮建設性作用。中國政府和人民願與世界各國人民一道，努力建設一個持久和平與共同繁榮的和諧世界。」

至於中國對當前國際政治經濟秩序的主張則是：「中國宣導多邊主義，主張促進國際關係民主化。各國在處理國際事務中，應遵循平等協商、友好合作的民主精神，擴大共識，深化共同利益，應對共同挑戰。中國主張維護和尊重世界多樣性。各種文明之間的競爭和交流是人類社會歷史發展的重要推動力。中國主張樹立以互信、互利、平等和協作爲核心的新安全觀。武力不能締造和平，強權不能確保安全。持久的安全只能建立在互信和協作的基礎之上。中國主張促進全球經濟、社會的均衡和可持續發展。國際社會應共同努力，逐步解決貧富分化、生態環境惡化等突出問題。中國主張尊重和發揮聯合國及安理會的重要作用。聯合國在解決重大國際問題方面具有不可替代的作用，《聯合國憲章》是處理國際事務應遵循的基本準則。中國人民願同各國人民一道，推動二十一世紀的國際秩序朝更加公正合理的方向發展。」

在前述兩份政策態度宣示中，所使用的關鍵詞包括 7 次「和平」、11 次「發展」、4 次「合作」、2 次「多樣」、4 次「互利」、3 次「互信」、3 次「多邊」、3 次「平等」、3 次「友好」、2 次「公正合理」、2 次「國際關係民主化」、5 次「共同」與 2 次「新安全觀」等，由此或可一窺中國所欲形塑的國際形象以及價值觀取向。儘管近期官方表述或對此微幅調整，例如「共贏」或「合作共贏」一詞使用頻率便明顯上升，多數措辭其實變化不大。除此之外，從表 8.1 亦可發現，中國在國際場合中的態度宣示，亦大致不脫前述關鍵詞的

範疇，其目的都是企圖透過更為複雜且多樣化的語彙形式，表達出中國與既存歐美強權之間的意識形態差異所在。

表 8.1　中國對國際關係所提出相關口號原則舉例

年代	口號	出處
1954	互相尊重主權和領土完整、互不侵犯、互不干涉內政、平等互利、和平共處	列入中印談判公報與「關於中國西藏地方和印度之間的通商和交通協定」中
1983	平等互利、講求實效、形式多樣、共同發展	趙紫陽對發展與非洲國家經濟技術合作所提出的原則
1985	和平友好、互相支持、平等互利、共同發展	趙紫陽提出與拉丁美洲的交往原則
1990	相互尊重、平等互利、彼此開放、共同繁榮、協商一致	中國提出與南太平洋國家的交往原則
2000	高層互訪、多管道交流、外交磋商、多面向合作	列入中國與新加坡的聯合聲明原則
2000	維護和平，反對武力；相互尊重、主權平等；自主選擇，求同存異；互利合作、共同發展	江澤民出訪土庫曼時所發表對「國際新秩序」的看法
2000	真誠友好，平等相待；加強協調，密切配合；挖掘潛力，取長補短；團結一致，共創未來	江澤民出席聯合國千禧年高峰會時對南南合作的主張
2001	互信、互利、平等、協商、尊重多樣文明、謀求共同發展	上海合作組織成立宣言中揭櫫的「上海精神」
2004	深化睦鄰友好，增進政治互信；加強安全協作，維護地區穩定；堅持互惠互利，推進務實合作；擴大文化交流，鞏固傳統友誼	胡錦濤在烏茲別克議會演說時，提及中國發展與中亞關係的原則
2004	相互尊重、平等相待；以政促經、政經結合；互利互惠、共同發展；形式多樣、注重實效	溫家寶提出對發展中國家經濟外交工作的指導原則
2005	努力建設持久和平，共同繁榮的和諧世界	胡錦濤於聯合國的演說主題
2005	長期穩定、睦鄰友好、彼此信賴、全面合作	列入中國與越南的聯合聲明原則
2006	和平共處、世代友好、互利合作、共同發展	溫家寶所提中日關係發展目標
2008	求和平、謀發展、促合作已經成為時代的要求、世界多極化趨勢不可逆轉	列入中俄關於重大國際問題的聯合聲明
2010	對話、合作、和平、發展	列入中阿關係天津宣言宗旨
2011	推動共同發展、共建和諧亞洲	胡錦濤在博鰲亞洲論壇開幕式演講
2011	建設一個更加公正、公平、全面、和諧，兼顧各方利益，使所有國家從全球化中平等受益的國際金融秩序	SCO 關於世界和上合組織地區經濟形勢聯合聲明的結論

表 8.1　中國對國際關係所提出相關口號原則舉例　（續）

年代	口號	出處
2012	維護持久和平、促進共同繁榮	胡錦濤在上合組織高峰會上的演講
2012	推進互利共贏合作、發展新型大國關係	胡錦濤在第四輪中美戰略與經濟對話開幕式上的致辭
2013	相互尊重、平等互利、合作共贏	列入中國—中東歐國家合作布加勒斯特綱要原則
2013	建立以合作共贏為核心的新型國際關係	習近平在莫斯科國際關係學院演講
2014	共同維護和發展開放型世界經濟	習近平在 G-20 高峰會上的發言主題
2016	深化夥伴關係加強發展動力	習近平在 APEC 工商領導人峰會上的發言主題

　　值得注意的是，在胡錦濤出席 2005 年亞非高峰會並簽署《亞非新型戰略夥伴關係宣言》後，在 2006 年於奈及利亞議會演講時除闡述中國對非政策外，並將所謂「新型戰略夥伴關係」概念也引進中非之間關於政治、經濟、文化、安全和國際事務等方面的發展上；接著，自 2012 年開始推動與美國的「新型大國關係」後，習近平更於 2013 年提出建構「新型國際關係」的說法。大體來說，「新型」一詞既經常出現於近年中國外交措辭當中，至於所謂「新型」不僅相對於過去西方主導的「傳統」，其內涵亦突顯於以下幾個層面：

（一）從早期消極地「求平等」到如今積極地「爭平等」

（二）從早期強調「溝通協商」到目前積極扮演倡議者角色

　　自 2011 年以來，諸如和諧亞洲、新型大國關係、新型國際關係，或開放型世界經濟等，都成為中國新一波主動推銷的重點。

（三）在政治上強調「互利共榮」與「多極化」

　　中國聲稱將「增強互相信任」作為在新的多極化國際環境下，

發展中非關係的核心目標內容，原則是「支援非洲國家維護獨立和主權、根據國情自主選擇發展道路的願望」，除了延續自身從冷戰時期以來地陳述脈絡，眞正目的則是「與某些大國奉行單邊主義，強行推銷自己的民主概念」相互比較。

（四）在經濟上以分享中國崛起果實爲誘因

中國雖迄今仍一再強調並重申自己「依舊是發展中國家」的立場以爭取某種同理心，宣示中國將在國際上密切配合「推動建立公正合理的國際政治經濟新秩序」，並共同維護「發展中國家的正當權益」，由此亦延續了南南外交的準則，但透過經濟成果外溢來爭取支持的趨勢則愈發明顯。

（五）在文化上強調「相互借鑑」的說法

從某個角度看來，這不啻是此處所謂新型關係的特色，至於「中國和非洲過去都倡導集體主義，尊重長者，尊重權威，西方的個人主義在非洲沒有市場」的邏輯，更企圖突出西方長期以來被詬病的「文化帝國主義」形象。換言之，所謂新型關係的重點其實並非在於顯示何者爲「新」，而是希望大家辨明「舊」者應被拋棄的理由，從而塑造出一個有利於中國的思維氛圍。

第二節　夥伴外交：建構非傳統同盟關係
Partnership Diplomacy: Constructing the Non-traditional Alliance

值得注意的是，中國不僅有意突出與有別於歐美西方世界的價值觀，似乎也正形塑著某種新的國家間行爲準則，此即所謂「夥伴

關係」。儘管美國國務卿 Colin Powell 於 2004 年在《外交事務》
（*Foreign Affairs*）發表〈夥伴戰略〉一文，宣稱「夥伴關係是美國外
交戰略的核心」，[3] 其繼任者 Rice 也在 2005 年底促使美國與東協聯合
發表《關於加強東協—美國夥伴關係聯合構想聲明》後，於 2006 年
推動雙方簽署《實施加強東盟—美國夥伴關係行動計畫框架文件》，
美國總統 Bush 也在同年力推《北約全球夥伴關係計畫》，看來此種
政策似乎被美國視為當前對外關係重點之一。儘管如此，從事實面而
言，中國採取類似作為（或至少使用類似詞彙）不僅比美國早了 10
年以上，甚至無論作為之幅度與深度都遠超過美國，可說是觀察未來
其外交走向最為關鍵的指標性變數。

壹 相關政策的形式與內涵

　　自從 1990 年代初以來，中國便陸續與數十個國家建立所謂「夥
伴關係」此種非傳統性的國家間互動模式；如果根據陳述此種關係之
「聯合宣言」內容來加以分析的話，其形式大體存在著以下幾個特點：

（一）在雙邊政治關係方面

　　雙方首先同意在「相互尊重、平等互利、互不干涉內政」等原
則及其他公認的「國際法準則」基礎上，保持著各種級別與領域內的
密切溝通和交流，進一步擴大交往與合作；其次是重申「尊重對方根
據各自國情選擇的發展道路和內外政策」的原則；第三則涉及台灣問
題，雙方將重申繼續「堅持一個中國的立場，承認世界上只有一個中
國，中華人民共和國政府是代表全中國的唯一合法政府，台灣是中國

3　Colin Powell, "A Strategy of Partnership," *Foreign Affairs*, 83:1(2004), pp. 22-30.

領土不可分割的一部分」，同時既「不支援台灣加入只有主權國家才能加入的國際組織」，也反對邁向「台灣獨立」目標的任何可能性。

（二）在**雙邊經貿合作**方面

雙方共同強調「經貿合作是兩國關係的重要組成部分」，因此應大力拓展此類交流合作以助於雙邊關係穩步發展。

（三）在其他領域合作方面

雙方首先同意進一步開展包括文化、科技、環保、旅遊、司法等多重領域的相互交流與合作，認真落實兩國所簽署的各項合作協議；其次，如同在許多場合所提出般，中國特別強調「年輕一代和非政府組織交往」對發展兩國傳統友好關係的重要意義。

（四）在國際關係合作方面

雙方將重申恪守「聯合國憲章的宗旨和原則以及公認的國際法準則」，並認為且強調聯合國是由主權國家組成的「世界上最具廣泛代表性與權威性的政府間國際組織」，在維護國際和平與安全、妥善有效地應對全球和地區威脅方面負有「核心責任」，因此應設法「加強國安理會的作用和權威」，以提高聯合國妥善應對當代世界問題的能力（目的在顯示美國單邊主義的不合理性，並突出中國作為安理會集體領導一份子）；其次，為回應國際新形勢發展，雙方認為「恐怖主義是當今世界和平與發展的嚴重威脅」，一致譴責和反對任何形式的恐怖主義，主張各國應履行根據國際法承擔的義務，加強國際合作，堅決打擊和制止恐怖主義活動。

進言之，根據陳志敏對於「夥伴外交」的解釋，他認為此種關係假定的前提是一種「日益加深的相互依存，……將使國家間的共同

利益多於衝突利益」，基於這個假定，夥伴外交的目標在「試圖發展和其他國家的普遍合作關係，來推進本國對外的政策目標」，基本上，此種策略「並不否認夥伴國間經常出現矛盾，不過這些矛盾將不涉及兩國的核心利益」。[4]金正昆則指出，與世界各國廣泛建立夥伴關係並非中國的一時之計，而是它對本國外交戰略所進行經過深思熟慮的重要調整，目的是「要以共同利益為基礎，以互不對抗為前提，以不結盟、不針對第三國為要求，以接觸與對話為形式，以協商與合作為目的，切實地發展中國與其他一切國家之間良性互動的雙邊外交關係」。[5]至於中共外交部黨委在 2016 年 3 月於《求是》上發表的〈黨的十八大以來中國特色大國外交理論與實踐〉一文也指出，「夥伴關係具有平等性、和平性、包容性，沒有主從之分、陣營之別，不設假想敵、不針對第三方，志同道合是夥伴，求同存異也是夥伴，這是對結盟或對抗的傳統國與國關係模式的超越。」此乃本書將其稱為「非傳統同盟關係」的緣故，因為國際政治中傳統的同盟互動通常是以「對抗」性假設出發，並且或隱或顯地設定好可能的假想敵方，至於合作的目標則是為因應未來國際衝突預作準備；而這些條件都顯然與既存中國所建立的夥伴關係內容並不太一致，同時也回應中國長期宣稱「不結盟」的主張。如同中國外長王毅在 2015 年指出，中國基本上「已形成覆蓋全球的夥伴關係網絡，朋友圈越來越大，好朋友、好夥伴越來越多」，2017 年更指出「夥伴關係已成為中國外交的重要

4　陳志敏，〈夥伴戰略：世紀之交中國的現實理想主義外交戰略〉，《太平洋學報》，第 3 期（1999），頁 12-20。另可參見王巧榮，〈論 20 世紀 90 年代中國的夥伴關係外交〉，《形勢與政策》，第 2 期（2006），頁 53-59；門洪華、劉笑陽，〈中國夥伴關係戰略評估與展望〉，《世界經濟與政治》，第 2 期（2015），頁 65-95；孫學峰、丁魯，〈夥伴國類型與中國夥伴關係升級〉，《世界經濟與政治》，第 2 期（2017），頁 54-76。
5　金正昆，〈夥伴戰略：中國外交的理性選擇〉，《教學與研究》，第 7 期（2000），頁 43-48。

標誌」，其政策象徵意義可想而知。

在表 8.2 中，我們首先將主要根據時間順序，列舉了自 1990 年代初期以來中國所締結（或宣稱）過的對外夥伴關係，至於表 8.3 則試圖透過這些夥伴關係的對象、所處區域、對象的國際位階，以及關係本質做更深入的分類，目的是希望能釐清這些林林總總既類似又存在差異之關係間，究竟有著何種的政策意義與暗示。

貳 夥伴外交的發展與分類

截至 2019 年為止，中國共與 180 個國家建立了外交關係，其中有 100 個國家與中國發展著稱謂不定的「夥伴關係」，[6] 約占其邦交國總數的 55.6% 左右，倘若再對比 75% 以上有過高層出訪比例的資料（參見第二章），當可發現中國處理對外關係中的兩個潛在原則：

（一）層次求實性

亦即根據雙邊關係實際情況來定位彼此互動準則，這一定程度地反映了中國傳統上「同心圓式」的國際觀，只不過差異在於，過去的層次感同時意涵著地緣上的親疏意義，目前則更加重視權力地位之相對性。至於中國對其邦交國的態度，也可由此分成「建交但無高層出訪紀錄」（約占建交國家總數 25%）、「有高層出訪紀錄但未建立夥伴關係」（約占總數 20%）、「存在較鬆散夥伴關係」（約占總數 13%）與「存在較緊密夥伴關係」（約占總數 42%）等 4 大類。

（二）特殊平衡性

值得注意的是，此處所謂平衡並非是「權力」平衡，而是目的各

6　此處數字係根據作者自行統計結果，不代表中國官方立場；例如外長王毅雖曾表示，中國截至 2016 年底共與 97 個國家與國際組織締結夥伴關係，但對其內容並無佐證資料。

自突顯特殊性（關係）的平衡感，至於其具體表現則顯示在多數國家與中國所構建的夥伴關係稱呼都不盡相同的現象上。

表 8.2　中國迄今所建立與宣稱過的夥伴關係

時間	對象	關係名稱
1993	巴西	長期、穩定、互利的戰略夥伴關係
1994	俄羅斯	建設性夥伴關係
1996	俄羅斯	平等與信任面向 21 世紀的戰略協作夥伴關係
	印度	面向 21 世紀的建設性夥伴關係
	巴基斯坦	面向 21 世紀的全面合作夥伴關係
1997	美國	建設性戰略夥伴關係
	法國	長期全面夥伴關係
	加拿大	跨世紀的全面友好合作夥伴關係
	墨西哥	跨世紀全面合作夥伴關係
	東協	面向 21 世紀的睦鄰互信夥伴關係
1998	英國	全面夥伴關係
	日本	和平與發展友好合作夥伴關係
	歐盟	全面夥伴關係
	南韓	合作夥伴關係
1999	埃及	面向 21 世紀的戰略合作關係
2000	南非	夥伴關係
	塔吉克	面向 21 世紀睦鄰友好合作關係
2001	阿根廷	面向 21 世紀全面合作夥伴關係
	美國	建設性合作關係
	委內瑞拉	共同發展的戰略夥伴關係
2003	墨西哥	戰略夥伴關係
	蒙古	睦鄰互信夥伴關係
	南韓	全面合作夥伴關係
	東協	面向和平與繁榮的戰略夥伴關係
	澳大利亞	長期戰略經濟夥伴關係
	紐西蘭	全面合作關係

表 8.2　中國迄今所建立與宣稱過的夥伴關係　（續）

時間	對象	關係名稱
	歐盟	全面戰略夥伴關係
	衣索比亞	全面合作夥伴關係
2004	法國	全面戰略夥伴關係
	德國	具全球責任的夥伴關係
	英國	全面戰略夥伴關係
	義大利	全面戰略夥伴關係
	羅馬尼亞	全面友好合作夥伴關係
	波蘭	友好合作夥伴關係
	匈牙利	友好合作夥伴關係
	巴基斯坦	全天候合作夥伴關係
	智利	全面合作夥伴關係
	阿根廷	戰略夥伴關係
2005	秘魯	全面合作夥伴關係
	牙買加	共同發展的友好夥伴關係
	千里達	互利發展的合作友好關係
	印尼	戰略夥伴關係
	菲律賓	致力於和平與發展的戰略合作關係
	孟加拉	長期友好、平等互利的全面合作夥伴關係
	印度	面向和平與富庶的戰略合作夥伴關係
	巴基斯坦	更緊密的戰略合作夥伴關係
	斯里蘭卡	真誠互助、世代友好的全面合作夥伴關係
	克羅埃西亞	全面合作夥伴關係
	哈薩克	戰略夥伴關係
	烏茲別克	友好合作夥伴關係
	加拿大	戰略夥伴關係
	亞非國家	新型戰略夥伴關係
	葡萄牙	戰略夥伴關係
	西班牙	全面戰略夥伴關係
2006	希臘	全面戰略夥伴關係
	太平洋島國	經貿合作夥伴關係

表 8.2　中國迄今所建立與宣稱過的夥伴關係　（續）

時間	對象	關係名稱
	斐濟	相互尊重相互信任的緊密夥伴關係
	奈及利亞	戰略夥伴關係
	菲律賓	經貿合作夥伴關係
	南非	戰略夥伴關係
	非洲國家	新型戰略夥伴關係
	保加利亞	全面合作夥伴關係
	沙烏地阿拉伯	戰略性合作關係
2008	阿拉伯國家	面向和平和可持續發展的新型夥伴關係
	秘魯	戰略夥伴關係
	南韓	戰略合作夥伴關係
	日本	戰略互惠關係
	越南	全面戰略合作夥伴關係
	丹麥	全面戰略夥伴關係
2009	美國	應對共同挑戰的夥伴關係
	塞爾維亞	戰略夥伴關係
	寮國	全面戰略合作夥伴關係
2010	阿拉伯國家	全面合作共同發展的戰略合作關係
	土耳其	戰略合作關係
	烏克蘭	戰略夥伴關係
	安哥拉	戰略夥伴關係
	柬埔寨	全面戰略合作夥伴關係
	阿富汗	睦鄰互信、世代友好的全面合作夥伴關係
2011	美國	相互尊重、互利共贏的合作夥伴關係
	哈薩克	全面戰略夥伴關係
	緬甸	全面戰略合作夥伴關係
2012	阿拉伯聯合大公國	戰略夥伴關係
	泰國	全面戰略合作夥伴關係
	烏茲別克	戰略夥伴關係
	阿富汗	戰略合作夥伴關係
	愛爾蘭	互惠戰略夥伴關係

表 8.2　中國迄今所建立與宣稱過的夥伴關係　（續）

時間	對象	關係名稱
	巴西	全面戰略夥伴關係
	智利	戰略夥伴關係
2013	剛果	團結互助的全面合作夥伴關係
	坦尚尼亞	互利共贏的全面合作夥伴關係
	墨西哥	全面戰略夥伴關係
	秘魯	全面戰略夥伴關係
	俄羅斯	合作共贏、深化全面戰略協作夥伴關係
	白俄羅斯	全面戰略夥伴關係
	塔吉克	戰略夥伴關係
	土庫曼	戰略夥伴關係
	吉爾吉斯	戰略夥伴關係
	印尼	全面戰略夥伴關係
	馬來西亞	全面戰略夥伴關係
2014	保加利亞	全面友好合作夥伴關係
	塞內加爾	長期友好合作夥伴關係
	阿爾及利亞	全面戰略夥伴關係
	荷蘭	開放務實的全面合作夥伴關係
	德國	全方位戰略夥伴關係
	比利時	全方位友好合作夥伴關係
	歐盟	深化互利共贏的全面戰略夥伴關係
	馬爾地夫	面向未來的全面友好合作夥伴關係
	拉丁美洲	平等互利、共同發展的全面合作夥伴關係
	委內瑞拉	全面戰略夥伴關係
	阿根廷	全面戰略夥伴關係
	蒙古	全面戰略夥伴關係
	卡達	戰略夥伴關係
	東帝汶	陸鄰友好、互信互利的全面合作夥伴關係
	太平洋島國	相互尊重、共同發展的戰略夥伴關係
	萬那杜	相互尊重、共同發展的戰略夥伴關係
	澳大利亞	全面戰略夥伴關係

表 8.2 中國迄今所建立與宣稱過的夥伴關係 （續）

時間	對象	關係名稱
	紐西蘭	全面戰略夥伴關係
	南非	政治互信、經濟互利、人文互鑑、安全互助的全面戰略夥伴關係
	埃及	全面戰略夥伴關係
2015	巴基斯坦	全天候戰略合作夥伴關係
	約旦	戰略夥伴關係
	蘇丹	戰略夥伴關係
	英國	面向 21 世紀全球全面戰略夥伴關係
	新加坡	與時俱進的全方位合作夥伴關係
	厄瓜多	戰略夥伴關係
	哥斯大黎加	戰略夥伴關係
	非洲國家	全面戰略合作夥伴關係
	赤道幾內亞	平等互信、合作共贏的全面合作夥伴關係
	賴比瑞亞	全面合作夥伴關係
	伊拉克	戰略夥伴關係
2016	沙烏地阿拉伯	全面戰略夥伴關係
	伊朗	全面戰略夥伴關係
	捷克	戰略夥伴關係
	瑞士	創新戰略夥伴關係
	莫三比克	全面戰略合作夥伴關係
	烏茲別克	全面戰略夥伴關係
	白俄羅斯	相互信任、合作共贏的全面戰略夥伴關係
	烏克蘭	全面戰略夥伴關係
	塞爾維亞	全面戰略夥伴關係
	波蘭	全面戰略夥伴關係
	孟加拉	戰略合作夥伴關係
	烏拉圭	戰略夥伴歸系
	智利	全面戰略夥伴關係
	厄瓜多	全面戰略夥伴關係
	摩洛哥	戰略夥伴關係

表 8.2　中國迄今所建立與宣稱過的夥伴關係　（續）

時間	對象	關係名稱
	獅子山國	全面戰略合作夥伴關係
	加彭	全面合作夥伴關係
2017	芬蘭	面向未來的新型合作夥伴關係
	以色列	創新全面夥伴關係
	肯亞	全面戰略合作夥伴關係
2018	太平洋島國	相互尊重、共同發展的全面戰略夥伴關係
	玻利維亞	戰略夥伴關係
	巴布亞紐幾內亞	相互尊重、共同發展的全面戰略夥伴關係
	奧地利	友好戰略夥伴關係
	菲律賓	全面戰略合作夥伴關係
	阿拉伯聯合大公國	全面戰略合作夥伴關係
	阿曼	戰略夥伴關係
	科威特	戰略夥伴關係
	汶萊	戰略合作夥伴關係
	納米比亞	全面戰略合作夥伴關係
	辛巴威	全面戰略合作夥伴關係
2019	尼泊爾	面向發展與繁榮的世代友好的戰略合作夥伴關係
	蘇利南	戰略合作夥伴關係
	烏干達	全面合作夥伴關係
	俄羅斯	新時代全面戰略協作夥伴關係

其次，表 8.2 也透露出 3 個「時間點」的問題：

（一）1993 年美國推出對中國交往戰略之影響

1990 年代以來，中國雖繼續受天安門事件陰影與「韜光養晦」原則的制約，但仍選擇開展此種新型外交模式的原因，或許是在歷經十餘年經濟改革開放後，確實累積出邁向第二階段大國外交目標的能量，至於美國 Clinton 政府在 1993-94 年間推動對中國「交往」戰略

的結果，亦不啻讓它取得脫離孤立的契機。

（二）2003 年美國發動伊拉克戰爭後身陷泥沼

在全球輿論壓力下，美國仍執意發動戰爭的結果，不僅使其自陷中東泥沼並嚴重戕害自身威望，相對地也讓中國的夥伴外交攻勢在2003-06 年間達到第一波高潮。

（三）2008 年全球金融海嘯之餘波盪漾

在全球金融海嘯重創傳統世界體系核心（美國與西歐）的同時，相對地也讓中國（包括其他 BRICS 國家）取得挑戰潛力與更大的外交開展空間，從而使其夥伴外交攻勢自 2010 年起逐步攀向第二波高峰，尤其是 2013-14 年間。

至於表 8.3（C 項）中則繼續突顯出 2 個「對象性質」特徵：

（一）從與中國締結夥伴關係的國家看來，基本上都屬於國際權力結構中上層的國家（除瑞典、挪威、奧地利等 3 個具「中立性」外交傳統者，已涵蓋所有參與 G20 高峰會成員），而且有從金字塔頂層往中等國家挪動的跡象，由此當可發現，所謂「夥伴外交」對中國「大國外交」政策所發揮的支撐性作用。

（二）從中國締結夥伴關係對象之所屬區域看來，若排除位於北非的埃及與作為北約成員的土耳其，2010 年前一度明顯獨缺了中東地區國家，背後原因或許與美國在此地區擁有巨大利益，中國暫時對美國也繼續維持「韜光養晦，鬥而不破」的政策原則有關；相對地，隨著中國派出中東特使介入斡旋，美國自 2011年後漸露撤退跡象後，中國在此地區發展夥伴關係活動也跟著有所升溫。

表 8.3　中國所建立夥伴關係之類型分析

類別	數量	夥伴對象
A. 根據是否為國家單位		
主權國家	100	略
國際組織	2	東協、歐盟
特定區域	5	亞非國家、太平洋島國、非洲國家、阿拉伯國家、拉丁美洲
B. 根據夥伴對象國家所處區域		
北美洲	2	美國、加拿大
拉丁美洲	13	巴西、墨西哥、委內瑞拉、阿根廷、智利、秘魯、牙買加、千里達、厄瓜多、哥斯大黎加、烏拉圭、玻利維亞、蘇利南
西歐	12	法國、英國、德國、義大利、葡萄牙、西班牙、丹麥、愛爾蘭、荷蘭、比利時、芬蘭、瑞士
東歐	12	俄羅斯、羅馬尼亞、波蘭、匈牙利、克羅埃西亞、希臘、塞爾維亞、保加利亞、烏克蘭、白俄羅斯、捷克、奧地利
東亞	14	日本、南韓、蒙古、印尼、菲律賓、寮國、越南、柬埔寨、泰國、馬來西亞、緬甸、東帝汶、新加坡、汶萊
南亞	6	印度、巴基斯坦、孟加拉、斯里蘭卡、馬爾地夫、尼泊爾
中亞	6	哈薩克、烏茲別克、塔吉克、土庫曼、阿富汗、吉爾吉斯
西亞	10	土耳其、沙烏地阿拉伯、阿拉伯聯合大公國、卡達、約旦、伊朗、伊拉克、以色列、阿曼、科威特
非洲	20	埃及、南非、衣索比亞、奈及利亞、安哥拉、剛果、坦尚尼亞、塞內加爾、阿爾及利亞、加彭、蘇丹、莫三比克、摩洛哥、赤道幾內亞、辛巴威、獅子山國、納米比亞、肯亞、賴比瑞亞、烏干達
大洋洲	5	澳大利亞、斐濟、紐西蘭、萬那杜、巴布亞紐幾內亞
C. 根據夥伴對象國家擁有之權力地位		
主要大國	7	俄羅斯、美國、法國、英國、日本、德國、義大利
潛在大國（G20）	11	加拿大、巴西、印度、澳大利亞、墨西哥、南韓、土耳其、印尼、阿根廷、南非、西班牙

表 8.3　中國所建立夥伴關係之類型分析　（續）

類別	數量	夥伴對象
中等國家	24	巴基斯坦、埃及、委內瑞拉、葡萄牙、奈及利亞、沙烏地阿拉伯、烏克蘭、泰國、馬來西亞、哈薩克、紐西蘭、新加坡、伊朗、芬蘭、伊拉克、瑞士、波蘭、比利時、荷蘭、阿拉伯聯合大公國、以色列、奧地利、丹麥、愛爾蘭
其他國家	58	略
D. 根據夥伴關係的性質		
一般性夥伴	13	衣索比亞、匈牙利、牙買加、千里達、斯里蘭卡、克羅埃西亞、斐濟、剛果、坦尚尼亞、東帝汶、賴比瑞亞、加彭、烏干達
進階性夥伴	11	羅馬尼亞、美國、保加利亞、塞內加爾、荷蘭、比利時、馬爾地夫、新加坡、赤道幾內亞、芬蘭、以色列
關鍵性夥伴	31	印度、加拿大、葡萄牙、奈及利亞、南韓、日本、土耳其、安哥拉、阿富汗、愛爾蘭、塔吉克、土庫曼、吉爾吉斯、卡達、萬那杜、約旦、蘇丹、哥斯大黎加、伊拉克、捷克、瑞士、烏拉圭、摩洛哥、玻利維亞、奧地利、阿曼、科威特、汶萊、尼泊爾、蘇利南、孟加拉
核心性夥伴	45	義大利、西班牙、希臘、菲律賓、越南、丹麥、寮國、柬埔寨、哈薩克、緬甸、泰國、巴西、墨西哥、秘魯、印尼、馬來西亞、阿爾及利亞、德國、委內瑞拉、阿根廷、蒙古、澳大利亞、紐西蘭、南非、埃及、巴基斯坦、英國、法國、阿拉伯聯合大公國、沙烏地阿拉伯、伊朗、莫三比克、烏茲別克、白俄羅斯、烏克蘭、波蘭、塞爾維亞、智利、厄瓜多、獅子山國、肯亞、巴布亞紐幾內亞、納米比亞、辛巴威、俄羅斯

參　夥伴關係的語意學問題

　　一般來說，國家在對外關係中的相對地位既取決於其整體實力，而國家間關係的「稱謂」則反映出國家間博弈的層次以及在彼此對外

政策目標中的比重，同時亦可看出兩國關係穩定程度、信任程度和合作領域的不同，以及在國際事務中結成聯盟的可能性。過去，此種稱謂上的差異主要根據《外交領事公約》規範的各種外交使節層級（大使、公使與代辦），但中國似乎提供了某種新模式，亦即隱性地由夥伴關係名稱來加以暗示。

表 8.4　中國夥伴關係對象稱謂變化

對象國	名稱變化
巴西	1993 戰略夥伴關係→ 2012 全面戰略夥伴關係
俄羅斯	1994 建設性夥伴關係→ 1996 平等與信任、面向 21 世紀的戰略協作夥伴關係→ 2013 合作共贏、深化全面戰略協作夥伴關係→ 2019 新時代全面戰略協作夥伴關係
印度	1996 面向 21 世紀建設性夥伴關係→ 2005 面向和平與富庶的戰略合作夥伴關係
巴基斯坦	1996 面向 21 世紀全面合作夥伴關係→ 2004 全天候合作夥伴關係→ 2005 更緊密的戰略合作夥伴關係→ 2015 全天候戰略合作夥伴關係
美國	1997 建設性戰略夥伴關係→ 2001 建設性合作關係→ 2009 應對共同挑戰的夥伴關係→ 2011 相互尊重互利共贏的合作夥伴關係
法國	1997 長期全面夥伴關係→ 2004 全面戰略夥伴關係
加拿大	1997 跨世紀的全面友好合作夥伴關係→ 2005 戰略夥伴關係
墨西哥	1997 跨世紀全面合作夥伴關係→ 2003 戰略夥伴關係→ 2013 全面戰略夥伴關係
東協	1997 面向 21 世紀的睦鄰互信夥伴關係→ 2003 面向和平與繁榮的戰略夥伴關係
英國	1998 全面夥伴關係→ 2004 全面戰略夥伴關係→ 2015 面向 21 世紀全球全面戰略夥伴關係
歐盟	1998 全面夥伴關係→ 2003 全面戰略夥伴關係→ 2014 深化互利共贏的全面戰略夥伴關係
南韓	1998 面向 21 世紀的合作夥伴關係→ 2003 全面合作夥伴關係→ 2008 戰略合作夥伴關係
日本	1998 和平與發展友好合作夥伴關係→ 2008 戰略互惠關係
埃及	1999 面向 21 世紀的戰略合作關係→ 2014 全面戰略夥伴關係

表 8.4　中國夥伴關係對象稱謂變化　（續）

對象國	名稱變化
南非	2000 夥伴關係→ 2006 戰略夥伴關係→ 2014 政治互信、經濟互利、人文互鑑、安全互助的全面戰略夥伴關係
塔吉克	2000 面向 21 世紀睦鄰友好合作關係→ 2013 戰略夥伴關係
阿根廷	2001 面向 21 世界全面合作夥伴關係→ 2004 戰略夥伴關係→ 2014 全面戰略夥伴關係
委內瑞拉	2001 共同發展的戰略夥伴關係→ 2014 全面戰略夥伴關係
澳大利亞	2003 長期戰略經濟夥伴關係→ 2014 全面戰略夥伴關係
紐西蘭	2003 全面合作關係→ 2014 全面戰略夥伴關係
蒙古	2003 睦鄰互信夥伴關係→ 2014 全面戰略夥伴關係
智利	2004 全面合作夥伴關係→ 2012 戰略夥伴關係→ 2016 全面戰略夥伴關係
德國	2004 具全球責任的夥伴關係→ 2014 全方位戰略夥伴關係
沙烏地阿拉伯	2004 戰略性合作關係→ 2016 全面戰略夥伴關係
波蘭	2004 合作友好夥伴關係→ 2016 全面戰略夥伴關係
菲律賓	2005 致力於和平與發展的戰略合作關係→ 2006 經貿合作夥伴關係
秘魯	2005 全面合作夥伴關係→ 2008 戰略夥伴關係→ 2013 全面戰略夥伴關係
印尼	2005 戰略夥伴關係→ 2013 全面戰略夥伴關係
哈薩克	2005 戰略夥伴關係→ 2011 全面戰略夥伴關係
烏茲別克	2005 友好合作夥伴關係→ 2012 戰略夥伴關係→ 2016 全面戰略夥伴關係
孟加拉	2005 長期友好、平等互利的全面合作夥伴關係→ 2016 戰略合作夥伴關係
保加利亞	2006 全面合作夥伴關係→ 2014 全面友好合作夥伴關係
太平洋島國	2006 經貿合作夥伴關係→ 2014 相互尊重、共同發展的戰略夥伴關係→ 2018 相互尊重、共同發展的全面戰略夥伴關係
非洲國家	2006 新型戰略夥伴關係→ 2015 全面戰略合作夥伴關係
阿拉伯國家	2008 面向和平和可持續發展的新型夥伴關係→ 2010 全面合作共同發展的戰略合作關係
塞爾維亞	2009 戰略夥伴關係→ 2016 全面戰略夥伴關係
阿富汗	2010 睦鄰互信、世代友好的全面合作夥伴關係→ 2012 戰略合作夥伴關係
烏克蘭	2010 戰略夥伴關係→ 2016 全面戰略夥伴關係
阿聯酋	2012 戰略夥伴關係→ 2018 全面戰略夥伴關係
白俄羅斯	2013 全面戰略夥伴關係→ 2016 相互信任、合作共贏的全面戰略夥伴關係
厄瓜多	2015 戰略夥伴關係→ 2016 全面戰略夥伴關係

　　儘管因中國領導者經常在不同場合中「隨興」描述某些雙邊關係，致使追蹤其間變化並不容易，正如表 8.4 所示，中國與其建構夥伴關係對象國家之間的關係稱謂並非一成不變，例如有 37 個國家、2 個區域組織（東協與歐盟）以及 3 群區域（太平洋島國、非洲國家、阿拉伯國家）與中國夥伴關係的稱謂便曾以「升級」或「深化」爲由進行過調整。如同表 8.3 的 D 項中根據夥伴關係性質所做的區隔一般，其重點在於暗示這些稱謂之間或許存在著某種「進階性」關聯，由此可歸納爲以下 4 類（括號內是該類關係常用的修飾形容詞）：

1. 一般性夥伴（睦鄰、全面、合作）；
2. 進階性夥伴（建設性、全面友好合作）；
3. 關鍵性夥伴（戰略、戰略合作）；
4. 核心性夥伴（全面戰略）。

　　進一步來說，中國夥伴外交之「進階特徵」有以下幾點：

（一）前述三類關係的設定明顯呈現依次遞增的態勢

　　目前陸續有近半數與中國締結夥伴關係的國家都升級到第四階段中。

（二）正如前述，與中國締結夥伴關係者基本上都屬於國際權力結構中上層以上的國家

　　如果跟第二章表 2.6 對比的話，亦可發現這些國家同時也是中國高層出訪頻率較高的大國與區域代表國家。

（三）相對於其他所有國家夥伴稱謂基本上都朝向升級方向變遷，美國不啻是其中最特殊的國家

　　中國與美國在 1997 年推動的「建設性戰略夥伴關係」在 2001 年

反倒降為「建設性合作關係」；這或與 Bush 總統上台初期將中國從「戰略夥伴」轉往「戰略競爭者」設定有直接關聯。儘管如此，在美國面臨全球金融海嘯的挑戰下，中美兩國也接連在 2009 年與 2011 年發表建立「應對共同挑戰的夥伴關係」與「相互尊重、互利共贏的合作夥伴關係」等宣示，暗示雙邊互動產生某種質變發展。除此之外，繼 2005 年與菲律賓建立「致力於和平與發展的戰略合作關係」後，雙方又在 2006 年發表建立「經貿合作夥伴關係」聯合宣言，從前述語意學定義來看似乎有降格意味，但雙方並沒有明顯衝突點存在；由此亦反映出從語意進行分類觀察的困境。

（四）少數國家曾兩次以上轉換稱謂，顯示與中國關係匪淺

　　包括俄羅斯、巴基斯坦、南韓與墨西哥都屬此類，亦可一窺其關係升溫現象。

（五）日本是唯一與中國長期互動低迷的大國

　　與中國在 1998 年建立「和平與發展友好合作夥伴關係」的日本，是唯一與中國維持在相對低階關係的大國，這反映出雙方近年來長期低迷的雙邊關係，後續發展值得觀察。儘管在日本一度於 2006-08 年陷入政局動盪，以致雙方在 2008 年有所突破而升至「戰略互惠關係」，但去除「夥伴」一詞仍值得注意。

（六）全面戰略夥伴關係之深化

　　根據表 8.2 統計內容顯示，與最近 20 年發展經驗相較，自 2012-13 年習近平正式接班後，將夥伴關係升級至第四階段之頻率顯然大幅提高，或暗示中國外交確有轉趨積極之跡象。

（七）存在少數夥伴關係之外溢性使用案例

例如一個較特殊且並未列舉於前述表格的是由中國國家環保總局、歐盟委員會、聯合國發展計畫署三方，在2005年透過簽署「中國─歐盟生物多樣性專案」合作協定，宣稱在中國生物多樣性保護領域建立戰略夥伴關係；這也是外溢性使用之例外個案。

無論如何，中國自1990年代以來推動的新型「夥伴外交」模式，不僅為中國自己開啟一條新的對外關係道路，成為我們觀察中國新時期外交政策演進的指標之一；誠如表8.5所示，此種新模式在2000年後也逐漸被若干其他國家所模仿，從而形成某種「話語模式」之擴散現象。

表8.5　其他主要國家夥伴外交發展概況

國家	主要發展
美國	2002 與喬治亞建立夥伴關係（2008 升級為戰略夥伴關係） 2004 與烏茲別克建立軍事夥伴關係 2005 與印度建立夥伴關係並與阿富汗建立戰略夥伴關係 2006 與東協建立夥伴關係、與塔吉克強化夥伴關係 2008 與烏克蘭建立戰略夥伴關係 2010 與印尼建立全面夥伴關係（2015 升級為關鍵戰略夥伴關係）、與紐西蘭建立新型戰略夥伴關係、與越南建立戰略夥伴關係（2013 升級為全面夥伴關係） 2013 與巴基斯坦重建全面夥伴關係 2014 與馬來西亞建立全面夥伴關係 2019 與印度擴大 21 世紀國防夥伴關係，與蒙古提升為戰略夥伴關係
俄羅斯	2000 與印度建立戰略夥伴關係 2001 與越南、阿爾及利亞建立戰略夥伴關係 2002 與巴西建立戰略夥伴關係 2003 與匈牙利發展戰略夥伴關係並與英國建立夥伴關係 2006 與哈薩克強化戰略夥伴關係 2007 與義大利強化策略夥伴關係、與巴西建立太空合作夥伴關係 2009 與古巴、蒙古、厄瓜多建立戰略夥伴關係 2013 與塞爾維亞建立戰略夥伴關係、與斯洛維尼亞、亞美尼亞加強戰略夥伴關係 2014 與哈薩克建立航天夥伴關係、與芬蘭建立核子戰略夥伴關係

表 8.5　其他主要國家夥伴外交發展概況　（續）

國家	主要發展
日本	2000 與印度建立全球性夥伴關係（2014 升級為特殊全球戰略夥伴關係） 2001 與菲律賓加強戰略夥伴關係 2002 與東協建立經濟夥伴關係（2005 升級為戰略夥伴關係） 2003 與俄羅斯建立建設性夥伴關係 2004 與蒙古確立全面夥伴關係（2010 升級為戰略夥伴關係） 2009 與南韓發展成熟夥伴關係 2013 推動與越南戰略夥伴關係 2014 與巴西建立國際戰略夥伴關係 2015 與馬來西亞建立戰略夥伴關係
德國	2005 與美國發展平等夥伴關係 2006 與土耳其建立新能源戰略夥伴關係 2008 與蒙古發展全面夥伴關係 2012 加強與印尼夥伴關係
歐盟	1995 啓動地中海夥伴關係計畫（巴塞隆納進程） 1997 與俄羅斯建立合作夥伴關係（2000 升級為戰略夥伴關係） 1999 宣稱與拉丁美洲建立戰略夥伴關係 2004 與印度建立戰略夥伴關係 2006 與鄰近 50 餘國召開內政安全合作部長級會議表達為因應新世紀安全挑戰而發展「安全夥伴關係」的共同願望 2007 與利比亞建立全面合作夥伴關係、與非洲、巴西建立戰略夥伴關係 2008 與墨西哥既鏈戰略夥伴關係 2009 啓動與歐亞 6 國（烏克蘭、白俄羅斯、喬治亞、亞美尼亞、摩爾多瓦、亞塞拜然）的東方夥伴關係計畫，與印尼簽署夥伴關係協議 2010 與喀麥隆建立自願夥伴關係、與東協建立全面政治夥伴關係、與韓國建立戰略夥伴關係

　　值得注意的是，首先，從各國迄今推動建立的夥伴關係中，不但可窺見其戰略布局意圖（例如美國將其用來強化自己在中亞地區的戰略影響力，而日本則企圖藉此在大東亞地區蘊積與中國爭霸的能量等），也可看出部分國家（例如印度）戰略地位之顯著提升；其次，其他國家所建立的夥伴關係似乎也隱含著與中國不同之「進階」意味，例如美國（夥伴關係、戰略夥伴關係、全面夥伴關係）；最後，這些夥伴關係與中國其實「名（形）同而質異」，換句話說，相較於

中國所建構的是某種「非傳統同盟」，其他國家則不過推動一種離傳統不遠的「軟性同盟」罷了。

第三節　公共外交：對外關係中的人民角色
Public Diplomacy: People's Role in Foreign Relations

隨著中國在 1998 年允許現場直播美國總統 Clinton 訪華記者招待會與在北京大學的演講，主管外交工作的前國務院副總理錢其琛在 2003 年卸任後立即出版回憶錄《外交十記》，披露若干重大外交活動幕後發展，同年，中國外交部部長李肇星首度透過網路與民眾進行線上交流（約 2.7 萬名網友參與），以及中國外交部在 2004 年對外開放近萬份中共建政以來的機密檔案等，這些動作既一定程度地顯示出中國外交作風日漸開放的趨勢，直接回應主要國家對其決策透明度的質疑，同時暗示了「人民」在外交過程中角色之浮現。事實上，正如美國在第一次大戰後對於「秘密外交」的攻擊，目的便是希望扭轉甚至改正過去過度傾向少數秘密決策的外交傳統，儘管終究收效不大，隨著全球化進程的加快，在國際事務也隱約出現了「傳統外交」與「公共外交」齊頭並進的新趨勢；進一步來說，所謂傳統外交是指處理政治家和外交官通過正統管道進行互動活動的關係，公共外交則指各種力圖影響公眾態度，並進而影響對方政府外交決策的做法，通常被用於傳統外交難以奏效或不易取得預期效果的領域，例如有越來越多國家開始注意到用傳播技巧來支撐國家利益目標，以此彌補傳統外交的不足等。

🔖 新觀念的提出與發展

　　所謂公共外交（public diplomacy）一詞最早由美國學者 Edmund Gullion 在 1965 年提出，[7] 主要是用來指涉在一國外交政策形成及執行時，如何影響大眾態度進而達成外交目標的動作；進言之，此外交行為是由政府所推動，透過資訊和文化項目交流，目標在於影響其他國家民眾對本國看法和理念的一種外交形式，其中包括了設法形塑他國民意輿論、本國與他國民間團體互動、如何被國際社會報導與理解、跨國文化交流等，藉由瞭解、告知及影響國外大眾，並擴大本國公民及組織與其國外間的對話，藉此提升本國的國家利益；簡單來說，亦即在爭取其他國家與國際社會的「民心」。據此，不同於以人民為行為主體的「民間外交」（civil diplomacy），公共外交則是以人民為受體，目的在其他國家進行本國之形象塑造。

　　至於美國則是迄今世界上推行公共外交經驗最豐富的國家，早在 1953 年便設立了美國新聞署（United States Information Agency, USIA），將公共外交提升為冷戰時期國家外交戰略重要組成部分，包括遍布全球的美國新聞處（USIS）與美國之音（VOA）乃是主要工作單位，目的是「講好美國故事」，向世界推銷美國設定好的民主與開放形象。在冷戰結束以致喪失正當性之後，USIA 最終在 1999 年被裁撤並轉移工作給廣播理事會下屬的美國國際媒體署（USAGM），但美國政府隨即在國務院增設「公共外交和公共事務次卿」，專門負責對外教育與文化交流、公共事務以及國際資訊項目，英國也跟著在 2002 年設立一個「公共外交戰略管理委員會」，由來自政府、媒體、

7　See "What is Public Diplomacy?" Public Diplomacy Alumni Association Website; http://www.publicdiplomacy.org/1.htm

文化、旅遊部門和獨立外交分析人士的代表組成，負責根據英國戰略利益評估和指導英國的公共外交戰略，這些都充分顯示公共外交受重視的程度。

進言之，除了主動「講述」之外，公共外交專家們給美國開出的另一個藥方是「聆聽」，亦即讓自己變成一個更好的聽眾，去多聽美國以外的意見。例如 Bill Smullen 便提醒：「想加強美國的公共外交力道，就是得走出去和外國民眾接觸並交換彼此的看法，讓外國人感覺到美國願意向他們學習並傾聽其觀點。」爲回應此類建議，美國的對外公關戰略在 2007 年悄然轉向民間，例如國務卿 Rice 便於國務院首屆「民間機構公共外交高峰會」上宣布將創建一個年度大獎，獎勵在海外推廣美國形象的民營公司、學術團體和非營利性組織，以便更積極主動地樹立美國的「好形象」。

跡象顯示，中國似乎正學習此種所謂「公共外交」的行爲模式；但與前述將公共外交定義爲「對其他國家人民推廣形象」不同，此種外交途徑在中國的實踐首先顯現出某種「內向性」特徵，換言之，爭取中國一般民眾對於國家外交政策的理解與支持，成爲其公共外交的第一個著力點。至於原因，或許是過去中國長期處於對內與對外的雙重封閉狀態，一方面人民長期以來國際交流不足，甚至因迄今繼續「堅持共產黨專政」的政治結果，民眾在參政機會受限的情況下既不容易接觸到政策訊息，更別說作爲國家政策對外的宣傳管道與窗口；換言之，中國必須先消化過去外交神秘時代沉澱下來的負面經驗，改變若干無法因應全球化時代的思維與行爲模式，藉由提供更多資訊，以便讓民眾更穩定且廣泛地支持政府的外交作爲，這也是其公共外交工作首先呈現內向特徵的緣故。

大體來說，前述內向性公共外交作爲包括以下 5 項：

（一）進行巡迴國際形勢報告

為解決此困境，以凝聚未來中國人民對於公共外交途徑的貢獻度，自 2003 年起，中國外交部首先開始到全國各地進行國際形勢報告，讓一般民眾具備國際觀與相關外交政策知識。

（二）推動面對面直接溝通

中國政府甚至邀請了一批普通公眾走進外交部參觀，並與有關首長面對面進行交流。

（三）建構新的政策負責單位

中國外交部在 2004 年於該部新聞司內設立一個稱為「公眾外交處」的新單位，就如何開展公共外交問題，邀請中共中央宣傳部、國務院新聞辦公室及若干學術單位研討，並於 2010 年進一步升格為「公共外交辦公室」，同年外交部也成立「公共外交諮詢委員會」，由資深外交官和專家學者組成，目的向國內外公眾闡釋本國外交政策和發展理念。除此之外，也設立「公眾開放日」以便機制化且定期地讓一般民眾能走進外交部與外交官直接接觸，親身體會外交工作，瞭解國家的對外政策目標。

（四）落實網路化建制工程

自 1987 年開放收發電子郵件後，北京自 2001 年起啟動「政府上網工程」計畫，對增加決策透明度以及拉近人民與政府距離可說大有助益，例如外交部官方網站每年點閱率便高達數億人次，乃是奠定公眾外交基礎的重要管道之一，2018 年開通外交部發言人「微信公眾號」後，中國外交部進一步在 2019 年 10 月註冊推特並自 12 月開始發布英文推文，帳號個人簡介「關注我們來認識中國外交」，目的相當明顯。

（五）推動外交檔案解密

自 2004 年起，中國外交部開始解密部分外交檔案，在 2006 年公開第二批 1956-60 年間解密檔案後，2008 年繼續解密第三批 1961-65 年檔案。值得注意的是，儘管此舉確實有助於決策透明化，但因外交部解密檔案有 4 個原則：「凡影響國家利益，特別是安全利益的檔案不開放；凡影響中國與其他國家關係的檔案不開放；凡涉及個人隱私的檔案不開放；凡影響民族團結的檔案不開放」，因此幅度依舊有限，例如第二次所公布的機密檔案便僅占全數 60% 左右。

無論如何，金燦榮仍認為，中國目前的公共外交活動呈現出四大特點：首先是隨著中國與外部世界聯繫與範圍的加深加大，外交部為一般人民所提供的服務明顯增多，其著力點已從純粹處理政府間事務轉為增大對百姓利益的維護；其次，隨著中國越來越開放，民眾也開始更多地關注外交事務，甚至到外交部官方網站上的「中國外交論壇」進行討論；第三，中國外交的透明度進一步增加，例如在 SARS 期間便每天公布各國對中國航班與入境等方面的資訊；最後則是相較過去傾向非制度化、人為的中國社會，高層往往不經廣泛討論就做出決策，如今則法制化程度的提升也有助於其可預測性。儘管如此，由於外交系統人員仍不熟悉如何與大眾媒體溝通，未來外交部門應加強此方面的訓練與行為。

值得一提的是，原先趨於內向性的中國公共外交，已隨著其國力增長而逐漸顯露出外向性的新特徵，例如胡錦濤在 2009 年的第十一次駐外使節會議上便指出：「開展好公共外交直接關係到我國國際形象，是新形勢下完善我國外交布局的客觀要求，也是我國外交工作的重要開拓方向」；2010 年版《中國外交》白皮書中亦公開揭櫫「積極開展公共外交，增強軟實力」的目標，希望能引導國際輿論，加深

各國民間人士對於中國的瞭解與認識；在 2012 年「十八大」政治報告中更明確提出「紮實推進公共和人文外交」說法，並將其置於政黨外交之前，這在中共黨代會報告中還是第一次。

習近平在 2013 年全國宣傳思想工作會議進一步指出，「西方主要媒體左右著世界輿論，我們往往有理說不出，或者說了傳不開」，為此「要著力推進國際傳播能力建設，創新對外宣傳方式，加強話語體系建設，打造融通中外的新概念新範疇新表述，講好中國故事，傳播好中國聲音，增強在國際上的話語權」。至於在實際工作部分，例如 2000 年開播的中央電視台英語頻道 CCTV-9，先在 2010 年轉為頻道更寬的 CCTV-NEWS，2016 年更正式推出中國環球電視網（CGTN）並下轄英語、法語、西班牙語、阿拉伯語、俄語等多種頻道。2018 年則將中央電視台（中國國際電視台）、中央人民廣播電台、中國國際廣播電台建制整併後統一稱為「中國之聲」。

貳 國家年、議會外交與熊貓外交

繼 2003 年與 2005 年中國與法國互辦文化年後，「國家年」活動便開始成為中國對外交流與公共外交領域的一個熱門重點。例如繼 2005 年美國舉辦的「中國文化節」後，中國光 2006 年就啟動了俄羅斯年、中印友好年、義大利年、中國—東協友好合作年等活動，並與奧地利合辦「中國年」，至於在 2007 年陸續登場的還包括中韓交流年與西班牙年，以及俄羅斯的中國年與日本的中華年等相關活動，其後幾乎成為例行公事，只是每年主題各有不同。一般來說，類似活動具有以下幾項特點：

（一）透過軟性文化活動為公眾外交奠基

國家年活動既以「國家」作為主體，背後當然有政府力量和國家領袖的推動，且非政治性主題的內容又可沖淡不少政策色彩，由此不僅有助於促進國家間文化交流，也可帶動經貿與民間各層次廣泛領域之更緊密聯繫，甚至能透過集中且大型的文化互動，加強民間彼此瞭解與互動，讓前述「公共外交」獲得另一個演出舞台。

（二）透過類似活動與正軌外交相呼應

例如中國與俄羅斯自 2006 年迄今不間斷地互辦主題國家年活動，充分顯示此時期雙邊關係之正向發展趨勢，又例如為利用 2007-08 年一度出現「破冰」跡象的中日關係，中國在此際也積極向日本推動國家年、文化體育交流年與青少年友好交流年等活動。

（三）將對象由點至面且由國家擴及區域

除了以國家為對象之外，例如像 2011-12 年的中歐青年交流年、2014 年的中國—東盟合作交流年，或 2016 年的中拉文化交流年等，則是此類國家年活動的延伸發展。

在「國家年」或「地區年」之外，「議會外交」，顧名思義是指以他國議會為對象的外交活動；透過與其他國家議會（人民代表機構）的交流以促進雙邊友好關係，可說是議會外交的基本功能。[8]由於此種外交方式較靈活，往往能彌補由政府主導外交活動的不足。更甚者，尤其在第三波浪潮席捲全球並使民主成為當前思潮主流的情況下，一方面議會在民主制度中本即擁有相當的政策制定和執行能力，

8　議會外交（congress diplomacy）：自二次大戰結束以來，區域或全球議會互動便日益頻繁，例如 1949 年成立的歐洲委員會議會，1952 年的歐洲議會，1974 年的阿拉伯議會聯盟，1955 年的北大西洋議會組織，1966 年的拉丁美洲議會等，都是重要的區域議會聯盟。至於全球性的國際議會聯盟至 2012 年也擁有 148 個成員國，並在日內瓦設立秘書處。

對中國來說，此種外交更能補強其國際形象劣勢。

　　事實上，中國的議會外交活動早自建政初期便已展開；例如周恩來在 1956 年便指出：「在各國人民接觸中，各國議會代表團或者議員之間的相互訪問，已經成爲越來越重要的形式。」據此，全國人大副委員長彭眞曾於 1956-57 年率團訪問 6 個歐洲社會主義國家，既是中國全國人大首次出訪行動，也拉開了中國議會外交序幕，爲此，全國人大在 1983 年設置「外事委員會」負責相關工作，自前外長李肇星擔任 2008 年十一屆全國人大外事委員會主委後，此一職位都由資深外交官出任。尤其自 1990 年代以來，隨著中國經濟崛起與國力增強，其議會外交活動也跟著活躍起來；例如，目前中國全國人大既是國際議會聯盟、亞太議會論壇、亞洲議會人口與發展論壇、亞太環境發展會議的成員，同時是東協議會組織會議、拉丁美洲議會組織的觀察員。全國人大委員長栗戰書在 2019 年直接指出，不僅「人大對外交往是國家總體外交的組成部分」，全國人大總計 2018 年共派出 71 團 660 人次，訪問 46 個國家，同時接待了來自 34 個國家和 2 個多邊議會組織之 58 團 730 人次，工作相當繁重。

　　相較早期全國人大對外活動多半屬臨時或象徵性，近來則不斷與各國議會發展定期交流機制。自 1981 年與歐洲議會簽署定期交流機制協定後，全國人大迄今已形成「多層次、多管道、多領域、多形式、全方位」對外交往格局，至 2017 年共與 183 個國家議會保持不同形式的交往聯繫，與 20 多個主要國家議會和歐洲議會開展機制性交流，成立 93 個雙邊友好小組，加入 15 個國際和地區議會組織，並成爲 5 個多邊議會組織觀察員，這些都爲全國人大開展經常性對話提供了長期穩定的平台。

　　總的來說，所謂「議會外交」對當前中國外交活動有著以下幾

點助益：首先是透過靈活互動與頻繁交往以增進雙方政治互信，特別是透過對議員施加潛移默化的影響，從而影響其國家的立法過程；例如在 1989 年天安門事件後，中國便密集透過議會外交來消除西方與中國的緊張關係，又如爲降低美國國會長期「親台反中」趨勢，也大量邀請其國會議員來華訪問以消除彼此隔閡。其次，當前中國的議會外交特別集中針對經濟議題，以配合國家發展戰略，例如吳邦國在2006 年訪問拉美期間便代表政府與巴西、智利等簽署一系列商業備忘錄等，2014 年後更著重於跟「一帶一路」沿線國家之互動來往。最後，議會外交也有助於中國從偏重「人治」到「法治」的轉軌過程，例如單單 2005 年派出和接待立法交流團體便達 106 個，目的是藉此借鑑各國相關經驗，以便讓其法律體系與世界接軌。

值得注意的是，中國自 1950 年代起也運用了另一種特殊的「熊貓外交」途徑。[9] 事實上，中國使用稀有動物大熊貓作爲致贈外國的禮物始自於 1941 年，當時是以蔣介石夫人宋美齡的名義送給美國一對大熊貓。至於在中共建政之後，此一途徑又經歷幾個階段的變化：

（一）作爲鞏固周邊安全關係的工具（1950 年代）

作爲政治禮物，大熊貓第一個贈送的對象是蘇聯；北京動物園在1957 年與 1959 年分別把「平平」與「安安」兩隻熊貓送去蘇聯。其後隨著中蘇共分裂，爲強化周邊國家安全環境，中國陸續在 1965-80年送了 5 隻熊貓給北韓。

（二）作爲拉攏西方世界的工具（1972-84）

在 1972 年「乒乓外交」揭開中美關係正常化序幕後，大熊貓「玲

9　Henry Nicholls, *The Way of the Panda: the Curious History of China's Political Animal* (London: Profile Books, 2011).

玲」和「興興」隨即被送到美國，同時為緩和對日關係，中國也分別在 1972 年、1979 年與 1982 年送去 4 隻大熊貓。接著，為改善與歐洲交往關係，中國先在 1973 年送給法國 2 隻熊貓，1974 年送給英國與西德各 2 隻，1978 年送給西班牙 2 隻，甚至拉丁美洲的發展中國家墨西哥也在 1975 年獲贈一對大熊貓；總計在 1957-82 年間，中國先後將 23 隻熊貓分別贈送給 9 個國家。

（三）作為邁向資本化並獲取貸款的工具（1984-98）

在 1985 年後，由於考量到國際動物保護法規發展，[10] 中國再也沒有向外國「贈送」熊貓，取而代之是數十次「熊貓訪問團」或「租借熊貓」途徑，例如加州聖地牙哥動物園便在 1996 年獲准以 10 年為期租借 2 隻熊貓，租金共 1,200 萬美元；截至 2018 年共有 40 隻熊貓被飼養在中國以外 12 個國家的 14 個動物園當中。其中，少數例外如為改善兩岸關係自 1999 年以來的僵局狀態，中國在 2005 年對台灣拋出「熊貓牌」，並在政黨輪替之後於 2008 年底送抵台灣。

（四）作為交換特殊資源與技術的工具（2008-）

近期西方媒體如 CNN 與 BBC 都陸續指出，中國正推動新一階段的熊貓外交，目的是獲取稀有或特殊之資源與技術。[11] 例如蘇格蘭愛丁堡動物園在 2011 年接收一對大熊貓後，雙方便在鮭魚、可再生能源及汽車技術等方面簽署價值約 26 億英鎊的合同；至於大熊貓被租借給加拿大、法國和澳大利亞同時，中國與這些國家也簽署了鈾貿易

---

10 根據俗稱為《華盛頓公約》的《瀕臨絕種野生動植物國際貿易公約》（CITES），為保護國際貿易不會威脅野生動物及植物的生存，該公約禁止被列為第一級保育動物的熊貓進行國際貿易，只可用於科學及動物園展示的目的。

11 Kathleen C. Buckingham, et al., "Environmental Reviews and Case Studies: Diplomats and Refugees: Panda Diplomacy, Soft 'Cuddly' Power, and the New Trajectory in Panda Conservation," *Environmental Practice*, 15:3(2013), pp. 262-270.

協議以提高其核能力。

　　無論如何，正如德國學者 Falk Hartig 曾以「最具影響力的公共外交」來形容中國的「熊貓外交」，其影響力確實不容小覷。

民間外交機構及其角色

　　值得注意的是，儘管近年來中國明顯企圖增強「公共外交」力道，從另一個角度來看，其重點或許並非在形塑一個新模式，不過是在修正過去既存的舊道路而已。正如周恩來所言：「留在黨外比留在黨內好」，這反映出中共對黨外勢力角色的長期重視，也點出「民間外交」或「國民外交」的優勢，亦即它不受正規傳統外交繁文縟節的約束。胡錦濤在 2004 年便曾提到：「發展民間外交有利於增進各國人民友誼，促進經濟文化交流合作，並為國家對外關係的發展奠定廣泛的群眾基礎。……中國政府一貫高度重視民間外交，始終把民間外交作為國家總體外交的有機組成部分，始終注重發揮民間外交的重要作用。」

　　例如，中日關係就是透過民間外交管道，發揮「民間先行、以民促官」功能的最典型例證；早在 1972 年兩國實現邦交正常化之前，毛澤東與周恩來等就提出「以民促官」推動兩國關係發展的方針，並獲日方積極回應。值得注意，不僅過去中國在突破對日外交瓶頸時經常仰賴此種模式，日本其實也是如此；例如因應中日關係一度陷入低潮，日本便規劃於 2007 年組織一個 2 萬人民間訪問團來華參加慶祝中日邦交正常化 35 周年活動等。

　　在主要之民間外交機構方面，以下 3 個最具代表性：

（一）中國人民外交學會

由周恩來在 1949 年創設，乃中共建政以來第一個從事民間外交的專門機構。理事會由資深外交官、國際關係和對外政策研究機構的知名專家學者、政府部門及社會團體負責人等人士組成，最初宗旨是研究外交政策和國際問題，並提供政策建議；1955 年後，開展「人民外交」活動成爲其工作的一項重要內容，接待外賓也成爲開展相關活動重點，該學會至 2019 年共接待超過 4,000 個訪華團體，總計 3 萬人次以上，外賓多是前任國家元首、政府首長、內閣成員和未建交國家領導人、國會要員、朝野政黨領袖、王室貴胄及國際組織負責人等，此外還有金融、工商、學術等各界人士和社會名流。特別是針對未建交國家的交往，更是學會工作的重要目標。12

（二）中國人民對外友好協會（簡稱中國對外友協，全國友協）

主要宗旨是增進人民友誼、推動國際合作、維護世界和平、促進共同發展。任務重點則包括：與各國對華友好組織團體和各界人士發展友好合作關係，致力於維護世界和平與人類共同安全，促進對外民間經濟、貿易、社會、教育、科技合作，開展對外民間文化交流，受政府委託以協調管理中國各地與外國建立和發展友好城市的工作，積極參加聯合國及其他國際組織的交流活動，開展其他有關中國人民與各國人民友好合作的工作等，可說是個極重要的民間「白手套」機制。

該協會在 1954 年由 10 個全國性社會團體聯合發起，最初稱爲「中國人民對外文化協會」，1966 年改稱「中國人民對外文化友好

---

12 以日本爲例，在 1952-68 年間，外交學會便接待了日本朝野各界人士代表團 107 個，總計近 800 人次，一度還被授權進行若干準官方性質的任務（類似兩岸關係中的海基會與海協會）。自 1972 年起，外交學會也成爲中國與美國建交前進行民間交往的主要管道，甚至在完成關係正常化後仍繼續扮演關鍵角色，例如在 1972-2002 年間，該學會共接待 4,710 位美國高層人士，在溝通並緩和中美關係上相當重要。

協會」，1969 年再改爲現在名稱；目前在中國各省、自治區、直轄市及部分市、區、縣設有地方對外友好協會，同時在 33 個國家與阿拉伯、東協、非洲、歐盟、大洋洲、拉丁美洲、中亞等 7 個區域建立雙邊友好協會組織，至 2018 年與全球 157 個國家的近 500 個民間團體和組織機構維持著友好互動關係。正如前任會長陳昊蘇所言：「在中國的總體外交中，官方外交是主導，民間外交是基礎，而對外友協所做的對外交友工作則是基礎的基礎。」可說是點出其角色所在。

（三）中國國際友好城市聯合會

　　以推動「城市外交」爲重點，[13] 由前述對外友協發起並於 1992 年成立，所屬成員共有包括中國 30 個省、自治區、直轄市在內的 200 多個會員城市，以促進中國與外國城市之間的瞭解和友誼，開展雙方在經濟、科技、文化等方面的交流與合作，推動社會繁榮與進步，維護世界和平爲宗旨。事實上，中國推動相關的城市外交工作早自 1973 年便已展開，其後陸續與大量外國城市在各個領域進行合作交流，截至 2015 年，中國 30 個省、自治區、直轄市及 444 個城市與世界五大洲 133 個國家 473 個省級單位和 1,450 個城市建立了 2,154 對友好城市關係。

　　除此之外，不僅各級地方政府紛紛派團出訪發展對外經貿關係；根據朱鎔基於 2002 年倡議，首屆「東亞城市市長論壇」在 2003 年於昆明舉行，共有來自汶萊、菲律賓、日本、韓國等 12 個國家 35 個城市以及 2 個國際組織出席，最後通過《昆明宣言》強調將繼續發展和

---

13 趙可金，〈中國城市外交的若干理論問題〉，《國際展望》，第 1 期（2016），頁 56-75；陳維，〈中國城市外交：理念、制度與實踐〉，《公共外交季刊》，第 2 期（2017），頁 126-132；陳楠，〈城市外交和中國特色大國外交〉，《國際展望》，第 1 期（2018），頁 70-85。

完善東亞城市合作機制；更甚者，中日韓三國沿黃海 6 個城市早在 1999 年便成立「東亞城市會議」，2004 年進一步由中國天津、大連、青島、煙台，日本北九洲、福岡、下關，與南韓仁川、釜山、蔚山等 10 個城市共同組成「東亞經濟交流推進機構」，並於 2006 年第二屆會議通過《關於東亞城市經濟合作的天津宣言》，突顯出三國城市經濟合作新動向；另外，中國也在 2005 年承辦由澳洲在 1999 年發起的「亞太城市市長論壇」，積極參與相關交流活動。

肆 政黨外交活動

基於堅持「共產黨專政」的原則，儘管表面上仍存在其他政黨活動，只有中國共產黨能接觸決策層面，它也在中國外交工作上扮演一定角色。為執行相關任務，1951 年建立「中共中央對外聯絡部」（中聯部），負責在獨立自主、完全平等、互相尊重、互不干涉內部事務等所謂「黨際關係四項原則」基礎上，開展新型黨際交流與合作，既為國家總體外交戰略服務，也為鞏固中國共產黨的執政地位提供服務。迄今為止，中國共產黨已與世界上 140 多個國家的 400 多個政黨和組織建立了聯繫。

特別是改革開放以來，中國共產黨對外交往更趨活躍，焦點是宣導並主張與各國政黨發展「新型黨際交流與合作關係」，至於所謂「新」關係基本上突顯在以下 4 方面：首先是順應時代形勢，致力於和平與發展；其次在吸取歷史經驗和教訓，遵循前述黨際關係的四項原則；第三在超越意識形態差異，與一切願與中共交往的各國政黨聯繫；最後是通過開展全方位、多管道、寬領域的黨際交流與合作，以促進國家關係的發展。事實上這與過去中共強調的「統戰」策略相去無多，所差別者在於時代環境（從冷戰兩極結構到全球化時代）與假

想敵（從蘇聯到美國）有所不同。

　　為順利開展對外關係，並作為中國當前公共外交的重要工具之一，中聯部也設立若干研究室，包括：亞洲一局（負責南亞、東南亞各國，擁有英語、印尼語、泰語、緬語、印地語、烏爾都語、尼泊爾語、僧伽羅語等翻譯人員）、亞洲二局（負責東北亞和印支地區，擁有日語、朝語、越語、蒙古語、老撾語和柬埔寨語翻譯隊伍）、西亞北非局（負責西亞和北非地區，擁有阿拉伯語、英語、法語、土耳其語、波斯語翻譯隊伍）、非洲局（負責非洲撒哈拉以南地區，擁有英語、法語和葡萄牙語的翻譯隊伍）、拉美局（負責拉丁美洲和加勒比地區，擁有西班牙語與葡萄牙語研究人員）、東歐中亞局（負責東歐、波羅的海與獨立國協地區，擁有俄語、捷克語、塞爾維亞語、波蘭語、羅馬尼亞語、匈牙利語、阿爾巴尼亞語和保加利亞語研究隊伍）、美大局（負責北美、大洋洲、北歐地區及英國、愛爾蘭、馬爾他等國，擁有英語、瑞典語、挪威語、丹麥語和芬蘭語隊伍）、西歐局（負責西歐地區，擁有西班牙語、德語、法語、義大利語、葡萄牙語、英語、希臘語和荷蘭語的隊伍）。

　　從實質面來看，中國共產黨對外交往焦點在於回應當前「政黨政治」的制度潮流，著力在做「人」的工作；亦即透過黨際交流管道，同各國（無論是否與中國建交）包括執政與在野各黨派保持聯繫，正如中聯部部長王家瑞所言：「儘管國外政黨輪流坐莊，但只要做好這些人的工作，就可以確保政府中對華友好人士常在」，正指出政黨外交重點所在。其次，中國共產黨近年來也積極透過黨際管道斡旋朝鮮半島問題，在中日關係陷入低潮時保持兩國政黨溝通，並在中東以巴對峙局勢中針對性地扮演勸和促談角色等。

第九章
結　論

　　自二十世紀末起，便不斷有人聲稱「即將到來的二十一世紀將是中國（人）的世紀」。從某個角度來說，這些「命定式」說法雖然缺乏學術與理論根據，也沒有什麼實質意義，但「事實」是新世紀初中國的綜合國力與國際地位的確提供了某種可供討論的空間。更甚者，作爲全球發展最快的大型經濟體，中國（或許還包括印度等所謂BRICS 國家）的崛起似乎正暗示它將繼歐洲與美國後，成爲近代國際關係史中，再度出現足以重新形塑全球結構內涵的關鍵力量。儘管如此，在中國改革開放後「重返」國際社會的過程中，由於涉入層面相當廣泛，亦因爲北京回應各種挑戰與問題的方式極其多元化且富特殊性，想有條理地掌握其發展脈絡並非易事。對此，本書第一章首先從「類型學」角度出發，將中國當前外交作爲分成 7 大發展主軸與 20 個細部方向，藉此瞭解其對外政策之可能走勢，然後在後續章節中分別進行深入整理探討，希望能爲研究中國對外關係提供一個更全面性的視野。最後，在歸納整理當前中國外交政策的特性外，本書也將對其未來發展走向進行若干預判。

第一節　當前中國外交的特性
Characters of China's Contemporary Foreign Policy

　　從主觀層面來說，當前中國外交政策正如楊潔篪所指出，北京堅持「統籌國內國際兩個大局」，一方面就當今世界重大問題提出「中國主張」，在國際事務中體現「大國擔當」，同時發揮「元首外交」戰略引領作用，舉辦一系列重大「主場外交」活動，透過主客場、雙多邊、點線面相結合，實現了對重要地區、重要國家、重要機制、重要領域之「全覆蓋」，完善和拓展了對外工作戰略布局，另方面則加強「頂層設計、策略運籌和底線思維」，努力形成一整套行之有效的戰略思想和策略方法，以增強對外工作的「戰略性、策略性、協調性」，從而使新時代對外工作展現出鮮明的「中國特色、中國風格、中國氣派」。[1]據此並配合本書之客觀整理，總結而言，針對當前中國外交政策之內涵發展可約略歸納為以下 6 個特性：

（一）獨立性

　　正如毛澤東「寧為雞頭，不為鳳尾」的說法，中國的外交作為迄今仍充分呈現出「反體制化」傾向（雖看似尊重既有體制，但其實不過是用以反制美國之挑戰體制，而非此類體制的確符合其利益），也就是若無法掌握主導地位，則寧願扮演單純的旁觀者角色；例如，中國雖極重視「南南外交」，對不結盟運動與 77 國集團這兩個最具代表性的第三世界利益團體始終置身事外，迄今停留在觀察員這個過渡

1　楊潔篪，〈在習近平外交思想指引下奮力推進中國特色大國外交〉，《中華人民共和國外交部網站》，2019 年 9 月 2 日；https://www.fmprc.gov.cn/web/ziliao_674904/zyjh_674906/t1695150.shtml

地位，又如「大國外交」雖在新世紀以來越來越成為中國努力以赴的焦點，但對 G8 會議這個重要大國外交場合，在 2003 年首度參與後翌年即婉拒赴會，2005 年雖再度決定參加，重點卻擺在與同時出席的另外 4 個發展中國家代表的多邊會面，甚至 2009 年後乾脆將重心完全轉向 G20 平台；這些都是值得思考的例證。

（二）全面性

正如本書對中國外交內涵之「解剖式分析」一般，事實上中國在透過外交行為以追求其國家利益的過程中，確實用盡一切之機會、能量與手段，從政治到經濟、從傳統到非傳統、從政府到民間、從顯性到隱性手段，同時為等待時機，也將「韜光養晦」忍耐功夫發揮到極致（自文革結束後，幾乎難以見到中國在外交領域中出現脫軌式暴衝行為），迄今讓其政策朝向最全方位的型態邁進。

（三）靈活性

亦即能因時、因地制宜。這點既反映在中國同時操作「大國外交」與「南南外交」的平衡感上（如何讓別人同時接受中國既是大國，又是小國，既是第二大經濟體，又依舊是個發展中國家的雙重身分，儘管近期挑戰越來越大），同時反映在中國透過形形色色的管道去落實其「論壇外交」以及「多邊外交」的過程中，當然更反映在建構夥伴關係時，所構想出來各種又長又饒舌，充滿創意，有時甚至無法揣測其真正用意的名稱上頭。

（四）過渡性

正如 1978 年 5 月 12 日中國《光明日報》刊出的評論文章標題〈實踐是檢驗真理的唯一標準〉，該文不僅被復出的鄧小平用來向堅

持「兩個凡是」的華國峰進行政治鬥爭，作爲鄧氏掌握權力之關鍵正
當性基礎來源，自此也成爲中國內政與外交政策的重要指導原則。事
實上，基於國際結構內涵的浮動性（何況從冷戰結束乃至於進入世紀
之交），政策本即應因時因地制宜，更何況對中國這種綜合國力處於
高度變動期的國家來說，既需藉由此種理性力量來轉換其政策重點，
而本書藉由類型學進行的整理分析，目的亦在突顯當前中國不斷進行
外交實踐的變化過程。

（五）差異性

　　亦即中國外交行爲中瀰漫的非西方與非傳統特色；例如「夥伴
外交」希望建構的一種新型同盟關係便是一例。正如中國內部「上有
政策，下有對策」的順口溜，它在面對國際結構限制時也是如此；儘
管高舉國際法原則並表示尊崇聯合國等全球機制的角色，並不代表北
京已經決定要融入這個世界。當然，事實未必如 Steven W. Mosher 所
言：「……身爲霸主是中國夢寐以求的國家定位，這發軔於其國家認
同，更與其對國運的詮釋息息相關；不願向任何外國強權屈服的心
態，植根於中華帝國曾經爲亞洲支配強權的歷史及華人對自己文化優
於其他民族的堅強信念」；某種歷史性潛意識畢竟還是存在的，特別
是用來在心理上解決過去百年殘留的屈辱感，至於中國傳統的國際觀
（尤其是不同於西方的階層感）未來將是否或如何發揮，亦值得研究
觀察。例如中國外長王毅在 2014 年出席敘利亞問題日內瓦會議時，
便向媒體暢談以「中國方式」解決熱點問題，亦即更注重可持續性，
循序漸進，並從根本上著手；前面楊潔篪所提及之「中國特色、中國
風格、中國氣派」，也有類似暗示。

（六）即時性

面對變動不居的國際環境，中國確實能掌握潮流並立即進行體制性回應。例如 1988 年在商務部下設對外援助司負責相關政策；1993 年設置國家航天局以因應新一波的太空競賽；2004 年在外交部新聞司下設公眾外交處推動相關溝通事宜（2011 年升格爲公共外交辦公室）；2004 年在外交部中設置經濟外交與合作辦公室（2012 年再調整升級爲國際經濟司）；2009 年設置邊界與海洋事務司專管疆域議題；2010 年設置國家能源委員會總籌相關事宜；2013 年在外交部下設網路事務辦公室回應全球網路化浪潮；2013 年同時成立國家海洋局與中國海警局統籌新的海洋議題等，都是明顯例證。

第二節　中國未來的機會與挑戰
Opportunities and Challenges in the Future of China

如同本書第一章第二節提到，時代環境內涵對一國外交關係具重大影響，在邁向新世紀伊始，當前國際環境對中國未來的發展前景而言，不啻同時存在著機會與挑戰。且不論所謂「中國威脅論」（名爲威脅世界秩序，實爲威脅美國霸權地位）自 1995 年後便甚囂塵上，[2]Edward Lucas 在 2008 年甚至指出，2000 年後的世界新形勢可被稱爲「新冷戰」，[3]雖然焦點其實是俄羅斯，但有人認爲「新冷戰」的

2　Richard Bernstein and Ross Munro, *The Coming Conflict with China* (New York: Alfred A. Knopt, 1997); Bill Gertz, *The China Threat: How the People's Republic Targets America* (Washington, DC: Regnery Publishing, 2000); Steven W. Mosher, *Hegemon: China's Plan to Dominate Asia and the World* (San Francisco: Encounter Books, 2000).
3　Edward Lucas, *The New Cold War: Putin's Russia and the Threat to the West* (New York: Griffin, 2014).

描述並不準確，因為它或非新戰爭，不過是進入新一輪的對抗，至於
美國與中國至少在亞洲地區的對抗也引發許多關注。[4]總而言之，中國
未來能否繼續維持崛起之正面發展，除自身所擁有客觀綜合國力要件
外，外部環境是否提供必要之結構性機會亦至關重要；對此，可由以
下 4 個方面來觀察：

（一）首先，由於美國霸權相對下降所提供的權力真空狀態，無疑是
　　　有利於中國的

　　　正如 Paul Kennedy 在論及霸權興衰史時所言：「各主要國家在
世界事務中的相對實力，從來就不是一成不變的」；美國的地位也是
如此。從某個角度看來，目前所似乎存在的「單極結構」與冷戰初期
所謂的「兩極結構」其實都不過是種假象罷了；一方面蘇聯除透過核
子嚇阻來形塑某種虛假的平衡感之外，從來就沒有能夠取得與美國匹
敵的綜合國力，相對於美國在 1950 年代於各個層面都睥睨群雄之威
勢，如今則不啻陷入競爭者紛紛出現的四面楚歌狀態。不過，值得注
意的是，一廂情願地想像中國取代美國的場景也是不客觀的，畢竟包
括整合程度日深的歐盟、百足之蟲的俄羅斯、經濟潛力十足的日本、
同樣作為人口大國的印度，甚至連拉丁美洲的巴西與墨西哥等自然資
源豐沛的國家，都是未來美國交出霸權的過程中，將與中國並駕齊
驅的潛在對手；更甚者，就算中國未來確實鶴立雞群，但法國 Louis
XIV 與 Napoleon 在十七世紀與十九世紀兩度爭霸歐洲失利的歷史亦
堪為殷鑑。

4　Jude Woodward, *The US vs. China: Asia's New Cold War?* (Manchester: Manchester University
　Press, 2017); Niall Ferguson, "The New Cold War? It's With China, and It Has Already Begun,"
　The New York Times, December 2, 2019, https://www.nytimes.com/2019/12/02/opinion/china-cold-
　war.html

（二）國際「經濟」關係日漸重要的發展對中國也是有利的

事實上，正如 A.G. Frank 所言：「在 1800 年以前，歐洲肯定不是世界經濟中心，如果說在此之前有任何地區曾在世界經濟中占據支配地位的話，那麼肯定都在亞洲，特別是以中國為中心的東亞體系。」[5] 根據歷史學者初步估算，在 1820 年代的清朝道光年間，中國的 GDP 不僅曾 5 倍於英國與法國，甚至還超過西歐、美國、俄國和日本的總和，占全世界 GDP 總額的比例達 30% 以上，但中國不僅未被視為是個強國，甚至還因連續戰敗而瀕臨崩潰邊緣。其原因除了中國當時缺乏將其經濟能量轉換為工業動力的機制外，船堅炮利的「軍事」重要性高於「經濟」也是原因之一；時至今日，一方面經濟活動的國際重要性與日俱增，再加上中國所擁有的人口優勢（提供市場潛力暗示性並有利於總值計算）與改革政策的正面發展，由此也提供了多數對中國正面印象的想像基礎。

（三）國際關係「民主化」的發展趨勢值得關注

這不僅是中國試圖推動的政策目標，也是當前國際政治的現實。它起因自國際聯盟與聯合國設計的「一國一票，每票等值」原則，其後在 1950-60 年代間由於南北問題浮現而成為某種主導國際局勢發展的關鍵力量之一；[6] 而這既是中國重視「南南合作」的根源，也是它將非洲視為崛起重要支撐的邏輯來由。正如鄭宇碩所言：「如果大家翻查聯合國的投票紀錄，可以看到非洲這 40 多張票，對於中國的人權問題，對於中國的台灣問題，一直都站在非常支援北京的立場；從

---

5 Andre Gunder Frank, *ReORIENT: Global Economy in the Asian Age* (Berkeley: University of California Press, 1998).

6 Gregg A. Brazinsky, *Winning the Third World: Sino-American Rivalry during the Cold War* (Chapel Hill: University of North Carolina Press, 2017).

聯合國與其他國際組織的票源來說，這是北京一個非常重要的外交資產。」目前看來，相較其他主要大國，中國與這些第三世界國家的距離確實比較接近些。

（四）或許也是多數人無法認同的是，中國目前的優勢同時來自其相對「不民主」的政體

如果排除主流意識價值觀影響的話，其實所謂不民主不過暗示著某種「較爲集權」的政治狀態；更甚者，在人類迄今的漫長歷史當中，包括美國在內，我們幾乎找不到傾向民主的霸權國家。早自看似民主的雅典共和國，其取得希臘世界霸權乃是靠長期執政官（其實就是合法的獨裁者）的存在，一般人所忽略的是，美國的民主深化過程其實也是在取得霸權地位後，由黑人民權運動在 1960 年代引發的公民意識覺醒所推動的。進言之，相對集權國家所以有利於取得霸權的原因在於，此種地位的獲取本即伴隨著必然的「擴張」動作，而所謂擴張既代表著國家資本的不理性或過度支出，至於此種決策的前提又來自於集中權力方能帶來的資源集中性、群眾動員與壓制輿論反彈的能力。當然，集權狀態本身也具有「雙面刃」的性質，正如 Lord Acton 所言：「絕對的權力將帶來絕對的腐化」，第二次大戰中 Hitler 與 Mussolini 的終歸敗亡可謂明顯例證。

相對地，中國在未來崛起過程中同樣會面臨以下 4 個挑戰：

（一）首先是中國「國內結構的支撐力」問題

包括所謂「三農」問題（農村、農業、農民）、國營企業下崗勞工與失業率高漲、社會保障制度不完善、部分物價（特別是油價）居高不下、經濟發展所導致的環境破壞危機、內需市場擴張速度緩慢、能源供應不足所帶來的持續發展挑戰、投資增長過快使得「軟著

陸」不易、社會貧富差距逐漸拉大、東西部與城鄉間發展不均衡、人口的持續增長與老化現象……等，都顯示中國確實仍是個「發展中國家」；從這個角度來看，是否它能長期支應展示大國威望所需的資源，當然是個值得關注的問題。

（二）從「權力平衡」角度來看，爭奪權力不僅是國際關係史中的常態，中國崛起所帶來或暗示的權力重新分配傾向，亦將極其自然地促使抵制性反作用力的出現

　　例如日本透過《防衛白皮書》對中國軍力擴張提出的警告與憂慮；美國在 Bush 政府上台後逐漸朝向將中國視為競爭對手，且直指中國對亞洲安全所帶來潛在威脅的態勢；日本與美國在雙邊「2＋2」安全諮商會議與後續亞太戰略思考中，以中國作為假想目標的部署調整；儘管歐盟不斷企圖拉攏中國，但迄今仍無意撤銷對華武器禁運政策的事實；東協雖首先與中國簽署自由貿易協定，但隨即亦與印度達成框架協議，並於東亞高峰會中引進力量制衡中國的發展，甚至2010 年還決定讓原先被拒於門外的美國參與，制衡意味相當濃厚；甚至在中國長期以來著力最深的非洲與拉丁美洲地區，也因中國產品傾銷式輸入與中國工廠大規模入侵，而埋下衝突伏筆。正所謂「譽滿天下，謗亦隨之」，天底下本即不可能存在一面倒的情況。

（三）無論中國是否可能成功完成崛起目標，其力量的提升都因將對既存霸權美國帶來壓力，無可避免地會面臨後者的設法壓抑

　　在 Bush 政府任內，美國軍費支出不僅節節高升，幾乎占全球總額30% 以上，軍備支出在 2008 年的財政年度預算中更占了 7,165 億美元；至於構建一個北從俄羅斯、南到菲律賓、東自日本、西達印度，總駐軍規模達 10 萬名的對中國隱性軍事包圍圈顯然也是其目的

之一。從美國當前在亞太地區的軍事部署態勢，不難看出它正精心構築一條圍堵東亞大陸之「太平洋鎖鏈」的企圖，而包括日本、南韓、沖繩與關島等基地和設施則成為鎖鏈核心。除此之外，美國一方面透過阿富汗戰爭實現在中亞駐軍的目標，極力拉抬與印度間的雙邊合作關係，同時設法重返東南亞以連結前述「太平洋鎖鏈」，在 Obama 時期更公開提出「重返亞洲」大目標，最後則長期施壓歐盟對華軍購的決策過程；這些都在在反映出，美國新世紀戰略布局的動作雖未必都衝著中國而來，但多數中國官員與知識菁英都相信美國將尋求拖緩或阻撓中國成為大國，甚至當美國談論民主與人權等所謂「普世價值」時，北京方面亦相信這是其企圖「和平演變」中國的企圖；總之，中國所承受的壓力既可以想見，而結果亦必將影響其「和平崛起」目標的最終能否完成。值得注意的是，雖未必如美國戰略暨國際研究中心（CSIS）所言：「中國軍事理論、國防採購策略、規劃與作戰訓練，看來都是針對台灣問題」，但此問題確實是中美角力過程中最重要的觀察指標之一。

（四）隨著國際環境變遷與外交事務複雜化，處理外交問題的制度傳統既面臨嚴重挑戰，官僚本位主義也將為決策理性埋下變數

　　正如前述，除了以外交部門作為處理相關事務的第一線之外，無論是更高層級（國家領導人與統籌行政的國務院）的介入、其他部會（例如商務部、國防部、鐵道部、甚至是國營石油集團）根據其專業領域進行分工，甚至是外交部門的內部溝通（傳統地域司與新興的功能性司處）等，都勢將增添決策過程的不確定性，從而動搖其過去數十年來難得的理性走向。

　　從上述可知，在中國未來的發展前景中既同時存在著機會與挑戰，但一方面在機會中並不乏隱憂，而挑戰似乎也未必讓人無力因應；由此，我們既可發現國際局勢變幻莫測的不確定性，也因此必須投注更多精力去從事持續觀察。

附錄
後冷戰以來關於當代中國外交主要論著

壹 資料彙編

中華民共和國外交部外交史編輯部，《中國外交概覽》（1990-1995）

中華民共和國外交部政策研究室，《中國外交》（1996-）

中國外交部編，《周恩來外交文選》（1990）

中國外交部編，《毛澤東外交文選》（1994）

黎家松編，《中華人民共和國外交大事記：第一卷 1949-56》（1997）

黎家松編，《中華人民共和國外交大事記：第二卷 1957-64》（2001）

中國外交部編，《中華人民共和國外交大事記：第三卷 1965-71》
（2002）

中國外交部編，《中華人民共和國外交大事記：第四卷 1972-78》
（2003）

貳 通史研究

韓念龍編，《當代中國外交》（1987）

謝益顯編，《中國外交史：中華人民共和國時期 1949-79》（1988）

謝益顯編，《中國外交史：中華人民共和國時期 1979-94》（1995）

裴堅章編，《中華人民共和國外交史：第一卷 1949-56》（1994）

Michael H. Hunt, *The Genesis of Chinese Communist Foreign Policy*（1996）

謝益顯編，《中國當代外交史，1949-95》（1997）

裴堅章編，《中華人民共和國外交史：第二卷 1957-69》（1998）

裴堅章編，《中華人民共和國外交史：第三卷 1970-78》（1999）

蔡東杰，《兩岸外交策略與對外關係》（2001）

鄭啓榮，《改革開放以來的中國外交》（2008）

楊公素、張植榮，《當代中國外交理論與實踐》（2009）

張歷歷，《當代中國外交簡史》（2009）

蔡東杰，《冷戰、霸權秩序與兩岸外交》（2019）

牛軍，《冷戰與中國外交決策》（2019）

參 個案研究

一、以事件爲中心

蘇起，《論中蘇共關係正常化》（1992）

羅平漢，《中國對日政策與中日邦交正常化》（2000）

胡爲眞，《美國對華一個中國政策之演變》（2001）

李丹慧編，《北京與莫斯科：從聯盟走向對抗》（2002）

馬繼森，《外交部文革紀實》（2003）

二、以人物爲中心

Ronald C. Keith, *The Diplomacy of Zhou En-lai*（1990）

季明、劉強，《周恩來的外交藝術》（1993）

中華民共和國外交部，《毛澤東外交思想研究》（1994）

楊中美，《中共外交教父錢其琛》（1999）

葉自成，《新中國外交思想：從毛澤東到鄧小平》（2001）

梁守德、劉文祥，《鄧小平的國際政治理論》（2003）

李捷，《毛澤東與新中國的內政外交》（2003）

錢其琛，《外交十記》（2004）

唐家璇，《勁雨煦風》（2009）

李肇星，《說不盡的外交》（2014）

肆 政策研究

一、針對個別國家

盧子健，《一九四九以後中國外交史》（1990）

林代昭，《戰後中日關係史》（1992）

羅志剛，《中蘇外交關係研究》（1999）

楊潔勉，《後冷戰時期的中美關係》（2000）

陳啓懋編，《中國對外關係》（2000）

閻學通，《美國霸權與中國安全》（2000）

David Lampton, *Same Bed Different Dreams: Managing U.S.-China Relations*（2001）

張敏秋編，《中印關係研究》（2004）

李峰編，《當代中國對外關係概論，1949-1999》（2004）

王樹春，《冷戰後的中俄關係》（2005）

楊勉編，《國際政治中的中國外交》（2005）

黃安余，《新中國外交史》（2005）

何蘭編，《冷戰後中國對外關係》（2005）

趙全勝，《大國政治與外交》（2009）

高佩珊，《美中強權博奕：互賴理論之分析》（2012）

二、針對個別區域或集團

薛君度編，《中國與中亞》（1999）

裴長洪等，《歐盟與中國》（2000）

林良光、葉正佳、韓華，《當代中國與南亞國家關係》（2001）

楊恕，《轉型的中亞和中國》（2005）

陳曉進，《中國與八國集團》（2006）

沈大偉等主編，《中歐關係：觀念、政策與前景》（2010）

唐彥林，《東亞秩序變遷中的中國角色轉換》（2011）

宋鎮照等，《當代中國的東亞外交策略與關係》（2011）

三、針對決策模式或政策內涵

Lu Ning, *The Dynamics of Foreign-Policy Decision-making in China* （1997）

Andrew J. Nathan and Robert S. Ross, *The Great Wall and the Empty Fortress: China's Search for Security* （1997）

李寶俊，《當代中國外交概論》（1999）

趙全勝，《解讀中國外交政策》（1999）

許志嘉，《中共外交決策模式研究》（2000）

徐成芳，《和平方略：中國外交策略研究》（2001）

David M. Lampton, ed., *The Making of Chinese Foreign and Security Policy in the Era of Reform* （2001）

張登及，《建構中國：不確定世界中的大國定位與大國外交》（2003）

顏聲毅，《當代中國外交》（2004）

洪停杓、張植榮，《當代中國外交新論》（2004）

Yufan Hao and Lin Su, eds., *China's Foreign Policy Making: Societal*

Force and Chinese American Policy（2005）

Robert S. Ross and Alastair I. Johnston, eds., *New Directions in the Study of China's Foreign Policy*（2006）

Sujian Guo and Shiping Hua, eds., *New Dimensions of Chinese Foreign Policy*（2007）

張蘊嶺編，《構建和諧世界：理論與實踐》（2008）

王逸舟、譚秀英編，《中國外交 60 年》（2009）

牛軍，《後冷戰時代的中國外交》（2009）

齊建華，《影響中國外交決策的五大因素》（2010）

宋海嘯，《中國外交決策模式》（2016）

羅建波等，《中國特色大國外交研究》（2016）

成曉河，《新中國同盟外交》（2019）

四、理論與實際結合研究

石之瑜，《中共外交的理論與實踐》（1994）

Thomas W. Robinson and David Shambaugh, eds., *Chinese Foreign Policy: Theory and Practice*（1994）

Samuel S. Kim, ed., *China and the World: Chinese Foreign Policy Faces the New Millennium*（1998）

Suisheng Zhao, ed., *Chinese Foreign Policy: Pragmatism and Strategic Behavior*（2004）

楚樹龍、金威編，《中國外交戰略和政策》（2008）

張植榮，《中國對外關係新論：地緣政治與睦鄰外交新論》（2008）

朱鋒、Robert Ross 編，《中國崛起：理論與政策的視角》（2008）

秦亞青等，《國際體系與中國外交》（2009）

王逸舟，《中國外交新高地》（2009）

王逸舟，《創造性介入：中國外交新取向》（2011）

Andrew J. Nathan, Andrew Scobell，《尋求安全感的中國》（2013）

蘇格編，《國際秩序演變與中國特色大國外交》（2016）

陳岳、李義虎、劉清才編，《21 世紀中國特色大國外交：角色定位與外交理論和實踐創新》（2016）

閻學通、賈瑋，《超越韜光養晦：談 3.0 版中國外交》（2016）

五、趨勢與影響分析

Elizabeth Economy and Michael Oksenberg, eds., *China joins the World: Progress and Prospects*（1999）

Edward Timperlake and William C. Triplett, *Red Dragon Rising: Communist China's Military Threat to America*（1999）

Bill Gertz, *The China Threat: How the People's Republic of China Targets America*（2002）

王逸舟，《全球政治和中國外交》（2003）

Judith F. Kornberg and John R. Faust, *China in World Politics: Policies, Processes, Prospects*（2005）

CSIS & IIE, *China The Balance Sheet: What the World Needs to Know Now About the Emerging Superpower*（2006）

David Shambaugh, *Power Shift: China and Asia's New Dynamics*（2006）

門洪華、任曉編，《中國改變世界》（2009）

趙進軍，《中國外交十年 2002-2012》（2013）

伍 戰略分析

一、戰略發展與內涵分析

俞正梁等，《大國戰略研究》（1998）

閻學通等，《中國崛起：國際環境評估》（1998）

Michael D. Swaine and Ashley J. Tellis, *Interpreting China's Grand Strategy: Past, Present, and Future*（2000）

陳潔華，《21 世紀中國外交戰略》（2001）

胡鞍鋼編，《中國大戰略》（2003）

葉自成，《中國大戰略》（2003）

倪建民與陳子舜，《中國國際戰略》（2003）

陳佩堯與夏立平編，《新世紀機遇期與中國國際戰略》（2004）

夏立平與江西元，《中國和平崛起》（2004）

徐堅編，《國際環境與中國的戰略機遇期》（2004）

李而炳編，《21 世紀前期中國對外戰略的選擇》（2004）

Avery Goldstein, *Rising to the Challenge: China's Grand Strategy and International Security*（2005）.

門洪華，《構建中國大戰略的框架》（2005）

閻學通等，《中國崛起及其戰略》（2005）

葉自成，《陸權發展與大國興衰》（2007）

Bates Gill, *Rising Star: China's New Security Diplomacy*（2007）

時殷弘，《戰略問題三十篇：中國對外戰略思考》（2008）

門洪華，《中國國際戰略導論》（2009）

Jenny Clegg，《中國的全球戰略：走向一個多極世界》（2010）

楊潔勉，《中國外交理論和戰略的建設與創新》（2015）

二、傳統外交戰略回顧與檢討

Jeremy Paltiel, *The Empire's New Clothes*（2007）

Brantly Womack, ed., *China's Rise in Historical Perspective*（2010）

Christopher A. Ford, *The Mind of Empire: China's History and Modern Foreign Relations*（2010）

David C. Kang, China Rising: Peace, Power, and Order in East Asia（2010）

William A. Callahan and Elena Barabantseva, eds., *China Orders the World: Normative Soft Power and Foreign Policy*（2011）

Peter J. Katzenstein, ed., *Sinicization and the Rise of China*（2012）

Odd Arne Westad, *Restless Empire: China and the World since 1750*（2012）

Yuri Pines, *The Everlasting Empire: The Political Culture of Ancient China and Its Imperial Legacy*（2012）

葉自成，《中國崛起：華夏體系 500 年的大歷史》（2013）

中西輝政，《中國霸權的理論與現實》（2016）

王飛凌，《中華秩序：中原；世界帝國與中國力量的本質》（2018）

蔡東杰，《中華帝國：傳統天下觀與當代世界秩序》（2019）

國家圖書館出版品預行編目資料

當代中國外交政策／蔡東杰著. -- 四版. -- 臺
北市：五南圖書出版股份有限公司, 2020.06
面；　公分

ISBN 978-957-763-950-9（平裝）

1.外交政策　2.中國

574.18　　　　　　　　　　109003459

1PU4

當代中國外交政策

作　　者 ― 蔡東杰（367.2）

編輯主編 ― 劉靜芬

責任編輯 ― 黃郁婷

封面設計 ― 王麗娟

出 版 者 ― 五南圖書出版股份有限公司

發 行 人 ― 楊榮川

總 經 理 ― 楊士清

總 編 輯 ― 楊秀麗

地　　址：106臺北市大安區和平東路二段339號4樓

電　　話：(02)2705-5066

網　　址：https://www.wunan.com.tw

電子郵件：wunan@wunan.com.tw

劃撥帳號：01068953

戶　　名：五南圖書出版股份有限公司

法律顧問　林勝安律師

出版日期　2008年3月初版一刷
　　　　　2011年8月二版一刷
　　　　　2014年9月三版一刷
　　　　　2020年6月四版一刷
　　　　　2025年3月四版二刷

定　　價　新臺幣480元